클래스가 다른 **공연기획**

모든 인간은 하나님의 형상을 닮은 존귀한 존재입니다.
사람은 인종, 민족, 피부색, 문화, 언어에 관계없이 모두 다 존귀합니다.
예영커뮤니케이션은 이러한 정신에 근거해 모든 인간이 존귀한 삶을 사는 데 필요한
지식과 문화를 예수 그리스도의 사랑으로 보급함으로써 우리가 속한 사회에 기여하고자 합니다.

클래스가 다른 공연기획

지은이 · 전싱환
펴낸이 · 원성삼
책임편집 · 김지혜
펴낸 곳 · 예영커뮤니케이션
초판 1쇄 펴낸 날 · 2014년 12월 31일
초판 8쇄 펴낸 날 · 2022년 6월 30일
등록번호 · 제2-1349호(1992. 3. 31)
주소 · (03128) 서울시 종로구 대학로3길 29, 313호(연지동, 한국교회100주년기념관)
전화 · (02)766-8931 / 팩스 · (02)766-8934 / 이메일 · jeyoung@chol.com
ISBN 978-89-8350-905-5 (13680)

값 32,000원

이 도서의 국립중앙도서관 출판예정도서목록(CIP)은 서지정보유통지원시스템 홈페이지(http://seoji.nl.go.kr)와
국가자료공동목록시스템(http://www.nl.go.kr/kolisnet)에서 이용하실 수 있습니다.
(CIP제어번호: CIP2014033897)

클래스가 다른

기획의 꿈이 시작되는 순간,
전성환의 공연기획을 만나다!

삶의 다감함과 부드러움으로 사는 것에

당당할 용기와 지혜를 준 천사 아내, 박수현에게 책을 바친다.

흐르는 물의 존재로 살며 세상과 다투지 않고 살 수 있게 해 준 그녀의 은공이 크다.

결국 내 인생은 그녀가 살게 했다.

공연기획

Prologue

I

3년을 주기로 다른 듯 비슷한 여러 권의 전공 책과 어쭙잖은 한 권의 에세이를 세상에 내놓았다. 13년을 쉼 없이 공연기획을 꿈꾸는 청춘 1,200명과 교실에서 삶과 경험을 공유했다. 30여 명의 학생들을 6개월을 단위로 40기를 넘게 만난 셈이다.

20년을 크고 작은 국내외 공연 현장에서 500회의 공연 이력도 쌓았다.
1년에 20회 이상을 일하며 산 것이다.

돌아보니, 50여 년이 지나 있었다.
남은 것은 약간의 숨가쁨과 얼마의 경험치와 사람이었다.

나이로 인해 생각의 틈이 더 벌어지기 전에 애써 얻은 얼마의 경험치와 사람에 대해 서둘러 이야기를 하고 싶어졌다.

20년, 공연에 대해 특별한 학교에서 배운 것들을 정리할 동기가 생긴 것이다. 공연기획을 하고 있거나, 공연기획을 앞으로 해야 한다면 놓쳐선 안되는 것에 대한 이슈를 찾기 시작했다.

우선 책의 방향과 콘셉트를 잡기 위해 난 스스로에게 다음과 같은 질문을 던졌다.
"20년, 공연에 대해 특별한 학교에서 배운 것들 중에 가장 중요한 것은 무엇인가?" 사뭇 진지한 물음이었다.

예상보다 시간이 좀 걸렸다.
쉽게 내릴 수 있는 결론이 아니었기 때문이다.

답을 찾고 난 뒤의 결과물을 보니 재밌는 것은 직무에 꼭 필요한 직접적인 소양

보다는 간접적인 요소, 즉 사람의 태도에 관한 것들이 대부분이었다.

삶에 대한 태도, 공연을 대하는 기획자의 자세와 방향을 설명하고 있는 키워드들이다. 자존, 본질, 창의, 협업, 핵심, 혁신, 균형, 디테일, 사람, 내가 20년 공연 현장에서 배움을 통해 가장 중요한 가치로 생각한 아홉 개의 키워드다. 기획 일을 해야 하는 사람이라면 꼭 생각해 봐야 할 것들이다.

난 책의 방향을 이 아홉 개의 키워드를 풀어 가는 것으로 잡았다.
물론 전공과 관련한 실무 이야기와 업무 스킬, 매뉴얼에 대한 노하우를 언급하겠지만 공연을 대하는 태도, 방향, 자세에 대해서 먼저 말하고 그 틀 안에서 경험과 현장의 노하우를 담아내려고 했다.

II

공연기획의 이론을 다루는 책에서 왜 가치에 관한 이야기를 먼저 꺼낸 것일까?

공연기획 현장의 업무 매뉴얼은 반복적이고 습관화된 패턴을 갖는다. 그 업무의 숙지와 이해는 풀기 어려운 숙제가 아니다. 반면 공연은 매 순간 달라야 하고, 창의적이어야 한다. 일은 이렇게 하는 것이고, '요즘은 이런 방식이 정석이야.'식의 흔한 경험의 공유로서는 풀 수 없는 어려운 과제이다. 시간의 흐름에 따라 누구나 알게 되고 쉽게 숙지하게 되는 업무 매뉴얼과 시스템의 이해가 기획자에게 무엇보다 중요한 이슈는 아닌 이유이다. 오히려 매번 달라야 하고, 변화하는 환경에 대한 분명한 방향성과 기준을 갖는 것이 더 중요하다. 그래서 공연 현장의 노하우와 더불어 삶에 대한 태도, 공연을 대하는 자세를 말하지 않을 수 없었다.

인문학적 배경이 배어 있는 이 아홉 가지의 키워드 중에 여덟 개는 각자의 키워드와 궤를 같이하는 공연기획의 일, 업무의 과정, 방법과 연결되어 결국 공연 현장의 이야기로 우리를 이끌게 된다.

III

얼마 전 술자리에서 한 후배가 출판 이야기가 나오자 아직 할 말이 남았냐며 내게 되묻는다. "이제 또 쓸 기회가 있을까?? 마지막이 되지 않겠냐"고 말했다. 마지막이라 생각하니 더 하고픈 말이 많았다. 그래서 이전보다 더 집중해서 열심히 썼는 대도 아쉬움이 크다. 소심한 성격 탓에 어떤 결과물로 여겨질지 걱정도 앞선다.

마지막 아홉 번째의 키워드인 사람은 대한민국 공연 시장의 미래를 예측해 볼 수 있는 차세대 주역들을 만나 보는 인터뷰로 대체했다. 현장에서 원하는 인재상이 어떠한지를 대변해 주는 좋은 증거가 될 것이다. 내가 사.랑.하.는. 사람들이다.

한 분야의 전문가(specialist)로 이십여 년을 살아왔지만 아직도 아쉬움이 남는 것을 보면 여전히 채워지지 않는 갈증을 느낀다.

그래도 나 스스로 위안을 삼는 것은 가만히 서 있지 않고 한걸음씩이라도 앞을 향해 나아가는 노력을 하고 살았다는 것이다. 삶의 속도 때문에 내적 갈등은 끝이 없었지만 삶의 방향을 잃지 않으려 최선을 다했다. 성장은 느렸지만 썩어가고 있지는 않았다. 먹이를 쫓는 독수리가 되는 것을 포기한 대가로 남들처럼 빌어먹을 숨가쁨은 내 사전에 없었다.

스트레스로 아침을 맞고, 편두통을 안고 일터로 향하진 않았다. 경직된 자세로 살아가지 않았고 재미와 즐거움으로 살아왔다. 좋은 공연과 행복한 미래를 이야기하며 살아온 것이다. 인생에 대한 목적 의식이 삶과 일에 대한 태도를 바꿀 수 있다고 믿는다. 그런 마음을 담아 책을 마무리지었다.

책의 내용 중에 부족한 게 분명 있겠지만 공연기획을 통해 인생의 변화를 꿈꾸는 사람들에게 하나의 의미 있는 전환점이 될 것이라 생각한다. 삶과 일에 대한 태도의 변화를 기대하면서 자, 그럼 첫 번째 키워드를 시작해 보자.

2014.10.

전 성 환
David S. Jeon

Special Thanks to

투박한 원고를 잘 다듬어 준 박진아 작가,

감각적인 디자인으로 책에 날개를 달아 준 하지영 디자이너,

딱딱한 원고에 비주얼을 더해 다양한 멋을 내어 준 제자 김온유,

예쁜 손그림으로 책을 돋보이게 만든 제자 문지영,

자료 조사로 책의 구성을 알차게 해 준 제자 이경미, 최정은,

인터뷰에 응해 준 좋은 제자이자 후배들,

인터뷰를 이끌며 아홉 번째 키워드를 채워 준 파트너 한민아,

원장과 팀장의 빈틈을 잘 메워 준 고마운 파트너 한나래,

어려운 시기에 일정을 조정해 가며 책의 출판을 맡아 준 예영 원성삼 대표와 김지혜 팀장,

아빠와 같은 길을 걷고 있는 선물 같은 딸 하은,

아빠에게 중년에 어울리지 않은 새로운 재미와 일상을 선사해 준 사랑스런 아들 하늘,

든든한 버팀목으로 가족의 오늘과 미래를 응원해 주는 장모님,

모두 감사합니다!

아홉 개의 키워드

로 풀어 보는 공

연기획의 세계

공연 현장과

기획자의 삶

에 혁신을!

목차

Act 01   자존

Act 05   핵심

Act 06   혁신

Act **01**
자존

Chapter 01_공연기획자로 산다는 것

Chapter 01
공연기획자로 산다는 것

#1. 공연이 끝나고 난 뒤

'**공연기획**'만큼 대중과의 교감을 온 피부로 느낄 수 있는 창작 작업은 없을 것이다. 소설 집필, 작곡, 광고나 드라마 제작도 어느 정도 걸러진 대중의 피드백만이 가능하다.

공연의 피드백은 직접적이다.
객석 점유율이나 티켓 판매량 같은 단계의 이야기가 아니다.
오늘, 바로 이 공연에 대해 관객이 어떻게 느끼는지에 대한 이야기이다.
콘서트나 페스티벌의 경우는 관객의 환호로 가늠한다. 호응이 열렬하면 할수록, 그것은 공연기획이 성공적이었음을 나타낸다. 극중에 엄숙을 요하는 뮤지컬이나 연극의 경우에는, 극이 끝나고 난 뒤 커튼콜과 관객들이 모여든 로비의 온기로 느낄 수 있다.

아쉬움에 극장을 떠날 줄 모르고 배너 앞에서 사진을 찍는 사람들,
흥분이 채 가시지 않은 목소리로 일행들과 한껏 대화를 나누는 사람들,
기쁜 마음을 감출 수 없어 크게 웃는 사람들, 공연의 흔적들(프로그램 북, MD)을 구매하느라 정신 없는 사람들이며, 공연의 주인공들을 한 번 더 볼 수 있을까 하는 기대로 무대 뒤를 기웃거리는 사람들까지, 한 마디로 **'막을 내린 뒤 관객들로 북적이는 로비'**는 성공적인 공연의 표상인 셈이다.

아직까지도 나는 종종 막이 내리자마자 로비로 나가보곤 한다.
사람들 사이에 섞여, 로비의 온기를 온 몸으로 느껴 보는 것이다.

공연기획의 묘미는 '**따뜻한 로비의 온기에 지친 몸을 데우는**' 바로 이 순간이 아닐까 싶다.

때로는 막차 시간에 쫓겨 하릴없이 귀갓길에 오르는 사람들 틈에 끼어 걸어 보기도 한다. 그런 날이면 아무리 겨울 바람이 매섭게 분다 해도 추운 줄을 모르겠다. 지하철을 타면, 방금 공연장에서 걸어 나온 사람을 금새 구분해 낼 수도 있다. 무료해 보이는 멍한 얼굴들 사이로, 볼이 발개진 환한 얼굴들이 가로등 불빛처럼 빛나기 때문이다.

그럴 때면, 내가 공연기획자의 길을 택한 이유를 다시금 발견하곤 한다. 이렇게 **무대에서 로비로, 극장에서 귀갓길로, 일상으로 퍼져 나가는 공연의 온기를 지켜보는 것, 공연으로 사람들의 삶에 활력을 주고 긍정적인 에너지를 불어넣는 것**, 그것이야 말로 내가 공연기획자의 길을 20년째 걸어오고 있는 **이유**이며, 삶의 **목표**이고, 공연의 **본질**, 내가 공연기획자로서 느끼는 '**자존**'이다.

Chapter 01
공연기획자로 산다는 것

#2. 공연으로 행복한 세상을 꿈꾸는 가수, 이문세

공연인이라면 누구나 그래야 하지만
유독 이문세 씨는 관객을 **살뜰히** 챙긴다.
진심을 담은 작은 계획을 짜고,
그 계획은 관객들에게 **예상치 못한 큰 감동**으로 다가간다.
그 작은 계획은 그의 공연 때마다 **'베스트 포토제닉'**을 뽑는 것이다.

전문 사진작가가 공연장에 도착한 관객들의 모습부터
공연을 관람 중인 관객들을 도촬한다.
일종의 **'묻지마 시상식'**인 셈이다.
미남상, 미녀상, 커플상, 행운상 등으로 상을 정해 놓고
도촬한 사진 중에서 가장 적합한 컷을 선정해서 공연 중에
공개하고 재미난 상을 준다.

공연이 한창 진행 중일 때 일부 스태프들은 모여서
작가가 찍은 사진들을 보며 상에 어울리는 표정과 컷을 찾는데
놀라운 것은 찍힌 사람들의 표정들이 한결같다는 것이다.
불편한 얼굴과 찡그린 얼굴을 찾을 수 없다.

일상에 찌들린 얼굴은
어디론가 사라져 버리고
모두가 행복한 표정이다.
관객 모두가 포토제닉 대상감이다.

그 사진들을 모아 관객들이 퇴장할 때
특별한 기교 없이 배경음악만 입혀서 스틸 컷으로
서비스 영상(중계화면)에 내보낸다.
몇 달간 공연을 준비하며 지칠대로 지친 스태프들은
그 영상들을 보며 **위로**를 받는다.
관객의 행복한 표정과 에너지가 스태프들을 웃게 만든다.
다음 공연에 대한 의지를 불태우게 한다.

그래서 공연은 **모두에게 특별한 선물**이다.
관객은 우리가 만든 공연을 통해,
우리는 관객의 행복한 표정을 통해
특별한 선물을 주고 받는 셈이다.

Chapter 01
공연기획자로 산다는 것

#3. 99.9%의 비밀

학생들과 함께
공연계의 특별한 현장과 인물들을 만나러 떠나는
인사이트 트립을 연례 행사로 갖는다.
그중에서도 가장 인상에 깊었던 일을 꼽으라면,
자라섬 국제재즈페스티벌의
총감독인 인재진 대표를 만났던 날이 떠오른다.
그의 감동적인 인생 역전 스토리에 매료된 학생들이,
끝없는 질문 공세를 해대던 중이었다.
늘 얌전하던 한 학생이 조용히 경청하다
갑자기 툭 질문을 뱉었다.

"감독님, 지금 하시는 일에 대해서 얼마나 만족하세요?"
그의 질문에 수선스러웠던 강의실이 조용해졌다.
나 역시 궁금한 마음에
그의 대답을 기다렸다.
우리의 진지한 눈빛을 배반하듯,
그는 별달리 고민하는 기색도 없이
장난스럽게 웃으며 대답했다.

"99.9%요"

99.9%

99.9%라니….

거의 종결에 가까운 수치 아닌가.
세상 그 누가, 직업 만족도를 묻는 질문에 감히 99.9%를 표하겠는가.
이어지는 그의 대답에 나는 또 감동했다.
이미 그와 같은 길을 걷고 있는 나는 물론이고, 그와 나의 뒤를 이어 이 길을
걷고자 하는 학생 모두가 듣고 싶었던 바로 그 대답이었기 때문에….

"사람을 웃게 하는 일,
세상을 행복하게 하는 일이 얼마나 있겠어요.
공연기획자가 바로 그 일을 하는 사람입니다."

그렇다.
그의 한마디는, 강의실에 있던 학생들의 가슴에
순도 99.9%의 열정을 불어넣어 주었음은 물론,
동시에 공연기획자로 산다는 것이 멋스럽게 느껴지는 순간이었다.

이 모든 현상과 원인은 공연이 중요한 매개 역할을 하고 있다는 것을 보여 준다.
공연기획자가 '자존'을 왜 가져야 하는지를 설명하고 있는 것이다.

Chapter 01
공연기획자로 산다는 것

#4. 공연을 대하는 우리의 태도_**자존**

공연을 대하는 우리의 태도 중
가장 첫 번째 이슈를 '자존'으로 택한 이유다.

*__자존__의 사전적 의미는 스스로 **자**(自), 중할 **존**(尊)
나를 중히 여기는 것, 스스로를 존중하는 마음이다.
어떤 위치에 있던
어떤 분야에서 일을 하던
스스로 자기 자신을 존중하는 것이 바로 자존이다.

공연기획자의 역할과 영향력을 볼 때
그들 스스로 '자존'감을 갖는 것은 당연해 보인다.
그런데 현실은 다르다.

공연기획자를 꿈꾸는 학생들과의 첫 만남에서 나는 늘 같은 질문을 던진다.
"백스테이지하면 떠오르는 것은?"

다양한 답이 나오지만,
대부분 어둡고 부정적인 단어들이다.
그들의 대답에는 백스테이지에 대한 대중의 인식이 고스란히 묻어 있다.
전부 편견이라고만 할 수도 없는 것이, 일면 현실에 근거한 답들도 있기
때문이다. 아직도 공연기획자에 대한 사회적 지위와 대우가 적절한
수준에 오르지 못한 것이 사실이다.

칙칙한 답을 쏟아 내는 그들에게 난 다시 묻는다.
"그런데 왜 이 일을 하려고 하지?"

이때만큼은 학생들이 공통된 답변을 꺼낸다.
비록 그러할지라도, 하고 싶으니까 한다는 것이다.
자신들은 세상이 정한 기준에 따르지 않고,
다른 기준과 가치를 추구하는 삶을 살고 싶단다.
의외의 행복을 꿈꾸는 사람이 되고 싶다는 것이다.

아마도 공연계에 뛰어드는 대부분의 사람들이
이런 마음을 가지고 있을 것이다.
이런 마음으로 뛰어들어도 자존감을 갖기가 쉽지는 않다.

그렇다.
맞는 말이다.
세상이 정한 기준으로만 판단한다면 자존감을 갖기란 쉬운 일이 아니다.
정답 사회에선 공연기획자의 자존은 자기암시 정도로 치부될 확률이 높다.
우리 주변의 흔한 정답들이다.

10대면 공부 열심히 해서 SKY급 정도는 가야지.
20대면 스펙 쌓고, 대기업 정도는 취업해야지.
30대면 좋은 직장에, 결혼하고, 연봉은 최소 이 정도는 되야지.
40대면 돈 잘 벌고, 애들 폼 나게 키우고, 외제차 정도는 몰아야지.
50대면 노후 대비 5억 정도는 모아 둬야지.

나이별로 해야 할 행동과 생각이 정해진 사회.
정답이 미리 나와 있는 사회에서 정한 규범으로만 따진다면
공연기획자의 자존은 먼 이야기임에 분명하다.

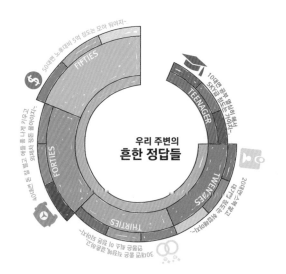

오래된 SK텔레콤 광고 **"생각대로 해"**가
이런 정답 사회를 비꼰 셈이다.

1살
걸음마가
늦으면
지는 걸까?

4살
영어 유치원에
가지 못하면
지는 걸까?

8살
반장이
되지 않으면
지는 걸까?

15살
영어 발음이
된장이면
지는 걸까?

26살
대기업
입사하지 못하면
지는 걸까?

34살
외제 차를
타지 못하면
지는 걸까?

왜 남의 생각, 남의 기준으로 살까?
생각대로 해. 그게 답이야!

공연기획자라면 세상을 대하는 태도가 어떠해야 하는지를
가장 잘 보여 준다.
남들이 생각하는 대로 생각하는 것이 안전하고
남들이 정해 놓은 기준대로 사는 것이 행복한 사람은
공연기획자를 절대 할 수 없다.
공연기획자는 의외의 행복을 꿈꾸는 사람들에게 적합한 직업이다.

Chapter 01
공연기획자로 산다는 것

#5. 지속 가능한 **자존감**을 위한 몇 가지 제언

공연기획자의 자존은
여기가 출발점이다.

나는 가능하다면 여러분이 현장에 뛰어들기 이전에,
공연기획자로서 자신이 가질 자존감을 어느 정도 확립했으면 좋겠다.
이제 남은 것은 그 자존감을 지속시키기 위한 몇 가지 노력이 필요하다.

01. 성공에 대한 자신만의 기준을 가져라

세계적 패션디자이너인 마크 제이콥스가 내린 성공의 정의가 시선을 끈다.
"성공은 자기가 좋아하는 일을 계속 할 수 있는 것!!"이라고
간단명료한 정의를 내렸다.

성과주의적 공식을 좋아하는 사람에게는 낯선 정의이다.
성공 강박증에 걸린 사람들,
성공을 위해서 변칙이나 가치를 무시하는
성공 일변도의 사고를 가진 사람들.
그 모두의 기준을 보기 좋게 뒤집는 것이다(공연기획자는 사회적 통념에
대한 스트레스를 받지 않아야 한다).

마크 제이콥스의 정의 안에는 다른 팁이 숨어 있다.
자기가 '좋아하는 일'을 '계속 할 수 있다'는 것은
'잘 하는 것'을 전제하고 있음을 기억해야 한다.
내가 좋아하는 일을 계속 하려면 실력을 기반해야 한다.
긴 호흡을 가지려면 잘하는 일이어야 한다.
그래야 더 신이 나고 지속적인 동기 부여가 가능할 것이다.
경쟁력이 뒷받침되지 않은 자존감은 거품에 불과하다.

02. 작은 성취를 매일 경험하라

지속 가능한 자존감을 위해서는
사소한 목표를 대하는 태도가 달라야 한다.
평범한 목표를 성취하는 것을 매번 실패하면 자존감은 낮아지게 된다.
일상에서 작은 성취감을 맛보는 훈련을 해야 한다.
이는 좋은 습관이다.

작은 성취는 큰 성취감을 불러오는 열쇠이다.
일상에서 목표를 이루어 나아가는 습관이
결국 사람을 비범하게 만든다.
대신 절제된 삶의 기획이 필요하다.
이룰 수 있는 목표 설정이 중요하고 이는 반드시 성취해야만 한다.

반복되다 보면 자신을 믿게 되고,
자존감의 지경은 점점 넓어지고, 깊어지는 것을 발견할 수 있다.

버려야 할
근성 3종 세트

노/예/근/성

공연 일을 하면서도 남이 시키는 대로 하거나
남의 눈치만 보는 노예 근성은 버려라.
소신 있게 일해야 한다.
자신만의 색깔을 낼 수 있어야 한다.
시류에 몸을 맡겨서는 안된다.
내가 스스로 노를 저어 항해를 할 수 있어야 한다.

거/지/근/성

정당하게 일하고, 당당하게 그 몫을 받아야 한다.
나를 값싸게 대하는 사람과는 말도 섞지 말자.
그들이 아무리 좋은 먹을거리를 가져와도
한 점 마음의 동요를 일으키지 말자.

속/물/근/성

세속적인 명리에만 급급하지 말자.
편법과 술수에 능한 사람이 가장 경계해야 할 적이다.
대의를 좇아서 일하자.

근성마저 없다면,
공연기획자가 될 자격은 물론이고
자존은 꿈도 꿀 수 없다.

Act 02
본질

Chapter 02
공연의 본질

#1. 우린, 농사나 지읍시다!!

한국에서 이름깨나 날린다는 감독들과 라스베가스에서 〈태양의 서커스〉 작품 하나를 보고
나서던 길에, 누군가가 한숨과 함께 자조 섞인 한마디를 뱉어 냈다.
"우린 농사나 지어야겠습니다. 허허."
사실 누구랄 것도 없이 우리는 모두 비슷한 생각들을 하고 있었다.
랄리베르테가 〈태양의 서커스〉로 쏘아 올린 새로운 블루오션 신화들 앞에서 우리는 패배자의 기분을
맛보아야 했다. 공연을 보는 중에는 첨단 기술의 진화와 혁신에 넋을 잃었다가, 공연장 문을 나서는
순간 우리의 현실을 돌아보며 더 암담한 기분이 들었던 것이다.

#2. 본질과 현상에 대한 **혼돈**

학생들과 '좋은 공연'에 대한 토론을 종종 주고 받는다.
모두가 그렇지는 않지만, 가끔 화려한 '현상'에 이끌려 공연기획자를 꿈꾸는 학생들이 있기
때문이다. 그렇게 현상에 눈이 멀어 들어선 이들은, 결국 그 현상에 대해서만 이야기한다.

대형화, 물량화 된 무대와 화려한 메커니즘, 이름값 하는 프로덕션과 아티스트/배우/스태프에
대해 자신의 경험담을 쏟아 낸다. 공연을 사이즈로 기준을 삼으며, 이름값으로 열광한다.
가끔은 이런 이들 때문에 지금의 이상기류가 만들어지지 않았나 생각한다.

그래서 기획자/제작자들이
더 화려하고, 더 유명하고, 더 기술적인 현상들에 목을 메는 이상기류.
욕심/투기에 가까운 경쟁 구도를 만들어 낸다. 서로 살아야 하는데 같이 죽자는 판세이다.
본질을 망각한 현상들이 판을 치는 공연 세상이다.

#3. 당대는 흐르고, **본질**은 남는다

앞서 현상 뒤에 가려진 본질을 놓치지 말 것을 당부했다.
그렇다면 '**무엇이 본질인가?**' 하는 물음이 자연스럽게 나올 것이다.
본질이란 '**시대를 관통하며 흐르는 것**'이다.
쉽게 말해서 변하지 않는 것이 본질이다.
반대로 현상은 늘 변하기 마련이고, 또 변해야만 살아 남는 것이다.
머물러 있는 현상은 가치를 잃는다.
마치 생명처럼 진화하는 것이 바로 현상이다.
때로 이런 현상의 진화는 '트렌드' 혹은 '혁신'이라는 단어로 표현된다.
그러나 이러한 혁신이 본질에서 벗어난 채로 일어나서는 안된다.
본질을 알아야 진정한 혁신이 가능하다는 말이다.
본질을 모르는 상태에서 혁신의 방향과 방법을 결정하는 것은,
처음부터 단추를 잘못 끼우는 것과 마찬가지이다.
오로지 혁신, 혁신! 트렌드, 트렌드! 하며 만들어 낸 공연은 말초신경만 자극하는,
소리만 요란한 트림 같은 공연이 될 뿐이다.

'**당대는 흐르고, 본질은 남는다**'는 말,
이 말은 광고인 박웅현이 자신의 저서를 통해,
인문학의 힘을 강조하면서 한 이야기이나 이것은 공연에도 그대로 통용된다.
트렌드의 변화, 현상의 진화에 민감하게 반응하고 체득하는 일도 중요하다.
그러나 시대를 관통하며 흐르는 본질이 무엇인지를 찾는 것은 더욱 중요하다.
결코 지금의 변화에만 급급해서는 안된다.
10년 후에도 남아 있을 것이 무엇인지 찾고, 거기에 집중해 볼 필요가 있다.
더욱이 비주얼과 미디어 혁신을 기반한 다양한 융·복합 현상들이
공연 판을 점령하기 시작한 지금, 본질에 대한 고찰은 더욱 중요한 과제로 남을 것이다.

#4. 본질은 곧 **핵심 가치**

나는 늘 본질을 탄탄하게 갖춘 사람들이 공연 일을 해야 한다고 믿어 왔다.
공연 일을 처음 시작한 사람과 현장에서 경험치를 쌓은 사람.
그들의 미래는 상호간 경험치에 대한 격차로 판가름나지 않는다.
당장 업무에 필요한 요점정리집과도 같은 경험과 잔재주로 무장한 사람인지
아니면 본질에 눈을 뜬 사람인지가 중요한 변수가 된다.
경험치는 당장의 차이를 만들 수 있지만 장기 레이스에선 절대 기준이 될 수 없다.

기업과 함께 문화 공연을 하면서 이 신념은 더욱 강해졌다. 기업에서는 이를 핵심 가치로 달리 표현한다. 기업의 핵심 가치는 기업의 전시용 슬로건이나 캐치프레이즈가 아니었다. 특별히 새로운 일원이 된 신입사원들에게 기업의 핵심 가치를 전달하는 과정은 무서울 정도였다. 그 어떤 현상(프로그램 구성, 표현 방식 등)도 이보다 앞설 수 없고 핵심 가치가 프로그램에 가려지거나 흐릿해질 경우 그 구성 자체를 바꿔야 하는 경우가 허다했다. 그만큼 그들에겐 핵심 가치가 우선순위였고, 그 모든 과정을 통해 신입사원의 몸과 정신에 강력하게 침투되길 원했다. 그들의 언어로 표현한다면 기업의 핵심 가치의 내재화가 최우선 전략이자 목표라는 것이다. 프로젝트가 끝나고 시간이 많이 지났는데도 아직 내가 아무 상관없는 그들 기업의 핵심 가치를 기억 속에 갖고 있는 것을 보면 그 과정이 얼마나 지독했는지 알 수 있다.

모든 업무의 중요도와 프로젝트 입안, 전략 수립 등 일련의 과정에서의 모든 기준은 핵심 가치가 되어야 한다는 것이다.

기업의 핵심 가치는 주춧돌 역할을 한다.
제대로 역할을 못할 경우 상위 개념인 기업의 비전과 미션이 흔들리게 된다.
1980년대 '사람에게서 기업 경쟁력을 찾자.'는 주장이 대두되면서 핵심 가치의 중요성이 광범위하게 확산되었고, 1990년대 들어서는 핵심 가치가 최고 기업들이 보유한 차별적 우위 요소로 인식되기에 이르렀다. 이들 기업의 핵심 가치는 곧 기업의 경쟁력이 되었고 성공 DNA로 받아들여졌다.

이젠 공공 부문에서도 혁신의 일환으로 핵심 가치를 공유하게 하고 일원들에게 이를 변화의 지표로 삼게 한다. 이를 통해 근절적 변화가 일어나고 있다.

공연 예술 분야에서의 본질 찾기 캠페인이 시작되어야 할 동기는 이제 충분한 것 같다.

Chapter 03
공연기획의 본질

#1. 있고 없고의 차이

대상에게서 본질을 읽기 위해서 필요한 가장 적합한 기준점은 **'답다'**라는 말이다. '나답다 너답다'처럼 '답다'라는 말은 결국 **'본질을 잘 갖고 있다'**는 말이다. 내가 어떤 것들과 비교하여 '~답다'라는 것은 내 안의 본질을 찾아가는 중요한 키워드이다. 가장 나답게 사는 것이 **나의 본질에 가까운 삶을 사는 것**을 의미한다.

삼성답다, 현대답다는 것은 결국 그 기업이 본질을 잘 갖고 있다는 말이다. 답다라는 것은 그 기업의 문화를 대변하고 조직원들의 행동 양식과 태도를 표현한다. 답다는 결국 기업과 조직원의 성공 DNA인 셈이다.

그래서 "공연의 본질"에서 언급한 것처럼 기업이 다른 기업과 비교하여 차별적 우위를 갖기 위해 대체 불가능한 핵심 가치를 정하고, 그것에 집중하는 이유인 것이다.

개인이든 기업이든 **'있고 없고의 차이'**는 **근접하기 힘든(따라잡기 힘든) 격차**로 이어진다.

#2. 공연의 본질은 소통

조금 돌아온 감이 있지만, 위와 같은 방법으로 공연 예술 분야에도 적용해 보도록 하자.
가장 공연다운 것을 가려내다 보면, 아마도 공연의 본질을 이해할 수 있으리라 본다.
우선은 공연기획에 대한 다양한 정의를 살펴보는 것이 먼저이다.

공연기획에 대한 일반적 정의이다.
공연 예술의 기획, 제작, 마케팅, 경영, 연출 등의 총괄적인 계획 수립과 모든 집행 과정을 말하며, 공연 실연자의 작품을 더 폭넓고 적극적인 수단으로 청중, 관객에게 전달하기 위한 모든 행위를 말한다.

공연기획을 사무적 기능으로 본 전통적 시선이다.

기능적인 이해 중에 프로모션(마케팅과 흥행적 관점)과 매니지먼트(경영, 관리적 측면)를 강조하여 부분 확대한 정의도 존재한다.

공연기획은 공연예술 작품을 시장의 눈높이와 규모에 맞추어 생산, 제작하여 소비의 주체인 관객에게 전달하는 작업을 뜻하며, 최종 목적에 따라 기획 공정이 상품화 과정이 되기도 하고 공익적인 활동이 되기도 한다.

이익 창출이 최종 목적인 시장경제 논리와 산업적인 시선으로 보면, 공연기획은 자본, 작품과
마케팅의 세 가지 구성 요소를 가장 창조적으로 엮어 내는 것으로 공연기획을 정의할 수 있다.

**시대와 시장 상황에 따라 그 공연에 대한 정의와 의미는
변화(planning–promotion–management)해 왔지만 수단과 기능적 이해에 초점을 맞춘 정
의에서 본질을 읽어 내기는 어렵다.**

위의 정의가 틀리지는 않았지만 하나뿐인 정답이어서도 안된다.
추구하는 가치에 따라 다양한 답변이 나와야 한다.

본질에 접근하기 위해 공연기획에 대한 정의를 자세히 들여다보자.
기능적 강조점과 상관없이 변하지 않는 요소들이 눈에 보인다.
모든 것에 공통되거나 들어맞는 것이 있다.
무대, 콘텐츠와 관객, 이 세 가지 요소다.
무대라는 공간에서 공연이란 콘텐츠와 관객과의 만남이 공연기획의 실체이고,
이를 통해 어떤 결과물(성취/목표)을 일구어 내는 것이라 할 수 있다.

무대, 콘텐츠와 관객의 역학적 관계와 구도에서 교집합은 하나밖에 없다.
소통이다.
소통은 공연의 본질이어야 한다. 무대도, 콘텐츠도, 프로모션도, 매니지먼트도, 그 어떤 것도,
소통보다 앞서서는 안된다. 그 어떤 것도, 결코 일방적일 수는 없다.

01. PLANNING   02. PROMOTION   03. MANAGEMENT

COMMUNICATION

#3. 공연기획의 본질

공연의 본질이 소통이라면, 공연기획의 본질은 무엇인가?
여기에 답하기 위해서는 우선 생각해야 할 문제들이 있다.

세상에는 얼마나 다양한 무대가 존재하는가?

세상에는 얼마나 다양한 콘텐츠가 존재하는가?

세상에는 얼마나 다양한 관객이 존재하는가?

도대체 얼마나 다양한?

기획 짬밥 좀 먹은 사람들이라면 이 물음에 답을 찾기 위해 머리가 분주해야 하는데 현실은
오히려 반대의 경우이다. 우리가 보고 경험한 공연 세상이 동네 한 바퀴 돌면 끝이 보이는
정도라는 것을 알게 된다. 다양한 기록과 숫자들의 풍년 속에 사는 듯 했으나 다른 듯 비슷
한 것의 천지를 헤집고 다녔나 보다.

시장은 혼재한 데 경험은 단순하니 아이러니할 수밖에 없다.
문화적 취향이 얼마나 단순했는지 바닥이 금방 보인다.

볼거리에 비해 상대적으로 독창성이 부족한 문화적 결핍 현상 속에 살고 있는 것이다.
공연을 만드는 사람들이 대중의 문화적 취향을 획일화한 것이다. 조장한 것이다.
새로운 것에 대한 대중의 욕구를 이끌지 못한 것이다.
새로운 것에 대한, 다양한 것에 대한 관객의 기대와 변화의 요구에 부응해야 한다.

더 창의적인 공간에서 무대가 올려져야 하고, 더 재미난 이야기가 콘텐츠로 만들어져야
하고 더 생산적인 관객의 활동이 생겨나야 한다. 이러한 창조적 노력이 끊임없이 있어야 한다.

우리가 사는 공연 세상에는
더 다양한 기준과 가치가 존재해야 한다.

그러나 현실은 현장에서 일하는 사람이나 현장 진입을 꿈꾸는 사람들의 시선이 한 곳을 향
하고 있다는 것이다. 대다수의 대중을 위한 공연만을 생산하려 한다. 모든 사람을 위한 공연
은 세상에 존재할 수 없는데도 그 야욕을 불태운다. 그래서 본질보다는 현상에 목을 멘다.
틀린 답은 분명 아니지만 모든 곳에 통용될 수 있는 정답은 더욱 아니다.

공연기획의 본질은 궁극적으로 일반화할 수 없는 것이다.
본질은 결국 기획자 개인의 철학이어야 하고, 비교 우위 경쟁력이어야 한다. 이를 바탕으로
공연기획의 본질에 대한 해석과 정의는 더 다양해져야 한다. 기획자의 성향과 추구하는
가치에 따른 다양한 공연 세상이 존재해야 하고 그 균형감이 기본을 넘어야 한다.

공연의 본질은 절대적이지만,
공연기획의 본질은 상대적이다.
공연의 본질은 보편적이지만,
공연기획의 본질은 개인적이다.

결국 공연기획의 본질은
공연 예술을 통해 또 다른 새로운 가치를 창출해 내는 철학이자 정신이라 할 수 있다.

또 다른 새로운 가치는 차별화의 의미를 내포하고 있다.
단순히 남들이 이미 진입한 시장을 피한다는 수동적인 의미가 아닌 반드시 필요하지만
남들이 하지 않는 시장을 개척한다는 적극적인 의미를 담은 차별화이어야 한다.

- **공연**의 **본질**은 **절대적**이지만,
  - **공연기획**의 **본질**은 **상대적**이다.
- **공연**의 **본질**은 **보편적**이지만,
  - **공연기획**의 **본질**은 **개인적**이다.

대다수 대중을 위한 공연이 아닌 새로운 시선으로, 또 다른 새로운 가치를 창출하기 위해 전방위적으로 창의적 작업을 하고 있는 단체와 사람들이 최근 많아지는 추세이다. 다행이다. 이들의 공통적인 특징은 장르나 콘셉트가 각자의 개성으로 더욱 세분화되고, 새로운 볼거리를 제공하고 있다는 것에 있다. 색깔이 더욱 다양해지고 분명해져서 하나의 개념과 기준으로 설명할 수 없는 것이 대부분이다.

현재 대한민국에는 수많은 극장들이 다양한 태생적 배경을 갖고 영업 중이다. 극장 고유의 기능은 다들 가지고 있지만, 그 극장만이 가지고 있는 특별한 기능과 프로그램은 찾아보기가 쉽지 않다. 그 틈에서 LG아트센터는 개관 이후 지금까지 계속 이어지는 특별한 행보는 가히 독보적이다.

LG아트센터

LG아트센터는 '세계성'과 '미래지향성'이라는 기조 아래 국내외의 다양하고 수준 높은 공연 작품을 선보이고 있다. 독일 피나 바우쉬의 부퍼탈 탄츠테아터, 현대 연극의 거장인 피터 브룩, 러시아 연출가 레프 도진이 이끄는 상트 페테르부르크 말리 극장, 댄스 뮤지컬이라는 새로운 장르를 개척한 영국 매튜 본의 〈백조의 호수〉, 20세기 디지털 미디어 연극의 개척자 로베르 르빠주, 현대 음악의 선구자 필립 글라스 등, 세계 최정상급 예술가들을 초청하여 공연 예술의 선진화에 앞장서고 있다. 2005년에는 개관 5주년을 기념하여 피나 바우쉬 탄츠 테아터와 함께 '대한민국'을 주제로 한 무용 작품을 공동 제작해서 전 세계에 선보이기도 했다. LG아트센터는 세계의 우수한 예술을 국내에 소개함과 더불어 국내외 예술 단체와 공동으로 새로운 작품을 제작하는 사업도 활발히 진행하고 있다. 매년 국내 연극 및 무용 작품의 기획, 제작을 통해 우수한 국내 레퍼토리 개발에 힘쓰고 있다. 탁월한 안목과 제작 역량을 지닌 LG아트센터의 전문 공연기획자들은 세계 문화예술계의 흐름을 주도하는 세계적인 아티스트와 단체들 그리고 국내에 잘 알려져 있지 않지만 우수한 공연 단체들의 작품들을 발굴, 소개함으로써, 다양한 문화권의 특색 있고 우수한 작품들을 통해 우리 관객들의 예술 향유의 욕구를 충족시키고 새로운 예술 체험을 할 수 있도록 노력하고 있다.

사람들이 많이 모이는 곳에만 가지 말고 내 주변에 새로운, 이색적인 놀이터를 만들어 사람들이 모이게 하자는 것이다. 모두가 살 수 있는 순환 구조가 생겨날 것이다. 이러한 신념에 기초한 행동은 다양하고 독특한 현상으로 나타나게 되고 이런 현상이 쌓이면 본질에 대한 더 다양한 기준이 될 것이다. 공연기획을 처음 시작하는 사람이 현장 진입을 고민할 때 그들이 선택할 수 있는 다양한 옵션이 공연 세상에 존재해야 한다. 다양한 옵션은 그들을 통해 또 다른 가치를 낳는 동기가 될 것이다. 보고 들은 대로 배운다는 말이 무섭게 느껴진다.

인더비

비디오, 공연 등 다양한 시각예술 장르를 통해 새로운 예술의 길을 모색하고 있는 크리에이티브 그룹 "IN THE B"는 무대 디렉터, 컴퓨터 프로그래머, 배우, 뮤지션, 작가, 마케터, 미디어 아티스트 등 젊은 크리에이터들이 모여 '상상 가능한 상상의 현실화'를 실현하기 위해 다양한 창작 작업을 펼쳐 나가고 있다.

〈골드버그 버신_제목을 입력하세요〉　　〈VIDEO CONCERTO〉　　〈TOM AND JERRY NIGHT ENCORE〉

여름 대형 페스티벌에 맞선 대안

최근 대한민국의 한 여름은 음악 페스티벌 천지이다.
계절의 온도 이상으로 뜨겁다. 불모지였는데 불과 몇 년 사이에 대형 음악 페스티벌만 무려 5개 이상이 경쟁하는 나라가 되었다.
새로운 현상에 환호하고 반길 잠깐의 틈도 없이 너도 나도 판을 벌리니 다 비슷해졌다.
결국 라인업과 장소의 차이만 빼면 다를것이 없다.
자기 색깔을 찾을 겨를도 없이 고만고만(하향평준화)해졌다.
치킨 게임이다.

기존과는 다른 가치를 추구하는 새로운 대안 페스티벌 모델이 생겨나야
대한민국의 축제는 선순환 구조를 갖추게 된다.

규모 / 콘셉트 / 장르 / 대상 / 공간

모두에서 확실한 차별화를 가진 대안 페스티벌이 생겨야 한다.

Chapter 04
공연기획자의 본질

#1. "아빠, 직업란에 뭐라고 적어야 해?"

딸아이가 초등학생 무렵의 일이다.
딸아이는 매년 학년이 올라갈 때마다 전화를 걸어 같은 질문을 했다.

"아빠. 아빠 직업란에 뭐라고 적어?"

사실 매년 똑같은 질문을 하는 딸아이의 속셈을 모를 리 없었다.

공연기획도 하고, 대학 강단에 서기도 하는 아빠를 두고, 공연기획자라는 아리송한 직업보다는 '대학 교수'라는
네 글자를 폼나게 적고 싶었을 것이다. 그 마음을 알면서도 나는 늘 딸아이가 원치 않았을 답을 내놓았다.

"아빠는 공연기획자잖아. 아빠는 우리 딸이 그렇게 적으면 좋겠는데~."

매년 이렇게 답할 아빠를 알면서도, 아니 그런 아빠라는 것을 알기에, 딸아이는 혹시나 하는 마음에 새해 안부
인사처럼 그 질문을 반복해 왔다. 속상한 것은 딸아이에게 **공연 기획자**라는 아빠의 직업이 **모호한 무엇**이라는
현실보다, 그것을 어떻게 바꾸어 나갈 해결책이 내겐 없다는 것이었다.
'공연기획자'로서 아빠가 딸에게 멋있어 보일 수 있을 때는 오로지 원하는 아티스트의 사인을 받아다 주거나,
공연장에 초대하거나, 대기실에 가서 아티스트와 사진을 찍게 해 줄 때 뿐이었다. 다행히도 딸아이는 자라면서
아빠의 직업을 이해해 주었고, 또 고맙게도 동경해 주었고, 지금은 같은 길을 걷고자 공부하고 있다.

그러나 여전히 내 가슴에서 체기가 완전히 가시지 않은 이유는,
초등학생 무렵의 딸아이처럼 '공연기획자'를 '모호'하게 바라보는 시선들이 많은 사람에게 남아 있기 때문이다.

#2. 공연기획자에 대한 대중의 시선

흔히들 공연기획자라고 하면 몇 가지 단어들을 떠올릴 것이다.
딴따라, 3D.
이 모든 부정적인 견해들을 '편견'이라고, '오해'라고 단언할 수 있는 기획자가 몇이나 있을까?
이러한 사회적 인식들은 너무나 크고 단단해서, 자칫 우리 공연기획자들마저도 그것을 편견이
아닌 실제라고 믿게 만든다.
본인이 하는 일에 대한 자부심을 잃게 만든다.

솔직히 말하자면, 이 문제에 대해서 깊게 생각하게 된 계기가 바로 딸아이다.
딸아이는 이제 얼굴을 마주하고 함께 일하는 동료가 되었다. 딸, 제자들, 후배들이 지금 내가 서 있
는 바로 이 자리에 곧 서게 되리라는 것을 깨달았을 때, 나는 진심으로 이 문제를 고민하게 되었다.
단순히 '세상 사람들의 편견일 뿐이야. 나만 아니면 되니까.' 하고 지나치기에는 이 편견이 가진 제
약이 너무나도 많았다. 보다 더 좋은 환경과 내일을 물려주기 위해, 가장 먼저 해야 할 일이 바로 이
런 편견들에 맞서는 일이라는 것을 깨달은 것이다.
물론 이것은 단기간의 캠페인 같은 것으로 해결될 문제는 아니다. 또 사회적 편견을 완전히 뿌리뽑
기 위해서는 어떤 엄청난 대책을 강구해야 하는지는 나 역시 모르겠다. 다만 나를 비롯한 지금 세대
에서 이루어야 하는 것들이 있다는 것만 알겠다. 세계적인 스타 프로듀서의 탄생과 공연에 대한 대
중의 신뢰를 두텁게 쌓아 두는 것, 이 두 가지 정도이다.

첫 번째 전략은 스타 탄생이다.

세상이 주목할 만한 스타 프로듀서, 기획자가 나와야 한다.
카메론 맥킨토시, 앤드루 로이드 웨버, 하워드 펜터 같은 스타 제작자들이 우리나라에서 배출되야
한다. 위 세 명 모두는 영국 여왕의 기사 작위를 받은 사회 저명 인사들이다. 이들 스스로가 힘들게
일군 산업 현장은 그들에게 부와 명예를 안겨 줬지만 이보다 더 놀라운 변화는 그들로 인해 공연
산업을 바라보는 대중의 시선과 평가 기준이 달라진 것이다.

여기에 한 학생의 에피소드를 더하고 싶다.

공연 일은 하고 싶은데 이를 반대하는 부모를 설득한 학생의 이야기이다.
그가 꺼내 든 카드는 설도윤 대표였다. 그는 이미 우리나라 공연업계에서 성공한 프로듀서
이다. 그에 대한 각종 기사와 자료들을 스크랩북으로 만들어 자기도 이런 사람이 되려한다며

설득했다고 한다.
학생이 비장한 마음으로 건넸을 카드는 허탈할 정도로 잘 먹혀들었다. 부모들이 이미 미디어를 통
해 설도윤 프로듀서에 대해 잘 알고 있었던 것이다. 이 학생은 지금 나와 같은 현장에서 뛰고 있다.

이것이 더 많은 스타 프로듀서가 필요한 이유이다.
미디어는 대중의 인식을 변화시키는 가장 좋은 소통의 채널이다.
미디어가 앞다투어 담아내고 싶어하는 대상이 더 많아지는 것.
그것은 공연기획자에 대한 사회적 편견을 깨는 가장 쉬우면서도 가장 강력한 계기가 되어 줄 것이다.
나아가 그들이 가지는 상징성이야말로, 후배들이 다음 행보를 정하는 데 있어 좋은 동력이 되어
주리라 믿어 의심치 않는다.

두 번째, 공연에 대한 대중의 믿음을 보다 공고히 할 필요가 있다.

공연이 삶에 미치는 긍정적인 에너지들이 우리 사회 도처에서 발견되어야 한다.
조금 추상적인 이야기가 되겠지만, 공연으로 세상과 삶이 행복해지는 마법 같은 일 앞에 대중은
의심과 편견의 얼룩들을 점차 지워 나갈 것이다.
쉽게 말하자면, 좋은 공연을 경험하는 대중 개개인이 더 많아질 필요가 있다는 말이다. 이것은
스타 프로듀서 한 사람 만으로 가능한 변화는 아닐 것이다. 앞에서 몇 번이고 이야기한 것처럼,
좋은 공연이 무엇인지를 고민하는, 본질에 충실한 공연기획자들이 많아져야 한다.

세 번째, '함께 하려는 노력'이 필요하다.

같은 마음을 가진 사람들이 '상생'을 위한 '연대 의식'을 가질 필요가 있다.
나름대로는 좋은 공연을 만들기 위해 노력하고, 또 이를 바탕으로 동료 기획자들에게 연대감을
가진다면 이것이 지속적인 선순환 구조가 되어 줄 것이다.
이 과정에서 대중은 당연히 '좋은 공연'을 접할 가능성이 높아진다. 이렇게 좋은 공연을 접한 대
중이 많아지면 많아질수록 공연기획자에 대한 편견은 줄어들 것이고, 그 자리에는 호감이 자리
하게 되지 않겠는가!

#3. "공연기획자 아무나 할 수 있는 것 아닌가요?"

나에게 세상에서 가장 듣기 싫은 말을 꼽으라고 한다면, 바로 이것이다. "공연기획 뭐가 어렵냐. 아무나 할 수 있는 거 아니야?" 우리가 하는 일이 쉬워 보이는 게다. 전문성이 없어 보이는 게다. 특별한 준비 없이도 할 수 있다고 생각하는 게다. 사실 누가 공연기획에 대해 얼마나 전문성을 가졌는지를 객관적으로 판단할 지표가 없으니 그럴 만하다. 그렇다고 공연기획사 1급, 공연기획사 2급 같은 자격증 제도를 도입하는 것도 웃기는 일이다.

그러나 아무나 할 수 있는 일이었다면, 나는 절대 이 일을 평생 직업으로 택하지 않았을 것이다. 공연기획은 절대 아무나 할 수 있는 일이 아니다. 동네 기획사의 대리나 과장이 인생의 마지막 목표라면 몰라도, 공연에 대해 남다른 꿈과 비전을 가진 사람이라면 단언컨대, '아무나'는 '절대' 할 수 없는 일이다.

#4. "좋은 기획자가 되려면 뭘 준비해야 하나요?"

자신이 남다른 꿈과 비전을 무대 위에 세우고자 한다면, 현장에 들어서기 전부터 남들과 다른 자기 준비를 해야 한다.
나는 자기 준비의 기본 세 가지로 다음의 것을 꼽는다.

1. 현장에서 원하는 인재상이 무엇인지를 파악하자.
2. 선배들의 경험에서 배우자.
3. 성공한 이들의 공통점을 내 것으로 만들자.

사실 이 세 가지는 많은 학생들이 가장 궁금해 하는 '좋은 기획자가 되기 위해 갖추어야 할 것'에 대한 답이기도 하다. 이 세 가지에 대해서는 다음 단락에서 주요하게 다룰 것이니, 너무 안달내지 않기를 바란다. 다만 한 가지 미리 말해 두고자 하는 것은, 무엇보다도 공연기획의 본질에 충실한 사람이 되고자 노력해야 한다는 것이다. 이것이 가장 기본이자 또한 최우선이다. 삶에 대한 신조를 분명히 세우자. 정확한 목표 의식을 가지고, 좋은 공연에 대한 자신만의 철학을 다듬어 나가자. 거듭 이야기한 탓에 조금 지겨울 수도 있겠지만, 그만큼 중요하기에 다시 한 번 강조하는 것이다.

첫 번째는
현장의 소리다.

공연 현장(극장, 단체, 협회, 기획사, 제작사, 프로덕션 전문회사, 프리랜서 등)의 종사자들을 대상으로 **공연 현장 현업 실태에 대한 설문 조사**를 한 적이 있었다.
대한민국을 대표하는 40여 개 기관과 회사가 참여했고 총 260여 명이 설문에 답을 보내왔다. 설문 중 같이 일하는 스태프들에 대한 평가를 묻는 질문이 있었다.
선배는 후배에게, 후배는 선배에게 같은 질문 다른 답을 구했다. 많은 선·후배들이 현장의 경험을 토대로 **실질적인 기준**을 제시해 주었다.

Bad!

이런 선배 싫다!에 대한 후배들의 답이다.

1위 : 권위적, 강압적, 독단적인 사람
2위 : 일 못하는 사람(무능력한 사람)
3위 : 자기 일이나 하기 싫은 일 떠넘기는 사람
4위 : 자기 기분에 따라 말을 바꾸는 사람
     (기분파, 이중 인격자)
5위 : 잘난척하는 사람
6위 : 말만 많은 사람, 말로만 하는 사람

이런 후배 싫다!에 대한 선배들의 답이다.

1위 : 눈치, 센스 없는 사람
2위 : 소극적이고 수동적인 사람(주관 없는 사람)
3위 : 일 못하는 사람(능력 없는 사람)
4위 : 개념 없고 건방진 사람(예의 없는 사람)
5위 : 근무 태도 안 좋은 사람(잦은 지각, 시간 약속)
6위 : 핑계(말)만 많은 사람
7위 : 이기적인 사람

Good!

이런 선배 좋다!에 대한 후배들의 답이다.

1위 : 친절하게 잘 가르쳐 주고 챙겨 주는 사람
2위 : 업무 지시를 정확히 해 주는 사람
3위 : 일 잘하는 사람
4위 : 믿고 맡겨 주는 사람
5위 : 비전과 방향을 제시 또는 조언해 주는 사람
6위 : 업무 노하우/인맥을 공유해 주는 사람
7위 : 질책, 칭찬을 아끼지 않는 사람

이런 후배 좋다!에 대한 선배들의 답이다.

1위 : 눈치, 센스 있는 사람
2위 : 적극적이고 능동적인 사람
3위 : 성실하고 부지런한 사람
4위 : 열심히 하는 사람
5위 : 일 잘하는 사람
6위 : 예의 바르고 착한 사람

공연 현장으로부터 직접 들은 소리이기에 좋은 기준이 될 것이다.
놀라운 공통점은 직무에 꼭 필요한 직접적인 소양보다는 간접적인 요소가 많다는 것이다. 대부분이 사람의 태도에 관한 것이다.
아직 공연 현장이 무엇을 중시하는지를 대변해 주는 좋은 증거이다. 스펙보다는 인간성, 사람의 됨됨이가 현장에서 원하는 인재상에 더 가까운 기준인 셈이다.

두 번째는
선배의 경험에서 배운다.

대한민국 공연 현장에서 가장 안정적이고 규모있는 곳에서 일하는 선배들이 직접 일을 해 보면서
가장 필요하다고 느낀 자기 개발 분야(소양)를 설문을 통해 전해 왔다.

전체 응답자의 절반 이상이 외국어 능력을 1순위로 지목했다. 영어 잘하면 반은 먹고 들어간다는
말이 속설이 아닌 현실임을 보여 준다. 영어 외에 중국어, 일어를 권장한다. 분명 큰 무기일
수 있다. 언어 때문에 기회를 놓치는 경우들이 종종 있기 때문이다.

다음 순으로 언급된 자기 개발 소양과 관련한 항목들이다.
창의력 / 기획력 / 체력과 깡 / 스피치 능력 / 컴퓨터 활용 능력 / 비즈니스(영업) 능력 / 인문학적
인 배경 / 프레젠테이션 능력

현장 선배들에게 다시 물었다.
"현재 자기 개발을 하고 있는가?"에 대한 이어지는 질문의 답은 또 다른 현실을 보여 주었다.
설문 참여자 중에 절대 다수인 99%가 자기 개발의 필요성을 인식한다고 답했지만,
현재 자기 개발을 하고 있냐는 질문에는 60%의 사람들이 꼬리를 내렸다.

자기 개발을 왜 못하고 있는지 그 이유가 궁금했다.
심리적인 여유의 부재와 의지박약이 가장 두드러진 변명이었다.
시간이 없어서(51%), 작심삼일(41%)이 가장 큰 요인이었다.
돈이 없어서(18%), 즉 경제적 요인도 수치는 낮지만 한 몫하고 있음을 알 수 있었다.

현장 진입 전에 철저한 자기 준비가 얼마나 중요한지를 보여 준다.
좋은 습관이 기획자의 미래를 결정할 수 있다.
시장에서 요구하는 사람이 되기 위한 맞춤형 준비도 필요하지만 이런 자기 개발에 대한 노력이
지속적이어야 하고 궁극적으로는 습관이 되어야 한다는 것이다.
이는 누구에게나 평등한 바쁜 시간에 다른 인생을 살 수 있는 중요한 기준이 된다.

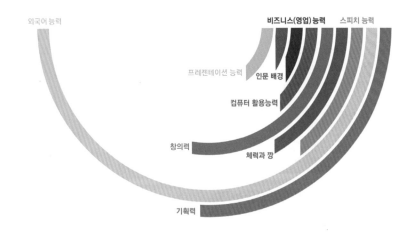

외국어 능력 / 비즈니스(영업)능력 / 스피치 능력 / 프레젠테이션 능력 / 인문 배경 / 컴퓨터 활용능력 / 창의력 / 체력과 깡 / 기획력

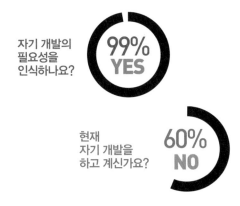

자기 개발의
필요성을
인식하나요?
99% YES

현재
자기 개발을
하고 계신가요?
60% NO

세 번째는
성공한 사람에게서 배운다.

세 번째 자기 준비에 관한 사항은, 내가 직접 현장에서 만난 이들을 수십 년간 관찰하면서 깨달은 것들이다.
공연계에서 성공한 사람들, 두터운 명망을 쌓은 사람들에게는 분명히 공통점이 있었다.

01
비교 우위 경쟁력

다른 사람과 확연히 구분되는 특별한
경쟁력들이 다 있었다.
자기만의 색깔을 가진 것이다.
그건 곧 그만의 무기가 되었다.
성공한 사람들의 공통점은 시장에서
통하는 자기만의 전문 분야를
가지고 있다는 것이다.

02
통찰력

그들 대부분은 직관 능력을 갖춘
사람들이었다. 시류를 읽고, 그 속에서 씨앗을
찾아낼 줄 아는 안목을 공통적으로 가졌다.
씨앗에서 출발한 다양한 결과물(작품)들이
그들의 오늘을 가능하게 만들었다.

03
비전

다른 말로 표현한다면
자신의 대표 브랜드를 말한다.
성공한 사람들은 그들을 대변할 수 있는
강력한 브랜드를 하나 이상은 가졌다.
문화적 업적에 대한 남다른 열정과
목표 의식이 분명한 사람들이었다.

04
균형 감각

성공한 사람들은 균형 감각이
탁월한 사람들이었다.
예술과 경영(비즈니스) 중 어디 한 곳에
치우치지 않도록 훈련된 빼어난
균형감을 가졌다.

05
네트워크

엄청난 인맥을 자산으로 삼고 있다는
것도 공통적 요소였다. 그들 대부분 다양한
연결 고리를 가졌고, 튼튼하게 유지해 나가는
사람이었다. 네트워크 지수가 높은 사람이다.
특별히 남들이 공유할 수 없는 분야의
인맥을 가진 자들은 그중에서도 유독
돋보이는 업적을 남기며 살고 있다.

06
소통과 위기 관리 능력

그들 모두 명확한 의사소통 능력을 지녔다.
매 상황에서 핵심을 이야기할 수 있는 재주를
가졌고 설득 능력 또한 남달랐다.
공연은 risky biz.라 불릴만큼 다양한 변수들과
위험들이 존재한다. 수많은 어려움을 극복하고
오늘의 자리에 오른 사람들은 위기에 대처하고
그것을 기회로 바꾸는 능력이 있었다.

07
승부 근성

승부 근성을 공통적으로 가지고 있었다.
때가 왔을 때 주춤하지 않고 대담하게
승부수를 띄울 수 있었다.
먼저 오를 고지가 보이면 뒤도 돌아보지
않고 과감하게 길을 나선 사람들이었다.

이 일곱 가지의 성공한 이들의 특징은 어디까지나 내가 찾은 기존 세대의 공통점에 불과하다. 앞으로 공연기획자들이 성공하기 위해 이 일곱 가지 외에 또 어떤 장점을 가져야 할까?
그것을 알아내는 것은 여러분의 몫으로 남겨 두고 싶다. 그러기 위해서는 우선 이 일곱 가지를 바탕으로 자기 준비를 시작해야 할 것이다.
앞서 3장에서 '공연답다'를 기준으로 삶이 공연의 본질에 대해 이야기했다. 그러나 '공연기획자답다'의 정의는 아직 없다. 이 부분에 대해서는 우리들 스스로 내린 결론이 무의미하지 않을까 싶다.
다만 삶에 대한 신조를 가진, 즉 '자기다움'을 가진 공연기획자들이 가득한 미래를 그려 본다. 그리하여 머지않은 시간 속에 '공연기획자답다'라는 정의가 사람들에게 회자될 날을 기대한다.
어떤 정의가 내려질지, 사뭇 궁금하다.

Act 03
창의

Chapter 05
공연,
태생적 배경이 **창의**이다!

#1. 크리에이티브는 지나가는 개도 한다?!

여러 해 전, MBC 아카데미 특강에 초빙된 일이 있었다.

한 시간이 넘도록 크리에이티브(창의)가 얼마나 중요한 지를 열성적으로 강의하던 중에,

갑자기 맨 앞줄의 학생 한 명이 툭 브레이크를 걸어왔다.

"이 앞에 강의하신 선생님은 크리에이티브는 지나가는 개도 한다고 하시던데요?"

그의 예상치 못한 공격에 나도 당황했고, 강연장도 시간이 멈춘 듯 조용해졌다.

호흡을 추스리고 질문의 요지를 다시 물었다.

배경인즉슨 이러하였다.

내 특강 전에 강의를 하고 가신 분의 주제가

바로 "크리에이티브는 지나가는 개도 한다."였고, 주요 내용은 '크리에이티브 하겠다고

멍 때리다 망하기 십상이니 전문 지식을 갖추라'는 것이었다.

그런데 그 마이크를 이어받은 나는 크리에이티브가 중요하다고 목에 핏대를 올리니,

그 학생은 어느 장단에 춤을 춰야 하는지 혼란스러워서 저도 모르게 질문을 내뱉고 만 것이다.

오랜 시간을 들여 나의 신념을 강조하며 사람들을 설득할 필요가 없는 일이다.

공연은 태생적 배경이 창의일 수밖에 없다.

공연은 정답이 있을 수 없다.

지난 공연은 참고 이상의 의미를 갖지 못한다.

내가 지금 만드는 공연은 지난 그것과 달라야 한다.

매뉴얼화해서 복제하거나 대량생산할 수 없다.

공연기획의 전반적 과정은 비슷한 업무들의 연속이고 반복을 거듭한다.

규모와 장르에 따라 약간의 차이는 존재하지만 공연기획의 일반적 과정은 서로 닮아 있다.

그래서 매뉴얼화가 가능하고 효과적인 매니지먼트가 더욱 강조되는 것이다.

앞장에서 공연기획의 본질에 대한 답을 찾으면서 강조한 것을 다시 한 번 들여다보자.

기능적 강조점과 상관없이 변하지 않는 요소들이 세 가지 있었다.
모든 것에 공통되거나 들어 맞는 것이었다.
그것은 무대, 콘텐츠, 관객이다.
이 세 가지 요소에다 살을 붙여 이어 놓아 보자.
무대라는 공간에서 공연이란 콘텐츠와 관객과의 만남이 공연기획의 실체이고, 이를 통해 어떤 결과물(성취/목표)을 일궈 내는 것이라 할 수 있다.

이를 기반해서 각 요소의 역할과 상관 관계를 살펴보자.
공연의 시작, 처음은 콘텐츠를 찾아내고 다듬어 작품 원형의 틀을 만드는 과정이다.
공연의 종결, 마지막은 평면 상태인 작품 원형의 틀에 호흡을 불어넣어 무대 위에서 입체화 (시각화)하여 관객에게 선을 보이는 과정이다.
이것이 공연기획의 핵심이다.
이 과정에서 크리에이티브(창의)를 빼고선 어떤 이야기도 할 수 없다.
매니지먼트로 설명할 수 없는 분야인 것이다.

세상이 너무 무섭게 변해 간다.
특별히 공연 시장은 잠깐만 한 눈이라도 팔면 이전에 본 적 없는 새로운 세상이 눈앞에 성큼 다가와서 사람을 놀라게 한다. 세계 도처에서 멈추지 않고 강력한 콘텐츠는 쏟아져 나오고 그 콘텐츠는 곧 세상을 지배한다. 기술의 진보와 혁신을 등에 업고 상상 이상의 스케일과 디테일로 변신을 거듭한다.

한류로 나라가 시끄럽지만 정작 우리의 현실은 우리 손으로 만들어 세계 앞에 선보인 장기적으로 흥행하는 대작 한편 없는 실정이다. 케이팝이 세계를 춤추게 하는 듯하지만 정작 우리가 만든 케이팝 공연은 주류 시장에는 근접조차 하기 힘든 현실이다.

5,000억 공연 시장,
1년에 올려지는 공연편수가 3000편,
케이팝 신드롬,
한류 열풍,
문화의 원천인 콘텐츠 소재 풍부성 등, 여러 가능성과 기회 요인이 존재하지만 결국 지속 가능한 발전의 원동력은 우리 것이라 내세울 수 있는 원천 콘텐츠 확보와 개발이다.

국가적 차원에서의 콘텐츠 육성 정책도 필요하고, 우수 창작 인력에 대한 제도적 지원 체계도 마련되어야 하고, 탄탄한 문화 자본 구축과 지원 체제 구축도 필요하지만 이 모든 지향점들이 콘텐츠 확보와 개발에 초점이 맞추어져야 한다. 이러한 일련의 과정에서 가장 중요한 항목으로 창의를 주목하는 것은 자연스러운 일이다. 이 모든 것이 이 시대를 살아가는 기획자에게 주어진 숙명 같은 것이다.

#2. 객관적 시각 구조 형성의 3단계

너무 큰 이야기로 시작했지만 천 리 길도 한 걸음부터라 했듯이 새로운 시작을 위한 동기부여의 의미로 받아들였으면 한다. 아무리 큰 일이라도 그 첫 시작은 작은 일부터 비롯된다. 대한민국 공연기획자에게 주어진 시대의 숙명, 창의를 풀어가기 위한 첫 시작을 같이 해 보자.

나는 학생들에게 창의를 설명하고 창조적 시각 구조 형성을 위해
Seeing-Imaging-Drawing, 3단계 이론을 오랜 지론으로 삼아 왔다.

이 이론은 **순환 구조**를 갖고 있다.
도표에서 보여 주듯이 세 단계의 순환 구조의 흐름이 자연스럽고 단계별 연결 고리가 잘 맞물리게 되면 객관적 시각 구조를 갖게 된다는 것이다. 반대의 경우는 Absent mindedness, 즉 생각없이 행동하는 멍한 상태가 된다고 설명하고 있다.

창의적인 사람이 되고 싶다면, 각 단계별로 주어지는 미션을 충실히 실행해야 할 것이다.
이제부터는 각 단계별 의미와 미션을 알아보자.

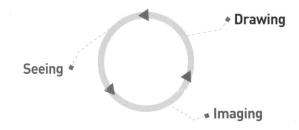

01. Seeing

**먼저, 첫 단계는 Seeing이다.
Seeing은 다른 말로 하면 견(見)이다. 많이 보라는 비교적 쉬운 미션이 첫 번째 관문이다.**

견의 대상은 '세상에 널려져 있는 수많은 정보'이다. 세상에 널려져 있는 수많은 정보를 보는 방법으로 두 가지 옵션을 사용할 수 있다. 시청과 견문이 사용 가능한 방법이다. 시청의 의미는 그냥 보는 것, 흘려 보는 것을 뜻한다. 견문은 자세히 보는 것, 깊이 보고 듣는 것, 즉 관찰을 말한다. 두 가지 다 쓸 수 있는 카드이지만 효과적인 툴로 견문을 권한다. 세상의 모든 사물과 현상에 대해 적극적인 관찰을 하라는 것이다. 크리에이티브는 견문, 즉 관찰에서 시작된다.

모든 사람들이 보는 것을 보고 보이는 것만 보고 있다면, 남들과 같은 것밖에 얻을 수 없다. 같은 것을 보고, 다른 사람들이 생각하지 않는 것을 생각하는 것이 창의의 시작이다. 그래서 호기심을 기반한 더 적극적인 관찰이 필요한 것이다.

보는 대상이 아주 특별한 것, 비밀스러운 것이 아니기에 더욱 주의해야 한다. 늘 보던 것들이나 일상이 대상일 수 있기에 대부분 익숙한 것들이란 의미이다. 대상을 낯설게 보는 훈련이 필요하다. 새로운 시선과 관점에 대한 자기 훈련이 필요하다. 창의는 곧 익숙한 것과의 싸움이다.

**다음은 견문, 관찰의 범위다.
창의적 공연기획자가 되기 위해서 무엇을 보아야 하는지 그 범위를 제시한다.**

가장 먼저는 공연을 보는 것이다. 공연을 직접 볼 수 있는 환경을 일상처럼 구축해야 한다. 현장에서 볼 수 있는 다양한 이면들은 비디오에 다 담아낼 수 없다.
자기 투자가 필요한 부분이다. 할 수만 있다면 선진 문화권의 다양한 공연 콘텐츠를 접한 기회를 가져라. 공연의 본산을 찾아가는 투어 프로그램을 추천한다. 두 번만 다녀와도 공연을 보는 자기 만의 기준을 가질 수 있다.
새로운 흐름과 시선을 읽을 수 있는 이색적인 공연 현장 출입도 주저하지 마라. 남들이 보지 않는 것을 보고, 경험할 수 있다면 창의적 사고 구축에 큰 자양분이 될 것이다.

다음으로는 공연과 연관된 주변 인프라를 경험하고 공유하는 것이다.

신문, 잡지, 웹사이트, 책, 티켓사이트 등 공연의 트렌드를 읽을 수 있는 모든 곳과 채널이 연결되어야 한다. 인터넷 세상에는 이전에는 우리가 취하기 어려웠던 값진 정보가 숨어있다. 집에 앉아서 불과 한 달 전 해외 유명 아티스트의 공연기록을(무대 콘셉트와 디자인, 리허설, 공연 실황) 접할 수 있는 시대이다. 선진화된 공연 정보와 트렌드를 감지하는 것은 발상의 전환에 중요한 자원(source)이 될 것이다.

공연, 공연과 연관된 근접 시장이 견문의 1차적 범주라면 2차적 범주는 공연이 아닌 전혀 다른 영역을 볼 것을 추천한다. 현재의 공연 시장의 흐름과 판세를 볼 때 공연의 상상력과 영감의 아이디어 원천(source)은 더 이상 공연이 아님을 알 수 있을 것이다. 태양의 서커스를 중심으로 세계의 주목을 받고 있는 공연을 자세히 들여다보면 공연과 다른 옷을 입고 있는 작품이 대부분이다. 다른 꽃의 꽃가루로 꽃을 피운 셈이다. 공연은 지금 다른 분야, 장르의 아이디어와 콘셉트, 기술을 가져와 새롭고 더 좋은 것을 만들어 내야 하는 도전을 받고 있다. 한 분야의 아이디어를 다른 분야로 접목시키는 것이 혁신의 중요한 덕목이듯이 건축, 디자인, 미디어, 다원 예술, 전시, 미술, 공학, 문학 등에서 공연과의 연결 고리를 찾는 노력을 해야 한다. 더 다른, 특별한 공연기획에 대한 갈증이 있다면 이러한 경험을 통해 얻은 시선은 기획자에게 큰 도움이 될 것이다.

마지막으로 제안하는 견문의 범주는 네트워킹이다.

창의적 기획을 꿈꾸는 사람이라면 현실에 안주해서는 안된다. 현실에 안주하는 순간, 창의는 시들고 만다. 책상머리에 앉아 있지 말고 새로운 경험(견문)을 위해 의도적으로 크고 작은 여행을 계획하라. 다양한 사람들과의 네트워크를 구축하는 데 시간과 에너지를 쏟으라. 그 경험(견문)이 전혀 다른 시각을 선물해 줄 수 있다. 자신을 색다른 경험에 노출하는 것을 두려워하지 말아야 한다.

02. Imaging

**두 번째 단계는 Imaging이다.
Seeing(견문)을 통해 축적된 정보에 대한 연상 단계이다. 견문에 대한 응용/통찰 단계를 뜻한다.**

많이 보는 것으로만 만족하지 말고, 최대한 상상의 나래를 펼쳐 보라는 것이다. 연상은 외부적인 동기, 즉 실전 미션이 주어져야 더 효율성이 높은 편이다. 실전 전 단계에서 충분한 훈련과 연습이 필요한 과정이다. 아무에게나 금방 습득될 수 있는 과정이 아니다. 창의적인 사고를 가지려면 새로운 생각을 떠 올리고, 토론하고, 다듬어 가는 과정에 익숙해져야 한다.

축적된 정보에 대한
연상 방법을 아래의 지문을 통해 제시한다.

> 나는 항상 주변 현상에 관심을 갖고 유심히 관찰하는 편이다. 관찰한 것들을 이런저런 신선한 각도에서 생각해 보고, 또 생각해 보고 그리고는 나름의 결론을 내려서 나만의 재미있는 해석과 패턴을 찾는다.
> ("빅토리아 시크릿"의 창립자 레슬리 웩스너)

"주변 현상에 관심을 갖고 유심히 관찰하는 편이다"는 앞에서 언급한 적극적 관찰을 통해 정보 습득의 단계를 보여 준다. 주변 현상에서 그 답을 찾고 있다. 아이디어의 원천, 주소는 일상이다. "관찰한 것들을 …나만의 재미있는 해석과 패턴을 찾는다"에서는 획득한 재료를 다듬어 가는 작업 과정을 보여 준다. "이런저런 신신한 각도에서 생각해 보고, 또 생각해 보고…"는 창의를 위한 연상 훈련을 어떤 방식으로 해야 할지를 보여 준다.

다양한 관점에서의 연상훈련이 필요한 이유를 공연 현장에서 찾아보자.

대중음악 공연은 2시간 30분 정도의 러닝타임으로 관객을 만난다. 2시간 30분 정도의 공연이면 25곡 전후의 선곡이 필요하다. 전체 셋 리스트를 자신의 히트곡으로 구성할 수 있는 가수들은 40여 곡의 선곡 리스트를 갖고 공연의 콘셉트에 맞게 곡을 선별한다. 매년 공연을 하는 가수일 경우 팬들은 공연을 갈 때마다 70% 이상은 같은 곡을 듣게 된다는 것이다. 이건 동일한 규칙을 갖고 있는 것이며, 반복은 자연스러운 일이다. 이러한 편성 원칙에 아무도 이의를 제기하지 않는다. 새로운 재료보단 익숙한 재료로 다듬어 내는 새로운 맛을 원하기 때문이다. 매년 동일한 재료(곡)를 갖고 새로운 맛을 만들어 내야 하는 미션은 "…이런저런 신선한 각도에서 생각해 보고, 또 생각해 보고…"를 통해 그 해답을 찾을 수 있다. 레퍼토리화 된 뮤지컬 프로덕션은 새로운 시도를 위해 다양한 크리에이티브 스태프와의 협업을 주저하지 않는다. 레퍼토리화 된 작품의 경우 재료격인 대본은 큰 변화의 대상이 아니다. 동일한 재료(대본)를 갖고 새로운 맛과 멋을 만들어 내야 하는 같은 미션을 부여받게 된다. 미션을 풀어가는 과정은 위와 같은 단계를 거치게 된다.

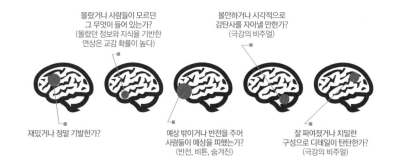

같은 노래를 듣고 다른 생각을 해야 하고, 같은 대본을 보고 다른 해석을 할 수 있어야 한다. 다면적 사고방식, 입체적 사고방식이 공연기획자에게 필요한 이유이다. 연상은 찰나를 잡아내는 직관과 통찰로 이어져야 한다. "…그리고는 나름의 결론을 내려서 나만의 재미있는 해석과 패턴을 찾는다."는 최종적으로 연상을 통해 얻은 단서나 힌트를 구체화시키는 단계이다.

직관의 구체화를 위해서는 몇 가지 기준이 필요하다. 자기 혼자하는 연상일 경우는 얼마든지 자유로울 수 있고 적당한 기준은 필요없다. 하지만 공연기획자들은 본인의 다양한 생각과 관심을 구체화하여 다른 사람을 설득, 이해시켜야 하는 과정을 갖게 된다. 직관의 기준이 필요한 셈이다. 이건 아주 단순하고 명쾌한 논리다. 사람들의 뇌가 좋아하는 것으로 그 기준점을 삼아야 한다.

03. Drawing

마지막 세 번째 단계는 Drawing이다.
축적된 정보의 가공, 변형을 통해 새로운 결과물을 만들어 내는 과정이다.

공연기획자는 많은 대상(클라이언트)에게서 러브콜을 원한다.
클라이언트가 기획자에게 일을 의뢰할 때는 일과 함께 그 대가를 지불한다.
대가를 지불하면서 일을 의뢰하는 이유는
자기가 할 수 있는 것 이상의 결과를 기대하기 때문이다.

기획자는 클라이언트로부터 부여받은 미션을 해결하기 위해 다양한 노력을 하게 된다.
그러한 노력의 과정을 설명할 때 우리는 '가공, 변형'이란 단어를 사용한다.
그 용례는 사전적 해석을 빌려오지 않더라도 의도를 쉽게 알 수 있다.
클라이언트가 원하는 새로운 결과물을 만들기 위해서는
가공, 변형 가능한 원자재, 소스가 반드시 있어야 하고,
그것으로부터 모든 아이디어가 시작된다는 것이다.
가공, 변형의 대상인 원소스는 다름 아닌 기획자의 뇌에 축적된 정보이다.

이것 역시 간단 명료한 이론이다.
머리에 든 게 없으면 끄집어 낼 게 없다는 것이다.
끄집어 낼 게 없으면 미션을 해결할 수 없다는 것이다.
콩 심은 데 콩 나고 팥 심은 데 팥 난다는 진리가 적용되는 이론이다.

받은 시험지를 풀어야 하는데
공부한 게 없으면 포기하든지 아니면 편법으로 임기응변해야 한다.

기독교계의 큰 어른이신 한경직 목사의
100주년 기념 컨설팅 프로젝트를 수행하며 겪었던 일이다.
부여받은 미션들 중 내 경험치에서 해결할 수 없는 것이 하나 있었다.
그 분야는 클라이언트에게는 매우 중요한 부분이라 다른 이기적인 제안을 하기가 어려웠다.
결국 나의 팀이 풀어내야 하는데 내부에서의 답은 불가능한 상황이었다.
이유는 간단했다.

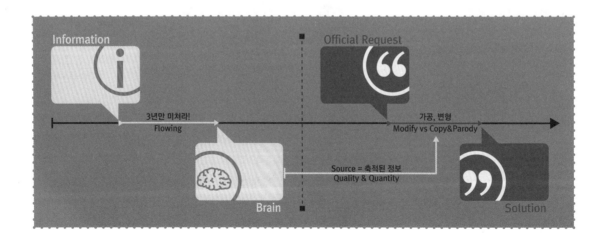

팀 내부에서 아무도 그 부분을 풀어낼 수 있는
축적된 정보를 갖고 있는 사람이 없었기 때문이다.
편법을 쓸까? 고민을 잠깐 했다.
주변 기획자들에게 유사 프로젝트에 대한 자료를 얻어 복제하는 방법이었다.
옳은 선택이 아니었기에 빨리 포기했다.
우리 팀이 선택한 방법은 우리에게 필요한 정보를 가진 사람을 단기간 영입하는 것이었다.
우리 팀의 인건비 일부가 줄어들긴 했지만
그를 통해 우리 팀의 결과물은 제대로 틀을 갖추게 되었고
완성도를 높일 수 있게 되었다.
잃는 것보다 얻는 게 더 많았던 값진 도전이었다.

또 하나 소개할 경험은 정반대의 경우였다.

지자체에서 주관하는 전국 체전 경쟁 프레젠테이션에서의 일이었다.
국내 유명 대행사들이 대부분 참여한 대형 프로젝트였다.
팀당 15분의 피티 시간이 주어졌고
이동 시간 감안하면 팀당 25분 정도의 시간이 소요되었다.
우리보다 바로 앞 팀이 배당된 제 시간을 못 채우고 일찍 돌아왔다.
킬러 콘텐츠로 한방에 끝을 냈거나
반대의 경우인 사고일 수 있는데 후자였다.
사무관을 통해 사고 이유를 들었는데 황당한 사건이었다.
전년도 다른 지역에서 열린 동일 체전에 참여한 회사였는데
다른 지역이었음에도 거의 복제 수준으로 제안서를 만들어
경쟁 피티에 참여한 것이다.
대개의 경우는 문제가 안될 수도 있다
지역별로 추천되는 심사위원들이 다르기 때문이다.
중복될 확률이 거의 없다.

그런데 전년도 다른 지역 심사에 참여한 한 교수가
이 지역에도 초대되었고 그녀의 좋은 기억력 덕분에 그 회사는 민망함을 면치 못하게 된 것이다.
지역 이름과 몇 가지만 수정해서 그대로 입찰에 응한 것이다.
가공, 변형이 아닌 복제를 결과물을 위한 방편으로 삼은 경우였다.

창의의 다른 표현은

바로 발상의 전환이다.

발상의 전환은 다름 아닌

우리 머릿속에서

조립된 정보라는 것을 기억하자.

요컨대 진정한 창의(creativity)는

앎(knowledge)에서 나온다는 말이다.

기획은 무에서 유가 아닌

유에서 또 다른 유의 창조,

발견임을 기억하자!

Chapter 06
창의, 자극 사용 설명서

#1. 빠수니 전성시대

[빠순이] : 1.'오빠'와 '순이'가 합쳐진 줄임말.

오빠에게 빠진 어린 여자아이를 의미한다. 연예인이나 스포츠 선수같은 스타들의 열성적인 팬을 비하하여 부르는 말로 사용되며, '오빠부대', '줌마부대'로 일컬어지는 집단체로 형성되기도 하고, '사생 뛰기'와 같은 맹목적 행동 양식을 보이기도 한다. 앞의 '빠'는 마치 접두사처럼 활용되어, 해당 스타의 이름과 합쳐진 파생어를 낳기도 한다. '동방빠', '소시빠'와 같이 팬클럽 전체를 아우르는 용어처럼 쓰인다.

대중문화사전 어휘 〉 신조어
동의어 : 덕후, 박순희
파생어 : 빠돌이, 빠밍아웃, 사생팬, 빠부대

자격 요건 – 하루에 한 번 이상, 포털 사이트 검색창에 해당 스타의 이름을 검색해 본다. 생일부터 졸업한 초등학교 이름까지, 스타의 모든 신상 정보를 줄줄 외운다. 해당 스타와 관련된 물품(앨범, 자서전, 광고 상품 등)에 한 달 10여만 원 이상을 지출한다. 휴대폰에 해당 스타와 관련된 사진이 50장 이상 저장되어 있다.

활동 영역 – 90년대까지만 해도 팬클럽에 가입하거나 공개방송에 찾아가고 돈을 모아 스타에게 줄 선물을 마련하는 등 오프라인 영역에 그쳤으나, 2000년대에 들어서며 개인 PC와 인터넷이 보급되며 온라인 활동 또한 활발해졌다. 해당 연예인의 카페, 클럽, 블로그를 열어 사진과 영상자료를 모으고, 홍보하는 것이 기본 활동이며, 또 해당 스타의 안티나 악플러들과 피 튀기는 온라인 논쟁을 벌이는 것은 과외 활동이다.

주요 서식지 – 팬클럽 사이트, 안티클럽 게시판, 때때로 여의도 방송국 일대 및 공연장 정도이다(스타의 숙소나 기획사 근처에서 살다시피하는 경우도 더러 있는데, 이때는 빠순이가 아닌 '사생팬'으로 구분된다).

빠순이라는 용어는 조용필의 오빠부대에서부터 유래한다.
조용필의 노래 "비련" 도입부인 '기도하는' 뒤에 가사가 '오빠~' 하는 함성이 아니냐는 우스개 소리가 나올 정도였다. 그 시절의 오빠부대는 이제 '팬덤'이라는 세련된 타이틀을 달고 아이돌 가수 중심의 거대 세력으로 변모하였다. 그러나 그 시절과 달라지지 않은 것이 있다면, 빠순이들은 단순히 좋아하는 단계에 머무르는 것이 아니라 스타와 희노애락을 공유하는 공동운명체이고자 한다는 것이다. 어떤 빠순이들은 스타가 아프다는 소식을 들으면 그날부터 자신도 몸이 아파오기 시작한다고 한다.

[회전문 관객]

"퇴근 후 공연장으로 다시 출근하는 회전문 관객"

공연계에도 분명 빠순이들이 존재한다.

다만 공연계의 경우에는 특정 스타에 국한되어 있다기보다는 작품 혹은 축제 같은 콘텐츠 자체에 빠져 있다는 점이 다르다. 그중에서도 하나의 뮤지컬에 빠져 수차례 반복해서 관람하는 마니아들을 우리는 *회전문 관객이라고 지칭한다.

사실 한 작품을 반복 관람하는 팬들은 이전에도 분명 존재했을 것이다. 그러나 회전문 관객들에 대해 공연계가 주목하기 시작한 것은 2007년, 뮤지컬 〈쓰릴 미〉부터였다. 미국에서 일어난 유괴 살인 사건을 모티브로 한 이 작품은 연일 매진을 기록했는데, 재미있는 점은 4개월 남짓한 공연 기간 동안, 5회 이상 관람한 이가 500명에 가까울 정도로 반복 관람하는 현상이 두드러졌다는 점이었다. 이른바 마니아 관객층을 형성한 셈이다. 이후 뮤지컬 분야에는 〈쓰릴 미〉를 위시한 남성 2인극 열풍이 불기 시작했으며, ** '회전문 관객' 현상에는 점점 가속이 붙어, 한 작품에 100회 이상 '출근하는' 팬들도 생겨나고 있다.

중요한 것은 '기획자의 입장에서 이 회전문 관객을 어떻게 수용할 것인가?'이다.

가끔 회전문 관객들은 부정적인 집단 행동을 보이기도 한다. 특정 배우만을 선호해 재공연 캐스팅에 영향을 미치기도 하고, 반감을 산 제작사를 향해 보이콧을 외치기도 한다. 그저 표만 왕창 팔아 주는 어수룩하고 이용하기 좋은 손님만은 결코 아니라는 얘기이다. 또 과열된 티켓 경쟁으로 일반 관객층을 소외시키기도 한다. 그러나 회전문 관객처럼 특정 마니아층이 형성되는 것은 긍정적인 면이 더 많다. 회전문 관객이 형성되었다는 것 자체만으로도 이미 그 작품은 어느 정도의 '매력'을 인정받았다는 뜻이고, 이는 일반 관객들의 티켓 구매에도 영향을 미친다.

또 회전문 관객의 온라인 활동은 홍보 대행사의 어떤 홍보 전략보다도 효과가 좋다. 이제 공연계에서 회전문 관객은 단순히 '표를 여러 번 구매하는 사람' 이상의 의미를 지닌다.

공연계의 '대중' 혹은 '여론'을 대표할 뿐만 아니라 대중에게 영향력을 행사하기도 하는 이른바 '관객 위원' 급이다. 기획자의 입장에서는 다소 부담스러운 것이 사실이다. 그러나 위험 요소를 떠안고 있긴 해도 회전문 관객들은 기획자의 가장 든든한 지원군이다. 가장 충성도 높은 관객이기 때문이다. 기획자라면 결코 회전문 관객을 멸시하지도 홀대하지도 말아야 하는 이유가 바로 여기에 있다.

오히려 회전문 관객을 늘리려고 노력하는 것이 옳지 않을까?

*

'회전문'이라는 접두사가 붙은 데에는 LG아트센터에서 2010년에 초연한 〈빌리 엘리어트〉가 결정적으로 작용했다. 〈빌리 엘리어트〉 역시 반복 관람객들이 무척 많았는데, LG아트센터의 경우 입구가 회전문으로 되어 있었다. 그러다 보니 마니아들 사이에서 '회전문 돈다'라는 상용구가 생겨나기 시작했고 이것이 회전문 관객의 유래가 되었다.

**

회전문 관객들의 주요 특징 :

1. 우선 주로 앞 좌석을 선호한다. 초연이 아닌 작품일 경우, 티켓 오픈부터 치열한 자리 선점 전쟁을 벌인다.
2. 같은 작품 내에서도 각자 선호하는 캐스트가 있고, 지지층이 다르다.
3. 공연 기간이 짧을수록, 관객이 참여할 여지가 많을수록, 해석의 여지가 많을수록 반복 관람 현상이 두드러진다.
4. 디시인사이드의 연극 뮤지컬 갤러리(연뮤갤) 같은 온라인 활동도 활발하다.

#2. S-spot

앞서 '회전문 관객'에 대한 이야기를 하며 가장 중요한 한 가지를 언급하지 않았다.
바로 무엇이 그들을 일반 관객에서 '회전문 관객'으로 변하게 만드는가 하는 점이다. 그들이 일반 관객에서 '회전문 관객'으로 발전하는 과정을 살펴보자. 아마 처음에는 작은 호감이었을 것이다. 호감은 곧 호기심과 관심으로 이어진다. '더 알고 싶다'는 욕망, 이 욕망을 충족하는 단계에서 '알면 알수록 내가 좋아할 만한 가치가 있다'고 판단했다면, 이들은 열성적인 중독 상태로 빠져든다.

말하자면 '회전문 관객'이 형성되기 위해서는 가장 먼저 어떤 '호감'이 형성되어야만 한다.
또 관심이 중독으로 이어지는 과정에서도 그 '호감'은 유지되어야 한다. 이렇게 중독을 촉발하는 '호감'을 나는 '자극(Stimilus)'이라 부른다. 영어로 명명한다면, 'S-spot'정도 될 것이다. 요컨대 관심과 중독을 불러일으키는 호감 자체가 '자극'이라는 이야기이다.

사실 이와 비슷한 이론은 경제학에서도 찾아볼 수 있다.
가장 낮은 단계의 소비자 행동이론인 'SMR 전략'이 바로 그것이다. 대중(Mass)은 자극(Stimulus)받지 않으면 반응(Reaction)하지 않는다는 지극히 간단한 이론이다. 이 이론을 다시 공연에 적용한다면, 다음과 같을 것이다. '관객은 자극받지 않으면 결코 다시 공연장을 찾지 않는다.' 물론 자극을 받았다고 해서 그 자극이 바로 관심과 중독으로 이어지지는 않을 수도 있다. 우리가 할 수 있는 일은 관객이 중독으로 나아갈 수 있는 최초의 계기, 즉 호감을 갖게 하는 일뿐이다.

앞서 '회전문 관객'을 예로 들며 뮤지컬에 촛점을 맞춰 시작하긴 했지만, 이는 페스티벌, 콘서트, 연극 등 모든 장르에 걸쳐 공통적으로 통용되는 논리다.

하나 더 소개하고 싶은 이론은 공연의 단계별 4대 목표이다.
이 목표는 공연기획자 입장에서 본 것이다.

1단계는 동원(mobilization)이다.
공연기획자는 기획의 첫 목표로 관객 동원을 가장 우선시한다.
관객이 극장에 들어와야 공연은 시작할 수 있다.

2단계는 교감(impression)이다.
극장을 찾은 관객은 보상 심리를 갖는다.
들인 돈과 시간에 대한 적절한 보상을 기대한다.
공연기획자는 그들에게
다음, 내일이 아닌
지금, 오늘의 시공간에서 보상으로 준비한
그 무엇을(재미와 감동) 반드시 전달해야 한다.

4단계
관계(relationship)

3단계
반응(reaction)

2단계
교감(impression)

1단계
동원(mobilization)

3단계는 반응(reaction)이다.
공연기획자는 교감을 통해 관객의 마음을 얻고 난 뒤
그들의 생산적인 반응을 기대한다.
하나의 반응이 다른 반응을 일으키고
그것이 다른 것으로 번져서 계속적으로 반복하여 발생하는
연쇄 반응(chain reaction), 그것을 기대하는 것이다.

4단계는 관계(relationship)다.
반응의 끝은 처음 그 현장으로 관객을 다시 이끌어 내는 것이다.
이러한 긍정적 순환 구조가 반복을 거듭하면서
기획자는 최종적으로 관객이 아티스트(배우, 작품)와
자연스러운 관계의 끈을 맺게 되길 바란다.
관계는 자발적인 행동이어야 한다. 이것이 팬이 되는 순간이다.
이렇게 맺어진 관계의 망은 방사형 네트워크로 그 행동 범위를 넓혀 간다.

여기,
여러분의 이해를 돕고자
두 개의 이론을 버무려
시뮬레이션 데이터를
만들어 보았다.

Simulation A.

오늘 처음 극장을 찾았다.
기대와 낯선 공간에 대한 어색함이 함께 느껴진다.

나의 마음을 아는지 공연 시작 전에 관객의 긴장
을 풀어 주려고 만든 듯한 프로그램이 진행된다.

짧은 시간이었는데 함께 웃고 박수치는 동안
어색함은 어느 듯 사라졌다.

무대에 더욱 집중할 수 있게 되었다.
드디어 약속한 시간이 되었고, 막이 열렸다.

베일에 쌓였던 무대가 모습을 드러내는데
세상에서 처음 보는 듯한 광경이었다.
모든 것이 잘 짜여진 각본대로 제 역할을 하고
있었고 시작(오프닝)부터 내 마음은 흥분하기
시작했다.

평소 이런 경험을 갖지 못해서 적극적으로 즐기
지 못하면 어쩌나 걱정했는데 기우였다.

리듬에 맞춰 내 몸의 신경이 잘 반응해 줬고 분위기
가 점점 고조되면서 난 무대와 하나가 되고 있었다.

공연을 보는 동안 잠시 이 즐거운 경험을 공유하
고픈 여러 사람들이 떠올랐다.

분위기가 절정을 달리는 듯 하더니 무대 위 아티
스트가 마지막 순서만 남았다고 말했다.
순간 객석에서는 아쉬움의 탄성이 쏟아졌다.

마지막까지 후회 없이 즐기고 싶어 엔딩 무대에
는 더욱 에너지를 쏟아 내며 공연을 즐겼다.

아쉬움 속에 공연은 끝이 났고 막은 처음 자리
로 돌아갔다.

객석에서는 나와 같은 마음을 가진 대부분의
관객들이 무대의 기운을 이어가고 싶은 마음에
크게 앙코르를 외치고 있었다.

앙코르까지 모두 마치고 나니 객석에 불이 들어왔
다. 사람들의 표정에서 짙은 아쉬움이 느껴진다.

아쉬움을 뒤로하고 로비로 빠져 나왔는데 로비에는
아티스트와 관련된 다양한 상품들이 눈에 띄었다.

처음 극장에 도착해서 같은 길로 입장을 했는데 그
땐 보지 못했던 것들이 여기저기 시야에 들어온다.

공연의 감동과 여운을 이어가고 싶은 마음에
지갑을 열어 이것저것 마음에 드는 것을 샀다.
다 그 사람과 관련된 것이었다.

넉넉한 마음으로 집을 향하는데 공연의 여운때
문인지 마음이 쉬 안정되지 않는다.
그러던 중, 공연의 감동을 공유하고 싶은 가까
운 친구들이 생각나 SNS로 평소보단 좀 더 감
정을 실어 경험을 전했다. 공연을 볼까 고민하
던 친구에겐 적극적으로 권했다.

집에 도착했는 데도 성이 안차서 평소 알고 지
내던 사람들의 다양한 커뮤니티에 들어가서 공연
후기를 남겼다. 좋은 것을 함께 나누고 싶은 마
음이었다.

다시 일상이다.

1년의 시간이 지났다.
인터넷 서핑을 하다 작년에 나에게 소중한 추억
을 갖게 했던 그 아티스트의 공연 소식을 접했다.

티켓 오픈 날짜를 손꼽아 기다리게 된다. 좋은
자리에서 좋은 사람들과 함께 공연을 보고 싶은
마음에 하루 하루가 설렘 속에 흘러간다.

나의 이런 변화에 스스로가 놀랐다.
이번 공연에서도 같은 마음이면
팬이 되리라고 스스로에게 다짐했다.

Simulation B.

오늘 처음 극장을 찾았다.
기대와 낯선 공간에 대한 어색함이 함께 느껴진다.

나의 마음을 아는지 공연 시작 전에 관객의 긴장을 풀어 주려고 만든 듯한 프로그램이 진행된다.
뭔가 급조해서 만든 티가 난다.
짧은 시간이었음에도 시간이 길게 느껴졌다. 어색함이 조금 더 커졌다.

빨리 본 무대나 시작되기를 바랐다.
약속한 시간이 지나서 막이 열렸다.

베일에 쌓였던 무대가 모습을 드러내는데 뭔가 어색하고 삐걱되는 듯한 풍경이었다. 모든 것이 짜여진 각본대로 잘 돌아가지 않는 듯했고 시작(오프닝)부터 내 마음은 오히려 차분해졌다.

평소 이런 경험을 갖지 못해서 적극적으로 즐기지 못하면 어쩌나 걱정했는데 예상대로였다.

리듬에 맞춰 즐기라고 말하는 아티스트의 요구에 내 몸의 신경은 시큰둥하게 반응을 했고 분위기가 점점 고조되면서 난 무대와 점점 멀어지고 있었다.

공연을 보는 내내 이 공연을 보기로 한 여러 친구들이 떠올랐다. 빨리 이 공연의 분위기를 전해 주고 싶은 마음에 공연 중에 SNS로 나의 우울함을 전했다.

지쳐가는 분위기였는데 무대 위 아티스트가 마지막 순서만 남았다고 말한다. 순간 내 입에서는 안도의 한숨이 쏟아졌다.

마지막 나가는 길이 복잡하면 어쩌나 걱정되어 엔딩 무대가 진행되는 중에 나갈 준비를 시작했다.

이윽고 속에 공연은 끝이 났고 막은 처음 자리로 돌아갔다.

객석에서는 일부 관객들이
아쉬운 마음에 앙코르를 소리치고 있었다.

앙코르까지 다 듣고 나오기엔 주차장에서 차 빼고 기다리는 시간이 걱정이 되어 객석에 불이 들어오기 전에 극장을 급히 빠져 나왔다.
나와 같은 사람들이 여럿 보였다.

급한 마음으로 로비를 빠져 나오는데 로비에는 아티스트와 관련한 다양한 상품들을 비치해 두고 구입하라고 외치는 소리가 들렸다.

처음 극장에 도착해서 같은 길로 입장을 했는데 그때 보지 못했던 것들이 여기저기 시야에 들어왔다.

소란스러웠다.
불편한 마음에 뒤도 안 돌아보고 극장 문을 나섰다.
공연의 여운이 마음에 남아 있지 않았기 때문이다.

본전 생각에 아쉬운 마음으로 집을 향하는데 공연 때문인지 마음이 쉬이 안정되지 않았다. 그러던 중, 공연의 아쉬움을 공유하고 싶은 가까운 친구들이 생각나 SNS로 평소보단 좀 더 감정을 실어 경험을 전했다. 공연을 볼까 고민하던 친구에겐 적극적으로 다른 공연을 택할 것을 권했다.

집에 도착했는 데도 성이 안차서 평소 알고 지내던 사람들의 커뮤니티에 들어가서 공연 후기를 남겼다. 내가 아는 사람들이 기분 나쁜 것을 경험하는 게 싫었다.

다시 일상이다.

1년의 시간이 지났다.
인터넷 서핑을 하다 작년에 나에게 좋지 않은 추억을 주었던 그 아티스트의 공연 소식을 접했다.

그다지 호감이 생기지 않았다.

이 두 가지 다른 시뮬레이션 스토리는 이해를 위해 지어낸 이야기지만 우리 현실에서 누구나 한 번쯤은 경험해 봄 직한 상황을 기초로 짜여졌다.

극장을 찾은 관객으로 하여금 어떤 변수가 전혀 다른 두 가지 경우의 수(yes or no)의 선택을 하게 만들까?

관객은 정직하고 객관적이다.
처음 극장을 찾은 관객은 더욱 실리적이다.
들인 시간과 돈에 대한 보상 심리는 연체나 대체가 불가능하다. 다음과 내일을 이야기하며 이해를 구하는 짓을 해선 안 된다. 오늘 관객이 찾은 극장에서 관객의 마음을 사로잡아야 하고 긍정적인 반응 사이클로 이끌어야 한다. 이것이 공연을 만드는 사람의 일이고 본분이다.

앞에서 언급한 '어떤 변수'는 바로 '새로운 자극으로 잘 버무려진 공연의 완성도'이다.
공연의 완성도가 Yes or No의 분기점이다. 공연의 완성도가 두 갈림길 중 하나의 길을 선택하는 잣대가 된다. 선택 이후 길을 되돌릴 방법은 거의 없다. 점점 좋아진다는 것은 희망사항일 뿐이다.

대중을 움직이게 만드는 자극 요소인 공연의 완성도의 정체는 무엇일까?
공연의 완성도는 무대, 관객, 콘텐츠(아티스트/작품)에 따라 너무 많은 기준이 존재한다. 정답을 제시할 수 없다. 그 어떤 절대 기준도 존재할 수 없다.

이해를 돕기 위해 몇 가지 비교를 해 보자.
김장훈 공연의 완성도(자극 포인트)와 에릭 클랩튼의 그것은 지향점이 서로 다르다. 볼거리와 오락적 요소로 자극 포인트를 갖춘 공연과 음악적 깊이와 감성을 자극 포인트로 중무장한 공연의 결이 같을 수 있겠는가?

공연의 완성노가 뇌는 자극 포인트는 규격화할 수 없고 복제할 수 없는 이유가 여기에 있다. 자신과 관객에게 가장 잘 맞는 자극 포인트(음악, 오락, 기술 등)를 찾아내고 그 핵심에 집중하는 것이 중요하다.

그 범주 안에서 매번 달라야 하고 새로워야 한다.
자극은 같은 세기의 자극일 때 반응 속도가 느리기 때문이다. 의미 없는 재생산, 변화 없는 반복이 자극을 방해하는 요소가 된다.

김장훈이 에릭 클랩튼의 자극 포인트로 공연을 연출한다면 관객의 반응이 어떠하겠는가?
에릭 클랩튼이 만약 김장훈의 자극 포인트로 공연을 만든다면 그 관객의 반응은 어떻겠는가?
분명 잘못된 자극이 될 것이고 돌이킬 수 없는 결과를 가져올 수 있다.

익숙한 자극이 아닌 전혀 다른 자극의 선택은 더욱 신중해야 한다. 완벽한 새로움과 창작에 대한 욕심은 버려야 한다. 관객은 약간의 차이와 차별을 가장 선호하는 자극으로 받아들인다.

창의가 기반된 모든 공연은 이런 자극 사용 설명서를 가지고 있다. 창의적인 자극 사용 매뉴얼을 잘 만드는 것이 공연의 완성도를 높이는 것이다.

이 모든 설명이 크리에이티브를 향하고 있음을 짐작했을 것이다.

Chapter 07
Hardware Insight

#1. 창조적 사고의 외연 확대

이것은 앞 장 [II. 창의, 자극 사용 설명서]의 보충수업 같은 이야기가 될 수도
있겠다. 앞서 우리는 공연의 완성도에 대한 이야기를 나누었다.
'완성도'의 기준이자 근간이 되는 것은 창의이다.

자, 그렇다면 당신이 지금 어마어마한 아이디어 하나를 생각해 냈다고 가정해
보자. 아마도 그 다음에 고민할 문제는, '이 아이디어를 무대 위에 어떻게 구체
화시킬 것인가?'이다.

사실 크리에이티브는 좋은 아이디어를 내는 것에서 그치는 것이 아니다. 어떤
기술을 이용하여, 어떤 모습으로, 어느 시기에 터트려야 가장 효과적일지 고민
하는 것 역시 크리에이티브의 영역이며, 기획자의 역할인 셈이다.
이미 세계 각지의 현장에서 활동하고 있는 창의적인 기획자들은, 자신의 콘텐
츠를 효과적으로 표현하기 위해 다양한 기술적 진보를 고민해 왔다.

그리고 그들의 이러한 노력 덕분에 공연계에는 매일매일 새로운 시도들이 벌어
지고 있으며, 무수한 혁신적 사례들이 쏟아지고 있다.

이번 장에서는 이러한 사례들을 바탕으로 하드웨어적 측면에서 창조적 사고의
외연을 넓혀 보도록 하자.

#2. Hardware Insight

공연 현장에서 **'Hardware'**의 의미는 공연에서 콘텐츠와 인적 자원을 배제한 모든 것이라 할 수 있다.

좁게 본다면 무대, 조명, 음향, 영상, 전식, 특수효과 등의 프로덕션을 뜻한다.

의미를 조금 더 확장시켜 본다면, 공연이 올려지는 공간 역시 포함될 수 있고, 나아가 공연이 펼쳐지는 도시의 기반 전체를 놓고 이야기할 수도 있다.

한 번에 이해하기는 어려울 것이다.

이번 단락에서 '기술 혁신 (Technology Innovation)', '공간 혁신 (Space Innovation)', '인프라 혁신 (Infrastructure Innovation)'에 대해 차근차근 이해해 보자.

01. 기술 혁신(Technology Innovation)

기술 혁신은 **'프로덕션'**과 이를 운영하는 **'시스템'**에서의 혁신적 시도를 이룬다.
'프로덕션'이란 무대, 조명, 음향, 영상, 전식, 특수효과 등 공연에서 사용하는 기술장비이면서, 눈에 보이는 모든 시청각 요소를 아우르는 말이다. 프로덕션에 대해 예전에는 기능성이 강조되었다면, 지금은 디자인적 개념이 더 부각되고 있다. 공연 콘셉트와 규모, 현장 상황에 맞춰 설계하고 개발하는 것이 더 중요하게 여겨지고 있다. 이처럼 **공연의 모든 시청각 요소를 아울러 디자인하는 것을 '프로덕션 디자인'**이라고 한다.

아래 제시된 홈페이지 URL은 전 세계적으로 유명한 프로덕션 디자인 스튜디오들을 소개하고 있다.

www.stufish.com
www.taittowers.com
www.stagetech.com
www.prg.com

이들의 손을 거치고 나면, 무대 위는 말들이 달리는 너른 벌판이 되기도 하고, 관객은 객석에 앉아 거인 입 속으로 여행을 떠나기도 한다. 이처럼 **창의적이고 독특한 "Mark Fisher Studio"의 프로덕션 디자인**은 세계적인 주목을 받고 있다. 콘텐츠를 뒷받침하는 기술 장비의 수준을 넘어서, 자체만으로 이미 **개별적인 콘텐츠**가 되고 있다고 해도 과언이 아닐 지경이다.

이처럼 공연 현장에서 미디어 인터렉티브 등의 첨단 기술을 이용한 프로덕션 디자인은 유행이 아닌 하나의 혁신으로 받아들여지고 있다. 〈드림걸즈〉, 〈고스트〉, 〈영웅들〉의 사례처럼 아날로그적인 프로덕션 운영을 고집해 왔던 뮤지컬계에서도 변화의 바람이 이미 거세게 불고 있다.

물론 이처럼 버라이어티한 프로덕션 디자인일수록 사전 시뮬레이션이 중요하다.
현장에서 모험을 하는 것은 결코 바람직하지 않다. 가능한 한 오차와 실수를 사전에 잡아내고 정정하여, 위험 요소를 줄여야 한다. 프로덕션 디자인이 복잡하면 복잡할수록 더 효율적이고, 더 섬세한 소프트웨어가 필요하다. 공연 전에 공연 내용을 완벽하게 구현해 볼 수 있는 프로그램들이 계속 쏟아져 나오는 이유이다.

위에서 소개된 스튜디오 중에 가장 영향력 있는 스튜디오인 "Mark Fisher Studio"의 프로덕션 디자인에서 배울 점이 한 가지 더 있다. 이처럼 화려한 프로덕션 디자인을 구사하면서도 그들의 작품은 **절대 관객의 집중도를 저해하지 않는다.** 마치 하나의 유기체처럼 프로덕션의 각 요소들은 일괄적으로 관리되고 있다. 요컨대 컨텐츠에 프로덕션 디자인이 완벽하게 녹아든 것이다. 다양한 시청각 요소들을 하나의 그림으로 그려내는 것은 전적으로 기획자의 창의에 달려있다. "Mark Fisher Studio"는 물론, 프로덕션 디자인에 대해 꾸준히 찾고 공부하며, 여러분의 감각과 창의를 갈고 닦길 바란다.

단, 기획자의 디자인대로 현장에서 구현되기 위해서는 공연 스태프들의 사전 조율 과정이 중요하다. 끊임없이 의견을 주고 받으며 호흡을 맞춰야 한다. 요컨대 21세기의 공연 스태프들에게는 첨단 프로덕션 디자인에 관련된 **정보력**과 동시에, **'협업 능력'**이라는 두 가지 과제가 주어진 셈이다.

02. 공간 혁신(Space Innovation)

공간 혁신은 공연이 펼쳐지는 공간에서 일어나는 **혁신적 시도**를 이룬다.
지금 세계적으로 주목받고 있는 공연과 성공한 공연들을 살펴보면 하나의 공통점을 추려낼 수 있다.
바로 '극장'을 벗어났다는 점이다.

밀리터리 타투 축제(에딘버러 캐슬_관광, 역사공간)
중국 자금성(관광 공간)
중국 인상프로젝트(역사 공간_인상유삼조,인상리장,인상서호)
브렌겐쯔 축제(일상_호수)
미국 레드락 축제(관광 공간)
로마 콜로세움(역사 유물)
베로나 오페라 축제(역사 공간_원형경기장)

일상 공간, 관광지, 도심 등의 공간이었던 이곳들은 그 자체가 하나의 공연장이 되었다.
공간에 대한 새로운 통찰이, 흔한 풍경을 새로운 공연 공간으로 바꾸어 버린 것이다.
이제 극장 안의 무대를 세로로 세우거나, 극장 천장에 무대를 설치하는 것도 더 이상 혁신의 범주에 들지 못한다. 극장에서 벗어나, 극장 밖의 모든 공간을 극장으로 만들어야 한다. 또한 공간과 콘텐츠가 절묘하게 맞아떨어져, 공간적 의외성이 공연의 재미 요소가 될 수 있어야 한다. 창의적인 공연기획자라면, **공간과 환경에 대해 새로운 시각을 갖추고 재해석할 줄 알아야** 한다. 오늘 여러분의 발길이 닿았던 어떤 장소에, 콘서트가 펼쳐질 새로운 무대가 숨어 있을 수도 있다.

03. 인프라 혁신(Infrastructure Innovation)

하드웨어 인사이트의 마지막 단계는 공간보다 더 큰 개념인 **'Infrastructure'**에 접근하려 한다.
하나의 공간이 아닌 **도시의 인프라 전체를 혁신의 대상**으로 삼는 것이다. 이는 '대학로', '웨스트 엔드', '브로드 웨이'와 같은 작은 거리의 한정된 개념을 이르는 것이 아니다. 공연이 펼쳐지는 도시, 지역 전체를 아우르는 개념이다. 요즘 지방자치단체들이 각 시, 군의 슬로건으로 내건 문구에는 하나같이 '문화의 도시'라는 말이 포함되어 있다. 각 도시가 가지고 있는 역사적, 물리적, 문화적 인프라를 앞세워, 이른바 '문화 마케팅'을 시도하고 있다는 얘기다. 이러한 문화 마케팅은 이미 기업 쪽에서는 역사가 깊다. "할리 데이비슨", "스타벅스" 등이 그 대표적인 사례다. 기업에서 활용해 온 문화 마케팅은 소비자의 라이프 스타일과 브랜드의 이미지를 접목시켜, 소비자로 하여금 재화가 아닌 '문화를 소비'하게 하는 것이 주 목적이다.

그렇다면 도시들이 문화 마케팅에 나선 목적은 무엇일까?
도시의 인지도를 확산시켜 발전 가능성을 높이고 높은 관광 수익을 창출하기 위함이다. 즉, 문화를 기반으로 고부가 가치를 창출하고 도시의 경쟁력을 높이겠다는 것이다. 방법은 조금씩 다를지라도, 기업의 문화 마케팅이나 도시의 문화 마케팅이나 '문화를 향유하게 한다'는 목적만큼은 동일하다. 단 프랑스의 '파리'나, 이탈리아의 '로마'가 타의에 의해 '문화의 도시' 명칭을 얻은 데 반해, 한국의 지방자치단체에서 스스로 '문화의 도시' 슬로건을 내건 상황이 비교되어 보이는 것은 조금 안타까운 일이다. 물론 도시를 하나의 문화적 브랜드로 인식시키는 일은 몹시 어려운 일이다. 이때 가장 효과적인 방법 중 하나는 그 도시의 인프라를 적극 활용한 공연이 세계적으로 성공을 거두는 것이다.
세계의 다양한 사례들을 살펴보자.

사례1. 영국의 에든버러, 에든버러 페스티벌

에든버러는 영국 출판산업의 진원지이자 독서 운동의 중심지였다. 《지킬 박사와 하이드》의 로버트 스티븐슨, 《피터팬》의 제임스 배리, 《셜록 홈즈》의 코난 도일을 배출한 곳으로도 유명하다. 요컨대 이 도시가 가진 주요경쟁력은 '문학'. 에든버러는 이러한 지역 특성을 "에든버러 페스티벌"로 환생시켰고, 2004년 첫 번째로 '유네스코 창의 도시'라는 타이틀을 얻었다.

사례2. 스페인의 부뇰, 라 토마티나

세계에서 가장 인기있는 축제 중의 하나인 "라 토마티나"는 아주 우연한 기회에 생겨났다. 1944년 토마토 값 폭락에 화가 난 농부들이 시의원들에게 토마토를 던지며 분풀이를 한 것에서 유래했다는 것이다. 그저 서로에게 토마토를 던지는 것이 전부인 "라 토마티나"로 인해, 작은 마을인 부뇰 (Buñol)은 세계적으로 가장 유명한 도시 중에 하나가 되었다.

사례3. 중국의 계림, 인상유삼저

중국의 장예모 감독이 연출한 대형 수상 오페라. 작은 어촌 마을에서 벌어진 남녀 간의 사랑이야기를 다루고 있다. 이 단순한 플롯의 오페라가 성공한 이유는, 이 공연이 계림의 빼어난 경치를 무대로 활용하고 있기 때문이다. 《인상유삼저》는 계림의 진경산수로 꼽히는 신천지 12개 산봉우리와 이강의 물줄기를 배경으로 한다. 또한 600여 명에 달하는 출연진은 대다수가 그 지역의 소수민족들로 이루어졌다.

이 세 가지의 사례의 공통점은 **하나의 성공한 공연이, 도시를 문화 브랜드로서 인식시키는 데 지대한 공헌**을 했다는 점일 것이다.
요컨대 그 도시의 간판 공연을 만드는 것이야말로, 도시 문화 마케팅의 지름길이라는 이야기이다. 이때 중요한 것은, 그 간판 공연에 지역적 특성이 잘 융합되어야 한다는 점이다.
특산물, 지리적 환경, 지역 주민의 참여, 지방자치단체의 후원, 문화 시설 등 모든 인프라를 활용해 공연과 도시를 긴밀하게 연결시키는 과정이 필요하다.
사실 하나의 공연으로 도시를 문화 브랜드로 발돋움 시키려는 노력은 국내에서도 다양하게 시도되고 있다.
"자라섬 국제재즈페스티벌", "부산 국제영화제" 등이 대표적인 예이다. 그러나 시도들이 '축제'의 영역 안에서만 이루어지고 있다는 점은 조금 아쉽다.
공연을 공부하는, 문화를 기획하려는 젊은 친구들의 모험 정신이 필요한 시기이다.

앞서 우리는 세 가지의 혁신 과제들을 살펴보았다.
'기술 혁신 (Technology Innovation)', '공간 혁신 (Space Innovation)', '인프라 혁신 (Infrastructure Innovation)'. 한 공연 안에서 이 세 영역의 혁신이 모두 일어날 수도 있다.
예시로 들었던 《인상유삼저》가 그런 예이다. 그러나 이 세 가지 혁신을 반드시 한 공연 안에서 이루어 낼 필요는 없다. 무엇보다 중요한 것은, **콘텐츠와의 결합**이다.
아이디어를 구체화하기 위해 최상의 하드웨어를 구현하는 것 혹은 하드웨어를 최고로 활용하기 위한 콘텐츠를 발굴하는 것,
그것이 바로 하드웨어 인사이트. 창의적인 공연을 만드는 마법의 열쇠이다.

* 기타 사례들: 일본 동경의 록본기 힐즈, 싱가폴 에스플러네이드, 스페인 빌바오 구겐하임, 프랑스 퐁피두, 영국 런던의 글래스코, 영국 게이츠 헤드, 영국 테이트 모던, 미국 뉴욕의 브로드웨이, 영국 런던의 웨스트엔드.

Chapter 08
Trend and Seed

#1. 콘텐츠는 곧 미래 권력

공연 프로듀서의 역할 중 가장 중요한 것은 무엇일까?
프로듀서(제작자)는 공연 제작의 재정과 작품에 대한 모든 책임을 갖고 있는 사람인데
작품 선정(콘텐츠 확보)/수익 구조 분석(작품 흥행)/대관/재원 확보 등
본격적인 기획과정을 위해 필요한 **핵심 과업**을 완수해야 한다.

그중에서 작품 선정, 콘텐츠 확보는 제작자의 역할 중 단연 으뜸되는 과업이다.
소위 시장에서 '잘 먹힐 만한 콘텐츠' 확보는 공연의 흥행 여부를 가늠하는 바로미터가 된다.
제작자들이 경쟁력 있는 콘텐츠 확보, 발굴을 위해 전방위적인 노력을 멈추지 않는 이유이다.

시장 규모에 맞지 않는 작품을 과다하게 공급하는 것과 라이선스 판권 경쟁 같은 부작용이 생겨나기도
하지만 콘텐츠 확보 경쟁은 더욱 치열해질 것이다.

시장의 지형을 바꾸는 일은 대개 킬러 콘텐츠 한 편으로 시작한다. 대한민국의 모든 제작자들은 킬러 콘
텐츠 한 편이 바꿔 줄 거창한 장미빛 미래를 꿈꾸며 오늘도 콘텐츠를 찾아 헤매는 중이다.

《《더 뮤지컬 매거진》》에서 한국 뮤지컬의 미래를 걱정하며 미래 권력이 누가 될지를 전문가들에게 물었
다. 4명의 전문가들은 각각 **미래 권력**으로 **크리에이터/창작자/언제나 관객/프로듀서**를 지목했다.

흥미로운 것은 미래 권력으로 지목된 크리에이터, 창작자, 프로듀서의 공통점은 바로 콘텐츠 양산, 발굴
과 관련된 사람들이란 것이다.

한국 뮤지컬 발전의 걸림돌이 무엇인가? 질문에 대한 4명 전문가들의 답변도 콘텐츠와 관련되어 있었다.
창의적인 사고의 부재/킬러 콘텐츠를 만들어 낼 창작 환경 미흡/고비용의 제작 구조
내실 있는 단체들이 많아지고 건전한 경쟁 체제의 필요성을 답으로 내놓았다.

결국 대한민국의 공연 산업의 미래는 창작 콘텐츠 탄생에 달려 있고 지속 가능한 산업 발전은 양질의 콘
텐츠 양산과 확보가 이어질 때 가능하다는 의견이다.

크리에이터   창작자   언제나 관객   프로듀서

4명의 전문가들이 지목한 미래 권력

#2. 씨드 찾기 프로젝트(Seed Hunting Project)

우선 살펴볼 것은, **'시장의 판도를 바꿀 콘텐츠의 원형(The Original Seed)은 어디서 찾는가'**에 관한 것이다.

현장 전문가가 아닌 공연기획을 시작하려는 입문자들과 현장에서 이제 막 자리매김을 시작한 초기 적응자들에게 나는 다음과 같은 방법을 추천한다.

세 단계로 나누어진 일명 **'씨드 찾기 프로젝트(Seed Hunting Project)'**이다.

01. FAD 씨드 찾기(FAD Scanning)

1단계는 FAD 속에서 씨드 찾기이다. FAD(For a day)란 일시적으로 스쳐 지나가는 단발적인 유행을 의미한다.

사람들의 관심이 집중되는 소재를 발 빠르게 파악하고, 그 안에서 씨드를 찾는 것이 이 단계의 목표이다.

이때 대중의 관심사를 가장 잘 파악할 수 있는 도구가 바로 미디어이며, 그중 아직도 가장 큰 영향력을 자랑하는 것이 바로 텔레비전이다.

미디어를 통해 대중에게 노출된 것은 그 자체로 이미 어느 정도의 경쟁력을 가진다.

2011년 MBC의 예능 프로그램 "놀러와"의 "세시봉 특집" 이후 생겨난 "세시봉 콘서트", MBC의 "나는 가수다" 프로그램 출연자들의 콘서트가 연일 매진된 사례 등이 이에 해당한다.

이 단계의 가장 큰 특징은 '한시성'이다. 유행과 함께 호흡하기에 유효기간이 굉장히 짧다.

따라서 순발력과 민첩한 승부수가 요구된다. 정보력은 기본이다.

단발성으로 원하는 결과물을 얻기에 가장 쉬운 방법이며, 시장 지향적이라는 장점이 있다.

또한 가장 원초적인 관객 맞춤형 관점이다.

02. 트랜드 씨드 찾기(TREND Scanning)

2단계는 트랜드 속에서 씨드 찾기이다.

트랜드는 일정한 방향성을 가지고 지속되는 사람들의 생각, 가치관, 취향의 변화를 의미한다. 트랜드와 FAD의 차이점은 바로 이 '지속성'에 있다.

FAD가 짧으면 1개월 ~3년 미만의 유효기간을 가지는 데 반해, 트랜드는 평균 10년 이상 지속된다. FAD가 일시적인 '선호'에 그친다면 트랜드는 꾸준한 '성향'을 반영한다.

성 소수자를 지지하는 여론이 거세지면서 '동성애 코드의 뮤지컬'들이 등장한 것이 대표적인 사례라고 할 수 있다.

요컨대 트랜드란 '대중의 시각'이라고 이해해도 무방할 것이다. 트랜드를 파악해 그 안에서 씨드를 찾아내는 일은, 대중의 세상을 어떻게 읽어 내고 있는지 헤아리는 것과 마찬가지이다.

FAD보다 더 높은 수준의 통찰과 직관이 필요한 것은 당연한 일이다. 그래서 공연기획자는 늘 세상과 사람에 대해 관심을 갖고 이해하려는 노력을 해야 한다. 각 개인이 내는 수많은 목소리들 속에서 어떤 '경향'을 파악할 수 있어야 한다. 이 단계에서 무엇보다 중요한 것은, '대중의 시각'을 딱 반 보 앞서야 한다는 점이다. 트랜드를 너무 앞질러 가도 대중에게 선택받기가 힘들다.

트랜드를 파악하기 위해 전문가가 될 필요는 없다. 트랜드를 관찰하고 분석하는 전문가 집단이 따로 있다.

다만 전문가들이 내놓는 분석 데이터를 보다 빠르게 공유 받기 위한 네트워크와 이를 시장성으로 연결할 수 있는 이해력이 요구된다.

03. 콘텐츠 씨드 찾기(CONTENTS Scanning)

3단계는 기존 콘텐츠 속에서 씨드 찾기이다. 이미 만들어진 작품과 콘텐츠 속에서 다른 가능성을 발견하는 것이 이 단계의 목표이다.

스캐닝의 대상이 되는 가장 작은 범주는 국내/외에서 올려진 모든 공연이다. 공연 속의 한 장면, 음악 한 곡, 특정 캐릭터가 또 다른 씨드가 될 수 있다.

라스베가스의 3대 쇼로 꼽히는 〈태양의 서커스(CIRQUE DU SOLEIL)〉의 〈O〉의 뿌리가 '곡예 서커스'에 있다는 점이 여러분의 이해를 도울 수 있을 것이다.

〈O〉의 사례에서도 알 수 있듯이, 이 과정을 거쳐 개발된 신규 콘텐츠는 기존의 콘텐츠와 다르거나 혹은 더 좋아야 살아남을 수 있다. 물론 〈O〉처럼 두 가지 모두 만족한다면 더없이 좋다.

이와 같은 과정 안에서 노릴 수 있는 또 하나의 방법은 바로 틈새시장 공략이다.

공연 시장에 나와 있는 기존 콘텐츠를 거시적으로 분석해 본다면, 아직 아무도 발굴하지 못한 씨드를 찾아낼 수도 있다.

공연계 전체는 레드오션이지만, 새로운 관객층을 형성할 수 있는 '블루오션'의 가능성은 아직 남아 있다.

특히 우리나라 공연계의 주요 관객층이 2,30대에 몰렸다는 점을 감안한다면, 중/장년층/노년층/외국인 등 새로운 관객층을 타깃으로 한 다양한 콘텐츠들을 고려해 볼 수 있을 것이다.

스캐닝의 대상이 되는 콘텐츠의 범주를 확장하는 것 역시 좋은 방법이다. 공연 뿐 아니라 문학, 영화, 광고, 드라마, 게임, 만화 등의 타 예술 분야에서 새로운 씨드를 찾아보자.

마케팅 기법 중에 하나인 OSMU(One Source Multi Use)는 이미 공연계에도 그 뿌리를 내린지 오래이다.

이미 너무나 많은 사례들이 알려져 있어 굳이 예를 들지 않아도 될 정도이다. 다양한 사례들을 직접 찾아보라.

그리고 타 분야의 콘텐츠에, 공연이라는 옷을 갈아입히기 위해서 현장에서는 어떤 방법들을 사용하고 있는지 직접 분석해 볼 필요가 있다.

여러분의 직관과 통찰을 발휘해 보라.

다시 원래의 물음으로 돌아가 보자.

'콘텐츠 확보'와 '창의'는 어느 지점에서 맞닿아 있는 것일까?
바로 앞 단락에서 우리는 '콘텐츠의 원형(The Original Seed)'을 찾는 세 가지 방법에 대해 함께 살펴보았다.

FAD에서 찾기, 트랜드에서 찾기, 기존 콘텐츠에서 찾기.
이와 같은 세 단계에서 공통적으로 요구되는 주요 역량은 직관과 통찰이었다.
나아가 이 씨드를 하나의 콘텐츠로 발전시켜 나가는 과정에서도 기획자의 직관과 통찰이 요구된다.

사실 기획자의 입장에서 접근하는 '원형 찾기'는 직관만으로도 가능하다.
그러므로 '찰나의 발상'만 가지고도 콘텐츠를 다듬어 나갈 수 있는 셈이다.
이 '원형(The original seed)'에 살을 입히는 것(대본, 음악)은 창작자의 역할이다.
그렇다면 직관은 어떻게 갖추어지는가? 직관이 있으려면 우선 오랜 기간 통찰의 과정이 필요하다.

큰 줄기의 흐름을 읽고 그 경향을 가늠해 보는 연습을 오래 한 기획자만이 자신의 직관을 믿어도 괜찮은 경지에 다다를 수 있다.
추상적이고 개념적인 이야기로 들리겠지만 요약하면 간단하다.
새로운 공연 콘텐츠의 원형을 찾는 과정, 이 원형을 공연으로 발전시키는 과정은 처음부터 끝까지 기획자의 직관과 통찰이라는 '창의'를 양분으로 삼는다.

Act **04**
협업

Chapter 09
공연, **협업**의 결정체

#1. 좋은 공연이란
좋은 사람들과 함께 하는 좋은 일의 합

〈이문세 THE BEST〉 공연 출연진과 스태프 단체사진(by 포토그래퍼 김태환)

이 사진에서 여러분은 무엇을 느낄지 궁금하다.

혹 이 책의 저자가 어디있을까 찾고 있다면, 시간 낭비는 그만두라고 이르고 싶다. 내가 이 사진을 꺼내든 이유는, 하나의 공연을 위해 얼마나 많은 스태프들이 함께 하는지를 보여 주기 위해서이다. 이 사진은 이문세의 마지막 콘서트에서 찍었던 단체 사진이다. 아티스트 한 명의 개인 콘서트의 스태프가 대략 이 정도이고, 축제와 뮤지컬의 경우는 이보다 더 많은 스태프들이 함께 한다. 짧게는 2개월에서 길게는 반년 이상의 시간 동안, 다양한 개성을 가진 스태프들이 동고동락한다. 공연이라는 하나의 목표 아래, 함께 모여 각자의 일을 한다.

사실 공연은 혼자할 수 있는 게 아무것도 없다. 그 어떤 분야보다-심지어 축구보다도 더-팀워크, 즉 협업의 정신이 중요하다. 감독, 아티스트, 조명팀, 무대팀, 분장팀 등 모두가 긴밀하게 이어져서 살아 있는 한 명의 사람처럼 합이 딱딱 맞아야만 공연의 완성도가 높아진다. 바꿔 말하자면 공연의 완성도를 결정하는 몇 가지 요소 중, 팀워크는 무조건 1순위이다. 아무리 훌륭한 배우, 감독, 스태프를 데려다 놓아도 이들 사이가 삐그덕 거린다면 결과는 안 봐도 뻔하다. 눈과 손과 발이 따로 노는 사람이 똑바로 걸을 수 없는 것과 마찬가지 이치이다. 무대 뒤에서 좋은 에너지가 생성되지 않았는데, 무대 위에 좋은 공연이 올라올 리 없고, 그런 공연에서 관객이 감명받는 것은 거의 기적에 가까운 일일 것이다.

좋은 공연이란 '좋은 사람들과 함께하는 좋은 일의 합'

본격적인 공연기획 과정이 시작 되기 전, 기본 계획(사업 계획 확정, 대관 등)이 마무리 되면 다음 단계로 고려하는 것이 바로 팀 구성이다. 이 시기에서는 프로듀서의 용인술이 빛을 발한다. 사람을 적재적소에 배치하는 것이 중요하다. 오죽하면 그 용인술을 프로듀서의 최대 덕목으로 꼽기도 한다.

오랜 시간 현장에서 일해 온 제작자들은 팀 구성에 대한 쉽고도 명확한 원칙을 가지고 있다. '자기 사람, 자기 스태프들과 팀을 이뤄 일한다'는 것이다. 아는 사람, 밥그릇 챙겨 주기 따위의 차원이 아니다. 신뢰를 바탕으로, 협력 체계가 잘 구축된 사람들과 함께 일한다는 의미이다. 팀워크의 가치와 중요성을 누구보다 잘 아는 이들이기에, 이런 원칙을 세울 수 있었을 것이다.

새로운 팀과 스태프들은 기존 프로덕션의 일원이 되기 위해 엄청난 유혹 작전을 펼친다. 마치 물건을 팔듯이 '싸고 좋다'는 점을 강조하고, '원하는 대로 무조건 맞추겠다'는 맹세도 서슴지 않지만, 이미 신뢰로 다져진 관계 속에서 빈틈을 찾아내기란 쉽지 않다. 경제적 관점에서 본다면 '가격'은 중요한 경쟁력이지만, 공연계에서만큼은 그것이 통하지 않는다. '새로운' 팀들과 '새로운' 협력 체계를 구축해 나간다는 것 자체가 이미 큰 위험 부담이기 때문이다. 예산 혹은 상황이 여의치 않아 이렇게 새로운 팀을 쓰는 프로듀서는 엄청난 각오로 임해야 한다.

나는 수십 년간 공연계에 몸 담으며 셀 수도 없을 만큼 많은 팀과 함께 무대를 준비해 봤다. 그 중에서도 이 사진을 고른 이유가 있다. 내가 만난 가장 훌륭한 팀워크를 가진 팀이었기 때문이다. 사실 공연계에서 이문세 공연팀의 팀워크는 매우 유명하다. 이는 곧 팀 멤버를 교체하는 일이 거의 없다는 이야기와도 같다. 매회 공연 때마다 같은 사람들이 현장을 누빈다. 지방으로 공연을 다닐 때는 프로덕션 투어가 아니라 '마음이 잘 맞는 사람들과 여행을 다니는' 것 같은 느낌을 받는다. 투어 중에 체육 대회도 하고 낚시 대회도 하고 등산도 같이 한다. 그뿐이랴, 때마다 생일 파티에 뒤풀이 파티에, 서프라이즈 이벤트까지, 정말 별 것을 다 한다.

위험한 발언이지만, 이문세 공연팀의 멤버들이 각 분야의 최고들이라고는 말할 수 없다. 다만 그들은 외부의 스태프들에게는 없는 엄청난 강점을 가지고 있다. 오랜 기간 함께 하며 쌓아 온 두터운 신뢰. 서로 눈빛만 봐도 생각을 읽을 정도의 팀워크, 그것이다. 그들은 실력보단 협업의 가치가 더 우선이라고 믿는 것이다.

#2. 새로운 스태프를 맞아들이는 기준

위의 경우가 대다수라면 더 이상 신규 공연 스태프들의 일터는 없어 보인다.
그러나 그렇진 않다. 새로운 프로덕션과 현장은 언제나 생겨나고 그 현장은 사람을 필요로 한다. 기회는 늘 있는 것이다.

공연 팀 구성의 원칙과 기준을 개념적 접근이 아닌 현장의 방식과 전통에 기초해서 답을 얻었다. 개인적 경험과 주변 선수들의 경험을 자세히 들여다본 후 내린 결론이다.

실력, 전문성이 1순위 기준임에 틀림없다.
동호회, 친목회의 일원이 되는 것이 아니기에 인성을 뛰어 넘는 전문성을 필요로 한다.
공연 팀의 일원이 되기 위해서는 객관적으로 인정받을 수 있는 실력을 갖추어야 한다.

인성과 커뮤니케이션 능력이 그 다음을 잇는 기준이다.
공연은 타인(또 다른 전문가)과 협력하여 더 큰 가치와 공동의 목표를 수행해야 하는 일이다.
협업하여 처리할 일이 대부분인 기획 과정이기에 인성(성품)과 소통 능력은 매우 중요한 자질로 받아들인다.

그 다음 기준으로 약속에 대한 시간 개념과 위기 대처 능력을 꼽을 수 있다.
현장에서 일을 하다 보면 팀워크를 해치는 요인이 여럿 존재하지만 팀의 합의로 결정한 약속들에 대해 시간 호흡을 못 맞추는 사람들 때문에 팀워크가 방해를 받는다. 이는 외부 사람과의 약속, 관객과의 약속도 같은 성향을 보일 확률이 높다.

공연은 사전에 아무리 잘 준비해도 현장에 가면 늘 변수 천지이다.
이러한 변수와 리스크에 대처하는 기민한 순발력을 가진 사람을 공연팀은 선호한다.

지극히 개인적인 기준 몇 가지를 꺼내 놓는다.
내가 팀의 일원을 결정하는 기준이다. 위의 기준들은 기본으로 깔고 가장 먼저 보는 것이 성향과 태도이다. 나의 성향과 너무 다른 사람은 배제한다.

난 내가 꾸리는 팀과 현장은 '없는 듯 있는 팀 스타일'을 선호한다.
현장에서 큰 소리나는 것을 싫어하고 한두 사람에 의해 좌지우지되는 현장도 멀리한다.

그래서 시끄러운 사람, 기가 쎈 사람을 팀의 일원으로 받아 본 적이 없다.
말 많은 이도 경계하고 나대는 사람은 근처에 두지 않는다.

이건 나만 그런 것이 아니고 팀을 꾸리는 사람들은 결국 자기의 성향, 태도와 닮아 있는 사람을 찾게 된다.

결론이다.
공연은 사람과 사람이 합을 이뤄 만드는 팀워크 프로젝트다.
이런 성향을 짙게 드러내는 공연팀의 일원이 되고 싶다면 자기가 팀원 일원으로서 결격사유가 없는지를 따져 봐야 한다.

가끔식 회사와 팀에 취업을 추천한 나의 제자들이 일을 잘해 주어서 회사의 대표로부터 감사인사를 받을 때가 있다. 회사의 대표들이 감사 인사를 전하며 한결같이 하는 말이다.
"일 잘하는 친구 보내 줘서 고맙다"가 아니고 "좋은 친구 보내 줘서 고맙다"는 인사이다.

내가 지향하는 좋은 공연은
'좋은 사람들과 함께 하는 좋은 일의 합'이다.

Chapter 10
공연기획의 전통적 업무

#1. "아버지가 오늘 갑자기 돌아가셔서 현장을 비워야 하는데 어쩌죠?"

여러 해 전, 가수 이문세의 미국 LA 공연 중 있었던 일화 하나를 풀어놓고자 한다. 셋업 첫날. 현지의 프로덕션 매니저가 부친상을 당했다. 모든 팀원들이 같은 마음으로 위로를 전하며 그를 병원으로 보냈다. 가끔 현장에서 일어나는 일이기에 나를 비롯한 스태프들은 큰 걱정을 하지 않았다. 그러나 이게 웬걸. 그가 자리를 비우자마자 현장은 즉시 엉망이 되었다. 현지 스태프들이 모든 손을 놓고 누군가의 지시만 기다리고 있는 것이었다. 무엇을 해야 할지 모르고 있는 것이 분명했다.

사실 공연 현장에서, 특히 셋업 과정에 있어 프로덕션 매니저의 역할은 굉장히 크다. 사전 준비와 반입은 물론 셋업의 세세한 상황을 살피는 것까지 모두 프로덕션 매니저의 책임이기 때문이다. 따라서 셋업이 시작되는 현장에서 프로덕션 매니저가 자리를 비울 때는 사전 조율 작업을 통해 할 일을 공유하고 역할을 분담해 놓아야 하는 것이 상식이다.

그런데 그는 셋업 당일에 수많은 팀들이 할 일을 오로지 본인에게 묻도록 한 것도 모자라, 오로지 자신의 노트북과 마음 속에만 모든 정보를 봉인해 둔 채 현장을 떠난 것이다. 미국은 극장이 정해 둔 조합(union) 외에 아무도 스태프로 일할 수 없도록 법으로 규제해 두었다. 한 마디로 한국 스태프들이 현장에서 일하는 것이 금지되어 있었기에, 상황은 더욱 심각했다. 최악의 경우, 공연을 예정된 날짜에 올리지 못할 수도 있었다. 문제의 심각성을 자신들도 통감하고 있었는지 아니면 성격들이 좀 덜 깐깐해서였는지, 다행히도 현지 스태프들이 한국 스태프들의 참여를 눈감아 주었다. 한국 스태프들이 기지를 발휘해 셋업 작업에 조금씩(그러나 전반에 걸쳐) 힌트를 주고 돕지 않았다면, 아마도 무사히 공연을 올리는 것은 불가능했을 것이다.

아마 그에게 갑자기 비보가 날아들지 않았다면, 그래서 자리를 지키고 있었다면 문제는 발생하지 않았을 것이다. 그러나 공연 현장은 온갖 돌발 상황이 쓰나미처럼 몰아닥치는 최전선이다. 제대로 된 공연기획자라면 이런 상황에 대비해 사전 업무 공유를 위한 협업 시스템 자체를 구축해 둔다. 협업 시스템을 세심하게 구성하고, 또 효율적으로 운영하는 것이 기획자의 역할이다. 기획자가 제 역할을 다 했다면 잠시 자리를 비운다고 해서 현장에 엄청난 문제가 발생할 리는 없다.

이 일화는 요즘에도 스태프들과의 술자리에서 종종 입에 오르내리곤 한다. 그리고 이 이야기를 전해 들은 후배들이나 당시 상황을 함께 겪은 동료들이나 결국은 똑같은 말로 이야기를 갈무리한다.

"진짜 미친 짓이야. 미친 짓."

#2. 공연기획 과정에서의 보편적 업무

공연기획 과정은 '계획'과 '조정'의 연속이다. 제한적인 시간 내에 처리해야 할 일이 수도 없이 많고, 또 대부분이 기획자 혼자 처리할 수 없는 일들이기 때문이다.
따라서 공연기획자는 많은 조정을 통해 효율적으로 업무를 분담하고 정확한 시간 계획을 세워야 한다. 그리하여 시간과 순서에 맞춰 모든 업무들이 효과적으로 맞물려 돌아가는 동시에, 하나의 공연을 위해 수십 명의 스태프들이 함께 고민하고 호흡을 맞춰 나가야 한다. 요컨대 공연기획 과정은 철저하게 유기적이어야 한다.

또한 공연기획 과정에는 정확한 설명서를 도입할 수 없다. 공연의 제작 형태와 규모, 제작 회사의 업무 시스템, 제작 기간에 따라 다양한 경우의 수가 존재하기 때문이다.
수학 공식처럼 딱 떨어지는 답이란 존재하지 않는다. 그러나 어떤 경우에도 필요한 보편적인 업무는 있게 마련이고, 관련 내용들을 살펴보는 것은 기본 소양을 갖추는 데 큰 도움이 될 것이다. 모든 형태의 장르를 포괄하기에는 지면이 부족해서 공연 산업의 대표적인 두 축인 뮤지컬과 콘서트 장르의 보편적 업무들을 추려 보았다.

[장르:뮤지컬]

[제작진 구성]
연출감독 선정, 음악감독 선정,
안무감독 선정, 제작감독 선정, 무대감독 선정,
기술 스태프(디자이너) 결정
- 무대, 조명, 음향, 분장, 헤어, 의상, 소품, 특수효과 등

[극장 구조 변경]
기술 협의 및 시설 계약
극장 구조 변경
좌석 및 부대시설 보완 작업

[제작계획]
계획, 예산 수립, 제작 방향 결정
제작진 구성, 제작 회의, 제작 계획 진행
반입, 설치(시설), 프로덕션 조직
프로덕션 리허설, 공연, 장비 철수

[마케팅]
홈페이지, 투자 유치, 주최권 계약
스폰서십 계약, 기업 판매, 그룹 세일
패키지 개발, 마케팅 제휴, 티켓런칭 프로모션
스페셜 프로모션, 광고/온,오프라인 매체 광고 집행
(인쇄, 전파, 온라인, 옥외, 교통 등), MD 운영

[행정-컴퍼니 매니지먼트]
연습 지원, 계약 업무
의전-숙박, 항공, 교통, 보험, 비자, 스케줄 관리 등
객석/안전 대책, 자금 운용/예산 집행
예산 결산, 판매 정산 및 최종 보고서(결산)

[사전 기획]
대본, 작사, 작곡
작품 선정, 라이선스권 취득

[기획]
수익 구조 분석, 대관,
파트너 계약,
펀드 레이징/재원 확보

[캐스팅 구성]
오디션
주요 캐스트 계약 접촉-계약
앙상블 및 기타 배역 계약 접촉-계약

[번역 및 대본]
기초 번역, 오디션 자료 번역
번역본 평가, 가사 작업
번역 완료 및 완성본 제본
파트별 대본 작업

[작품연습]
1차 리딩 / 수정, 보완
2차 리딩 / 수정, 보완
3차 리딩 / 수정, 보완
연습실 대관 계약
연습실 리허설
무대 리허설

[홍보]
홍보 계획(PR Plan) 마스터 플랜
촬영팀 구성-촬영, 프레스킷 제작(케이스별)
제작 발표회, 오디션, 프레스 투어
티켓런칭, 캐스팅 발표
수요 캐스트 인터뷰, 구초 이슈 인디뷰
매체별 홍보진행(TV, 케이블, 라디오, 일간지,
주간지, 월간지, 잡지 등)

[티켓]
티켓 판매 전략 수립, 티켓 레이 전시 결정/계약
좌석 배정, 판매 오픈 준비/운영
판매 관리/기업, 그룹, 일반, 패키지 등
초대권 관리, 티켓 프로모션, 현황 보고, 판매 정산

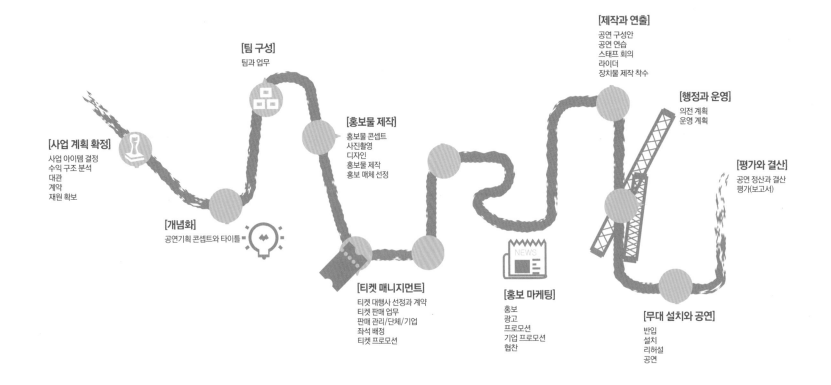

[제작과 연출]
공연 구성안
공연 연습
스태프 회의
라이더
장치물 제작 착수

[팀 구성]
팀과 업무

[행정과 운영]
의전 계획
운영 계획

[홍보물 제작]
홍보물 콘셉트
사진촬영
디자인
홍보물 제작
홍보 매체 선정

[사업 계획 확정]
사업 아이템 결정
수익 구조 분석
대관
계약
재원 확보

[평가와 결산]
공연 정산과 결산
평가(보고서)

[개념화]
공연기획 콘셉트와 타이틀

[티켓 매니지먼트]
티켓 대행사 선정과 계약
티켓 판매 업무
판매 관리/단체/기업
좌석 배정
티켓 프로모션

[홍보 마케팅]
홍보
광고
프로모션
기업 프로모션
협찬

[무대 설치와 공연]
반입
설치
리허설
공연

#3. 공연기획 업무의 공통적 속성

**앞에서 언급한 많은 업무들은 실행 시점을 기준으로 보면
다음과 같은 공통적 속성을 나타낸다.**

기본 기획 단계는 기획사 자체의 고유 업무 영역이다. 업무의 외연이 확장되기 전 단계이기에
단일화된 업무 성격을 갖는다. 프로젝트의 틀을 갖추는 시기다.

주요 업무 항목이다.
사업 아이템 확정/대관/재원 확보/제작진 구성

기본 기획이 마무리되면 업무는 많은 팀과 역할에 따라 외연이 확장된다. 시간 개념으로 본다
면 동시 다발성 업무로 전환된다. 업무는 더욱 잘게 쪼개지고(세분화), 외부 전문가(팀)들이 각
자의 역할을 갖고 참여하게 되는 시기다. 안정적인 조직 운영과 유기적인 업무 조율이 가장 필
요한 시기이다. 한 사람(팀)에게 가중되는 업무의 쏠림 현상은 최대의 적일 수 있다.

국내 제작 여건과 회사의 업무 시스템을 감안할 때, 1인 다역은 받아들여야 하는 현실이기도 하
지만 최선의 선택은 아니다.

주요 업무 항목이다.
크리에이티브/프로덕션/MPR/티켓 매니지먼트/컴퍼니 매니지먼트

이러한 복잡한 업무들의 최종 지향점은 무대에 약속된 공연을 성공적으로 올리는 것을 목표로
하고 있다. 극장에 장비가 반입되는 것을 기점으로 동시다발적으로 진행된 많은 업무들은 단일
업무 프로세스로 전환된다. 무대와 객석 관리(Stage & House Management)가 업무의 중심
으로 이동한다.

주요 업무 항목이다.
반입/설치/리허설/운영/공연/철수/반출/결산과 정산

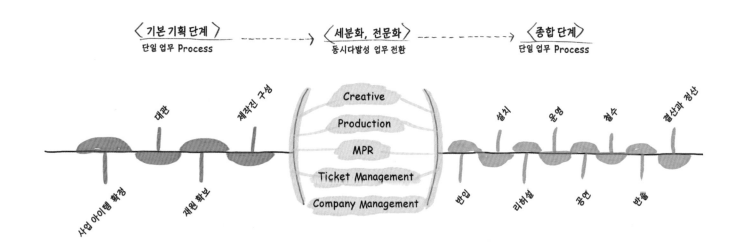

〈기본 기획 단계〉 ----→ 〈세분화, 전문화〉 ----→ 〈종합 단계〉
단일 업무 Process   동시다발성 업무 전환   단일 업무 Process

대관   제작진 구성   Creative   설치   운영   철수   결산과 정산
                      Production
                      MPR
                      Ticket Management
                      Company Management

사업 아이템 확정   재원 확보   반입   리허설   공연   반출

Chapter 11
제작 형태에 따른 업무의 차이

#1. 뮤지컬 프로덕션

앞장에서 언급했던 공연기획 과정의 보편적인 업무들은 공연 제작 형태에 따라 업무의 경중이 달라진다. 핵심 업무들의 순위 배열(중요도)의 변차가 가장 큰 경우가 공연 제작 형태에 따른 것이다.

공연 제작 형태는 뮤지컬 장르에서 가장 다양하게 나타난다.
국내 뮤지컬의 제작 형태는 크게 세 가지로 구분한다.
투어링 프로덕션(International Tour),
라이선스 프로덕션(Licensed Production),
창작 프로덕션(New Production)이 바로 그것이다.

01. 투어링 프로덕션

투어링 프로덕션은 미국이나 영국의 뮤지컬 제작사가 영어권 국가의 배우를 캐스팅하여 해외 투어 공연을 하는 것을 말한다. 공연 유치를 원하는 해외 시장의 로컬 프리젠터(Local Presenter)와 함께 공연을 올리게 된다. 투어링 프로덕션은 약속된 나라와 기간을 전제로 운영된다. 이러한 제작 형태는 해외 뮤지컬 제작사가 프로듀서가 되고 국내 뮤지컬 제작사는 로컬 프리젠터의 역할을 맡는다(공식적인 외부 표기는 프로듀서로 사용한다).

배우와 스태프 모두 해외팀이 참여하고 국내 스태프(Residence Staff)는 돕는 역할을 맡는다. 물론 언어는 영어로 공연된다(현지어는 자막으로 제공).

초청하는 로컬 프리젠터는 작품당 로열티, 스태프와 배우들의 개런티를 지급할 책임이 있다.

02. 라이선스 프로덕션

라이선스 프로덕션은 국내 뮤지컬 제작사(프로듀서)가 해외 뮤지컬 제작사(프로듀서) 또는 작품을 관리하는 라이브러리 에이전시에서 공연권을 확보한 후 공연을 제작하는 것을 뜻한다.

국내 배우들과 스태프들이 함께 하고 작품에 따라 해외 스태프들이 주요 역할을 갖고 참여하기도 한다. 물론 언어는 현지어로 공연된다.

공연권을 허락한 제작사/에이전시에게는 작품당 로열티 지급의 의무만 갖는다.

라이선스 프로덕션은 공연권 허여의 범위에 따라 레플리카(Replica)와 넌레플리카(Non-replica)로 나눠 진다.

레플리카는 해외 뮤지컬 제작사(프로듀서)의 작품을 큰 틀의 변화없이 원작 그대로 공연해야 하는 경우에 사용하는 용어다. 거의 복사본 수준이다. 세계적으로 유명한 대형 뮤지컬 제작사들이 라이선스를 허락하는 방식이다(Really Useful Group, Disney Theatrical Productions).
국내에 공연된 〈오페라의 유령〉, 〈캣츠〉, 〈위키드〉, 〈레미제라블〉 같은 작품이 이에 해당된다.
원작의 퀄리티를 유지하기 위해 해외 크리에이티브 스태프들이 참여한다.
국내 프로듀서와 크리에이티브 스태프의 작품 관여도는 거의 없다고 볼 수 있다.
작품에 국내의 정서, 문화적 차이를 반영할 수 없는 경우가 대부분이다(대본의 경우 현지어로 번역 후 다시 이를 영어로 번역하여 원작과의 오차를 줄인다).

반면에 넌레플리카는 원 작품의 대본과 음악만을 가져오고 나머지 모든 프로덕션 공정은 국내의 크리에이티브 스태프들의 창의적 작업과 재해석을 통해 국내의 정서와 문화적 이해를 반영한 작품을 만드는 경우이다. 국내에 공연된 〈지킬 앤 하이드〉, 〈레베카〉, 〈엘리자벳〉, 〈삼총사〉, 〈모짜르트〉 같은 작품이 이에 해당된다. 필요에 따라 연출이나 안무 등의 스태프로 외국인을 초청하기도 하지만 국내 스태프들이 대부분 주요 역할을 맡아서 작품에 깊이 관여한다.

국내에서 공연된 작품 중 〈엘리자벳〉이 오리지널 공연에 비해 철저하게 계산된 화려한 무대 메커니즘(세트)과 의상, 주요 배역인 대공비와 황후, 즉 고부 갈등을 부각시킨 점 등은 국내 관객의 입맛에 맞춘 현지화 전략을 잘 반영한 경우이다. 게이 부부가 등장하는 〈라카지〉는 국내 정서에 대한 위험 부담을 모성애로 시선 분산을 유도하여 국내 관객과 평단으로부터 좋은 평가를 들었다.
한국 관객이 공감할 수 있는 교감의 폭을 넓혀 놓은 것이다.

최근에는 원작자(프로듀서)가 국내 뮤지컬 제작사가 공연한 라이선스 프로덕션을 본 후 신뢰를 갖고 대본과 음악의 변화(추가 또는 삭제)를 허락하는 경우도 생겨나는 추세다.

[해외작품 초청과 라이선스 확보를 위한 에이전시들]

- Major_Producing Company
Disney Theatrical Productions
Really Useful Group

- Booking Agency
CAMI
IMG

- Library Agency
MTI_Music Theatre Int'l Enterprise
Tams-Witmark
Broadway Asia Company
R&H Theatricals
Theatrical Rights Worldwide

03. 창작 프로덕션

창작 뮤지컬은 우리나라에서만 통용되는 특별한 용어이다.
창작이란 용어는 한국적인 소재(콘텐츠), 한국 크리에이티브 스태프, 국내 자본, 한국 배우의 개념이 모두 담겨 있다. 요컨대 한국적 색깔을 가진 뮤지컬이란 뜻이다.

그러나 최근 창작 뮤지컬의 제작 형태는 이러한 부담을 벗은 듯 하다.
콘텐츠, 크리에이티브 스태프, 자본, 배우 모든 영역에서 새로운 시도를 하고 있다.

한국적인 소재에 해외 크리에이티브 스태프의 협업,
세계적인 소재에 국내/외 프로듀서의 공동 협업,
한국적인 소재에 해외 크리에이티브 스태프,
국내와 해외 배우의 협업, 시장 범위를
국내로 국한시키지 않고 첫 런칭
장소를 해외에서 시작하는 경우 등
전통적인 이해에서 벗어난 다양한
창작 사례가 만들어 지고 있다.

투어링 프로덕션
International Tour
미국이나 영국의 뮤지컬 제작사가 영어권 국가의 배우를 캐스팅하여 해외 투어 공연을 하는 것
01

라이선스 프로덕션
Licensed Production
국내 뮤지컬 제작사가 해외 뮤지컬 제작사 또는 작품을 관리하는 에이전시에서 공연권을 확보한 후 공연을 제작하는 것
Replica   Non-Replica
02

창작
Production
우리나라에서만 통용되는 특별한 용어
한국적인 소재 콘텐츠, 한국 크리에이티브 스태프, 국내 자본, 한국 배우들로 공연하는 뮤지컬을 의미
03

#2. 뮤지컬 제작 형태별 핵심 업무 비교

앞에서 언급한 세 가지 서로 다른 뮤지컬 제작 형태는 지향점이 달라 핵심 업무의 중요 항목도 서로 다르다.

제작 형태별 특성을 조금만 깊이 들여다보면 누구나 쉽게 핵심 업무의 맥을 잡을 수 있다.

투어링 프로덕션은
이미 다 만들어진 해외 작품을 가지고 해외 인력(배우/스태프)으로 국내에서 공연하는 것이 핵심이다.
작품 선택이 가장 핵심 항목이라 할 수 있고 그 다음으로 마케팅, 프로덕션 준비, 컴퍼니 매니지먼트가 중요 업무 항목이다.

라이선스 프로덕션은
이미 다 만들어진 해외 작품을 가지고 국내 인력(배우/스태프)으로 국내에서 공연하는 것이 핵심이다.
작품 선택이 핵심 업무라는 것은 투어링과 동일한 기준이지만 국내 배우들을 뽑는 오디션과 이를 연습시켜 작품의 완성도를 이끌어 내야 하는 크리에이티브 스태프들의 일과 업무들이 강조된다. 나머지 업무들은 투어링 프로덕션과 큰 차이점이 없다.

창작 뮤지컬의 경우는
새로운 작품을 만들어야 하는 과정이 먼저 필요하다는 것이 가장 큰 핵심이다.
사전 개발 단계(기획, 대본, 음악)가 선결되어야 다음 단계의 업무들이 이어질 수 있다.
나머지 단계의 업무들은 라이선스 프로덕션의 경우와 비슷하다.

	사전 개발 단계	크리에이티브	작품선택	프로덕션	컴퍼니	마케팅
Touring Production			✈			
Licensed Production	✎					
New Production						wow!

#3. 콘서트 프로덕션

뮤지컬과는 달리 콘서트의 제작 형태는 크게 두 가지로 구분된다.
내한 공연과 국내 가수들의 공연 형태로 나눠진다.

01. 내한 공연

내한 공연은 해외 아티스트(팀)의 공연을 국내에 유치하여 공연을 올리게 되는 형태이다. 공연 유치를 원하는 로컬 프로모터(Local Promoter)가 단독 또는 투어 프로덕션의 공연권을 획득하여 공연을 올리게 된다.

투어 프로덕션의 공연권을 획득하기 위해서는 투어 매니지먼트를 맡고 있는 에이전트와 협상과 조율의 과정을 거친다(계약은 로컬 프로모터와 투어 프로덕션의 공연권을 가진 에이전시와 하게 된다).

이러한 제작 형태는 아티스트와 세션, 프로덕션 스태프 모두 해외팀이 참여하고 국내 스태프(Residence Staff)는 돕는 역할을 맡는다.

프로덕션 구성은 다음과 같은 경우의 수가 생긴다.
기술 장비와 악기, 시스템을 모두 해외에서 공수해 오는 경우, 필요한 악기, 주요 시스템은 직접 가져오고 하드웨어들은 국내에서 준비하는 경우, 모든 것을 국내에서 준비하는 경우 등으로 나눠진다.

언어는 영어로 공연되고 통역 또는 자막 서비스가 제공되는 경우도 있다.

초청하는 로컬 프로모터는 아티스트와 출연진들, 스태프들의 개런티, 의전과 관련한 모든 비용을 지급할 책임이 있다.

02. 국내 공연

국내 공연은 국내 공연기획사(프로듀서)가 공연을 원하는 아티스트와 공연 계약을 체결하고 정해진 지역과 장소, 기간 동안 공연을 올리는 형태이다.

공연권 확보를 위해서는 공연기획사가 가수의 소속사와 협상과 조율 과정을 거치게 된다. 공연권 확보는 단회, 투어, 연간 계약 등 다양한 방법이 가능하다.

단회는 한 지역에서 단발로 공연을 올리는 경우, 투어는 국내의 여러 지역에서 공연을 올리는 경우, 연간 계약은 일정한 기간 동안 약속한 공연 횟수를 합의하고 그 기간 동안 공연권을 독점하는 방법을 의미한다.

이러한 제작 형태는 아티스트와 세션, 보조출연진(댄서, 백보컬 등)은 가수가 직접 결정하고, 연출과 제작 스태프는 기획사에서 라인업과 참여 범위를 결정한다.

특별한 경우는 아티스트가 출연진 외에 연출과 제작 스태프, 프로덕션 구성(장비)까지를 턴키베이스로 계약을 원하는 경우도 있다.

#4. 콘서트 제작 형태별 핵심 업무 비교

내한 공연과 국내 공연으로 크게 구분되는 콘서트 장르 역시 제작 형태에 따라 업무의 우선순위 배열이 달라진다.

뮤지컬 장르에서도 언급했듯이 제작 형태별 특성을 조금만 깊이 들여다보면 누구나 쉽게 핵심 업무의 맥을 잡을 수 있다.

내한 공연은
이미 다 만들어진 해외 공연을 해외 인력(배우/스태프)과 함께 국내에서 공연하는 것이 핵심이다. 아티스트 선택이 가장 핵심 항목이라 할 수 있고 그 다음으로 마케팅, 프로덕션 준비, 의전이 주요 업무 항목들이다.

내한 공연 핵심 업무의 지침은 라이더(Rider)에서 시작된다. 내한 공연을 진행하는 투어 프로덕션팀에서 로컬 프로모터에게 공연의 완성도를 위해 필요한 준비, 요구사항들을 담아 문서로 요청하게 되는데 이를 라이더라고 부른다. 이 라이더는 크게 테크니컬 라이더(Technical Rider)와 의전 매뉴얼(Hospitality Rider)로 구분되어 날아온다.

기술 명세서격인 테크니컬 라이더는 공연에 필요한 모든 기술적 장치와 설비에 대한 요구 사항을 담은 서류이다. 의전 매뉴얼격인 이 라이더는 아티스트와 출연진, 스태프들에 대한 의전 사항(호텔, 식사, 차량, 대기실 등)을 담은 서류이다. 국내에서 공연을 준비하는 스태프들은 해외에서 보내오는 라이더를 모든 업무의 지침으로 삼고 움직여야 한다.

국내 공연은
공연을 원하는 국내 가수와 국내 인력(스태프)으로 국내에서 공연하는 것이 핵심이다. 아티스트 선택이 핵심 업무라는 것은 내한 공연과 동일한 기준이지만 새로운 공연을 만들어야 하는 개발과정(기획/콘셉트 개발)이 필요하다.
콘셉트에 맞춰 연습해서 공연의 완성도를 이끌어 내야 하는 크리에이티브 스태프들의 일과 업무들이 강조된다. 나머지 업무들은 내한 공연과 큰 차이점이 없다.

	기획/컨셉개발	아티스트 선정	마케팅	프로덕션	의전	크리에이티브	우대운영
내한공연				+			+
국내공연							

+: co-work

Agent
Tour Manager
Tour Production Manager
Director
Choreographer

Local Promoter
Local Coordinator
Local Production Manager
Residence Director
Residence Dance Coach

#5. 협업은 공연의 꽃

지금까지 뮤지컬과 콘서트 장르의 제작 형태에 따른 핵심 업무 순위를 살펴보았다. 라이선스 뮤지컬과 내한 콘서트는 해외 스태프와 국내 스태프의 공동 작업을 필요로 하는 업무가 많다. 창작과 국내 공연은 기획사와 외부 스태프들의 공동 작업을 필요로 하는 업무가 많다. 어떤 공연을 어떤 형태로 제작하게 되든지 간에, 각 역할들이 부딪히는 공연에서 협업의 영역은 필수적이다. 필수적이면서 동시에 너무나도 힘든 부분이다.

일하는 태도와 방식이 서로 다른 팀과의 협업은 분명 어려운 과정이기 때문이다. 팀과 개인의 전문성이 높을수록 더욱 그렇다. 그러나 긴밀한 협업 끝에 완성도 높은 공연을 만들어 냈을 때의 만족감은 더욱 크다. 장담할 수 있다.

특히 기획자라면 더욱 세심한 준비가 필요하다. 따라서 모두가 함께 노력할 수 있도록, 공동의 목표에 대해 지속적으로 농기부어를 해야 한다. 또한 서두에 이야기했던 유기적인 업무 시스템 역시 효율적으로 구축해 두어야 한다. 기획자가 아닌 모든 스태프들에게도, 협업의 자세는 중요하다. 20년 간 현장에서 구르며 얻은 몇 가지의 기준들을 덧붙이고자 한다.

1. 일의 과정을 숙지할 것

협업의 영역에서 만큼은 무지는 죄이다. 일을 모르고, 과정을 모르는 사람은 호흡을 맞추지 못하기에 늘 협업의 걸림돌이 된다. 아무리 열심히 한다고 해도 이는 무기징역감이다.

2.변덕은 애인에게나 부릴 것

어제 정한 원칙과 기준들을 오늘 뒤집는 사람들이 있다. 협업의 기초가 되지 않은 사람들이다. 특히 이런 변덕쟁이들의 경우, 전혀 납득할 수 없는 그들만의 논리와 이유를 제시하기 때문에 더 문제가 된다. 가장 최악은 이런 변덕쟁이를 갑으로 만났을 때이다. 팀워크의 기본은 약속 준수, 원칙 준수임을 잊지 말자.

3. 이기적으로 굴지 말 것

자기 중심적인 태도는 팀워크를 위협한다. 자기 회사만을 위하는, 아티스트만을 위하는, 자기 팀만을 위하는 태도와 행동 역시, 협업의 최대 적이다. 모든 것이 자신만의 기준에 맞춰 돌아가야 한다고 생각하는 사람은 설내 공연세에 빌을 붙여서는 안된다. 배려를 모르는 이와는 결코 협업이 불가능하기 때문이다.

#1. 뮤지컬을 만드는 일곱 거인

뮤지컬 제작 과정에서 가장 중심이 되는 핵심 멤버들이 있다.
이 핵심 멤버의 역할에 대해 이해하는 것만으로도, 뮤지컬 업무 프로세스를 이해하는 데 큰 도움이 될 것이다. 수많은 스태프들이 결국 이 일곱 명의 핵심 멤버를 중심으로 팀을 이루기 때문이다.

이들은 크게 공연 준비 기간(Pre-production)과 공연 기간(Production)으로 나뉘어 각자의 역할을 맡는다.

지금부터 이 일곱 명의 핵심멤버를 '7Key Men'이라 부르고, 각각의 명칭과 역할에 대해 살펴보자.

Chapter 12
뮤지컬 프로덕션_
7명의 키맨(KEY MEN)

01. 제작자(Producer)

뮤지컬 스태프의 정점을 찍는 사람은 제작자, 프로듀서이다.
7인의 키맨 중 가장 중요한 역할을 맡는 사람이다. 일의 시작도 그이고, 일의 과정도 그와
첨예하게 연결되어 있고, 일의 마무리도 그의 손에서 털어진다.
뮤지컬 프로듀서의 가장 우선순위 업무는 작품 선정, 대관, 수익 구조 분석, 재원 확보, 크리
에이티브 스태프 라인업이다. 초반 이 다섯 가지 업무의 성공적 출발은 이미 절반의 성공을
안고 시작하는 것과 마찬가지다. 앞에서 언급한 업무들 중 프로듀서의 능력은 공연장 대관
과 공연권 획득에서 시작한다는 것을 기억하자.

그와 함께 일하는 주요 조력자들이 있다.
부제작자(Associate Producer) / 제작총괄(Managing Director)
대부분 프로듀서 회사(Producing Company)의 내부 인력이다.

'작품 하나 끝나면 3년은 늙는다'는 말이 떠돌 정도로 어렵고 힘든 자리이다. 선진 문화권처
럼 역할과 책임에 걸맞는 대우도 따라야 하는데 아직 우리나라는 제자리이다. 뮤지컬 프로
듀서 중 갑부가 나오지 않는 이유이다.

02. 연출감독(Director)

두 번째로 살펴볼 역할은 크리에이티브 팀의 책임을 맡는 연출감독이다.

크리에이티브 팀은 공연에 올려질 작품을 만들어 내고 작품 해석부터 공연의 예술 분야를 맡
아서 일하는 사람들로 팀을 꾸린다.
**연출/극본/번역/가사/작곡/안무/음악 등의 창작 작업을 하는 사람들이 팀을 이뤄 핵심 역
할을 수행한다.**

연출감독은 작품 해석부터 연기와 기술적 사항을 포함하여 공연 제작의 예술 분야를 통합
하고 조정하는 책임을 지게 된다.

작품을 만들고(대본) 배역을 결정하고(오디션) 연습을 통해(리허설) 작품의 완성도를 이끌
어 내는 사람이라고 할 수 있다.

즉 공연의 콘텐츠를 만들고 다듬어 무대에 올리는 핵심 사항이 모두 연출감독에게 달려 있
다고 할 수 있다.

03. 제작감독(Production Manager)

세 번째로는 프로덕션 매니지먼트 파트의 책임자인 제작감독을 꼽는다. 프로덕션 매니지먼트 파트는 공연 제작(무대)에 필요한 모든 제작물의 구상과 디자인, 제작을 맡아서 일하는 사람들로 꾸려진다.

무대/의상/소품/가발/음향/조명/헤어/메이크업/작화/특수효과/전식/영상 등의 디자인과 제작을 맡는 사람들이 팀을 이룬다.

제작감독은 공연에 필요한 피지컬 프로덕션(Physical Production)을 구체화하는 과정에서 수반되는 예산, 인력, 일정의 조정과 관리를 책임진다.

무대 위에 올려질 각 프로덕션 요소들의 제작 방안에 대해 파트별 디자이너와 기술감독, 프로듀서와 의견 조율 과정을 거친다.
약속된 공연 기간에 맞춰 모든 프로덕션 준비가 이뤄질 수 있도록 제작 일정을 작성하고 필요한 인력을 배치하고 관리, 감독해야 하는 것 역시 제작감독의 몫이다.

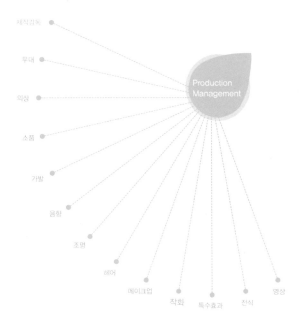

04. 마케팅 디렉터(Marketing Director)

잊지 말아야 할 것은 뮤지컬은 상업 예술이라는 점이다. 아무리 훌륭한 작품을 만들었다고 해도 흥행이 되지 않으면 반쪽짜리 성공일 뿐이다. 많은 관객으로 하여금 객석을 채우게 하는 일련의 과정들이 바로 마케팅과 홍보이다.

이 업무는 주로 티켓 매니지먼트/마케팅/홍보/기업 협찬과 티켓 프로모션으로 나누어지며, 이 모든 업무를 입안, 집행, 관리하는 이가 바로 마케팅 디렉터이다.
가장 기본적으로는 보도자료를 만드는 것부터, 언론 기사, 광고 등 관객이 공연을 보기 전 공연에 대해 접하는 모든 것들이 마케팅 디렉터의 눈을 거쳐간다. 공연이 시작되기 전은 물론, 러닝 중에도 마케팅 팀의 업무는 계속 이어진다.

마케팅 매니저(Marketing Manager)/PR 매니저(PR Manager)/티켓&세일즈 매니저(Ticket & Sales Manager)가 함께 일하는 주요 스태프들이다.

05. 컴퍼니 매니저(Company Manager)

공연에 필요한 외부적인 모든 준비는 위 세 영역에서 일단락된다. 이제 남은 것은 공연에 투입되는 인적 자원에 대한 관리와 지원 프로그램이다.
내부적 요인이긴 하지만 공연의 완성도에 직접적인 영향을 미치는 또 하나의 중요한 파트이다. 컴퍼니 매니지먼트(Company Management)라고 불리는 이 파트는 배우들의 계약 업무, 오디션과 연습 지원, 공연의 퀄리티 유지, 출연진과 스태프의 행정 지원 업무/종합적인 후생 복지를 담당하는 사람들로 팀을 이룬다. 공연이 끝나고 나면 관련 업무에 대한 각종 정산 업무도 하게 된다.

컴퍼니 매니지먼트의 책임자는 컴퍼니 매니저다.
일명 컴매로 불리우는 그는 공연장 내에서는 작품과 회사를 대표하는 프로듀서를 대신할 수 있어야 한다. 컴퍼니 매니저는 공연에 투입되는 모든 배우와 스태프들을 대상으로 일한다.

그를 도와 일하는 조력자로는 어시스턴트 컴퍼니 매니저(Assistant Company Manager)가 있다.

06. 무대감독(Stage Manager)

공연의 최종 연습이 끝나면, 본격적으로 프로덕션의 영역이다. 이 단계에서 중심이 되는 사람은 무대 영역(Stage Management)의 전반적인 사항에 대한 총괄 책임을 맡는 무대감독이다. 무대 전환팀/조명팀/음향팀/의상팀/가발/분장팀/영상팀/특수효과팀/극장 파트의 무대감독과 기술팀/무대 제작팀(한시적)이 함께 일하게 된다.

이들은 이 영역의 책임자인 무대감독(Stage Manager)의 지시(Cue)에 따라 배우들의 공연 등장 및 퇴장을 점검하고 공연의 질을 항상 동일하게 유지하는 역할을 맡는다.

무대감독은 모든 연습 과정(Creative Part)과 제작 회의(Production Part)에 참가하여 동선과 무대 행동, 무대 전환, 기술적인 부분 등 공연의 전체 사항을 기록해서 최종적으로 인계를 받고 난 뒤, 공연 운영에 문제가 없도록 해야 한다.

장치 반입과 설치에는 프로덕션 매니저와 기술감독이 중심이 되어 전체 스태프들을 지휘하게 되고, 이후 극장의 장비 운영과 관리는 무대감독이 직접 맡게 된다.

무대감독을 도와 함께 일하는 사람은 부무대감독(Deputy Stage Manager)과 조무대감독(조감독, Assistant Stage Manager)이 있다.

공연이 본격적으로 이루어지는 프로덕션 단계에서는 무대감독이 일의 중심이다. 그를 중심으로 프로듀서, 연출을 포함한 크리에이티브팀, 제작 파트팀, 컴퍼니 운영팀, 객석 운영팀, 무대 운영팀 모두가 유기적인 관계망을 형성하여 공연의 완성도와 안전을 유지하는 데 협력하게 된다. 공연 중에는 무대감독의 가장 중요한 업무는 콜링이다. SM Desk에서 무대감독이 직접 각 파트에게 필요한 큐 사인을 낸다.

07. 객석감독(House Manager)

공연장에는 무대만 존재하는 것이 아니다.
무대를 보기 위해 찾은 관객들의 공간(Front of House) 역시 공연장의 일부이다.
객석, 로비 등 관객 공간의 안전과 질서 유지를 책임지는 사람이 바로 일곱 번째 키맨인 객석감독이다.

매표소 관리/매표원/객석 안내원/수표원/경비원/객석 미화원/물품 보관원 같은 사람들이 팀을 이루어 일한다.

객석과 로비의 안전 관리와 감독은 객석감독의 지시에 의해서 운영된다. 객석 관리 영역은 대부분 극장에서 인력을 제공한다.
극장에서 지원하지 않는 영역들인 프로그램 판매, 공연 진행 요원 등은 컴퍼니 매지니먼트에서 담당해야 한다.

프로덕션 기간에도 프리 프로덕션에서 중요한 역할을 맡았던 컴퍼니 매니지먼트와 마케팅팀은 계속 그 업무를 이어간다.

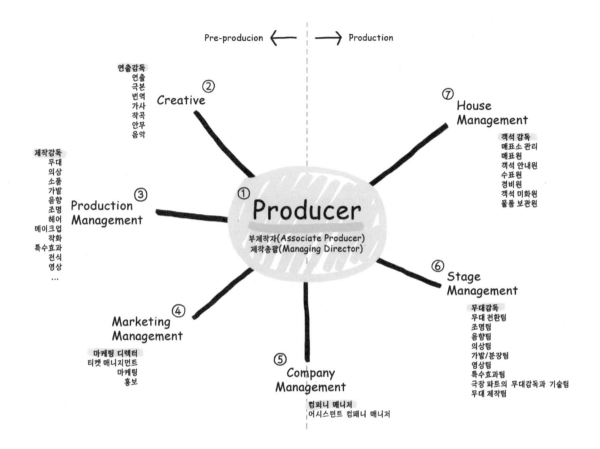

Pre-producion ← → Production

① **Producer**
부제작자(Associate Producer)
제작총괄(Managing Director)

② Creative
연출감독
연출
극본
번역
가사
작곡
안무
음악

③ Production Management
제작감독
무대
의상
소품
가발
음향
조명
헤어
메이크업
작화
특수효과
전식
영상
...

④ Marketing Management
마케팅 디렉터
티켓 매니지먼트
마케팅
홍보

⑤ Company Management
컴퍼니 매니저
어시스턴트 컴패니 매니저

⑥ Stage Management
무대감독
무대 전환팀
조명팀
음향팀
의상팀
가발/분장팀
영상팀
특수효과팀
극장 파트의 무대감독과 기술팀
무대 제작팀

⑦ House Management
객석 감독
매표소 관리
매표원
객석 안내원
수표원
경비원
객석 미화원
물품 보관원

지금까지 뮤지컬 제작에서 중요한 역할을 담당하는 7인의 키맨에 대해 확인했다.

이들의 업무를 파악하는 것만으로도 공연 제작의 주요한 흐름은 물론, 업무 분담에 대해서도 큰 맥을 잡을 수 있을 것이다.

7명의 키맨에 번호를 붙이기는 했지만, 이것이 어떤 중요도에 의해 매겨진 것은 아니다. 여러분의 이해를 돕기 위해 일에 참여하는 순서대로 나열했을 뿐이다.

'프로듀서'의 역할이 가장 크다고 할 수는 있지만, 각 키맨과 그들이 담당하는 파트들은 공연에서 모두 필수적이다.

중요한 것은 각 파트가 유기적으로 밀접하게 커뮤니케이션해야 한다는 것이다.

이 커뮤니케이션 방식에 대해서는 다음 단락에서 설명하도록 하겠다.

#2. 7명의 키맨에 대해 자주 묻는 질문

'7명의 키맨'은 각자의 역할과 고유한 영역을 가지고 있지만, 하나의 공연 안에서 두터운 협업 라인을 형성한다.
이때 각자의 관계에 따라 의사소통하는 방식이 달라질 수도 있고, 공연의 규모에 따라 역할이 조금씩 달라지기도 한다.
지금부터는 몇 가지 질문과 답변을 통해 그 다양한 방식에 대해 조금 더 깊이 이해해 보도록 하자.

이슈 01

7인의 관계와 일하는 방식은?

모든 일의 시작과 관계를 터는 일은 프로듀서의 몫이다.
라인업의 모든 책임과 권한은 프로듀서가 갖는다.

크리에이티브 스태프들은 대부분 프리랜서들이다. 그래서
그들은 프로듀싱 컴퍼니(제작사)와 직접 계약을 맺고 관계
를 형성한다. 프로덕션 매니지먼트는 프로듀서가 제작감독
이 운영하는 회사와 계약해서 그 역할과 책임을 부여하는
경우가 일반적이다(Out Sourcing). 현재 우리나라에서 일
하는 제작감독들은 대부분 직접 회사를 운영한다.

컴퍼니 매니지먼트는 프로듀서의 회사 내부에서 대부분 소
화한다(In House). 계약 업무 등 복잡하고 예민한 요소들
이 많아 외부 인력, 외주로 처리하기에는 문제가 많다. 마케
팅 팀은 업무의 성격상 외주/대행(Out Sourcing)을 많이
한다. 최근 공연 마케팅을 주사업으로 운영되는 회사가 많
아졌다.

작은 규모의 공연일 경우 회사 내부 인력으로 운영된다.
홍보 업무는 회사 내부에서 직접 팀을 두고 운영하는 경우도
있다(In House). 무대 운영팀은 외주/대행(Out Sourcing)
방식과 프리랜서와의 개인 계약이 병행된다. 무대감독들이
팀을 이뤄 회사를 운영하는 곳이 증가하는 추세다. 객석 운
영팀은 극장 내부 인력으로 운영되기에 특별한 이슈는 없다.

이슈 02

프로덕션과 무대 운영을 한 사람이 한다?

시점으로 구분된 프리 프로덕션과 프로덕션 단계에서 추가
로 발생 가능한 업무 영역이다. 공연의 규모에 따라 프로덕
션 매지니먼트와 무대 운영팀을 동시에 한 사람이 담당하
는 경우가 있다. 이 두 역할을 맡아서 하게 되는 사람은 우
리는 제작무대감독(Production Stage Manager)이라 부
른다.

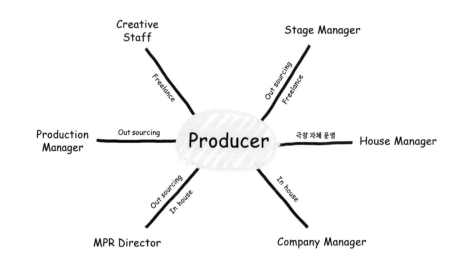

이슈 03

프로듀서와 연출이 겸직이라면?

프로듀서와 연출이 동일 인물인 경우도 존재한다. 이 두 역
할이 하나의 라인으로 정리된다는 것은 흔한 예는 아니다.
복잡하고 미묘한 문제들이 생길 수 있다, 비즈니스와 예술
파트는 한 사람이 둘 다를 소화하며 균형감을 갖기에는 어
려운 부분이다.

이슈 04

무대감독의 투입 시기는?

본격적인 무대감독의 역할은 프로덕션 단계부터이지만 프리 프로덕션 단계에서도 함께 한다. 프리 프로덕션 무대감독의 가장 중요한 업무는 공연 연습 준비. 크리에이티브팀들이 연습을 진행하는 데 어려움이 없도록 지원하는 업무다.
연습실 환경 관리/연습에 필요한 소품 운영/연습 일정 조율 등의 실무를 담당한다. 연습 후 연습과 관련한 리포트를 작성하여 프로듀서와 각 파트의 책임자들에게 그 과정을 공유한다.

연습실 배우들의 관리는 컴퍼니 매니지먼트에서 대부분 그 역할을 담당한다.

이슈 05

프로덕션 각 파트 스태프들의 내부 서열?

프로덕션 각 파트 스태프들을 지칭하는 명칭(직함)들이 복잡하다. Designer, Director, Operator 등의 역할에 대한 혼돈이 있는 것 같아서 정리한다.

음향 디자이너(Sound Designer)
음향 오퍼레이터(Operator):
　FOH Console, Monitor,
　Playback Operator로 구분
시스템 엔지니어(System Engineer):
　셋업과 장비 운영, 기술적 사항 담당
RF 엔지니어(Radio Frequency Engineer):
　무선 마이크 운영
장비 회사(Equipment Company)

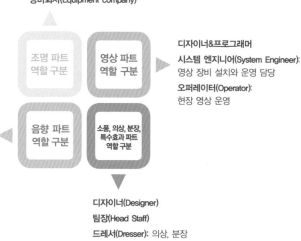

조명 디자이너(Lighting Designer):
조명 프로그래머 역할을 겸할 수 있다.
조명감독(Lighting Director):
셋업과 장비 운영 등 현장 책임자
오퍼레이터(Operator):
Moving, Board, Follow Spot Operator로 구분
크루(Lighting Crew):
조명 설치와 운영 담당
장비회사(Equipment company)

디자이너&프로그래머
시스템 엔지니어(System Engineer):
영상 장비 설치와 운영 담당
오퍼레이터(Operator):
현장 영상 운영

디자이너(Designer)
팀장(Head Staff)
드레서(Dresser): 의상, 분장
크루(Crew): 현장 운용 스태프
의상 유지 보수 담당 추가

이슈 06

뮤지컬 프로듀서로 가는 첩경은?

'7명의 키맨' 중 학생들에게 가장 인기가 있는 파트는 '프로듀서'이다. 그래서인지 '프로듀서로 가는 가장 정확한 길이 무엇인가요?'와 같은 질문을 많이 받곤 한다.
글쎄 가장 정확한 길인지는 모르겠지만 나는 컴퍼니 매니저부터 시작하는 것을 추천한다.
어시스턴트 컴퍼니 매니저에서 컴퍼니 매니저로, 컴퍼니 매니저에서 제작피디로, 제작피디에서 부제작자(Associate Producer)로, 부제작자(Associate Producer)에서 프로듀서로 가는 길을 그려주는 것이다.
우선 컴퍼니를 운영하는 것은 공연 전반을 볼 수 있는 좋은 경험이 되어 줄 것이다. 더불어 제작피디로 일하며 예산과 제작 환경에 대해 이해하게 된다면, 프로듀서가 되기 위한 초석을 다진 것과 다름없다.

드물긴 하지만 이런 과정을 거치지 않고 바로 프로듀서가 되는 경우도 있다. 그러나 그런 경우가 반드시 좋다고는 말할 수 없을 것 같다.
계단을 서너 개씩 건너뛰어 오르다 보면 넘어지기 쉽듯이 곧바로 프로듀서가 된 이들에게도 나름대로의 고충이 많다.

건너뛴 단계에서 배우고 경험했어야 할 교훈과 자세를 모르기 때문이다. 특히 프로듀서는 품어야 할 '사람'이 많은 자리이기에 더욱 그렇다.

Chapter 13
콘서트 프로덕션
_Fantastic 4

#1. 뮤지컬 제작은 마라톤, 콘서트 제작은 단거리 달리기?!

대중음악 공연(콘서트)제작에 참여하는 스태프의 영역은 뮤지컬만큼
세분화되어 있지 않다.

장기 공연 성격보다는
단발성이나 국내 몇 곳의 투어 프로덕션 성격의 단기 공연이 많다 보니
팀 운영이 단촐한 편이다.

공연 제작 규모에 따라 차이는 존재하지만
장비 투입 규모로만 본다면 콘서트의 장비 규모가 대규모인 경우가 일반적이다.
뮤지컬 프로덕션에서는 활용되지 않는 장비 사용도 있고
뮤지컬에서는 보기 힘든 첨단 시스템을 활용하여 공연의 멋을 내는 예도 많다.
이는 단기 프로덕션으로 꾸려지긴 하지만 참여하는 스태프의 분야와 그 수는
콘서트 쪽이 더 대규모일 때가 많다.

이를 포함한
콘서트 프로덕션의 또 다른 특징은
준비 기간도,
셋업 기간도,
리허설 시간도,
공연도,
철수도 프로덕션의 모든 과정이 짧고 급하게 운영된다는 것이다.
이는 위험 요인이 많다는 뜻이기도 하다.

이런 이유로 콘서트 프로덕션을 운영할 때에는,
스태프 조직을 보다 기능적으로, 보다 효율적으로 분배, 운영할 필요가 있다.

#2. 콘서트 제작의 Fantastic 4

콘서트 제작의 영역은 다음의 네 가지 카테고리로 나누어진다.

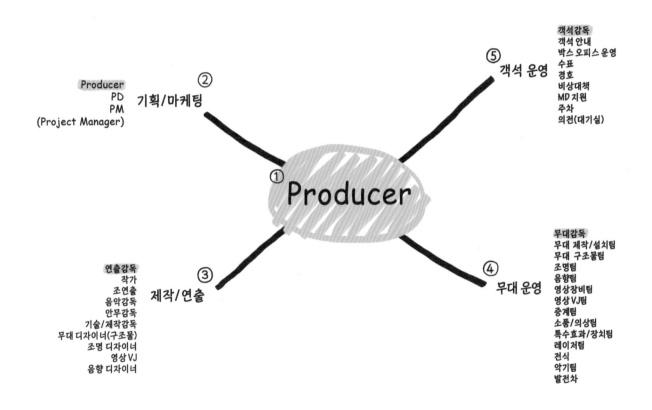

Producer
PD
PM
(Project Manager)

② 기획/마케팅

⑤ 객석 운영

객석감독
객석 안내
박스 오피스 운영
수표
경호
비상대책
MD 지원
주차
의전(대기실)

① Producer

연출감독
작가
조연출
음악감독
안무감독
기술/제작감독
무대 디자이너(구조물)
조명 디자이너
영상 VJ
음향 디자이너

③ 제작/연출

④ 무대 운영

무대감독
무대 제작/설치팀
무대 구조물팀
조명팀
음향팀
영상장비팀
영상 VJ팀
중계팀
소품/의상팀
특수효과/장치팀
레이저팀
전식
악기팀
발전차

01. 프로듀서(Producer)

공연 제작의 책임은 기획사의 대표가 그 역할을 맡는다.
프로듀싱 컴퍼니 성격인 기획사는 단기 프로젝트의 프로듀서를 회사 내부 인력으로 선정하고 대표의 역할을 대신하게 한다.
프로듀서를 중심으로 기획사의 스태프들이 기획과 마케팅, 운영과 의전, 행정과 재정 업무들을 총괄한다.

음악 공연의 프로듀서는 제작 총괄이 그에게 할당된 보직인 셈이다. 기획 콘셉트 협의와 결정 단계부터 공연에 참여할 프로덕션 팀들을 꾸린다. 공연의 수지 타산을 따져야 하는 부담도 그의 몫이다. 공연이 원하는 방향으로 흘러가지 않을 때 감당해야 할 악역도 그의 또 다른 숨겨진 역할이다. 공연의 진행 전 과정에 그가 연관되어 있어야 하며, 공연 후 결산 업무까지가 그의 마지막 책무이다.
프로듀서와 함께 업무의 효율성을 높이기 위해 각 파트 스태프들의 대응 파트너로 피디, 피엠을 결정해서 그에게 필요한 역할을 분담한다.

피엠(Project Manager)은 기획사의 기획쪽 대변인 역할을 한다.
프로듀서를 도와 타이틀과 콘셉트 결정, 프로젝트 예산 수립 등의 업무를 맡는다. 홍보 마케팅을 위한 제반 업무를 챙겨야 한다. 티켓 판매를 위한 복잡 다양한 관계와 업무도 그의 몫이다. 공연 현장에서는 출연진의 의전과 현장 운영팀들의 관리를 도맡아 한다.

피디는 규모가 작은 공연일 경우 프로듀서와 동일 인물일 수도 있다. 역할이 중복되기 때문이다.
프로듀서를 도와 피디는 공연에 참여하는 프로덕션팀들을 대응한다. 프로덕션팀의 회의 준비와 진행 과정들을 꼼꼼히 회사 입장에서 챙겨야 하고 정보 공유가 필요한 여러 파트너들에게 연결 고리 역할을 해야 한다.

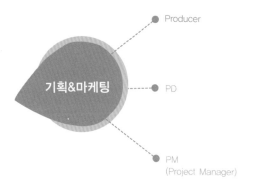

02. 연출감독(Director)

두 번째로 꾸려질 팀은 크리에이티브 파트다.
공연의 연출과 제작 파트에 그 역할을 갖고 참여해 일하는 사람들이다. 크리에이티브팀의 수장은 연출감독(Director)이다. 공연의 모든 구성과 음악적 편성, 프로덕션의 창의적 협업 과정을 이끈다.

연출 콘셉트를 결정해야 하고 그에 맞는 구성안을 짜서 아티스트와 회의 과정을 거쳐 공연 구성의 기본틀을 만들어야 한다. 이를 기반으로 큐시트가 만들어지고 수없는 반복과 수정의 시간을 거친다. 기획피디와 협의하여 예산에 맞는 프로덕션의 창의적 과정을 진두지휘한다. 이 과정 속에서 기술 협의를 위한 다양한 팀 회의를 이끈다. 연습 과정을 통해 공연의 내용을 다듬어야 하고 리허설을 거쳐 공연의 완성도를 높여야 하는 것도 그의 책무이다.

공연이 시작된 후 모든 과정 속에 그의 역할은 더욱 빛이 난다. 연출 감독을 위해 작가와 조연출이 함께 팀의 일원이 되어 그의 효과적 업무 수행을 돕는다. 연출감독과 함께 공연의 완성도를 위해 창의적 협의 과정을 거치는 사람들은 시각적 부분을 담당하는 스태프들이 대부분이다. 연출감독이 공연의 기본 구성안을 마무리하면 무대 디자이너(Scenery Designer)와 제일 먼저 무대 골격을 잡는 협의를 시작한다. 구조물과 무대 디자인 작업은 한 사람이 병행하는 것이 합리적이다. 무대 디자인 작업이 마무리되면 조명 디자인, 음향 디자인, 영상 디자인 등의 순으로 작업이 그 맥을 이어간다.

이 모든 과정의 기술적인 감리와 협의를 위해 기술감독(TD_Technical Director) 또는 제작감독(Production Manager)을 둘 수 있다. 작은 규모의 공연은 무대감독이 그 역할을 대신한다. 연출감독은 공연의 내용적 측면에서 아티스트와 협의하여 음악감독, 안무감독 등과도 협의를 이어가야 한다.

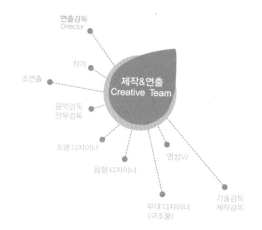

03. 무대감독(Stage Manager)

콘서트 프로덕션의 세 번째 중요한 영역은 무대 운영 팀이다.

무대에 투입되는 모든 장치와 장비들의 반입, 설치, 운영을 관리하고 감독하는 팀이다.
이 팀의 책임자는 무대감독(SM_Stage Manager)이다.

무대감독은 프로덕션 스태프들의 기술 협의(미팅)에 함께 한다. 무대에 투입될 모든 장치와 장비들의 기술적 운용을 책임진다. 프로덕션 각 팀들의 반입일정과 셋업 계획을 짜서 공유하는 것도 그의 몫이다. 무대에서 발생할 수 있는 위험 요인들을 찾아내고 그 문제점들을 사전에 차단하는 일도 중요한 업무이다.
사전에 협의된 도면과 현장 운용에 차질이 있을 때 빠른 대처 방안을 찾아 문제를 해결할 수 있어야 한다. 앞에서 언급한 것처럼 콘서트 프로덕션은 충분한 준비 기간을 갖지 못하기에 현장에서 이런 문제는 자주 발생할 수 있다.

리허설 진행과 동선 체크, 소품 운영, 무대 전환 계획 등 공연을 위한 제반 준비 사항도 그의 팀에서 해내야 한다.

공연이 시작되면 연출감독과 함께 무대에서의 모든 콜링을 담당한다.
공연이 끝나고 난 후, 철수의 모든 과정도 그의 팀이 함께 한다.
제일 먼저 출근하고 제일 늦게 퇴근하는 팀이다.

무대감독이 조율해야 하고 관리, 감독을 맡을 팀들이다.

무대 제작/설치팀
무대 구조물팀
조명팀
음향팀
영상 장비팀
영상 VJ팀
중계팀
소품/의상팀
특수효과/장치팀
레이저팀
절시
Backline(악기팀)
발전차

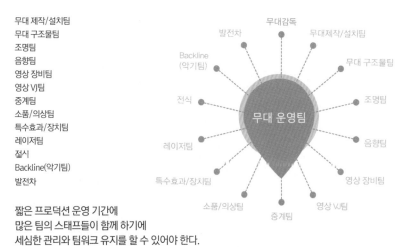

짧은 프로덕션 운영 기간에
많은 팀의 스태프들이 함께 하기에
세심한 관리와 팀워크 유지를 할 수 있어야 한다.

04. 객석감독(House Manager)

콘서트 프로덕션의 마지막 역할은 객석 운영팀이다.

객석 운영팀은 뮤지컬과 같이 극장의 로비와 객석 공간의 안전과 질서 유지를 책임지게 된다. 다만 콘서트의 객석 운영은 일반 극장보다는 다목적 홀을 활용할 때가 많아 차이점이 있다. 체육 시설을 포함한 다목적 홀의 공연은 공간 자체의 특수성으로 안전에 대한 관리 업무가 힘들다는 특성이 있다.

객석 관리와 안전, 진행과 의전 업무 등을 위한 외부 전문 인력을 배치해야 하는 이유이다.
콘서트의 객석은 전문가들을 통한 안전 관리와 감독이 이뤄지지 않을 경우 위험한 상황에 가장 먼저 노출될 수 있는 곳이다.
외주 전문 회사의 책임자가 객석감독(House Manager)이 되어 객석 안내, 수표, 안전, 의전, 주차, 경호 등의 업무를 위한 전문 인력들을 고용하여 기획사의 PM과 함께 업무를 진행해야 한다.

객석 관리가 필요한 영역들이다.

객석 안내
박스 오피스 운영
수표
경호
의전(대기실)
주차
MD 지원
비상대책

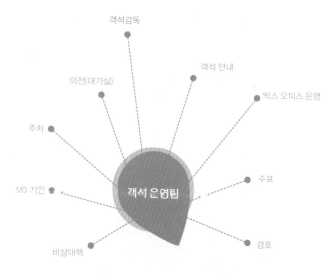

#3. 궁합은 결혼할 때만 보는 것이 아니다!

콘서트 프로덕션 스태프의 핵심을 **기획과 마케팅 / 제작과 연출 / 무대 운영 / 객석 운영**의 네 가지 요소로 소개했는데 이들 요소 중 **궁합이 필요한 파트**와 그 내부를 들여다보자.

01. 프로듀서와 연출감독

공연에 참여하는 모든 스태프의 팀워크에 영향을 미칠 수 있는 두 역할이다.
이 둘의 역학 구도를 갑을 관계나 종속 개념으로 이해한다면 공연은 문제점에 노출될 가능성이 높다. 서로간 신뢰를 바탕으로 파트너십을 유지하는 것이 중요하다. 소신은 필요하지만 자기 소리가 집밖을 넘어갈 경우 행복한 공연은 물 건너간 것이다.

나 스스로도 연출감독으로 일하면서 이기적이고 일방적인 프로듀서를 만나서 일할 때가 가장 힘들었던 것 같다. 결국 끝이 좋았던 경우가 없었다. 돌아보면 나도 회사의 상황(예산과 수지)은 나 몰라라 하고 내 입장에서만 공연의 완성도를 강조하며 목소리를 높이지 않았나 돌아보게 된다. 어떤 경우든 공동의 목표 인식이 중요하고 준비 과정이 순조롭게 흘러가는 경우는 드물기에 합리적인 대화를 지속적으로 유지하는 노력이 필요하다.

이 두 역할을 한 사람이 맡아 할 수도 있다.

02. 연출감독과 무대감독

뮤지컬은 공연이 시작되면 공식적으론 연출감독의 역할은 없어진다.
무대감독이 모든 공연의 진행과 콜링(큐사인)을 담당한다.

콘서트는 위와 같은 룰을 지키지 못한다.
연출감독은 콘솔에 앉아 공연장 외부(객석 공간)로 보내질 큐사인을 직접 내는 경우가 대부분이다. 음향, 조명, 영상 큐 등이 이에 해당된다. 무대감독은 무대 뒤 SM 데스크에서 무대에서 일어나는 모든 무대 전환, 장치 운영, 무대 등/퇴장 등에 필요한 큐사인을 직접 낸다.

무대감독이 콜링에 대한 역할을 맡는 게 당연하지만 여러가지 이유로 공연에 대한 전반적인 이해를 연출감독만큼 공유할 수 없는 처지일 때에는 이 방법도 활용 가능하다.

나는 서울 공연과 지방 공연이 함께 올려지는 공연에는 서울 공연은 위와 같이 콜링을 무대감독과 병행하지만 지방 공연에서는 무대감독에게 모든 큐사인을 맡긴다. 무대감독 스스로 공연에 대한 이해와 흐름 파악이 충분히 끝났기 때문이다.

03. 연출감독과 아티스트

나는 공연에서 가장 중요한 파트너십을 꼽으라면 주저 없이 연출감독과 아티스트라고 한다.
아직 국내 콘서트 영역에서는 연출감독과 아티스트의 관계가 수평적이지 않다.
콘서트의 장르 성격상 아티스트의 역할이 크다는 것은 누구나 아는 사실이다.

아티스트는 자기 스스로 자기 곡과 팬을 가장 잘 알고 있다는 근거로 객관성을 상실한 요구들을
할 때가 있다. 주변 스태프들의 의견들을 수렴하지 않는 것이다. 연출감독의 역할을 아티스트의
요구와 생각을 단순히 무대에 구현하는 사람으로 이해한다면 좋은 파트너십은 기대하기 어렵다.

이런 성향을 가진 아티스트는 본인 스스로 연출감독 역할을 겸하는 것이 합리적이다.
우리나라에 실제 이런 사람들이 여러 명이 있다.
좋고 나쁘고의 문제는 아니다.
다만 각자의 전문성을 살려 협업한다면 이보다 더 좋을 순 없는 것이다.

연출감독은 연출 콘셉트와 구성안의 뼈대를 창의적으로 만들어 내야 한다.
아티스트를 설득하는 과정도 섬세해야 한다.
아티스트는 연출감독이 콘셉트와 그에 맞춘 구성의 기본 틀에 곡을
배열하는 일을 잘 해야 한다.
셋 리스트를 짜는 일은 그가 더 잘하는 일이다.
셋 리스트를 다듬어 가는 과정은 아티스트와 연출감독이 철저하게 협력해야 한다.
혼자가 만드는 구성보다 둘이 만드는 구성이 더 낫다는 것을 경험하면
이 과정은 다음부턴 쉬워진다.
아티스트는 셋 리스트를 중심으로 음악적인 편성, 편곡, 밴드 연습 등을 관장해야 한다.
연출감독은 셋 리스트를 중심으로 창의적 프로덕션(조명, 음향, 영상, 특수효과 등)을
이끌어 내야 한다.

리허설과 공연의 전반적인 현장 상황과 진행은 아티스트가 연출감독에게 일임해야 한다.
현장에서 여러 목소리가 존재하는 것은 팀워크를 해치는 독소 중에 대표적인 것이다.

둘 사이의 궁합은 행복한 공연을 위한 절대 요소인 셈이다.

마이클 재슨 유작인 마지막 공연 〈This Is It〉 리허설 실황을 보면 연출감독과 아티스트인 마이
클 잭슨이 여러 상황에서 아주 합리적으로 대화하며 가장 이상적인 답을 찾아가는 과정이 나온다.
부러웠고 주변에 공유하고 싶은 그림이었다.

내 경험으로 내린 두 영역에 대한 협업의 기준이다. 각자의 전문성을 고려한 것이다.

04. 연출감독과 프로덕션 각 파트 감독

각자 역할의 경계선에 대한 정확한 이해와 준수가 요구되는 파트너십이다.

나의 오래 전 경험이다. 처음 작업하는 아티스트였기에 더 잘해 보고 싶은 마음에 연출 외적인
부분인 조명, 음향, 영상 등 기술적인 요구 사항도 잔뜩 메모한 큐노트를 갖고 감독들 한 사람씩
순서를 정해두고 미팅을 계획했다.

내 기준에서 가장 중요하다고 판단한 조명감독과 첫 협의 시간을 가졌다. 한참을 설명하고 있
는데 조명감독의 표정이 어두워지는 게 느껴졌다. 무시하고 내 말을 계속 이어 나가자 그가
결국 나의 말을 짜르고 끼어들었다.

"감독님, 연출에서 꼭 필요한 부분만 언급해 주시면 나머지는 제가 알아서 하겠습니다."
그는 점잖게 내게 자기 목소리를 냈다. 듣고 보니 몰랐던 것도 아닌데 내가 과욕을 부린 게 결국
불편함을 만들었다.

그의 핵심은 조명은 자기가 전문가라는 것이다. 그게 자기의 일이라는 정확한 이해였다. 연출
구성에서 조명에 필요한 정보만 알려 주면 나머지는 자기가 해야 하는 것이 맞다는 것이다.

얼굴이 화끈거렸다.
그 일 이후, 나는 프로덕션 각 파트 감독을 대하는 태도를 달리했다. 신뢰를 바탕으로 일하기 시
작한 것이다. 내 큐노트는 점점 빈 공간이 많아졌고 그 공간은 그들의 전문성으로 잘 채워졌다.

이 두 파트너 사이에서 서로 간에 신뢰를 바탕으로 경계를 지키는 일은 무엇보다 중요한 덕
목인 것이다.

Act **05**
핵심

#1. 1할의 핵심을 찾아서

20여 년 공연기획 일을 하면서 상식적으로 이해가 가지 않았던 순간이 여러 번 있었는데 그중의 으뜸은 '국가/지자체 행사의 경쟁입찰'에 참여했을 때이다.

수퍼갑님(입찰 관리자)은 경쟁입찰에 제출해야 할 제안서를 두 가지로 요구했다. 전체 내용을 담은 제안서 완본과 요약본을 원했다. 제안서 분량(페이지)이 가관이었다. 완본은 100페이지가 기본이고 요약본도 25페이지나 요구했다.
수퍼갑님의 요구사항이니 두말없이 그 분량을 채워서 여러 입찰에 참여했었다.

지금 돌아보면 100페이지 분량 중 그들의 합리적인 의사결정을 위해 필요했던 내용은 10여 페이지 내에 담겨져 있다.
나머지 분량은 모두 들러리이다. 눈치 100단인 업체들은 매년 재탕이다. 들러리를 위해 공을 들이지 않는다.
수퍼갑님은 아는지 모르는지 분량 꽉 채워서 제출한 제안서를 넘겨 가며 우리를 판단한다.

그래도 눈치가 빨랐던 입찰 업체는 어찌하든 경쟁 입찰에서 승자가 되어야겠기에 핵심과는 전혀 상관없는 내용으로 페이지를 장식하느라 엄청 돈을 들인다. 수퍼갑님들 눈을 멀게 하는 요술을 부리는 것이다. 제출 제안서는 또 모두 컬러로 인쇄한 것을 원하신다. 모두 돈인 셈이다. 내가 아는 이벤트 대행사 중 킨코스에 복사 비용으로 연간 5억 이상을 결재하는 곳이 있다.

내가 그 당시 작성해서 제출한 제안서를 꺼내 보면 부끄럽지만 무슨 말인지 도대체 알 수가 없다. 자세히 들여다보면 핵심이 있긴 하지만 강조된 부분이 너무 많아서 핵심이 잘 보이지 않는다. 지금도 수많은 공연기획사에서는 프로젝트마다 제안서들을 만들고 이를 기준으로 일의 전략과 방향을 결정하는 등 의사결정의 중요한 수단으로 삼는다.

여전하다. 공연기획의 제안서 문화도 위의 경우와 별반 차이가 없다. 핵심과 동떨어진 말 장난에 가까운 언어유희, 보기에 불편할 정도로 페이지마다 꽉꽉 채운 정보, 무슨 말을 하고 있는지 감을 잡을 수 없는 주관적 핵심, 다양한 색과 레이아웃이 공존하는 제안서 속에서 일하고 있다.

프로젝트를 설명하는 제안서가 아니더라도 우리 주변에서 핵심을 벗어난 일과 현상들은 어렵지 않게 찾을 수 있다.

인터파크에 걸려있는 공연 포스터를 보고 있노라면 이해가 어려운 공연을 발견한다.
공연의 핵심(콘셉트)은 보이지 않고 어려운 말, 예쁜 말로 포장되어 있다. 공연을 통해 아티스트가 무엇을 표현하고 싶은지, 관객과 어떤 교감을 하고 싶은지를 알 수 없다. 공연을 쉽게 이해시켜 주는 장치를 찾을 수 없다.

관객 유치를 위한 홍보 과정에서도 분명 동일 공연인데 여러 메시지가 난무하는 것을 볼 수 있다.

공연장에서는 더욱 심각하다. 좋고 멋진 것은 다 보여 주겠다는 마음으로 포장된 공연들, 욕심이 과한 공연들을 보는 게 어렵지 않다. 공연 전체를 관통하는 핵심은 온데간데없어지고 백화점식 나열이 그 자리를 차지하고 있다.

Chapter 14
핵심의 가치

#2. STICK, 1초만에 착 달라붙는 메시지

세상은 어떠한가?

1초만에 착 달라붙는 메시지를 강조하는 세상이다.
상사의 마음을 움직이는 한 페이지 보고서, 기획서의 전략을 담은 책들이 스테디셀러가 된다.

보고서는 짧고 쉽게 써야 한다며 모든 보고서 분량을 5페이지 이내로 줄여 나가는 세상이다.
5장 이내에 일의 핵심에 대한 명확한 생각을 담아내려면 얼마나 디테일이 필요한지 짐작이 된다.

7 Words Rule을 강조하며 일곱 마디 내에 작품과 기획안을 설명하라고 요구한다. 시장과 소비자를 잡기 위해서는 차별화된 핵심이 있어야 하고, 이는 일관성을 기반해야 한다고 강조한다.

이런 사회적 상황으로 인해 인내심을 상실한 상사들은 모든 보고, 대화와 협상에서 "아, 됐고, 이 일을 왜 해야 하는데? 그래서 해결책이 뭔데? 나 바빠, 한 마디로 뭔데?"를 남발한다.

바쁘게 돌아가는 세상에서 무수하게 당면하게 되는 이런 상황들에 효과적이고 유연하게 대처하는 방법과 노하우를 가질 수 있다면 이는 행운이다.

여러 사람들의 대화를 지켜보거나, 논란이 되는 쟁점을 놓고 격렬한 토론을 할 때 역시 우리의 눈길을 사로잡는 사람은 핵심을 잘 갖고 말하는 사람이다. 결국 그 사람이 인상에 남고 그의 메시지가 설득력을 갖는 것이다. 상대적으로 더 강해 보이는 이유이다.

이런 일련의 현상 속에서 공연을 대하는 기획자가 갖춰야 할 태도 하나를 찾아내려고 한다.
핵심과 일관성이다!!

#3. 핵심의 부재 & 혼재

핵심을 찾아 그 핵심에 집중하는 것이 오늘을 살아가는 공연기획자에게 왜 필요한 사항인지를 이야기하려 한다.
핵심은 다른 말로 하면 요점(focus, keypoint)이다. 이 장에서 풀어내려 하는 논제에 맞추어 본다면 핵심은 '근본적으로 중요한 게 뭘까?(top priority)'에 대한 답이 되어야 한다.

공연 분야에서 일하는 사람들과 그들의 일 속에서 핵심 찾기의 적용 범위는 다양하게 펴져 있는 편이다. 회의, 보고, 발표, 섭외, 투자, 협찬, 분쟁 등 설득, 이해, 공감, 교감을 기반으로 해야 할 일들이 산재해 있다. 위의 모든 상황에서 여러 가지를 보이려 하고 여러 가지의 메시지를 담으려 하고 여러 가지의 그림을 표현하려 한다면 실패할 확률이 높다.

'여러 가지'는 결국 핵심을 가리는 역할을 하게 된다. 핵심이 가려지면 대중의 시선, 대상의 시선을 사로잡기는 어렵게 된다. 공연을 만드는 사람들은 관객들에게 많은 걸 한번에 보여 주려는 맹목적 DNA를 지닌 듯하다. 너무 많은 것을 보여 주려는 의도는 곧 산만함으로 이어지고 산만함은 욕심으로 화를 부르게 된다.

드라마든, 영화든 실패한 작품들의 원인 분석에서 빠지지 않는 말이 바로 '너무 많은 것을 보여 주려는 시도'라는 것이다.

나도 최근에 뮤지컬 갈라 콘서트 연출 일을 하면서 이런 패착을 겪을 뻔했다.
기존의 뮤지컬 갈라 콘서트를 분석해 보니 특별한 콘셉트도 없고, 그러다 보니 디테일은 더 찾아 보기 힘들었다. 핵심이 없으니 일관성도 없고 결국은 유명한 뮤지컬 넘버와 배우로 포장하여 공연을 하는 경우가 일반적이었다. 다른 접근을 하고 싶어서 콘셉트 지향적인 뮤지컬 갈라를 해 보자고 클라이언트를 설득했는 데 이게 먹혔다.

우리 팀은 공연 전체를 관통하는 핵심 콘셉트를 '판타지(fantasy)'로 정했다. 공연 타이틀도 Time in Fantasy로 정해 일관성을 유지했다. 공연 포스터며, 출연진 라인업이며, 곡 구성이며, 일사천리로 일이 진행이 되었다.

문제의 발단은 세부 연출 구성을 의논하면서 생겨났다. 판타지를 더 여러 가지로 깊게 풀어 보자는 이견이 나왔는 데 나쁘지 않았다. 곡은 담아 내기도 선득력이 있어 보였다. 그래서 우리 팀은 핵심 콘셉트인 판타지의 하부 개념으로 동화적 판타지, 로맨틱 판타지, 미스터리 판타지 세 가지를 더 추가해서 콘셉트의 틀을 확장했다.

모든 준비를 마쳐갈 때였다. 연출감독인 나는 정해진 콘셉트와 큐시트의 흐름에 맞춰 시뮬레이션을 해 보는데 뭔가 불편한 감이 들었다.

개념적으로는 문제가 없어 보이는데 막상 관객을 놓고 공연 흐름을 좇아가 보니 복잡했고, 더 큰 문제는 관객에게 일방적으로 주입하려는 의도가 느껴졌다. 배정된 곡으로 충분히 그 개념은 전달이 가능한 데 굳이 또 말과 그림으로 설명을 더하는 꼴이 된 셈이다.

스태프들을 소집시키고 수정 하자고 했다. 공연을 불과 며칠 앞둔 시점이었지만 과감히 하부 개념을 모두 버리고 판타지 하나의 콘셉트로 다시 정리를 한 것이다.

공연이 진행되는 동안 콘솔에서 나는 우리의 결정이 얼마나 옳았는지를 몸소 실감하면서 공연을 즐길 수 있었다.

핵심은 부재도 문제이지만 핵심의 혼재도 기획자가 원하는 걸 얻기가 어렵다.

不在 (부재)
핵심은 없어도 문제이지만

混在 (혼재)
핵심이 여러 개일 경우도
기획자가 원하는 것을
얻기가 어렵다

#4. 핵심은 여러 개일 수 없다!

공연기획자는 모든 프로젝트에서 가장 중요한 요소 혹은 핵심이 무엇인지를 확인하는 작업이 몸에 익숙해져야 한다.

이번 프로젝트에서 '근본적으로 가장 중요한 게 뭘까?'에 대한 답을 찾는 노력이 치열해야 하고 이 과정은 반복적이어야 한다.

이러한 답을 위해서는 기획자 스스로 상황에 대한 정확한 이해가 선결 조건이다. 핵심은 매 상황에서 여러 개일 수 없다. 만약 여러 개가 있다면 우선순위 결정이 필요하다. 그래서 핵심에 집중하는 방식을 택해야 한다.

기획자가 찾는 핵심은 단순하고 명확해야 한다. 추상적이거나 개념적이어서는 안된다. 단순의 의미를 오해해서는 안된다. 단순은 낮은 수준의 정보나 개념을 의미하는 것이 아니다.

핵심에 더 가까이 접근하기 위해서는 주어진 상황과 클라이언트의 의중 한 가운데 숨어 있는 **본질(top priority)**을 찾아내야 한다.

본질을 발견하기 위해서는 비교적 덜 중요한 요소들을 과감히 생각에서 버릴 수 있어야 한다. 이러한 일련의 과정은 말처럼 쉽진 않다. 그렇지만 가장 중요하지 않은 메시지를 과감히 버리는 어려운 일을 해낼 때 핵심은 더 분명해져 보이는 것을 경험하게 될 것이다.

이렇게 찾아낸 핵심은 공연의 모든 과정을 관통/관여하게 되고 기획 과정의 많은 부분에서 중요한 상호 작용과 긍정적 기능을 하게 된다.

여러 해 전에, 천안에서 열린 충남도청 주관의 전국체전 경쟁 입찰에 참여한 적이 있었다.

입찰제안서를 쓰기 위해 우리 팀이 제일 먼저 한 작업은 이번 프로젝트에서 '가장 중요한 것은 무엇일까?'를 찾는 것이었다. 이건 결국 결정권자의 의중을 읽는 것이었다. 결정권자인 도지사가 이번 전국체전에서 가장 우선순위를 두고 고민하고 있는 것이 무엇인지를 찾아내고 그것에 대한 답을 제시하면 우리가 경쟁에서 이길 수 있다고 믿었다.

합법적인 다양한 경로를 통해 결국에는 결정권자의 의중을 알아낼 수 있었다. 이전의 전국체전 개/폐막식은 많은 학생이 보조출연진으로 동원되어 왔다.

한창 공부할 학생들의 이런 강압적 참여를 불편하게 여겼던 도지사는 이 문제를 해결할 방안은 없는지를 찾았고 이 고민에 대한 창조적 해답을 필요로 하던 상황이었다.

우리 팀은 이 상황에 대한 문제 해결에 모든 역량을 맞추기로 결정하고 방법을 찾기 시작했다.

얼마 지나지 않아 우리는 답을 얻었고, 이를 제안서 안에 잘 녹여냈다. 경쟁 프리젠테이션의 최종 승자로 우리가 지목된 것은 예상 가능한 상황이었다.

승자가 된 후, 다른 입찰 참여 팀의 제안서를 우연히 볼 기회가 생겼는데 제안서 자체의 완성도만 따진다면 우리 팀의 제안서가 1등감은 아니었다. 그런데도 우리가 승자가 된 것은 핵심을 찾았고, 그 핵심에 집중했기 때문이었다.

Chapter 15
핵심, 공연의 기초 골격

#1. 시월에 눈 내리는 마을

매년 10월 말이면 연세대 노천극장에는 서울에서 가장 먼저 눈이 내렸다. 그곳에는 10월에 내리는 첫 눈을 함께 맞기 위해 참석한 연인들로 늘 빈 자리가 없었다.

〈시월에 눈 내리는 마을〉이라는 타이틀을 가진 공연 이야기이다.

도심 속 공간에서 시월에 눈이 내린다는 푸른 빛 감도는 이상한 마을을 만들어 놓고 관객들을 초대하여 공연을 펼친 것이다.

실제 눈은 아니지만 인공 눈을 만날 수 있었고 연수가 쌓이면서 공연의 인연으로 결혼에 성공한 커플이 나오는 등 다양한 이야기도 쌓여서 공연계의 대표 프로젝트로 자리를 잡았다.

나는 개인적으로 그동안 국내에서 공연된 콘텐츠 중에서 〈시월에 눈 내리는 마을〉이 가장 콘셉트 지향적이고 일관성을 가진 공연이라고 주변에 일관성 있게 말한다.
내가 만든 공연도 아닌데 칭찬에 주저함이 없다. 정말 잘 만들었기 때문이다.

타이틀과 대표 콘셉트에서 어떤 공연인지가 명확히 보이고 홍보 마케팅의 일련의 과정에서도 일관성(톤&매너)을 유지하며 공연의 공간 구성과 연출 역시 핵심에 대한 창조적 확장을 훌륭히 해냈다.

내가 개인적으로 더 열광하는 이유는 이런저런 보조적 장치와 미사여구 없이 타이틀 안에 모든 개념을 다 담아내고 있다는 것이다. 이런 류의 시도와 예시를 우리 주변에서 찾기가 쉽지 않다.

브랜드를 강조하는 모 잡지에서 콘셉트에 대한 글을 써 달라는 요청이 있어서 이 타이틀을 마음 먹고 한번 분해했다.

**〈시월에 눈 내리는 마을〉 타이틀에는
시월에 Sentimental
눈 내리는 Romantic
마을 Fantasy의 핵심 콘셉트 세 가지를 담고 있다.**

공연을 만든 기획자는 이 타이틀 콘셉트의 구현을 위해

시월에_Sentimental
90년대 아날로그 정서를 가진 발라드 중심의 가수들로만 라인업을 채웠다.

눈 내리는_Romantic
첫 눈이 오는 날 프로포즈를 하라며 관객에게 살아 있는 미끼를 던졌다.
온통 프로그램이 연인이 함께 보기 좋은 구성들로 짜여진 것은 당연한 일이었다.

마을_Fantasy
시월에 눈 내리는 비현실 속 공간을 무대 세트로 표현해 냈다.

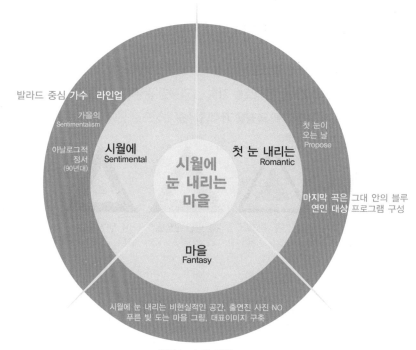

출연진 얼굴 사진을 절대 사용하지 않았고 포스터에는 푸른 빛 감도는 마을 그림들이 메인을 차지하고 있었다.
전략의 예리한 발톱을 밑바탕에 숨긴 잘 다듬어진 타이틀과 콘셉트임을 알 수 있다.
감성적이고 예쁘기까지 하다.

10여 년 장수 프로그램이었는데 여러 가지 한계에 부딪히면서 핵심을 희석시킬 수 있는 선택들이 보이기 시작했다.
공연은 곧 매력을 잃었다.

더 안타까운 일은 한계를 극복하기 위해 야심찬 변화를 시도했는데(공간과 대표 콘셉트의 변화) 뜻대로 되지 않았다.
이 일로 타격을 크게 입었는지 그 다음 해부터는 공연 브랜드 자체를 볼 수 없었다.
대한민국 브랜드 공연의 효시가 세상에서 설 자리를 잃어버렸다.

#2. 공연 콘셉트가 곧 핵심이다!

공연기획 과정에서 핵심으로 표현할 수 있는 대표 콘셉트가 있고, 없고의 차이가 얼마나 큰지를 볼 수 있는 사례다.

핵심, 즉 공연을 대표하는 콘셉트는 기획 전 과정을 관통하는 중요 항목인 것이다.

이러한 대표 콘셉트가 기획 과정을 거치면서 구체적으로 일에 어떤 영향을 미치는지 알아보자.

01. 기획 콘셉트   02. 연출 콘셉트   03. 공간 콘셉트   04. 무대 콘셉트   05. 씬 콘셉트, 곡 콘셉트

01. 기획 콘셉트

관객의 입장에서 본다면 공연의 핵심을 가장 먼저 대할 수 있는 창구가 바로 공연의 타이틀과 콘셉트이다.

기획의 기초 골격이다.

기획 콘셉트에서 핵심을 표현하지 못한다면 이후 과정에서 일관성을 유지하는 일은 어려울 것이다.

때마다 아무 연관성이 없는 좋은 것과 유행하는 것을 찾게 된다. 관객의 기억을 지속적으로 붙들어 매는 것도

힘들 것이고, 기획 콘셉트를 받아 이후의 창의적 과정을 수행해야 하는 스태프들도 혼란에 빠질 수 있다.

(물론 빠순이, 빠돌이의 경우는 예외이다. 이러한 범주 안에 포함시킬 수 없는 다른 기준을 가진 사람들이다.)

(출처_인터파크 티켓사이트)

02. 연출 콘셉트

기획 콘셉트는 다음 단계로 연출팀에게 넘겨진다.
기획 콘셉트를 반영한 연출 콘셉트와 구도를 잡아야 한다. 앞에서 언급한 것처럼 모호하고 추상적인 콘셉트는 연출팀 회의를 혼란으로 빠뜨린다. 결국 말장난하게 만드는 것이다.
연출 콘셉트가 기획 콘셉트보다 상위에 설 수 없고 먼저 돋보일 수 없다. 상호 작용이 가장 크게 일어나야 하는 부분이다.

신승훈의 크리스마스 공연을 준비하던 기획팀이 연출감독인 나에게 이번 〈더 신승훈 쇼〉 공연 타이틀은 '백야(A White Night)'라는 소식을 전했다.
그 의미는 크리스마스의 뉘앙스를 유지하면서 팬들에게 잊지 못할 추억을 다시 기억하게 하는 주제라는 설명과 함께.
신승훈의 10주년 기념 공연 때 가수와 팬이 함께 경험한 특별한 추억(백야)이 반영된 타이틀이었다.

연출적으로 이 타이틀을 풀어내야 하는 게 나의 숙제였다. 조연출팀이 찾아 준 여러 자료들을 읽어 내리다 눈에 쏙 들어오는 문구 하나를 발견했다.
어느 사진작가가 러시아 백야를 경험하며 그만의 해석으로 정의한 문구였다. 그는 백야를 "어제와 내일, 그 사이의 오늘"로 불렀다.

나는 백야의 물리적 시간 개념인 "어제와 내일, 그 사이의 오늘"을 공연 연출의 주요 테마로 사용하는 것에 주저함이 없었다.

연출 테마1 어제는, 18주년의 음악 인생과 팬들과의 추억
연출 테마2 내일은, 새로운 변화와 도전을 담아낼 앨범 이야기
연출 테마3 그 사이의 오늘은, 하얀 눈이 쌓인 크리스마스 축제의 장

이 테마는 공연 구성의 축으로 그대로 이어가며(1, 2, 3부) 콘셉트의 일관성을 유지했다.

03. 공간 콘셉트

관객들은 사전에 접한 공연 정보를 기억에 담고 극장을 찾는다.
관객들이 사전에 접한 타이틀과 콘셉트를 시각적으로 잘 표현하여 꾸민 공간 구성은 그들의 기대 심리를 증폭시킬 수 있다.

우리가 보는 공연장의 현실은 늘 변화가 없다.
물론 공연 자체가 특별한 콘셉트를 강조하고 있지 않다면 할 말은 없다.
사전 홍보에서는 뭔가 엄청난 것이 준비된 공연처럼 호들갑을 떨었다면 이들의 기대를 배신해서는 안된다.
기획자의 배신은 그들이 도착한 공연장 입구와 로비에서부터 시작된다.

극장에 도착한 관객을 웃게 만들고 공연에 대한 설렘을 갖게 만드는 요술 장치가 바로 공간 콘셉트인 것이다.
그냥 멋지고 화려한 것은 의미가 없다. 타이틀과 콘셉트를 잘 반영한 공간 구성이어야 한다.

뮤지컬 〈위키드〉의 대표 콘셉트에서 불러낸 오브제를 극장 로비에 장식했다.

04. 무대 콘셉트

관객들은 극장 로비를 지나 객석에 자리를 잡는다.
무대는 대부분 가려져 있다. 무대의 골격인 구조물을 활용한 세트나 돌출 무대 등은 볼 수 있다.
무대가 오픈되어 있는 경우도 있다.

아직 가동되지 않아 무엇을 표현하려는지 알 수 없겠지만 그 분위기에서 일관성의 단서를 관객들이 읽을 수만 있어도 절반의 성공이다.

화려한 메커니즘과 외형적으로 잔뜩 멋을 낸 무대보다 콘셉트를 반영한 무대가 관객들에게는 호감도가 더 높을 것이다.
보여 주고자 하는 것이 일관성이 있어야 한다.

김동률과 이적의 11년만의 연합 공연으로 화제가 되었던 카니발(The Carnival)은 공연기획 콘셉트 단계부터 지속적으로 카니발의 공간 이미지(텐트)를 대표 오브제로 활용했다.
이 공연 콘셉트와 이미지를 기억하고 극장에 도착한 관객들이 제일 먼저 눈으로 확인한 것은 포스터에서 봤던 그 공간 이미지를 창조적으로 재해석한 무대였다.

박효신 10주년 기념 공연이었던 〈GIFT〉 첫 번째 시리즈는 공연기획 콘셉트 단계부터 마법사에게 어울릴 듯한 대형 노랑 모자를 대표 오브제로 활용했다.
박효신의 무대 콘셉트도 이 대형 노랑 모자를 구체화시킨 것이었고 공연의 오프닝이 이 모자에서 시작되었다.
일관성의 디테일을 보여 주는 공연이었다.

05. 신 콘셉트, 곡 콘셉트

여기서 한 걸음 더 깊이 들어가면 신 콘셉트와 곡 콘셉트까지 확장이 가능하다.
연출 콘셉트를 잘 반영해서 만들어야 하는 세부 구성 단계다.
오프닝과 브릿지,
2부 오프닝과 피날레,
앙코르는 서로 연관성을 갖고 있는지
복잡하거나 산만하지는 않은지를 따져 봐야 한다.
맥을 잇는 핵심이 공연 전반의 구성에 표현되어야 한다.
우스갯소리 같지만 연출감독으로 일했던 이문세 〈The Best〉 공연의 구성은 파랑새가 핵심이었다.
오프닝에도 파랑새가 등장하고, 2부 오프닝에는 가수가 삐리삐리 파랑새 노래를 부르며 실물 파랑새 와이어 세트를 타고 공중으로 날아다닌다.
엔딩 무대 역시 가수가 퇴장하는 영상 공간에서 파랑새가 힘차게 날며 막이 닫힌다.
수미상관법을 활용한 것이다.
공연의 핵심을 담아내는 콘셉트는 공연기획 과정에서 전방위적으로 상호작용을 하는 존재임을 알 수 있다.

국내 사상 최대 메머드급 제작 규모

국내 최고의 사운드팀, 세션 밴드
풀 오케스트라 등 총 100여 명의 출연진
빅토리아 시크릿을 연상케 하는 란제리 패션쇼
아트 서커스를 방불케 하는 플라잉 아크로바틱
무빙 프로젝트와 퍼포먼스가 어우러지는
예술적 미디어 아트

이 장을 마치며
몇 년 전 국내 유명 가수의 공연을 알리며 기획팀이 사용한 문구 하나를 소개한다.

국내 사상 최대의 메머드급 제작 규모
국내 최고의 사운드팀, 세션 밴드, 풀 오케스트라 등 총 100여 명의 출연진
빅토리아 시크릿을 연상케 하는 란제리 패션쇼
아트 서커스를 방불케 하는 플라잉 아크로바틱
무빙 프로젝트와 퍼포먼스가 어우러지는 예술적 미디어 아트

일관성을 어디에서도 찾아보기 힘든 호들갑에 가까운 거품형 문구이다.
이해하기 힘들었지만 그래도 현장이 궁금해서 공연장을 찾았다.
예상은 했지만 그 여파는 더 컸다. 결국엔 기대에 못미치는 공연이었다.

핵심으로 부각한 콘셉트와 연결 고리를 찾을 수 없었고 애써 준비한 것들은 연관성 없이 따로 놀고 있었다.
화려한 메커니즘과 다양한 볼거리가 핵심 콘셉트였다면 딱 맞는 현장이었다.
그러나 그날 공연의 대표 콘셉트는 훨씬 더 감성적인 타이틀이었다.

핵심 콘셉트가 다른 볼거리에 묻혀 빛을 잃은 셈이다.

Chapter 16
4 MAT SYSTEM_기획의
근간인 **핵심**을 잡는 법

#1. 구글에서 찾은 기획안은 100% 퇴짜를 맞는다

"어이 신입, 이번 주말까지 하반기 신규 프로젝트 기획 제안서 한번 써 봐!
마무리 되면 내 메일로 보내고!"

출근한 지 한 달, 꿈에 그리던 공연기획사에 입사했다는 설렘이 채 가시지도 않았는데, 아직도 매일 매일 첫 출근하는 기분인데, 갑자기 떨어진 팀장의 날벼락에 정신이 안드로메다로 날라간다.

기획 제안서? 그게 뭐지? 그것도 이번 주말까지? 화, 수, 목, 금 4일 만에?

아, 팀장님이 나를 자르시려고 그러시나? 못 쓸 걸 알면서 트집 잡아서 내보내시려구?

아니야. 기회인가? 내 잠재력을 간파하셨는지도 몰라. 어쨌든 잘 해야 할텐데. 어쩌지? 어쩌지?

아무리 머리를 굴려 봐도 묘책이 떠오르지 않는다. 선배들에게 물어보자니, 그것도 모르냐며 구박 받을 것 같고, 결국 나의 오랜 친구의 도움을 받기로 한다. 네이버 친구에게도 물어보고, 구글 친구에게도 물어본다. 한 시간 가까이 '기획 제안서', '공연기획 제안', '공연기획서', '공연 제안' 등 검색 신공을 펼친 끝에 결국 보물을 캐냈다.

내가 써야 할 제안서와 꼭 닮은 문서를 1,500원에 구입한 것이다.

다운을 받아 놓고 보니, 내용이 너무 복잡해서 무슨 내용인지 이해가 어렵다. 그러나 이것이야말로 대학생 시절 숱하게 겪었던 상황이 아닌가? 대충 목차와 페이지 구성을 빠르게 훑어 봤다.

옳거니! 목차 구성에 맞추어, 몇 가지 아이디어들을 바꿔 넣어 제안서를 완성했다.

예상보다 빠르게 마무리가 되었다. 기분 좋게 팀장님 이메일로 보내고 퇴근을 준비한다. 우울한 주말을 예상했는데, 어려운 숙제를 해결했다는 생각에 더 신나고 재미난 주말을 보낼 수 있었다.

월요일 아침,

"오, 신입, 생각보다 꽤 하던데? 아이디어 좋아." 같은 칭찬이 쏟아지지 않을까 기대감에 부풀어 출근한다. 발랄하게 인사하고 자리에 앉으니, 노란 포스트잇 한 장이 붙어 있었다.

다시 해!!!

from 고수 팀장

공연 기획의 과정

무수한 종류의
기획안을 만들어 내야 한다

기획 제안

섭외 제안

마케팅
전략 제안

협찬 제안

투자 제안

행사 제안

사업 제안

공연기획 일을 하려고
마음을 먹었다면
기획의 근간을 이루는
핵심에 대해서
기준과 원칙을
가져야 한다.

Planning
효과적인 제안을 위해
기획안을 구상하고

Proposal
이를 문서로 만들어

Presen-tation
대상을 설득해야
하는 과정을 누구나
거치게 된다.

앞의 상황은 기획 일을 처음 시작하는 사람이라면 누구나 겪을 수 있는 상황이다.

어디서부터 시작해야 할지 몰라 헤매던 경험은 신입의 통과의례라고 보면 된다. 보고 베끼고, 듣고 베끼고, 뭐가 옳은지도 모르며 제안서를 몇 날 며칠을 써 댄다. 신입에게 이런 삽질은 기본이고 일상이 된다.

공연기획 일을 하려고 마음을 먹었다면 기획의 근간을 이루는 핵심에 대해서 기준과 원칙을 가져야 한다.

공연기획의 과정에는

기획 제안
섭외 제안(캐스팅 제안)
마케팅 전략 제안
협찬 제안
투자 제안
행사 제안
사업 제안 등 무수한 종류의 기획안을 만들어 내야 한다.

기획자로 일하게 되면 효과적인 제안을 위해
기획안을 구상하고(planning)
이를 문서로 만들어(proposal)
대상을 설득해야 하는 과정(presentation)이
일상이 된다.

요컨데 이 수많은 제안서들은 누군가를 설득하려는 목적으로 쓰인다는 얘기다. 그러다 보니, 기획자 스스로 핵심에 대한 명확한 이해를 갖고 있지 않다면, 제안서는 제 목적을 상실하게 된다. 그리고 당연한 이야기지만, 제 역할도 못하는 기획자에게 좋은 기회가 올 리 만무하다. 5년 차가 되었는데도, 기획서 하나 제대로 못 쓴다면 누가 그를 믿고 공연을 부탁하겠는가?

제안서란, 곧 그 기획자의 수준이며 역량이다.
달리 말해 신입이라도 기획의 근간을 이루는 핵심을 명확히 이해하고, 이를 바탕으로 훌륭한 제안서를 쓸 수 있다면, 그는 5년 차 대리가 경험해 보지 못한 특별한 기회 속에서 일할 수 있을 것이다.

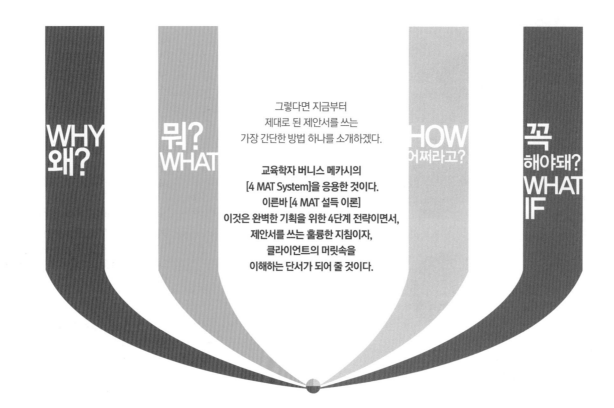

WHY
왜?

뭐?
WHAT

그렇다면 지금부터
제대로 된 제안서를 쓰는
가장 간단한 방법 하나를 소개하겠다.

교육학자 버니스 메카시의
[4 MAT System]을 응용한 것이다.
이른바 [4 MAT 설득 이론]
이것은 완벽한 기획을 위한 4단계 전략이면서,
제안서를 쓰는 훌륭한 지침이자,
클라이언트의 머릿속을
이해하는 단서가 되어 줄 것이다.

HOW
어쩌라고?

꼭
해야돼?
WHAT
IF

#2. 4 MAT 설득 이론

[4 MAT 설득 이론]은 다음과 같은 4단계의 과정을 거친다.

WHY_왜?
WHAT_뭐?
HOW_어쩌라고?
WHAT IF_꼭 해야 돼?

모든 기획은 이 4단계에 대한 답을 제시하는 과정이라 할 수 있다. 기획자가 4가지 기준에 대한 명확한 답을 가졌을 경우 다른 부가적인 요소들은 무의미하다.
부족해도 상대방이 문제 삼지 않는다. 이미 일을 현장에서 하고 있는 사람은 서둘러 프로젝트 폴더를 열어 그동안 자기 손을 거쳐갔던 기획안을 다시 읽어 보라.
나의 기획안에는 위의 4가지 기준에 대한 명확한 답이 있었는지를 물어보라.
몹시 부끄럽다면 다시 여기서 시작하자.

4 MAT 시스템을 좀 더 깊이 들여다보자.

01. WHY?

첫 번째 단계인 WHY는
프로젝트의 기획 배경, 제안 배경을 담아내야
한다. 누군가가 '이 프로젝트 왜 하려 하는데?'
라고 물었을 때 객관적이고 명쾌한 답변을 할
수 있어야 한다.

02. WHAT?

두 번째 단계인 WHAT은
프로젝트의 제안 내용, 즉 핵심을 표현해야 한다.
'왜 해야 하는가?'에 대한 궁금증이 해소되면 분
명 다음은 '그래서 뭘 하려 하는데?'에 대한 질
문으로 이어진다. 하고 싶은 게 정확히 무엇인
지를 보여 줘야 한다.

03. HOW?

세 번째 단계인 HOW는
프로젝트의 콘셉트와 실행 방안을 담아낸다.
기획자가 하려는 것을 한마디로 요약해서 표현
할 수 있어야 한다. 기획은 철저하게 실행을 기
반하는 일이다. 기획자는 클라이언트가 머릿속
에 구체적인 그림으로 그려질 수 있을 정도의
명확한 실행 방안을 함께 제시해야 한다.
클라이언트의 입에서
"무슨 말 하는지 모르겠어."
"어떻게 하려는지 도대체 감을 잡을 수 없어."
라는 말이 나오면 설득에 100% 실패한 것이다.

04. WHAT IF?

네 번째 단계인 WHAT IF는
프로젝트의 기대 효과를 설명하는 과정이다.
앞의 3단계까지의 과정이 설득에 성공하고 있
다면 기획자의 제안을 받는 사람(회사)은 대게
"이걸 하게 되면 우리가 얻을 건 뭐지."에 대한
다음 생각을 서둘러 떠올린다. 손해 보는 장사
는 싫은 것이다. 프로젝트 실행을 통해 얻을 이
익과 명분에 대해 분명한 어조로 답을 제시해
야 프로젝트 제안의 마침표를 찍을 수 있다. 추
상적이고 개념적인 기대 효과는 무의미하다.
마음을 이끌 수 있는 기대 효과는 손에 잡혀야
하고 눈에 보여야 한다.

4단계를 거친 기획안이 잘 만들어졌다면 남은 관문은 이 모든 과정을 지루하지 않게 전달하는 것이다.
당연한 이야기처럼 들리지 않게 해야 한다.

Chapter 17
4 MAT 설득 이론의 8단계
프로세스_**핵심**을 찾는 여정

#1. 답을 찾아 나가는 8단계의 프로세스

앞장에서는 기획의 핵심을 잡는 전략으로 [4 MAT 설득 이론]의 4단계 이론을 소개했다.

이번 장에서는 4가지 기준에 대한 답을 찾아가는 일련의 과정을 알아보자.
사실, 이 과정에는 명확한 해답은 없다. 프로젝트 기획안 작성의 환경이 워낙 천차만별이기 때문이다.

다만 한 가지의 기준은 존재한다. 기획 책임자는 팀원들에게 합리적이고 효율성이 높은 과정을 제시해야 한다. 대부분의 프로젝트 TF는 시간과 인적 자원을 여유있게 쓸 수 없기 때문이다. 이 기준을 제외하고는 '이런이런 과정을 거치라'는 말은 주관적이 될 수밖에 없다.

다만 여러분에게 20여 년간 프로젝트 컨설팅을 포함한, 수많은 기획 작업에 책임자로 참여했던 나의 경험이 참고가 될 것이라 믿는다. 다양한 스태프들과 다양한 기준과 조건에서 공동 작업을 하면서, 수많은 시행착오를 거친 결과를 통해 얻어낸 방법들이다.
나름대로 가장 안정적이고 합리적인 과정이라고 생각한다.

WHY, WHAT, HOW, WHAT IF에 대한
각자의 해답을 찾기 위한 과정으로 나는 총 8단계의 프로세스를 거친다.

팀 공유_오리엔테이션
자료 조사_분석
학습과 토론
아이디에이션
워딩_정교화 작업
아트 워크_디자인 작업
수정 보완
제안_프리젠테이션

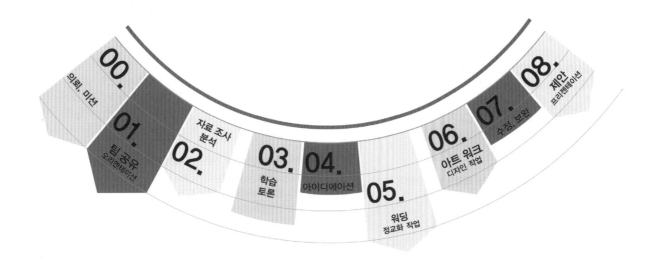

00. 의뢰, 미션
01. 팀 공유 오리엔테이션
02. 자료 조사 분석
03. 학습 토론
04. 아이디에이션
05. 워딩 정교화 작업
06. 아트 워크 디자인 작업
07. 수정 보완
08. 제안 프리젠테이션

#2. 사례로 풀어 보는 8단계 프로세스

8단계의 과정을 개념으로만 설명하는 것은 지루할 듯해서 실 사례를 통해 이해를 돕고자 한다.

시뮬레이션에 활용될 사례는 2013년 하반기에 의뢰를 받아 2개월의 기간을 두고 준비했던 프로젝트 전략 제안이다.
자본력과 배경이 좋은 문화재단 산하의 신생 공연기획사인 클라이언트로부터 의뢰 받은 미션은 "2014년 콘서트 시장 진입을 위한 공연 라인업 구축"이었다.
흔하지 않은 제안이었다.
단순한 라인업 구축보다는 롱런을 기반한 중장기적 브랜드 개발을 원했기 때문에 외부 전문가를 찾은 것이다.

일을 의뢰 받은 나는 팀을 꾸리기 전에 다양한 루트를 통해 '제안 회사의 상황 파악과 내부의 핵심 의지'를 알아보려 애썼다.

내가 얻은 답들이다.
2014년 라인업 구축이 1차적, 표면적 핵심
개발하는 공연을 통해 기업 브랜드 이미지의 긍정적 포지셔닝 기대
중장기적 관점에서 롱런을 기반한 프로젝트를 희망
여기에 공개할 수 없는 회사 오너의 복심도 파악할 수 있었다.
(아주 간단한 팁을 제공하면 수익지향적 관점이 아니라는 것, 즉 모든 프로젝트가 돈을 벌기 위한 목적이 아니어도 된다는 뜻)

프로젝트 기획안 입안을 위해 팀을 먼저 꾸리기 전 기획 책임자가 반드시 거쳐야 하는 과정이다.

앞에서 계속 강조한 것처럼 일을 준 사람이 가장 중요하게 생각하는 것(핵심)이 무엇인지를 파악하는 것이 일의 시작이어야 한다.

01. 팀 공유_오리엔테이션

다이어그램의 첫 번째 단계가 팀을 꾸리고, 그 팀에게 기획자가 가진 정보를 공유하는 것이다.
즉 첫 단계의 주제는 오로지 정보 공유를 통한 정확한 목표 선정이다.

기획자는 팀을 꾸리기 전에 얻은 정보 중 객관적인 사실만을 전달할 의무가 있다. 대개 클라이언트
의 현재 상황과 핵심 의지에 대한 것이다. 그리고 이제부터는 프로젝트의 정확한 목표를 선정할
차례이다.

당위성_기획 배경/사업 내용/관계 정립 등 세 가지의 큰 틀에서 작업 방향을 정했다.
이번 프로젝트는 시장 경쟁력과 변별력을 갖춘 라인업 구축을 목표로 삼았다.
이미 포화 상태인 콘서트 시장의 특성을 고려해서 세운 목표였다.

02. 자료 조사_분석

두 번째 단계는 팀원들과 함께 자료 조사를 시작하는 것이다.
이 단계의 핵심은 자료 조사 범위 선정이다. 자료 조사를 위해 많이 사용하는 범위는 관련 시장의
현황과 평가, 벤치마킹(유사, 이종, 해외), 사례 조사와 분석, 내부 역량-핵심 경쟁력 분석의 세 단
락으로 나누어진다. 나는 팀원들과 함께 위의 내용들 중 좀 더 깊이 들여다봐야 할 부분들을 추가
로 점검했다. 그리고 다음과 같이 항목을 나누어 자료 조사에 들어갔다.

국내 대중음악 공연 트렌드 분석
–인터파크를 중심으로 대중음악 공연 성향 분석
–몇 가지 빅이슈 중심으로 정리 요망

브랜드, 시리즈물로 진행 중인 공연 조사와 분석
–기존의 브랜드물의 특징, 공통점, 성향 등 다양한 관점으로 분류, 조사 요망

03. 학습과 토론

세 번째 단계에서는 자료 조사와 분석 데이터를 가지고 평가하는 시간이다.
이 단계는 당위성 확보를 위한 중요한 과정으로 사용해야 한다. WHY에 대한 답을 찾아야 한다.
자료 조사와 분석은 아이디에이션을 위한 전 단계라는 것을 명심해야 한다.
평가와 리뷰, 이를 통한 토론이 중심이지 아이디어 회의로 이어져서는 안된다.

자료 조사와 분석 범위를 기준으로 학습과 평가 순서를 정했다.
–대중음악 공연 시장의 평가와 트렌드
–브랜드 공연/시리즈물에 대한 평가와 트렌드
–일반적 신생 회사의 시장 진입 문제점과 내부 역량의 한계점

그런 후에 토론 과정을 통해, 우리는 프로젝트의 기회 요인을 찾아냈다.
WHY에 대한 답, 즉 당위성을 찾은 것이다.

대중음악 공연 시장의 평가와 트렌드

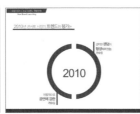

브랜드 공연 / 시리즈 형태에 대한 평가와 트렌드

04. 아이디에이션

WHY에 대한 정확한 답을 내린 뒤에야, 아이디어 회의로 접어든다.

이 단계에서는, 전 단계에서 찾은 기회 요인에 맞는 프로젝트 전체의 방향을 결정해야 한다.
즉 WHY에 대한 답, '무엇을 해야 하는지'를 결정하는 단계이다. 앞 단계에서 얻은 정보들을 바탕으
로, 치열한 아이디에이션 과정을 거친다. 그렇게 핵심 프로젝트를 개발하고, 대표 콘셉트를 찾아낸
다. 그리고 나면 HOW, 즉 프로젝트별 세부 전략과 실행 방안도 정한다. 그리고 사업의 기본 지침
들—운영 전략(세부 일정과 관계 정립, 수익 구조 분석 등)을 정하는 것도 이 단계이다.

기회 요인 도출

프로젝트별 세부 전략과 실행 방안

프로젝트별 세부 전략과 실행 방안

운영 전략

05. 워딩_정교화 작업

이제부터는, 앞의 네 단계에서 얻은 정보들을 기획안으로 옮기기 시작한다.

이 단계에서는 주로 시놉을 정리하며 목차를 구성하는 데 많은 공을 들이게 된다. 답을 찾는 것도 중요하지만, 그 내용을 지루하지 않게 전달하는 것 역시 중요하다. 따라서 유연하면서도 논리적인 시놉은 필수이다. 팀 회의를 통해, 다양한 흐름들을 제안해 본다. 그리고 그중에 가장 명확하면서도 재치있는 스토리를 찾아내는 것이다. 이 시놉은 기획의 뼈대가 된다. 그리고 뼈대에 맞춰 각 페이지를 구성해 가며 살을 붙인다.

기획안은 **'글로 생각을 전달'**하는 작업이기에, 워딩 작업을 위해 따로 구성작가를 두는 경우도 많다. 그러나 이 프로젝트의 경우에는, 나와 팀원들이 각자 잘할 수 있는 파트를 나누어 맡아 직접 워딩을 했다. 그리고 전체적인 톤을 다듬어 수정하는 최종 작업은 팀 책임자인 내가 맡았다.

06. 아트 워크

여섯 번째 단계는 쓰여진 제안서를 시각적으로 디자인하는 과정이다.

이 단계의 목적은 오로지 **'잘 읽히는'** 제안서를 만드는 것이다.

아무리 좋은 글이라도, 읽히지 않으면 설득력이 없다. **'잘 읽히는'** 제안서는 결코 복잡해서는 안된다. 핵심이 보이도록, 쉽고 단순하게 만들어야 한다. 스티브 잡스의 프레젠테이션을 보라. 검은 바탕에 흰색 글자만 띄운 페이지가 많다.

제안서에서 그 정도로 미니멀리즘을 추구하기는 어렵겠지만, 적어도 읽는 사람 입장에서 쉽게 이해할 수 있도록 해야 한다. 효과적인 아트 워크를 위한 팁은 다음 단락에서 제시하도록 하겠다.

07. 수정/보완

이 단계에서는 무엇보다도 꼼꼼함과 냉철함이 요구된다.

최종적으로 마무리된 제안서의 문제점을 찾는 과정이기 때문이다. 작게는 오타, 페이지 누락같은 실수를 찾아내는 것과 크게는 이 제안서가 논리적 유연성을 가졌는지 고찰해 보는 단계이다.

충분한 협의 과정을 거쳐도, 문제점은 어디서든지 나타날 수 있다. 이때 자기 논리에만 빠져 변명할 생각에 급급해서는 안된다. 한 발자국 떨어져서, 제안서를 객관적으로 살펴보는 자세가 필요하다. 나는 이 객관화 과정을 위해 이 프로젝트에 대한 사전 정보가 없는 사람들을 대상으로 리뷰(리허설) 시간을 가졌다. 두 달 이상 프로젝트에 몰두한 우리 팀보다, 그들이 더 비판적일 수 있다고 생각했기 때문이다. 실제로 그들의 판단과 리뷰는 큰 도움이 되었다.

08. 제안/프리젠테이션

마지막 여덟 번째 단계인 제안으로 모든 과정은 끝이 난다.

이번 프로젝트인 경우는 경쟁 구도가 아니었기에 가장 편한 방법으로 제안서를 공유했다. 클라이언트는 만족했고 실행을 위한 준비가 그들 내부에서 시작되었다.

아마도 기존 브랜드보다 더 쉽고 더 직관적이었다는 것,

브랜드 콘셉트 자체가 비교 경쟁력을 가지고 있었다는 것이 그들을 만족시키지 않았나 싶다. 그것이 그들이 원했고 우리가 제안했던 핵심이었던 것이다.

이번 장에서는 [4 MAT 설득 이론]의 4가지 기준에 대한 답을 찾아가는 나의 개인적인 방법 하나를 소개했다.
다시 말해 두지만, 8단계 프로세스는 내가 경험을 바탕으로 나에게 맞춘 과정일 뿐이다. 이 프로세스를 참고삼아, 여러분 나름대로의 설득 노하우를 갖추어 나가길 바란다.
다음 장부터는 [4 MAT 설득 이론]의 각 이슈들을 하나씩 이해해 보도록 하자.

Chapter 18
클라이언트와 아티스트를 사로잡는 법

#1. "이금희 아나운서가 이번 행사 진행자로 **꼭** 필요한가요?"

여러 해 전, 어떤 제작 발표회를 준비하면서 경험한 일이다.
그 제작 발표회의 주제는 "한국의 대표 문화 상품 개발 전략의 필요성"이었다.
쉽게 말해서 '왜 한국을 대표하는 문화 상품이 필요한가'를 논하는 자리였다고 보면 된다. 지금 여러분의 머릿속이 복잡해진 것과 마찬가지로, 당시에도 이 제작 발표회의 주제는 다소 낯설고 난해하게 받아들이기 딱 좋았다. 따라서 진행자의 역할이 중요했다. 대중적 신뢰도가 높아야 하는 것은 물론이고, 재치있고 쉬우면서도 부드럽게 발표회의 분위기를 이끌어 갈 수 있는 사람이어야 했다.

당시 우리가 원한 0순위 후보는 바로 이금희 아나운서였다.
지금도 그렇지만 그때는 더욱더 바쁜 스케줄로 유명했기에 섭외가 쉽지는 않아 보였다.
게다가 단순 진행이 아니라, 진행자의 부담이 제법 큰 제작 발표회였기에 그녀가 거절할 명분은 얼마든지 있었다. 돈으로 해결될 수 있는 문제가 아니었던 것이다. 상황이 이렇다 보니 과연 어떤 방법으로 섭외해야 할지, 우리 스태프들과 나는 며칠을 고민했다. 그런데 프로젝트를 맡긴 회사의 오너가 지나가며 한 마디를 툭 던졌다.
"이금희 아나운서가 이번 행사에 꼭 필요한가요?"

사실 나는 조금 어이없어 하면서 왜 그녀가 필요한지에 대해 열심히 설명했다.
한참 목에 핏대를 올리고 있는데, 오너가 또 툭, 한마디를 내뱉고는 사라졌다.
"그럼 꼭 모셔야겠네요!"

그리고 어렵게 잡은 이금희 아나운서와의 미팅 날. 대표는 손에 작은 꾸러미 하나를 들고 나와 동행했다.
내 손에는 며칠을 밤새워 작성한 두툼한 섭외 제안서가 들려 있었다. 인사를 나누고, 내가 섭외 제안서를 넘기려는 찰나, 대표는 작은 꾸러미를 그녀 앞으로 내밀었다. 나는 이금희 아나운서보다도 더 궁금한 마음으로 꾸러미를 푸는 그녀의 손을 바라보았다. 꾸러미에서 나온 것은 작은 것이었다. '아니, 고작 저거야?' 하는 나의 반응과는 달리, 이금희 아나운서는 너무나도 기쁜 표정으로 환호했다.

"아니, 이걸 어디서 구하셨어요? 힘드셨을 텐데! 제가 이거 좋아하는 건 또 어떻게 아셨어요?"
분위기는 단숨에 화기애애해졌다. 그리고 내가 제안서를 몇 장 넘기기도 전에, 그녀는 OK를 외쳤다. 어려워 보였던 섭외가 아주 쉽게 마무리된 것이다. 우리가 며칠을 애쓴 두툼한 제안서보다, 대표가 준비한 작은 꾸러미 하나가 그녀의 마음을 움직였다는 것은 틀림없는 사실이었다. 나중에 대표는 가능한한 모든 방법을 통해 그녀가 좋아하는 것에 대해 알아보았다고 이야기했다. 대표가 달라 보였다. 그는 훌륭하게 카드를 사용할 줄 아는 사람이었다. 결국 섭외라는 것이 **사람과 사람이 만나는 일**이라는 것을 알고 있었던 것이다.

섭외뿐만이 아니라 공연의 모든 일이 그러하다. 결국에는 사람과 사람이 만나는 것이다. '일'이라는 목적에만 매달려서 사람의 마음도 돈이나 일로 움직이려 들면 안된다. 며칠을 밤새웠건, 몇천억을 투자했건 사람의 마음을 사로잡지 못하면 거기에는 아무 의미도 없다.

#2. 제안서는 자기소개서를 포함한다.

나와 함께 공연을 공부한 학생들은, 반드시 '졸업 공연'을 끝으로 배움을 마무리한다. 공부한 것들을 제대로 써먹어 볼 수 있는 실전 기회를 갖는 것이다. 어느 해든지 졸업 공연을 준비하는 시간은 시끌벅적하고 요란스럽다. 갓 시작하는 청춘들답게 의욕과 패기가 넘쳐난다. 생애 첫 공연, 자신들이 꿈꿔 온 비전과 아이디어들을 모두 끌어모아 멋지게 해내고 싶을 것이다. 그렇게 여러 날을 고민한 끝에 마무리한 섭외 제안서를 내게 들고 와 "봐 주세요." 할 때의 표정이란 뿌듯함과 자신감으로 가득하다. 그러나 돌아갈 때에는 풀이 죽어 숨쉬는 것도 까먹은 듯한 얼굴로 변한다. 나 역시 그들의 첫 공연이 성공적이었으면 하는 욕심이 있기에, 적당한 격려보다는 신랄한 비판을 아끼지 않는다.

그들이 들고 오는 제안서는 대개 비슷하다. 무엇을 할지, 어떻게 할지는 그럭저럭 잘 담아내고 있다. 여태 배운 것이니까. 그러나 그것은 순전히 기획자의 입장에서만 쓰여진 제안서이다. 아티스트의 입장에서 보면 "내가 왜 당신들과 이걸 해야 하는데요?" 하는 물음이 절로 나올 만하다. 제안서란 받는 사람 입장에서 작성되어야 하는 게 기본 원칙인데, 기본을 놓친 것이다. 이 부분을 제대로 수정하지 않고 넘어가면 100% 설득에 실패한다. 학생들이기에 엄청난 개런티를 보장할 수도 없으므로 말이다.

나는 학생들에게 다시 묻는다. 그들이 미팅에서 받을 첫 번째 질문을 내가 대신 해 주는 것이다.
"아티스트(회사)가 '너네들 뭔 데?' 하고 물으면 어떻게 대답할래?"

업계에 존재하는 회사도 아닌, 학생들의 프로젝트. 경험도 없고, 경력도 없는 앳된 얼굴의 처음 보는 사람들. 제안을 받는 아티스트의 입장에서는, 이들이 누구인지 궁금해 할 게 당연하다. 급조한 티가 나는 명함으로는 부족하다. 이 질문에 제대로 된 답을 하지 못한다면 다음은 없다. 엄연한 현실이다. 나는 학생들에게 너희의 정체성을 설명해 보일 수 있는 카드를 찾아 그걸 먼저 풀어내라고 이야기하면서 훈수를 끝낸다. 제안서의 일반적 목차 구성은 의미가 없다. 공연 콘셉트, 마케팅 전략, 연출 아이디어보다 우선 제안자에 대한 설명을 해야 한다.
**무엇을(what), 어떻게(how) 보다도
자신들의 정체성을 먼저 해결해야 하는 것이다.**

일반적으로 클라이언트 혹은 아티스트들은 안정성을 높이 평가하는 기질이 있다. 그리고 그들의 입장에서 가장 믿을 만한 근거는 '규모에 걸맞는 프로젝트를 실행해 본 경험이 있느냐'는 것이다. 아무것도 없어 보이는 이들과 손을 잡는 모험을 하는 건 쉽지 않은 결정이다. 나 역시도 처음 일하는 클라이언트나 아티스트에게 보이는 제안서는 다른 제안서들과 조금 다른 방식으로 준비한다. 제안서 표지를 열고 나서 보이는 첫 페이지에, 나와 우리 팀의 크레딧을 넣는 것이다. 제안서의 세부 내용을 먼저 보이는 것보다 클라이언트의 궁금증을 먼저 풀고 넘어가는 것이 설득에 유리하다고 믿기 때문이다. 요컨대 제안서에서 가장 먼저 나와 우리 팀을 소개하는 셈이다. 결국 그 제안서를 펼쳐 보는 클라이언트도 아티스트도 사람이다.
사람과 사람이 처음 만나는 자리에, 자기소개가 생략될 수는 없다. 하다 못해, "전주 사는 김씨요. 52세요."정도의 정보는 있어야 그 사람을 안다고, 그 사람과 사귀었다고 말할 수 있는 것 아닌가!

#3. 돈보다 값지고, 인맥보다 강력한 것

앞서, 두 가지 일화를 예시로 들며 나는 '섭외'라는 화두를 꺼내 들었다. 이것은 결국 [4 MAT 설득 이론] 중 WHY에 대한 답을 구하는 방법 중에 하나이다. "이 공연을 왜 하는가?"에 대한 물음은 기획자뿐 아니라 아티스트에게도 공통으로 해당한다. 즉 기획자 스스로 WHY에 대한 해답을 가지고 있어야 아티스트에게도, 클라이언트에게도 해답을 줄 수 있는 것이다. 요컨대 섭외란 내가 가진 WHY와 그가 가진 WHY를 동일시하는 과정이기도 하다.

섭외에 대한 현장의 논리는 단순하고 명확하다. 자본의 힘이든, 인맥의 힘이든 둘 중 하나의 카드가 필요하다. 내가 원하는 사람(아티스트)을 무대에 세우는 일이 그렇게 복잡한 과정을 거치지는 않는다. 그러나 앞서 얘기했던 '졸업 공연을 준비하는 학생들'처럼 어느 카드도 가지지 못한 경우에는 어떨까? 돈으로 승부수를 던질 수 없고, 관계를 새로 만들 만한 거창한 신용도 없다면, 공연기획은 꿈도 꿀 수 없는 일일까? 그러나 늘 그러하듯 언제나 빈틈은 있다. **자본과 인맥의 힘을 뛰어 넘을 수 있는 유일한 무기가 있다. 그 무기만 갖춘다면 기회는 얼마든지 열려 있다. 그 무기란 바로 핵심이다.**

뮤지컬 배우들의 섭외 전쟁이 그 좋은 예이다. 뮤지컬의 배우 캐스팅은 오디션이라는 공식적인 절차를 거치지만, 주요 배역은 사실 미리 내정되기 마련이다. 배우 캐스팅이 시장에 미치는 영향력을 잘 알기 때문이다. 대다수의 제작자들은 흥행에 절대적 영향을 미칠 배우라면 어떤 방법을 동원해서라도 자기 작품의 무대에 세우고 싶어 한다. 게다가 인력풀이 많지도 않기에, 섭외 경쟁은 가히 전쟁을 방불케 한다. 물론 앞서 말한 것처럼, 자본과 인맥의 힘은 강력하다. 회당 개런티를 두 배, 세 배 부르는 경쟁자도 있을 것이고, 배우와 고등학교 동문인 경쟁자도 있을 것이다. 이런 경쟁자들을 물리칠 더 강력한 자본과 인맥이 없다면 방법은 딱 하나이다. 핵심을 만들어 내는 것이다. 그 핵심이란 '당신이 왜 꼭 이 작품에 출연해야 하는지'를 제시하는 것이다. 작품과 배우의 절묘한 궁합이든, 작품을 통해 배우가 가질 수 있는 새로운 이미지든, 배우가 이 작품을 통해 얻을 수 있는 것을 보여 주어야 한다. 이것을 잘 담아낸 캐스팅 제안서는 자본에도 인맥에도 밀리지 않는다. 물론 작품에 대한 신뢰, 제작 회사 혹은 제작자에 대한 신뢰는 기본으로 깔려 있어야 한다.

덧붙여 완벽에 가까운 공연을 기획하는 것도 핵심을 제시하는 방법 중에 하나이다. 특별한 경우의 수에 해당되긴 하지만 제작자라면 누구나 꿈꾸는 로망이기도 하다. 작품 자체가 높은 완성도를 가지고 있어서, 수많은 배우들이 호감을 표시하며 먼저 찾아온다면 기획자의 입장에서 그릴 수 있는 가장 멋진 그림임에 틀림없다.

대중 가수들을 섭외하는 일은 뮤지컬의 그것보다 더 치열한 영역이다. '미션 임파서블'에 가깝다. 조금 유명한 가수들은 이미 다 선점한 기획사가 있다고 봐야 한다. 연간 계약으로 묶여 있는 가수들도 부지기수고, 정해진 팀과만 일하는 경우도 허다하다. 즉 전국 단위의 티켓 파워가 보장되는 아티스트 섭외의 문은 거의 닫혀 있다고 단언해도 무방하다.

그러다 보니 대중음악 공연의 섭외 제안서는 현장에서 찾아보기도 힘들다. 이들을 내가 원하는 무대에 세울려면 아주 특별한 카드를 내밀어야 한다. 역시 자본의 힘이란 대단해서 가장 강력한 카드가 되어 준다. 기존 계약보다 더 높은 개런티를 보장해 주거나, 연간 계약의 기간을 더 늘리되 계약 단계에서 엄청난 개런티를 미리 지불하는 경우도 있다. 그러나 이 카드를 쓸 수 없다면, 역시 돈이나 인맥을 제압할 수 있는 핵심으로 그들의 관심을 끌어야 한다.

이 과정에서 가장 먼저 해야 하는 일은 대상, 즉 아티스트에 대한 심층 분석이다. 결국 섭외란 '나와 함께 할 것인지 말 것인지를 그가 결정하는 것'이기 때문에, 그에게서 답을 찾아야 한다. 스토커에 가까울 정도로, 집요하게 그를 파악할 필요가 있다. 만일 그 아티스트에게 특정 무대에 대한 욕심이 있다면, 그 무대를 먼저 선점한 뒤 아티스트에게 접근하는 것이 승부처가 될 수 있다. 또 만일 아티스트에게 시도해 보고 싶은 기술적 아이디어가 있다면, 그 아이디어를 표현할 수 있는 구체적인 제안들이 승부처가 될 수 있다. 혹 선망하는 다른 아티스트와 무대에 함께 서고 싶어 한다면, 다른 아티스트를 먼저 섭외하는 것이 열쇠가 될 수도 있다. 요컨대 아티스트의 희망사항을 명확히 알아내서, 이를 역제안하는 것, 그것이 섭외 전쟁의 강력한 무기가 되어 줄 수 있다는 이야기이다. 그 외에 아주 사소하고 소박한 것 하나가 예상 외로 강력하게 작용할 수도 있다. 앞서 이금희 아나운서를 섭외하는 데, 작은 선물 하나가 큰 역할을 했던 것과 마찬가지이다.

인간적인 접근, 아티스트에게 감동을 주는 행동들은 전부 플러스 요인이다.
아티스트도 결국 마음이 있는 사람인 것이다.

지금까지 공연기획의 첫 단추인, 섭외 단계에서 핵심이 가지는 중요성을 몇 가지 기준에서 언급했다. 여러분이 명심해야 할 것은, 첫 단추부터 핵심을 찾아내서 명확하게 꿰어야 한다는 것이다. 섭외 단계에서부터 핵심을 놓친다면, 다음의 과정들은 부정적인 연쇄 작용으로 빠지기 쉽다. 아니 시작조차 불가능한 경우가 많다. 돈이나 단순한 친분은 결코 핵심이 될 수 없다. 아티스트에게 제시할 수 있는 새로운 비전만이 핵심이 된다. 그래서 기획자는 WHY를 끊임없이 고민하려는 노력이 필요하다. 철저하게 제안을 받는 이의 입장에서 생각하고, 그 속에서 해답을 찾는 습관을 들여야 한다.

#4. 섭외 제안서의 가이드 라인

이 장의 마지막은
앞에서 언급한 핵심과 함께 어떤 내용을 더해야지
섭외 제안서가 마무리되는지를 개념적으로 접근하려 한다.
핵심이 중요하지만
형식도 갖추어야 하기에 몇 가지 페이지 구성에 대한 팁이다.

대중음악 공연의 섭외 제안서는
기획 배경(WHY)
공연 콘셉트(WHAT)
공연 구성(HOW)
공연 개요
공연 특징을 목차 구성의 가이드 라인으로 삼으면 된다.

매년 실행되는 공연일 경우
공연 기록(연보, 사진 자료와 리뷰 등)을 추가하면 좋다.
여러 명이 함께 출연하는 공연은
공연 라인업에 대한 소개도 반드시 해야 한다.
동급 라인업이 아니라고 뒤에 문제를 삼을 수 있다.

뮤지컬의 캐스팅 제안서는
공연 개요
작품 소개
작품 특징
크리에이티브 스태프
시놉시스
뮤지컬 넘버
캐스팅 제안
주요 캐릭터
작품 리뷰
프로덕션 특징을 목차 구성의 가이드 라인으로 삼으면 된다.

다시 강조하지만
일반적 목차 구성은 무의미할 수 있다.
핵심을 중심으로 나열(배열)의 순서는
언제든지 달라질 수 있다는 것을 기억하자.

#5. 사례 분석

시장에 새롭게 진입하는 공연기획사가
야심차게 준비한 브랜드 공연의 섭외 제안에 대한 참고 사례이다.

[오넬 착한 공연 시리즈 섭외 제안서]

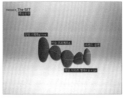   

Chapter 19
타이틀과 콘셉트 그리고 비주얼

#1. WHAT을 보여 주는 첫 번째 방법, **타이틀**

앞서 우리는 [4 MAT 설득 이론]에 대해 이야기하고, 그중 첫 번째 질문 WHY에 대한 내용을 '섭외'라는 화두를 통해 다루어 보았다.

이번 장에서는 [4 MAT 설득 이론]중 WHAT, 즉 제안 내용의 핵심에 대한 이야기를 관객 지향적인 입장에서 조금 더 풀어놓고자 한다. '왜 하려는가?'에 대한 이해를 구하는 것은 클라이언트와 아티스트에게 해당하는 것이지만, '무엇을 할 것인가?'에 대한 답은 관객을 배제하고서는 구할 수 없기 때문이다.

아티스트를 설득할 때에도 관객 지향적인 WHAT이 보다 설득력 있다.

관객들이 가장 먼저 공연의 콘셉트를 파악하는 단서로 쓰이는 것이 바로 타이틀이다. 몇 개의 단어만으로 공연을 명확하게 설명해 내야 하는 것이다.

타이틀을 정할 때 고려할 만한 몇 가지 기준을 제시해 보고자 한다.

01. 타이틀은 누가 결정하는가?

콘서트의 타이틀과 콘셉트를 결정하기 위해서, 기획자가 사전에 파악해야 할 것은 '아티스트의 의지와 의도'이다. 본인의 이름을 걸고 하는 공연이기에 분명 아티스트가 원하는 방향, 내용이 있을 것이다. 특별히 이번 공연에서 강조하고 싶은 것이 있을 수도 있다. **아티스트의 의중을 제대로 짚어내는 것도 기획자의 역량이다.** 아티스트가 원하는 바는 따로 있는데, 계속 헛다리만 긁는다면 아티스트와의 성공적인 협업은 기대하기 어렵다.

아티스트의 의지와 의도를 파악해 낸 뒤, 시장의 상황과 관객들의 수요에 맞춰 잘 가공하고, 다시 아티스트에게 제안한다. 즉 최종 결정은 아티스트의 몫인 셈이다. 따라서 스태프 회의가 적어도 세 번 이상은 필요할 것이다. 정교하게 다듬어 내부적으로 완성한 후에 아티스트에게 보여야 신뢰감을 얻을 수 있다. 이때 플랜 B를 미리 준비하는 것도 아티스트와 의견 조율 시간을 줄이는 방법 중 하나이다. 특히 아티스트와의 회의는 어디까지나 협조적인 방향으로 흘러가야 한다. 아티스트에게 무엇인가를 강요한다거나, 본인의 기획안을 지켜 내고야 말겠다는 자세는 옳지 않다. 기획자의 의도를 강하게 어필하려면 어마무시할 정도로 완벽한 준비와 노력이 필요하다.

브랜드 공연의 타이틀은 매번 새로운 작명을 위해 고민할 필요가 없다. 하위 개념의 작은 테마 하나만 결정해서 첨삭하면 된다. 뮤지컬 타이틀은 작품명이기에 기획자의 고민에서 제외 대상이다. 다만 창작 작품인 경우, 작품 타이틀에 더 대중적인 색깔을 입히기 위해 작가와 프로듀서가 함께 고민하는 경우도 있다.

02. 타이틀 안에는 무엇이 담겨야 하는가?

콘서트의 경우에만 언급하도록 하겠다.

콘서트의 경우, **공연 타이틀에는 가수의 이미지가 가장 우선적으로 보여야 한다.** 콘서트를 보러 오는 관객들이 원하는 것도 그것이다. 해당 아티스트의 이미지를 반영하거나, 더 확장시켜야 한다. 소녀시대 콘서트가 '개그'의 타이틀을 단다면 관객들은 혼란에 빠질 것이다.

때로는 트렌드를 반영하거나 '음악적 색깔 변신', '10주년 기념' 등 아티스트의 특별한 이야기를 타이틀로 녹여낼 수도 있다. 그 외에 공연장이 특별한 공간이라거나 크리스마스, 발렌타인데이같은 특정 시즌에 해당한다면 함께 고려해 볼 수도 있다. 공연의 전체적인 분위기를 느낄 수 있도록 하는 것이다.
다만 앞에서 언급한 것처럼 **누구에게나 어울릴 법한 보편적인 것은 피해야 한다.**

03. 좋은 타이틀과 나쁜 타이틀의 기준은?

**인터파크에 걸려 있는 공연 타이틀 중
Best & Worst 10 뽑기**

학생들에게 수업 중에 가끔식 즉흥적으로 부여하는 미션이다. 학생들이 팀을 이뤄 찾아낸 답들은 기수마다 아주 다양했다. 전문성이 배제된 주관적인 것도 많았지만 기수를 관통하는 공통적인 요소가 분명 존재했다.

대체로 베스트10 안에 들어간 공연은 쉽고 간결한 타이틀을 갖고 있다. 사용된 단어들이 입에 잘 감겨든다. 또 아티스트와 그의 이미지가 타이틀에 충분히 반영되어 있다. 자극적인 요소가 가미된 것도 있고 아닌 것도 있지만 공통적으로 임팩트가 있다. 개중에는 트렌드를 잘 반영한 타이틀도 눈에 띈다.

반대로 'Worst'의 경우에는 'Best'가 가진 장점들이 하나도 눈에 띄지 않는다. 어렵고 추상적인 타이틀은 관객으로 하여금 어떤 공연인지 가늠하기 어렵게 한다. 임팩트가 없거나, 너무 강해서 오히려 흥미를 반감시키는 경우도 있다. 특정 아티스트가 아닌 누구에게나 어울릴 만한 보편적인 타이틀도 보인다.

요컨대 **'어떤 아티스트의 어떤 공연'인지가 금세 이해되느냐, 아니냐가 좋은 타이틀과 나쁜 타이틀을 가리는 기준**이라고 보면 된다.

#2. WHAT을 보여 주는 두 번째 방법, **콘셉트**

제안 내용의 또 다른 핵심은 콘셉트이다.
공연의 콘셉트는 일반적으로는 타이틀 안에 담겨 있는 뜻, 의미를 내포한다.
공연 타이틀 안에 담겨져 있는 공연의 분위기, 정서, 감성 등을 설명하거나 공연의 단순 부제로 활용될 수도 있다. 시장에서 통하는 방식이다. 조금 다른 접근을 필요로 하는 부분이다. 공연의 핵심을 더 돋보이게 하는 요소인 콘셉트에 대해 자세히 들여다보자.

01. 도대체 콘셉트는 무엇인가?

콘셉트에 대해 우리는 수많은 정의들을 찾아볼 수 있다. 대부분이 마케터들이 내린 해석에 근거한 것이다. 너무 많기에, 또 너무 흔하게 사용되기에 조금 혼란스러울 것이다. 지금부터 차근차근 개념부터 알아보자.

콘셉트(Concept)란, 'con'과 'cept'가 합쳐진 단어이다. 'con'은 '여럿을 하나로'라는 의미의 접두사이고, 'cept'는 '잡다'라는 의미의 단어이다. 즉 어원적 측면에서 콘셉트는, 여럿을 붙잡아 하나로 묶는 것이라는 의미를 가지고 있다. 일단 어원적으로는 이런 의미를 가지지만, 실제 활용될 때 콘셉트는 더 다양한 의미를 지닌다.

마케터에게 콘셉트는 마케팅의 기회이고, 제품 개발자에게 콘셉트는 제품의 메리트, 광고 기획자에게 콘셉트는 광고주를 설득하기 위한 테마, 카피라이터에게 콘셉트는 한 줄의 멋진 헤드 카피, 디자이너에게 콘셉트는 독특한 그림, CF 감독에게 콘셉트는 짜릿한 영상 한 장면, 연예인에게 콘셉트는 특정한 캐릭터를 의미한다. 콘셉트에 대한 정의와 해석들이 시중에 넘쳐난다.

02. 그럼 우리 마당에선 콘셉트를 어떻게 정의해야 할까?

공연기획자에게 콘셉트는, '의도'이다. 모든 공연자들은 공통적으로 하나의 욕심을 갖는다. 나의 공연이 남들의 공연과는 달랐으면 하는 것이다. 그래서 공연 아이템(대상)을 놓고 자세히 들여다보며, 대중들과 함께 공유하면 좋을 것 같은 수십 가지 중, 특히 돋보이게 하고 싶은 단 하나의 매력을 찾아낸다. 그것은 어떤 '경험'일 수도 있고, '속성'이거나 '느낌'일 수도 있다. 중요한 것은 그 단 하나의 매력, 다른 공연에서는 결코 찾을 수 없는 '특별한 것'이어야만 한다는 것이다. 그것은 '경쟁력'이나 '기획적 크리에이티브'라는 말로도 대체 가능하다. 다만 그 단 하나를 결정하는 것은 오로지 기획자의 주관이다. 그렇기에 나는 공연의 '콘셉트'는, 기획자의 '의도'라고 생각한다. 그리고 부제는 기획자의 의도를 담는 가장 직접적인 창구이다. 이해를 돕기 위해 몇 가지 예시들을 첨가하겠다.

예시 1) 콘셉트의 제1원칙은 차별화이다.
　　　　이문세 동창회_함께 부르는 음악회
　　　　유리상자_화이트데이 최고의 선물, 유리상자와 함께 하는 프로포즈 콘서트

〈이문세 동창회〉는 '함께 부르는 음악회'를 〈유리상자 콘서트〉는 '화이트데이 최고의 선물, 유리상자와 함께 하는 프로포즈 콘서트'라는 부제를 달았다. 이 부제들은 곧 이 공연이 갖는 '콘셉트'를 보여 준다.
〈이문세 동창회〉가 '함께 부르는 음악회'라는 콘셉트를 내세운 것은, '이문세'라는 아티스트의 음악들이 가진 매력을 십분 활용한 것이다. 7080 세대에게, 이문세의 음악이란 거의 음악교과서 같은 것이다. 자신들의 청춘을 상징하는 음악이라고 해도 과언이 아니다. 그렇기에 그 시절을 추억한다는 의미로 타이틀을 '동창회'로 내걸었다. 그리고 동창회에 同窓會가 아닌, 同唱會를 붙여 '함께 부르는 음악회'를 강조했다. 이 공연이 '팬 미팅'이 아닌, '콘서트'라는 점을 분명히 명시한 것이다. 더욱이 아티스트가 가진 이야기 '나에게 관객들은 모두 VIP다.'에 귀 기울여 공연 장소로 소극장을 택했다. 동일한 가격의 티켓만 구성하여, 좌석 구분도 없었다. 〈이문세 동창회〉의 '함께 부르는 음악회', 즉 '同唱會'에는 그런 콘셉트가 담겨 있었던 것이다. 다만 이 예시에서 오해하기 쉬운 부분을 짚고 넘어가자. '동창회'와 '同唱會'라는 동음이의어를 활용한 데에는 앞서 말한 분명한 의도와 전략들이 내포되어 있었다. 전략적인 고민을 통해 도출된 콘셉트가 아니라면, 절대 말장난 하지 말아야 한다.
그런가 하면 〈유리상자 콘서트〉의 경우를 보자. 앞의 논지에서 살펴본다면, 이 공연에는 부제를 제대로 잡지 못했다고 볼 수 있다. 영 부실하다. 그 시즌에는 다른 공연에서도 흔하게 찾아볼 수 있는 부제이니, 차별화는 어려워 보인다. 차별화란 같은 카테고리 안에서 비슷한 경쟁 상대와의 다른 점을 의미하는 것이 아니다. 애매한 차별화, 아티스트의 명성에 매달리는 차별화, 차별화를 위한 차별화는 결코 차별화 전략이 되지 못한다. 기획자라면, 기획의 마지막 단계에서 자신과 팀에게 꼭 되물어야 한다. '우리의 콘셉트는 차별화 되었는가?' 다른 공연에는 없는 특별한 매력을 어필하고 있는가?

예시 2) 끊임없이 되물어라! '독특한가? 독특하세요? 독특합니까?'

뮤지컬 시카고_세상에서 가장 뜨거운 무대, 세상에서 가장 섹시한 무대
뮤지컬 컴퍼니_한 남자와 다섯 커플이 벌이는 결혼에 대한 유쾌한 공방전!

이 두 작품은 모두 시장에서 큰 호응을 받은 작품들이다. 이 공연들의 부제를 염두에 두고, 다음 기준들을 살펴보자. 콘셉트의 첫 번째 기준은 타당성이다. 두 작품을 설명하는 부제는 전부 그럴 듯하다. 작품의 의도나, 기획자의 의도 모두 잘 표현되어 있다. 어떤 공연일지 대번에 머릿속에 그려진다.

두 번째 기준은 독특함이다. 시장은 줄곧 '독특한가?(unique)'를 되묻고, 'YES'라고 대답하는 작품에 주목한다. 콘셉트는 세상에 단 하나뿐인, 독창적인 것이어야 한다는 이야기이다. 두 번째 기준에 맞춰, 두 작품의 부제를 다시 살펴보라. '세상에서 가장 섹시한 무대'와 '더 화려하게! 더 섹시하게'의 차이점을 어디에서 찾을 수 있을까?

사실 〈시카고〉나 〈록키호러쇼〉는 이미 브로드웨이에서 1차 검증을 마친 작품이다. 또 동명 영화 원작을 통해 국내 대중들에게 작품성을 인정받고 시작한 공연들이다. 그렇기에 부제가 독특해야 한다는 부담을 덜고 갈 수 있었다. 그러나 국내 초연인 라이선스 뮤지컬이나, 창작뮤지컬이 이런 부제와 콘셉트를 달고 가는 것은 굉장히 위험하다. '섹시'라는 콘셉트가 독특할 수 있었던 시기는 이미 지난 것이다.

(출처_인터파크 티켓 사이트)

예시 3) 관객에게 콘셉트를 친절하게 설명하라!

뮤지컬 헤어 스프레이_브로드웨이 새로운 뮤지컬 코메디의 기적
뮤지컬 싱글즈_즐겨라

〈헤어 스프레이〉는 브로드웨이에서 검증을 받은 라이선스 뮤지컬이고, 〈싱글즈〉는 동명 영화를 원작으로 한 토종 한국 창작 뮤지컬이다. 이 중에 어떤 부제가 더 '콘셉트'를 잘 담아내고 있다고 보는가? 어느 것을 골라도 전부 오답이다. 이 두 작품의 콘셉트와 그것을 설명하는 부제는 너무나 일방적이다. 콘셉트란 '기획자의 의도'라고 했지만, 그 의도에 관객이 소외되어서는 안된다.

〈헤어 스프레이〉의 콘셉트는 이렇게 받아들여진다. '미국 브로드웨이는 뮤지컬의 본 고장이야. 이 뮤지컬은 거기서도 엄청 흥행했지. 그러니까 믿고 봐도 좋아.' 의도는 분명히 있지만, 그 의도가 관객을 불편하게 만든다. 브로드웨이산 뮤지컬이 모두 한국에서 통한다는 생각은 10년 전, 뮤지컬 시장이 우리나라에 형성되던 초기에나 먹히던 논리이다. 한국 관객의 수준이 높아진 지금은, 오히려 반감 요소로 작용할 수도 있다.

〈싱글즈〉는 너무 보편적인 이야기를 하고 있다. '즐겨라'라는 부제는 어떤 공연에도 붙을 수 있는 문구이다. 관객의 입장에서 어떤 '콘셉트'도 발견할 수 없도록 한다. 이것은 결코 좋은 방법이 아니다. '콘셉트'를 부제에 담아낼 때는 관객에게 조금 더 친절할 필요가 있다.

(출처_인터파크 티켓 사이트)

예시 4) 콘셉트는 보다 직관적일 필요가 있다.

뮤지컬 노트르담 드 파리_프랑스가 사랑하는 21세기 최고의 뮤지컬
뮤지컬 뮤직 인 마이 하트_로맨틱 코미디

〈노트르담 드 파리〉는 뮤지컬 시장의 새로운 지평을 연 프랑스산 뮤지컬이고, 〈뮤직 인 마이 하트〉는 로맨틱 코미디가 홍수를 이룰 때 올려진 뮤지컬이다. 결론부터 말해서 이런 부제는 없느니만 못하다. 콘셉트도 무엇도 아니다. 좋은 콘셉트가 있어도 부제에 담아내지 못한다면, 부제를 쓰지 말라.

후에 "노트르 담 드 파리"의 제작사 측에서 '프랑스가 사랑한 21세기 최고의 뮤지컬'이라는 문장을 만들기 위해 한 달을 투자했다는 후일담을 들었다. 조금 위험한 발언이지만, 한 달 동안 뭘 고민했는지 되묻고 싶을 정도다. 프랑스가 사랑했는 데, 그래서 어쩌란 말인가?

〈뮤직 인 마이 하트〉의 경우도 마찬가지이다.

이 작품이 무대에 올려진 시점은, 로맨틱 코미디가 대세를 이룰 때였다. 그럴 의도는 아니었겠지만, '로/맨/틱/코/미/디'라는 부제는 시류에 편승하는 작품 중 하나라는 느낌밖에 들지 않는다. 그런 시기에 같은 장르의 작품을 시장에 선보이는 상황이라면, '또 하나의 그것'이라는 느낌은 들지 않도록 해야 한다. '유일한 것'이라는 느낌을 주어도, 어필하기 힘든 곳이 공연 시장이다.

〈박진영_나쁜 파티〉

명확하다. '나쁜'이라는 단어 하나로, 이 공연이 어떤 콘셉트를 가졌는지 즉각 알 수 있다. 나아가 아티스트의 이미지와 연쇄 작용을 일으키며, 더욱더 명확해진다. 이런 경우, 관객은 머릿속에 그림을 그리기가 쉬워진다. 이 공연에 어떤 기대를 걸어도 되는지가 뚜렷하기 때문이다.

할 수 있는 한, 최대한 직관적이게 콘셉트를 표출하라. 이것은 관객들을 위해서도, 기획자를 위해서도 좋은 방향이다. 콘셉트를 담은 부제는, 보고 들은 후 즉시 반응을 일으킬 수 있어야 한다.

(출처_인터파크 티켓 사이트)

03. 성공적인 콘셉트란 무엇인가?

결론적으로 공연기획자가 만들어 내야 하는 좋은 콘셉트란 '대중이 티켓을 사야만 하는 단 하나의 특별한 이유'가 된다. '이 공연을 보는 관객들은, 어떤 것을 가져갈 수 있는가'를 제시할 수 있어야 한다.

그리고 그것을 제시하는 방법이 '차별화되었고', '독특하고', '관객에게 친절하고', '직관적이면' 더할 나위 없다. 콘셉트를 짜는 것이 마케팅의 시작이라는 말은 이런 이유에서 비롯된 것이다.

조금 과장하자면, 잘 짜여진 콘셉트는 편의점 과자도 백화점 쿠키처럼 보이게 한다. 사기를 치라는 말이 아니라, 공연의 이미지를 상향 조정한다는 뜻이다.

콘셉트를 잘 만드는 것.
또 그것을 잘 보여 주는 것.
이것이 중요한 이유는 이미 충분히 가늠했으리라 생각한다.

한 마디만 덧붙이자면, 좋은 콘셉트를 가진 나쁜 공연은 없다. 반대로 나쁜 콘셉트를 가진 좋은 공연도 없다. 콘셉트란 관객이 생각하는 공연에 대한 모든 것이다.

#3. WHAT을 보여 주는 세 번째 방법, **비주얼**

타이틀과 콘셉트를 담은 부제 외에,
관객이 공연의 분위기를 파악하는 데 사용할 수 있는 단서가 한 가지 더 있다.
바로 '비주얼'이다.

'비주얼' 요소는 타이포로는 담아낼 수 없는, 공연의 분위기, 정서, 감성 등을 효과적으로 전달해 준다.
광고에서 흔히 쓰이는 용어인 'Tone & Manner'가 이에 해당한다. 어떤 이미지일 수도 있고 색감일 수도, 캐릭터
일 수도 있다. 대개 공연의 대표 콘셉트가 잡히면 이를 기반해서 비주얼 콘셉트를 결정한다.

'비주얼 콘셉트'란 '무대 콘셉트'와 '공간 콘셉트'를 아우르는 개념이다.
16장에서 '무대 콘셉트'를 설명하며, 공연 포스터에 대한 이야기를 살짝 언급했다.
쉽게 말하자면 그런 맥락이다.

비주얼 콘셉트를 기반으로 관객에게 보이는 모든 것들이 결정된다. 무대, 아티스트의 드레스 코드, 소품, 밴드 라
이저, 포스터 팜플릿 등의 마케팅. 홍보물, 공간 장식, 연출 구성 등 각 요소에 일관성이 있어야 하는 것이다.

앞서 예시로 들었던 〈더 신승훈 쇼. 2008〉의 대표 콘셉트는 "백야: A White Night"이었다. 그리고 이 공연의 비
주얼 콘셉트는 'Modern Classic', 메인 컬러는 화이트(White)였다. 흰색이 가진 '세련되고, 완성도 높고, 간결하
고, 담백하고, 일상적이지 않고 고급스러운' 느낌을 Tone & Manner로 정한 것이다. 아티스트의 의상, 액세서리,
무대 세트는 물론이고, 관객들이 흔들 야광봉에도 이 톤과 컬러를 그대로 적용하였다.

그 다음 해, LG 아트센터에서 열렸던 〈더 신승훈 쇼. 2009〉의 대표 콘셉트는 "Limited Edition"이었다. 스페셜
버전으로 기획된 공연이란 느낌을 준다. 극장의 품격과 아티스트의 이미지를 십분 활용하여, 적은 객석 수를 오
히려 '한정판'의 이미지로 풀어낸 것이다. 이 공연의 비주얼 콘셉트는 'Limited Edition'을 그대로 가져왔다. 그리
고 '희소성, 희귀함, 특별함' 의 느낌을 줄 수 있는 블랙(Black)을 메인 컬러로 사용하여, 격이 높아 보이도록 했다.
더불어 전년도 공연과 대비되는 Tone & Manner로 차별화를 주었다.

funny fantasy
mix & match
old & new
modern simple
lovely, chic, sentimental
magical fantasy
fantastic & lovely
sexy
vintage
stylish
cool, funny, exciting
unveiled
애절하거나 미치거나

VISUAL CONCEPT
—

STAGE DESIGN

DRESS CODE

STAGE & ARTIST ITEMS

BAND RIZER

MARKETING & PUBLIC

RELATIONS

SPACE DECORATION

DIRECTING PLAN

마지막으로 이 장을 마무리하면서 언제든 사용할 수 있는 팁을 하나 남긴다.

나는 이를 'Title & Concept Brief' 라고 부르는데, 기획자가 섭외한 아티스트를 대상으로 공연의 타이틀과 콘셉트를 설명하는 자리에서 활용할 수 있는 문서다.

이 문서로 아티스트를 설득하는 데 성공했다면, 관객을 설득할 수 있는 가능성도 어느 정도는 확보한 셈이다.

목차는 다음과 같다.

Title & Concept Brief.

01. 타이틀
네이밍의 배경 _
WHY

02. 타이틀, 콘셉트 _
WHAT

03. 비주얼 콘셉트 _
Tone and Manner
Color

04. 기획, 마케팅
이슈 포인트
_ HOW

05. 연출적
아이디어 _ HOW

06. 포스터,
관련 이미지 예시

Chapter 20
기획서 작성의 A to Z

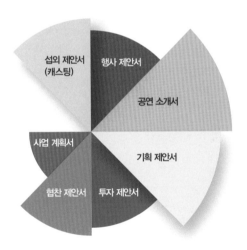

#1. 기획서 작성의 기본 이해

[4 MAT 설득 이론]에 대한 이해를 마쳤다면, 이제는 기획서 작성 단계에서 활용해 볼 차례이다. 언급한 바 있듯, 공연을 시작하기 전, 기획자의 역할은 대부분 누군가를 설득하는 일이다. 그리고 설득에 가장 많이 활용되는 것이 바로 기획서이다.

공연 현장에서 사용되는 기획서는 제안 방식과 목적, 공연 제작의 형태에 따라 많은 종류로 분류된다. 그중 앞 장에서 살펴보았던 섭외(캐스팅) 제안서를 포함해서 기획 제안서, 행사 제안서, 공연 소개서, 협찬 제안서, 투자 제안서, 사업 계획서 등이 일반적으로 많이 사용된다. 이 외에도 특별한 목적(마케팅 전략 제안, 브랜드 개발 등)을 가진 전략 제안서 등이 존재할 수 있다.

이번 장에서는 용도가 너무 다양해서 보편적인 요소를 찾기 힘든 '기획 제안서'와 '마케팅 전략 제안서' 등은 배제하고, 공통적인 가이드 라인을 제시할 수 있는 '행사 제안서', '공연 소개서', '협찬 제안서', '사업 계획서', '투자 제안서'에 대해 다루려 한다.

우선 각 제안서의 특징을 살펴보고 목차 구성의 핵심 푸인트를 알아보자.

01. 행사 제안서

행사 제안서는 기업, 국가, 지자체의 행사를 따내는, 이른바 단체 경쟁 입찰을 위해 만들어지는 기획서이다. 1차적으로는 문서, 2차적으로는 프리젠테이션을 통해 우리의 역량을 보여 주는 것이 관건이다. 그들이 기대하는 만큼 혹은 그 이상으로 수행해 낼 수 있다는 점을 어필하는 것이다. 성공에 대한 확신을 심어 준다고 생각하면 쉽다.

또한 행사 제안서는 대행을 전제로 작성되는 것이기에, 의뢰인(client)의 의중을 정확히 파악하여 가공한 핵심 콘셉트와 이를 구체화한 연출 계획도 중요하다. 요컨대 기획 방향, 연출 콘셉트, 제작과 운영 계획이 주요 내용이 되고 구체적인 실행 능력을 검증 받게 되는 문서이다. 클라이언트가 국가 기관일 때에는 목차 구성이 사전에 정해져 있는 경우가 많다. 기업일 때에는 목차 구성의 기준이 자유로울 수 있지만, 대부분 의뢰인에게 익숙한 목차 방향을 선택하는 것이 안전하다.

공통 사항은 '마케팅 요소'와 '수익 구조 분석'과 같이 일반 공연을 위한 사항들은 대부분 목차 구성에서 제외된다는 점이다. 시스템과 제작 계획에 대한 목차 구성은 들어는 가지만, 자료들을 반복해서 사용하는 경우가 많다. 달리 말해서 클라이언트의 입장에서 중요한 고려 요소는 아니라는 뜻이다. 기업 이벤트일 경우 기존 행사에 대한 분석과 기업 이미지 분석, 행사 홍보 계획 등이 추가될 수도 있다.

상세 목차 구성 가이드 라인이다.

기획 방향(WHY)
행사 콘셉트와 연출 주제(WHAT)
연출 계획(HOW)
시스템 계획(HOW)
(시스템 설치 기본 콘셉트, 무대, 조명, 음향, 특수장치, 연화, 영상, 레이저, 전기 등에 대한 세부 계획)
제작 계획(HOW)
(대도구 및 특수 제작물, 의상, 소품, 영상물, 음악물, 홍보 제작물 등 행사에 수반되는 제반 제작물의 세부 계획)
운영 계획(HOW)
(인력, 의전, 안전계획등)
추진 계획(HOW)
행사 예산(별첨)

보다시피 목차의 많은 부분을 실행을 위한 계획과 내용을 담은 **HOW 커뮤니케이션**이 차지한다. 클라이언트의 의사결정에 중요한 요소가 아닌데도 비중이 높다.
변화가 필요한 부분이다.

02. 공연 소개서

공연 소개서는 해당 공연(뮤지컬, 콘서트)의 정보를 외부로 전달하기 위한 용도로 만들어지는 기획서이다. '홍보'라는 부차적인 목적을 가진다. 유명한 대형 가수들의 콘서트는 별도로 공연 소개서가 만들어지지 않는다.

공연 소개서의 목차는 공연의 기본 내용(작품/아티스트 소개)과 공연 개요를 중심으로 구성한다. 복잡하지 않게 작성하는 것도 하나의 노하우이다. 마케팅 요소와 수익 구조 분석 같은 공연팀의 내부용 자료들은 목차에서 제외된다. 공연소개서를 필요로 하는 곳에 따라 목차 구성이 유기적으로 변할 수도 있다. 그 대상이 언론일 경우에는 작품과 아티스트에 대한 세부 정보가 추가될 수도 있고, 지방이나 해외 공연을 유치하려는 곳이 대상일 경우에는 공연 분석과 공연 특징 등을 세밀하게 구성하고 성공 요인에 대한 마케팅적 접근이 추가될 수 있다.

즉 상대에 따라 맞춤 구성이 필요하다는 뜻이다. 필요하지 않은 정보에 관심을 가지지 않는 것은 당연하다. 오히려 부가적인 정보가 핵심을 놓치게 만들 수도 있다. 꼭 필요한 정보들로 이루어진 우선순위 배열이 필요하다.

상세 목차 구성 가이드 라인이다.

공연 개요
(타이틀, 일시, 장소, 제작, 주최, 주관, 티켓 가격 등의 기본 공연 정보)

작품 소개_뮤지컬
-작품 개요
-프로덕션 히스토리
-크리에이티브 스태프
-시놉시스
-배역과 캐릭터
-리뷰
-뮤지컬 대표 넘버

가수 소개_콘서트
-프로필(biography)
-음반 기록(discography)
-공연 기록
-수상 기록과 주요 특징

03. 협찬 제안서

협찬 제안서는 기업과 단체를 상대로 한다.
바쁘게 살아가는 기업인들의 정서를 감안할 때, 간결함이 미덕이 되는 문서 형태이다. 주로 기업과 단체에 협찬(현금, 물품, 용역)을 부탁하면서 그들의 브랜드 노출 기회를 보장하는 식이다. 그들이 우리에게 협찬해야 하는 이유를 명확하고 타당성 있게 제시하기 위해서는 대상에 대한 조사가 필수적이다.

대상이 가진 미션, 비전, 사명, 홍보 마케팅 방향, 사회 공헌 활동, 선호하는 공연 장르 등을 조사하고, 그 연장 선상에서 제안을 풀어놓아야 보다 성공 가능성이 높아진다. 요컨대 제안서 안에 협찬사와 공연의 매칭 포인트를 제시할 수 있어야 하는 것이다. 당연히 협찬사에 따라 내용이 달라진다. 하나의 제안서로 여러 협찬사를 구할 수 있을 가능성은 0에 가깝다.

따라서 목차 구성은 공연이 갖는 경쟁력과 마케팅 전략을 담은 노출 계획 그리고 협찬 제안을 중심으로 하되, 협찬사에서 가져갈 수 있는 혜택과 기대 효과를 구체적으로 제시해야 한다. 특히 기업과 단체가 원하는 마케팅 방안과 전략에 맞춘 합리적인 제안도 필요하다.

상세 목차 구성 가이드 라인이다.

공연 개요
공연의 경쟁력(성공 요인)
공연 내용(주요 배역 등)
협찬 제안(협찬 형태와 금액)
노출 계획/주요 혜택
광고/홍보물 샘플 이미지

04. 사업 계획서

사업 계획서는 회사의 신규 사업 런칭과 매해 초반에 연간 사업 계획을 구상할 때 필요한 문서이다. 공공 기관이나 정부 기관과 일반 기업의 사업 계획 목차는 큰 차이점이 있다.

공공 기관은 추진 배경 / 비전과 전략 / 핵심 추진 과제 / 중점 과제 / 추진 체계 / 사업 실행 예산 같은 항목으로 목차를 정하고 그 내용을 채워 나간다. 이에 반해 기업의 사업 계획서의 목차 구성의 가이드는 다른 면모를 보인다.

시장 분석
– 시장 현황/규모, 경쟁사, 업계동향, 소비자 분석과 시장 환경, 트렌드 분석
사업 핵심 전략
사업 계획
– 사업별 세부 실행 계획, 손익 분석, 중장기 로드맵
사업 운영 계획
사업 실행 예산

05. 투자 제안서

투자 제안서는 공연에 필요한 재원을 확보하기 위한 투자 자금 유치 활동에 사용하는 제안서이다. 투자 전문 기업, 기관, 개인 투자자들을 대상으로 한다. 그 어떤 문서보다 대상(투자자)의 관점에서 작성되어야 한다. 작품이 너무 훌륭하고 좋기에 투자만 이뤄지면 흥행은 문제없다는 식의 논리는, 투자자를 설득하는 데 아무런 도움도 되지 않는다. 합리적인 근거를 바탕으로 짜여진 체계적인 전략과 실행 방안이 필요하다.

투자 제안서는 공연이 갖는 경쟁력과 수익에 대한 안전성을 보여 주는 것이 1차적 목표이다. 또한 지분 설정과 수익 배분 방법이 투자자에게 얼마나 유리하게 설정되었는지 설명하는 것도 필요하다. 예산 구조의 합리성, 기획사(프로듀서)의 능력 및 신뢰도도 중요 검토 사항이 된다.

투자 제안서의 목차는 기존 제안서와 비교해서 세부 가이드라인의 차이가 크다. 적지 않은 현금이 오고 가는 일이기에, 작성 시 치밀함과 경제적 합리성이 요구된다.

사업 배경
사업 분석
– 프로젝트의 경쟁력과 유사 프로젝트의 시장성 분석
　(시장 동향, 유사 작품 비교 분석)
사업 개요
– 공연 일정, 장소, 티켓 가격 등
사업 계획
– 작품 내용과 소개를 위한 자료들
　(작품 개요, 크리에이티브 스태프, 시놉시스, 캐릭터와 배역, 특징 등)
사업 운영 관리 계획
– 공연 마케팅 전략, 운영 전략
사업 규모와 수익성 분석
사업 예산, 프로젝트 수익 분석, 프로젝트 투자 분석
사업 제안
– 사업비 집행과 관리 규정, 주체별 업무 및 수익 분배 구조, 투자 제안,
　지분율 적용 근거, 추진 일정
사업성 검토
– 성공 요인 분석, 제안자 프로필 등

#2. 제안서별 주요 내용

각 제안서의 특징과 목차 구성의 가이드 라인을 살펴봤다. 이번에는 앞에서 언급된 제안서 목차 중 좀 더 자세히 들여다볼 부분을 중심으로 이야기를 확대해 보자.

01. 행사 제안서

[행사 연출 콘셉트]

제안자가 행사의 연출 방향과 주제로 삼은 내용들을 요약하여 보여 주는 페이지이다.
국가기관과 기업의 경쟁 입찰을 위해 작성되는 행사 제안서의 경우 이 내용이 핵심이다.
절제된 단어 표현과 쉽게 이해할 수 있는 구성이 중요하다.
행사의 대표 콘셉트가 설득이 안되면 다음 장으로 넘기는 것은 무의미하다.

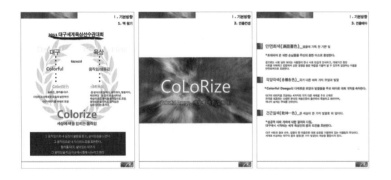

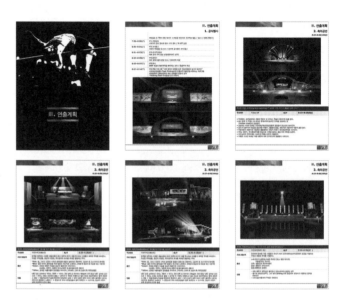

[연출 계획]

의뢰인에게 프로젝트의 실현 가능성이 담보된(현실 가능성 보장)
연출 구성에 대해 비교적 상세한 설명이 필요한 페이지이다.
행사 연출 콘셉트를 어떻게 구체적으로 풀어갈지를 설명하는 것이다.
의뢰인의 이해를 돕기 위해 삽화를 비롯한 공연의 구체적인 동선까지 표현해야 한다.
세부 시간 계획과 출연진 규모, 연출 방법에 대해서도 부연 설명이 가능하다.

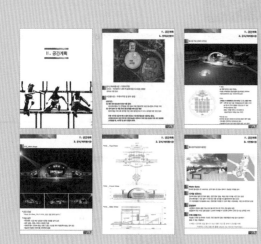

[행사 공간 계획]

행사가 펼쳐질 장소에서 공간을 어떤 방식으로 활용할지를 보여 주어야 하는 페이지이다. 주 무대와 주변 공간 구성, 상징, 대표 이미지들을 한 눈에 볼 수 있도록 3D를 활용한 표현 방법을 많이 사용한다.

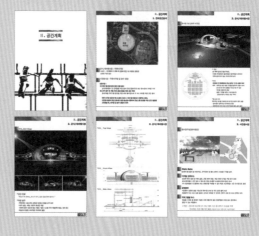

[시스템 계획]

행사에 사용할 장비에 대한 디자인, 설치 계획 등을 제시하는 페이지이다. 안전과 전문성을 모두 고려해야 한다. 무대장치, 음향, 조명, 구조물, 영상, 특수효과, 레이저, 특수장치 등 행사에 투입되는 모든 장비들의 내역과 활용 방안을 시각적으로 제시한다.

[제작물 계획]

행사를 위해 준비되는 모든 제작물에 대한 계획이 들어가는 페이지이다.
영상 제작물, 의상, 소품, 대·소도구의 제작 계획인 디자인, 구성안, 제작 방안을 시안과 함께 제시한다.
클라이언트에게 체계적인 계획 아래 준비 중임을 보여 주어야 한다.

02. 공연 소개서

[공연 개요]

공연의 일반적인 정보를 중심으로 구성되는 페이지이다.

공연 일시와 장소, 공연 제작에 참여하는 회사들의 역할(제작, 기획, 주최, 주관)을 부여하고 후원과 협찬으로 참여하는 기업 이름도 함께 노출한다. 상업 공연일 경우 투자, 제작 투자로 참여하는 회사도 기록에 포함된다. 유료 공연의 경우에는 입장권 판매 대행사와 웹사이트 정보, 대표 전화번호를 남긴다. 회사 이름은 로고를 사용하는 것이 일반적이다.

공연의 타이틀과 부제도 들어가야 한다. 뮤지컬일 경우 공연 횟수와 등급별 티켓 금액도 함께 노출된다.

[프로필]

공연에 출연하는 배우, 가수들을 소개하는 페이지이다.

제안을 받는 사람들이 주의 깊게 지켜 볼 수 있는 내용이다. 프로필을 작성할 때에는 최근 근황을 중심으로 작성되어야 한다. 여러 사람의 프로필을 노출해야 할 경우에는 사진과 프로필 내용의 통일성(톤과 사이즈의 일관성)이 필요하다.

뮤지컬과 연극, 발레는 출연자 외에도 크리에이티브 스태프들의 프로필도 추가한다.

그 범위는 원작, 극본, 연출, 작곡, 작사, 안무, 프로듀서 정도에 준한다. 프로덕션 스태프에 대한 프로필도 추가가 가능하다.

[작품 소개_뮤지컬]

공연의 내용을 설명하는 페이지이다.

극을 소재로 하는 뮤지컬, 발레, 연극같은 장르는 작품의 줄거리(synopsis)와 장면 전개표 (episode)를 간략하게 요약하여 노출함으로 작품의 흐름을 파악할 수 있도록 도와야 한다.

[음반 기록]

대중가수들은 음반 기록, 공연 기록, 수상 기록 등을 목차 구성에 활용한다.

단순 나열식보다는 시선을 끌 수 있는 효과적인 레이아웃과 정리 기술이 필요하다. 사람들에게 기억이 될만한 사건과 기록이 우선되어야 함을 의미한다.

#3. 협찬 제안서

협찬 제안서는 작성 방법과 활용 방안이 기존 문서보다 범위가 큰 편이다.
이에 따라 구분하여 그 내용을 살펴보려 한다.

01. 협찬이란?

협찬은 공연 단체와 공연 사업에 대한 민간 차원의 재정 지원 프로그램이다.
기업이 지원의 주체이다. 이윤 추구를 목적으로 운영되는 기업의 지원은 일방 지원이라기보다는 상호 대가를 주고 받는 거래적 성격이 강하다. 다시 말하면 명확한 반대 급부를 약속받고 지원하는 것이다. 기업이 재정적 지원을 통해 기대하는 반대 급부는 보편적으로 기업의 이미지 제고, 사회 공헌, 광고 선전, 제품 홍보 등이 해당될 수 있다.

02. 협찬 유치의 과정

기업 분석
제안서 작성
제안서 제출
협상과 계약
협찬 프로그램 실행
결과 보고서 제출
정산

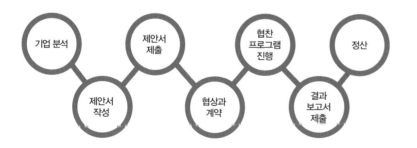

03. 협찬 제안서의 주요 내용

협찬 제안서의 핵심은 공연의 경쟁력과 협찬 계획, 혜택을 담은 노출 계획일 것이다.
이 중에 협찬 제안과 노출 계획에 대해 자세히 들여다보자.

협찬 제안은 협찬의 종류(등급)와 협찬 금액을 명확히 제시해야 한다.
종류에 따른 협찬 금액 차이가 분명해야 한다. 협찬의 종류로 시중에서 주로 사용하는 용어들이다.
Title Sponsor / Official Sponsor / Main-sub Sponsor
임의로 골드, 실버, 브론즈같은 용어를 사용하기도 한다. 협찬 종류와 협찬 금액에 따른 혜택 사항이 기업 입장에서는 중요할 것이다. 일반적인 노출(혜택) 사항으로 사용하는 것들이다.

미디어(텔레비전, 라디오, 신문)
인쇄 매체(포스터, 전단, 프로그램북)
옥외 매체(전광판, 육교 현판, 현수막)
교통광고(지하철, 버스, 정류소)
웹 프로모션(온라인)
공연장(배너, 특별부스, 대형 아치 등)
무대(타이틀, 홍보 영상 상영)
특별 프로모션(기업 이벤트, 기념품 등)

위와 같은 보수적인 모델만을 사용할 경우 협찬 유치가 현실적으로 어려울 수 있다.
위와 같은 일반적 매체 노출을 통해서는 기업이 기대하는 효과를 얻기가 힘들다는 광고주의 생각이 강하기 때문이다. 이러한 현실적 한계를 극복하기 위해서는 기획자가 기업을 설득하는 방법이 다양해지고 달라져야 한다. 보수적 방법이 아닌 직접적이고 생생한 기업 이미지 노출 방안이 있을 때, 광고주의 신뢰를 받을 수 있을 것이다. 이를 위해 기획 단계에서부터 기업과 함께 마케팅적 접근과 전략 방안을 논의해야 한다.

보수적인 노출 계획과 더불어 추가할 수 있는 혜택 사항들이다.
공연 티켓의 B2B 거래
아티스트를 통한 기업 문화 마케팅 지원 프로그램 연계
그룹 세일즈 혜택 제공
기업의 일반 고객 대상 판촉
기업의 우수 고객/임직원 할인율 제고
주요 딜러를 위한 전관 행사 지원 등
초대권 제공(협찬 금액의 20~30%)
맞춤형 프로모션 이벤트 개최 지원(일반 관객 대상)
싱녀 홍보 콘텐츠_기업 광고로 활용할 수 있도록 지원

그리고 마지막으로는 기업의 실무 책임자에게 기업의 로고가 게재되어 있는 홍보/광고물 시안들을 만들어 보여 주는 것이 협찬 유치에 도움이 될 것이다.

#4. 투자 제안서

투자 제안서 작성 방법에 대한 세부 사항을 들여다보자.

01. 투자에 대한 일반 현황

공연 예술 분야 중 투자가 집중되는 곳은 뮤지컬 장르다.
평균 투자 규모는 1억에서 10억 미만일 때가 가장 일반적이다. 투자 수익률은 프로젝트에 따라 다양하게 나타날 수 있지만 손해를 보는 경우도 많은 편이다. 시장의 불안정성을 볼 수 있는 대목이다. 투자 결정 시점은 대관이 결정된 시점에서 주로 이루어진다. 라이선스 확보 시점에 투자를 결정하는 경우도 간혹 시장에 존재한다. 투자 결정 요인으로는 작품의 인지도가 가장 높은 편이고, 프로듀서의 경력과 신뢰도, 제작사의 신뢰성이 다음으로 높은 결정 요인이다.

종합해 본다면 공연투자의 경우 뮤지컬에 집중되는 경향이 뚜렷하며, 수익률 등 불확실한 요소가 많기 때문에 시장 경쟁력이 담보된 공연이 아닐 경우 투자 유치가 힘들다는 것을 알 수 있다. 특히 신생 기획사, 프로듀서는 태생적 배경으로 투자의 문을 통과하기가 쉽지 않다는 것을 확인할 수 있다.

02. 투자 제안서의 핵심

투자 제안서는 철저하게 투자자 입장에서 작성되어야 한다.
작품이 너무 훌륭하고 좋기에 투자만 이뤄지면 흥행은 문제없다는 식의 논리는 투자자 설득에 아무런 도움을 줄 수 없다. 합리적인 근거를 바탕으로 짜여진 체계적인 전략과 실행 방안이 필요하다.

투자자는 어떤 기준으로 투자 제안서를 판단하는지를 알면 제안서 작성에 대한 핵심을 파악할 수 있을 것이다.

_손익분기점(뮤지컬의 경우: BEP 50%기준)에 안정적으로 도달할 수 있는가?
_지분 설정과 수익 배분 방법이 투자자에게 유리한가?
_예산안이 구체적이고 합리적으로 작성되었는가?
_손익 분석과 예측이 정확한 근거를 두고 있는가?
_중도 하차의 우려는 없는가?
_대중의 관심을 끌만한 작품인가?
_캐스팅 라인업, 대중성이 높은지? 그렇지 않다면 그 대안은 무엇인가?
_기획사의 능력과 프로듀서의 신뢰성은 문제없는가?
_공연 장소와 일정이 관객 동원에 유리한가?
_홍보 마케팅 계획이 잘 짜여 있는가?

사례 1

구분		투자방식	투자금액	지분율	수익배분율
투자 1그룹	Company A	00를 통한 우회 투자	600,000,000	25.53%	20% 선배분 후, 지분율에 따른 배분
	Company B	단독 투자	300,000,000	12.77%	
	Company C	단독 자체 투자	300,000,000	12.77%	투자 1그룹 선 배분 20% 제외 지분율에 따른 배분
	Company D	단독 자체 투자 및 제작	300,000,000	12.77%	
	Company E	단독 자체 투자	100,000,000	4.26%	
	Company F	단독 자체 투자	150,000,000	6.38%	
	Company G	단독 자체 투자	300,000,000	12.77%	
	Company H	단독 자체 투자	300,000,000	12.77%	
투자 2그룹 협찬	00시	협찬 지원	500,000,000	–	
투자총액	락 페스티벌 투자 그룹		2,850,000,000	100%	

총 초달 재원 : 28억 5천 (00시 5억 원 협찬 포함/실제 구성 예산 23억 5천)
각 사 지분율은 00시 지원금 5억을 제외한 23억 5천에 기준하여 수립

03. 투자 제안서의 세부 사항

투자 제안서의 목차 중 가장 중요한 것은 사업 규모와 수익성 분석, 투자 제안과 사업성 검토에 대한 항목 구성이다.

03_1. 프로젝트 수익 분석

프로젝트를 통해 확보할 수 있는 수입 항목들을 정확히 제시해야 한다.
수입 항목들 중 사업 수익의 적용 범위를 어디까지 할지를 분명히 언급해야 한다.
일반적인 사업 수익 적용 범위다.
_입장료 수입 _부대 수입 _협찬 수입 _공연 후 제2차 제작물 판매 수입

투자자는 공연을 통해 발생하는 모든 수입 항목을 사업 수익으로 간주하려 한다.
그러나 기획자는 공연과 직접적인 연관성이 없는 항목들은 사업 수익에서 제외하려고 한다. 논쟁의 요지가 많은 부분이다. 뱀처럼 지혜로운 판단이 필요하다.

03_2. 프로젝트 재원 분석

프로젝트 재원 분석은 프로젝트에 참여하는 투자사들과의 관계와 투자 지분율을 보여 주는 것으로 시작해야 한다. 더 상세하게는 투자 방식과 투자 금액, 수익 배분율을 명확히 보여 줘야 한다.
_투자 모집 총액
공연 제작에 소요되는 총 제작비가 얼마인지와 이 중에 투자 모집 총액이 얼마인지를 보여 준다.
_투자 방식
모집 기준 구좌와 투자 수익 지분, 손실 지분에 대한 내용이 들어간다.
모집 기준일과 정산 완료 시점에 대한 일정도 추가된다.
_투자 분담과 지분
각 투자사의 투자 분담률, 투자 금액, 제작사 지분과 수익 지분, 예상 수익금과 수익률을 제시한다.
_주최사로서의 역할(미디어)
매체 투자, 프로그램 협조, 사고 및 뉴스 보도, 각종 취재 지원, 마케팅 지원
_주관사로서의 역할(공연제작사)
공연기획과 제작, 운영, 홍보, 마케팅 및 공연에 대한 전반적인 책임

03_3. 사업비 집행과 관리에 대한 규정

투자자는 투자를 결정한 다음 투자 자금의 효율적인 집행과 투명한 정산을 걱정한다.
사업비 집행과 관리에 대한 안전장치를 합의해야 한다
_총 사업 기간에 대한 시점 정리
_수익에 대한 정산과 원금 상환 조건
_사업비의 집행과 수익 관리를 위한 회계법인 설정과 정산 방법
_사전 기획비에 대한 규모와 사업비 추인 방법
_임의 투자나 임의 집행에 대한 규정

03_4. 주체별 업무 분담

투자사와 공연 제작에 참여하는 파트너들에게 적절한 역할 분담을 해야 한다.
역할에 따른 업무 약정이 분명하지 않을 때 혼선을 야기할 수 있기 때문이다.
_투자사로서의 역할(투자 기업)
사업비 조달, 사업비 관리
_주최사로서의 역할(미디어)
매체 투자, 프로그램 협조, 사고 및 뉴스 보도, 각종 취재 지원, 마케팅 지원
_주관사로서의 역할(공연 제작사)
공연기획과 제작, 운영, 홍보, 마케팅 및 공연에 대한 전반적인 책임

사례 2

공연개요		투자 방식		
기간	2008년 7월 9일 ~ 2008년 9월 21일	구성	수익 분배 방식	
공연장	LG아트센터	제작 수익 지분	10%	(Non Risk)
제작	Company A, Company B, Company C	투자	90%	
		수익 지분	투자금/투자 모집 총액 * 90%	
주관	Company D	손실 지분	투자금/투자 모집 총액 * 100%	
주최	방송사	모집 기준 구좌	100,000,000	
횟수	96회 (예정)	투자 수익 지분	2.65%	[1억/투자 모집 총액 * 90%] 수익 발생시 1구좌 당 기준 배당 비율
		손실 지분	2.94%	[1억/투자 모집 총액 * 100%] 손실 발생시 손실액 대비 1구좌 당 기준 분담률
		모집 기준	2007.10.30	
		환급 기준	2008.11.20	공연 종료 후 60일 이내
		회전 기간	13개월	

투자 모집 총액	단위 : 원(한화)	투자 분담 및 지분			
프리 프로덕션	1,870,580,000		Company C	Company A	기타
이동 비용	140,640,000	투자 분담율	50%	10%	40%
주당 운영 비용	1,321,980,000	투자액	1,700,000,000	340,000,000	1,360,000,000
로열티 선급금	200,000,000	제작 수익 지분	5%	5%	0%
합계	3,533,200,000	수익 지분	45%	9%	36%
모집 기준액	3,400,000,000	수익 지분 소계	50%	14%	36%
		손실 지분	60%		40%
		예상 수익금	542,747,371	151,969,292	390,778,179
		수익률	32%	45%	29%

투자사로서의 역할
(투자 기업)
사업비 조달
사업비 관리

주최사로서의 역할
(미디어)
매체 투자, 프로그램 협조
사고 및 뉴스 보도
각종 취재 지원
마케팅 지원

30%

30%

40%

주관사로서의 역할
(공연 제작사)
공연기획과 제작
운영, 홍보, 마케팅 및
공연에 대한 전반적인 책임

핵심에 대한 마지막 이야기

지금까지 공연기획자의 중요한 주제(Agenda) 중에 하나인 '핵심'을 여러 장에 걸쳐 설명했다. '공연기획에서의 핵심은 무엇인가?'에서 출발하여, '콘셉트'의 개념에 대해서도 살펴보았고, 핵심에 다가가는 방법으로 [4 MAT 설득이론]과 8단계 프로세스도 소개했다.

그리고 기획서 및 제안서에 핵심을 담아내는 방법 또한 함께 다루었다. 파생된 내용이 많은 만큼, 여러분이 공부해야 할 부분도 많을 것이다. 특히 '핵심'은 실무와 직접적으로 연결되는 주제이기에 소홀히 해서는 안 된다.

아마 똑똑한 친구라면 깨달았을 것이다. 공연기획자에게 핵심이란, 여러 가지를 아우르는 포괄적인 개념이다. 콘텐츠일 수도, 의도일 수도 있다. 혹은 경쟁력일 수도, 차별화 전략일 수도 있다. 보여야 할 대상에 따라 핵심은 늘 변화무쌍하게 자신의 옷을 갈아입는다. 그러나 기획자의 마음 속에서 **핵심**은 **진심**이어야 한다. 적어도 진정성 있는 공연을 꿈꾸는 기획자라면, 이 사실을 잊지 않도록 하자.

Chapter 21
효과적인 시각화를 위한 몇 가지 제언

#1. 효과적인 시각화를 위한 몇 가지 제언

공연을 대하는 기획자의 태도,
핵심에 대해 여러 장으로 나눠 다양한 주제를 다루었다.
그만큼 중요한 이슈이기 때문이다.

이제 핵심에 대한 키워드를 정리하면서
효과적인 시각화 원칙에 대한 몇 가지 팁을 소개한다.

01. 슬라이드 구성

한 슬라이드에 너무 많은 내용이 들어간 기획서를 보면,
도대체 이 기획자는 얼마나 게으르길래? 하는 생각부터 든다.
단순함이야말로, 슬라이드 구성의 절대 기준이다.
단순함이 궁극의 정교함이라 말하는 이도 있다.

깔끔하고 간결한 슬라이드를 만드는 일은 기획자의 엄청난 노력을 필요로 한다.
불필요한 것들을 제거해 핵심만 남긴다는 것은, 결코 쉽고 빠르게 될 수 없다.

슬라이드가 단순해야 시선을 집중시킬 수 있다.
시선을 분산시키는 요소를 최소화해야 한다. 다시 말해, 시각적 노이즈를 제거해야
한다는 뜻이다. 슬라이드 한 장에 하나의 이미지, 하나의 메시지 이상은 불필요하다.

사람의 뇌는 기능적으로 게으르다. 복잡할 경우 뇌는 금방 피곤함을 호소한다.
적을수록 더 강력하다는 메시지를 기억하자. 많은 정보가 담겨 있는 것이 좋을 것이라는
생각을 버려라. 오히려 많은 정보는 기획자가 애써 준비한 슬라이드를 망치는 주범이 된다.

절제와 여백의 미를 지켜라. 슬라이드의 빈틈을 용납하지 않는 촌스러움은 대학과
동시에 졸업해야 한다.

02. 적절한 이미지는 열 마디의 말을 아껴 준다.

백 마디 말보다 한 컷의 이미지가 더 효과적일 수도 있다.
이미지를 적절하게 사용한 슬라이드는 열 마디의 말을 아껴
주고, 100분의 시간을 아껴 준다. 글과 함께 이미지를 사용
할 때 지켜 주면 좋은, 시각화 원칙 네 가지를 소개한다.

#1. 텍스트로만 말하지 말고 텍스트와 함께 어울리는
이미지를 사용하라.
#2. 텍스트와 이미지를 따로 보여 주거나 멀리 배치하지
말고 가까이 배치해서 효과적인 하나의 정보로 만들라.
#3. 하나의 슬라이드에 너무 많은 내용을 담지 말아야 하
는 것은 기본이고 한번에 여러 메시지를 보이게 해서는 안
된다. 핵심을 분할해서 시선을 지속적으로 이끌어야 한다.
#4. 핵심과 관계 없는 텍스트와 그림은 가능한 버려라.
사용하는 이미지의 톤은 반드시 맞춰야 하고 되도록이면
해상도가 높은 이미지를 사용해야 한다.

시각화를 위해 사용하는 이미지 사용의 세 가지 기준이다.
Clean, Creative, Clear

Clean

깨끗한 이미지이어야 한다.
해상도 높은 자료를 선택해야 한다.

C

Clear

이미지 사용에 개연성이 필요하다.
슬라이드 내용과 이미지의 궁합이 높아야 한다.

Creative

남들이 많이 사용하는 이미지는 버려라.
뻔한 이미지는 시선을 끌지 못한다.

---

03. 전문 용어는 최대한 빼자.

기획서에 사용하는 단어(용어)들은 어렵지 않아야 한다.

전문용어로 가득찬 기획서는 '잘 읽혀야' 하는 기획서의 본
질을 망각한 처사이다. 쉽고 일상적인 단어와 문장으로도
얼마든지 기획자의 의도를 전달할 수 있다.

시너지, 원칙에 입각한, 동종업계 최고, 국내 최고/최대 등
공허할 정도의 샌색내기식 표현 역시 금물이다.
잘난 체는 애인에게나 하자. 마찬가지로 감정을 드러내는
형용사, 부사들의 남발도 배제되어야 한다.

04. 문장 사용에 대한 팁

지나치게 긴 문장은 수정 대상 1호이다.
짧은 문장으로 핵심을 이어야 한다.

추상적, 개념적으로 설명하지 말고 간결하고 구체적으로 표
현하는 습관을 기르자.

쓸 데 없는 수식어가 들어가지는 않았는지, 단어가 반복되
고 있지는 않은지를 살펴보라.

05. 글머리 사용 자제

지나치게 반복되는 글머리 기호는 보는 이를 지루하게 만든
다. 텍스트를 간결하게 넣었다면, 글머리 기호를 쓸 일이 없
다. 글머리 기호가 사용되었다는 사실 자체가 이미, 많은 내
용을 담았다는 뜻이다.

슬라이드를 최대한 단순하게 구성하여, 글머리가 사용될 일
이 없도록 하라. 혹 사용하게 되더라도 결코 3개 이상 사용되
어서는 안되며, 모든 문장이 앞 꼭지마다 달려서도 안된다.

Act 06
혁신

Chapter 22
극장 무대의 기본 구조 이해

#1. 별스러운 것, 별 것도 아닌 것

01.

내가 개인적으로 현장에서 제일 꼴보기 싫어 하는 유형의 사람은 별 것도 아닌 것 가지고 아는 체하는 것들이다. 특별히 기초 정보에 가까운 무대 기술 상식을 갖고 깝죽대는 사람들은 그중에서도 최악이다. 겉멋만 잔뜩든 스태프들이다.

무대 기술 상식 일반은 현장 일을 하기 위해서 꼭 알아야 할 필수 정보이긴 하지만 그 정보들은 현장에 맞춘 창조적 혁신 과정을 거치지 않으면 정보 이상의 가치는 없는 것이다. 남들 다 쓰는 것 가지고 나의 경쟁력처럼 포장하는 것은 웃음거리다.

02.

내가 개인적으로 현장에서 질투가 날 정도로 부러운 유형의 사람은 별 것도 아닌 것 가지고 별스럽게 보이게 만드는 집단들이다. 별 것도 아닌 서커스의 기예에 최첨단 테크놀로지를 결합시켜 '아트 서커스'란 혁신적인 공연예술 모델을 만들어 낸 〈태양의 서커스〉가 그 예이다.

오늘의 성공에는 간결하면서 흥미로운 드라마, 귀에 잘 감기는 음악, 매혹적인 의상과 분장 등 다양한 요소들이 존재하지만 혁신을 기반한 무대 기술의 기여도는 거의 절대적이다.

최근에 나오는 작품들은 거의 공학에 가까운 기술력을 선보인다. 시장에서 경쟁자를 찾을 수 없을 정도로 독보적이다. 오직 자기 혁신의 연장선만 있을 뿐이다. 죽어 가던 사업 영역 하나를 영원히 죽지 않을 듯한 DNA를 가진 무서운 존재로 살려 낸 것이다.

03.

최근 대한민국 뮤지컬의 갈아타기도 유행이다.

아날로그적 무대 운영과 기술을 중시하던 보수적인 뮤지컬이 변화무쌍한 무대 기술 장치와 최첨단 영상 기술과의 조우를 통해 점점 디지털화되어 가는 추세이다. 관객들은 공연을 보는 재미가 더 많아졌다고 좋아한다. 무대 기술의 혁신으로 새로운 패러다임이 생겨나고 있는 것이다.

뮤지컬 외에도 공연 예술 분야에서의 이러한 혁신을 통한 융합 사례는 더욱 그 세가 놀라울 정도이다(디지털 테크놀로지, 미디어 아트와 인터렉티브 퍼포먼스, 네트워크 퍼포먼스 등).

이런 일련의 변화 과정을 통해 특별히 이 장에서 주목하고 싶은 것은 우리도 상식으로 알고 있는 무대 기술 정보들을 어떤 이들은 창조적 혁신 과정을 통해 전혀 새로운 현상과 기술력으로 변신시켜 세상에 선보이고 있다는 점이다. 업데이트 수준이 아니고 새로운 매뉴얼이 나와야 할 판이다.

말이 이쯤까지 흐르면 뭔가 놀라운 혁신의 방안과 세부 전략에 대한 기대를 하겠지만 아쉽게도 이번 장에서는 그런 혁신에 대한 방법을 제시하려는 것은 아니다. 내 전문 분야도 아니고 또 그 정도의 그릇이 되지 못한다.

공연 일을 처음하는 사람이거나 입문한지 얼마되지 않은 이들에게 우선 필요한 것은 '정보에 대한 이해'일 것이다. 습득한 정보를 다양한 현장에서 응용할 기회를 갖고 이를 혁신의 단초로 삼는다면 우리에게도 기회는 있는 것이다. 혁신은 정보에 대한 이해와 응용에서 시작된다는 뜻이다.

그래서 이번 장에서는 내일의 혁신을 위해 오늘의 정보들을 자세히 들여다보는 것으로 방향을 잡는다.

#2.

가장 먼저 무대의 종류를 살펴보자. 무대를 지칭하는 용어는 공간의 생김새에 따라 객석과의 관계 매커니즘에 따라 구분된다.
객석과의 친밀한 소통에 방점을 둔 형태도 있고, 객석과 일정한 거리를 유지하는 대신 압도적인 위용을 과시하는 형태도 있다.
이렇게 구분된 무대 명칭은 극장 형태에 대한 구분과 혼용하여 사용되기도 한다.

01. 프로시니엄 무대(The Proscenium Stage)

우리에게 가장 친숙한 무대 형태인 프로시니엄 무대는 관객과 무대가 프로시니엄 아치를 중심으로 양쪽으로 분리된 형태를 지칭한다. 이때 프로시니엄은 객석과 무대를 가르는 '뚫린 벽(액자 틀)'을 의미하는데, 관객의 시선으로 본다면, 마치 사진 프레임을 통해 무대를 보는 듯 하여 이런 이름을 가지게 되었다. "예술의전당", "세종문화회관", "LG아트센터" 등 우리나라의 대표적인 대극장들이 대부분 이런 구조로 되어 있다.

프로시니엄 무대는 다양한 무대 장치 활용과 공간 활용이 가능하다. 관객의 시선을 무대에 집중시키기 좋은 구조이다. 또한 공연 장르와 규모에 따라 가변 장치를 활용하여 무대의 폭과 넓이를 조절하기도 용이하다. 그러나 대극장일 경우, 무대에서 가장 먼 곳에 위치한 객석에서는 무대와 눈높이를 맞추기 어렵다는 단점도 가지고 있다. 프로시니엄 무대는 우리에게 가장 친숙한 무대 형태다.

02. 돌출 무대(Thrust Stage)

돌출 무대는 프로시니엄 무대와 원형 무대의 특징과 장점을 고루 갖춘 형태이다. 프로시니엄 무대에서, 무대의 일부가 객석 가운데로 튀어나와 있는 형태로, 이 돌출부를 중심으로 세 면의 객석이 구성된다. 고대 그리스 극장에서 유래되었다고 하며, 우리나라에서는 "남산드라마센터", 충무아트홀의 "블랙극장" 등이 이에 해당된다.

돌출 무대는 무대 장치 활용이 용이할 뿐만 아니라 객석과의 친밀함도 유지할 수 있다. 객석과 떨어진 무대에서는 어느 정도 무대 장치에 변화를 줄 수 있고, 돌출된 무대에서는 관객과의 호흡이 자연스럽다는 두 가지 장점을 모두 가지고 있는 것이다.

03. 원형 무대(Arena Stage, Theatre-in-Round)

원형 무대는 배우와 관객을 분리하는 벽이 존재하지 않아서 무대를 둘러싼 모든 면에 객석을 가진 형태이다. 역사적으로 본다면 전통 마당극, 고대 로마의 극장 등에서 유래를 찾아볼 수 있다. 대개 실내 극장에서는 찾아보기 어렵고, 실외 극장이나 야외 공연장에 활용되는 형태. 국립 극장의 "KB하늘극장"이 여기에 속한다.

그러나 최근에는 다목적 홀이나, 체육관 등의 대형 실내 공간에서 중앙 원형 무대를 만들어 네 면의 객석을 갖는 응용 사례들도 종종 찾아볼 수 있다. 다만 이 경우 객석의 시야를 확보하기 위해, 대부분의 장치들은 매달아 사용해야 하고, 무대 위 장치들도 미니멀하게 운영해야 한다.

원형 무대의 최대 장점은 관객에게 친밀감을 극대화 시킬 수 있다는 것이다.

04. 블랙박스(The Black Box)

다양한 무대로 전환이 가능한 형태를 가진 공간을 블랙박스라 부른다. 한 가지 형태로 무대를 고정하지 않고 공연의 성격에 따라 다양한 연출을 할 수 있는, 일종의 가변 무대 극장인 셈이다. 무대와 객석을 바꾸거나 원형 무대로의 전환도 가능하여 다양한 실험극이 이 형태에 어울린다.

블랙박스 무대를 다른 말로 스튜디오 극장이라고도 한다. 국내에서는 예술의 전당의 "자유소극장", "프로젝트 박스시야" 등 대부분의 소극장 공간이 이에 해당된다.

블랙박스 형태의 무대는 가변성, 의외성과 함께 객석과의 친밀성 또한 장점으로 꼽힌다.

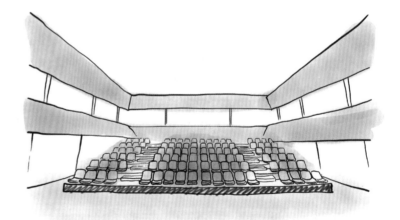

05. 특수 형태 극장_천막 극장(Big Top Theater)

공연의 성격상 정규 극장이 아닌 대안 공간으로 활용되는 극장 형태 중 가장 대표적인 것이 천막 극장이다. 서커스와 같은 장르는 태생적으로 일반 극장이 아닌 천막 극장이 더 적합하고 어울린다.
캐나다에서 시작된 〈태양의 서커스〉는 공연의 성격상, 무대 바닥에서 천장까지 상당한 공간이 필요해 일반 극장에서는 수용할 수 없었다. 이를 위해 빅탑이라 불리는 천막 극장으로 투어 프로덕션을 운영 중이다.

이 '빅탑'은 우리가 아는 천막 극장에서 크게 진화한 형태인데, 세우는 데만 대형 트럭 50대 분의 장비가 필요할 정도로 규모와 시설이 엄청나다. 또한 음향, 조명, 객석, 로비, 화장실, MD, 매표소, 대기실은 물론, 정전을 대비한 자체 발전 설비 등의 웬만한 공연장 이상의 수준을 갖추고 있다. 말 그대로 움직이는 첨단 공연장인 셈이다.

이 천막 극장 형태의 단점은 세팅 시간이 오래 걸린다는 것, 비용에 대한 부담이 따른다는 것과 자연 재해에 노출될 위험이 있다는 것이다.

06. 특수 형태 극장_일상 공간

대안 공간으로 가장 일반적으로 활용되는 것이 일상 공간이다. 거리, 학교, 공원, 장터, 호수, 옥상 등 일상의 공간이 잠시 동안 무대 공간으로 탈바꿈하는 것이다. 대부분의 거리극 축제와 야외 축제가 이 형태를 가진다.

일상 공간이라 하여, 소박한 무엇을 예상하면 곤란하다. 최근의 사례들은 정규 극장과 비교가 안될 만큼 대규모로 이루어지는 경향을 보이고 있다. 일반 극장이 가진 공간적 한계, 즉 객석과의 경계나 무대라는 틀을 뛰어넘어, 공연의 정의를 새롭게 쓰려는 시도가 전 세계적으로 이뤄지고 있는 것이다.

이 형태 역시, 자연 재해에 노출될 위험성이 높고 추가 비용 발생이 예상보다 많은 편이다.
또한 관객의 시선을 무대에 집중시키기가 꽤 어렵다는 점 또한 치명적인 단점으로 지적된다.

07. 특수 형태 극장_다목적 홀(Multi-purpose Theater)

다목적 홀은 다양한 종류의 공연을 수용할 수 있도록 설계된 공간을 뜻한다. 체육 행사, 종교 행사, 정치 행사 등 그야말로 다양한 목적을 위해 운영되는 공간이기에 다목적 홀이라 불리는 것이다. 일반 극장보다 객석 규모가 큰 콘서트 장르에서 주로 사용하곤 한다. "체조경기장", "핸드볼경기장", "잠실실내체육관" 등이 이에 해당되며, 대형 콘서트의 대부분이 다목적 홀에서 개최된다.

이 다목적 홀의 경우에는, 대관료 징수 방법이 일반 극장과 다르다. 대부분의 일반 극장에서 '사용하는 시간'에 맞추어 대관료를 추징하는 것과 달리, 다목적 홀은 기본 대관료 외에 티켓 매출의 5~8%를 할부 대관료로 더 추징한다. 대관료를 총액 기준으로 따진다면 부담이 될 수도 있다.

다목적 홀은 객석의 시야 확보가 용이하지 못하고, 음향이 고르지 못하다는 고질적 문제를 안고 있다. 또한 객석이 무대에 집중하기 어렵다는 점과 안전 문제도 함께 고려해야 한다. 다양한 종류의 공연을 수용할 수 있도록 설계된 공간이 이에 해당된다.

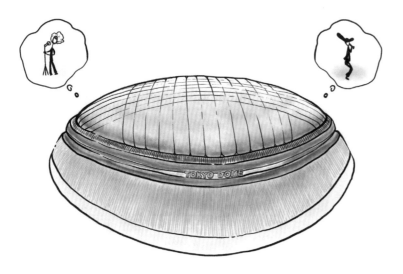

* Tip
좌석 수로 구분하는 극장

대극장 : 좌석 수 1,000석 이상(1,200석 기준)

중극장 : 500석~1,000석 이하(800석 기준)

소극장 : 300석 전후

#3. 두 가지 기준에 따른 무대 구역 구분

밖에서 무대를 관찰하는 단계를 지나 이제는 극장 안으로 한 번 들어가 보자.

극장의 공간은 크게 무대와 객석으로 구분된다.

관객들을 위한 공간인 객석은 Front of House로 부르며, 줄여서 F.O.H라고 한다.

스태프를 위한 작은 공간(Console Booth)도 존재하지만 보조적인 역할을 갖는다.

무대는 여러 가지 기준으로 잘게 쪼개어 구분되므로 보다 상세한 접근이 필요하다.

이번 단락에서는 무대를 나누는 여러 기준과 함께, 각 구역의 명칭들과 그 쓰임새에 대해 살펴보자.

프로시니엄 무대 형태를 염두에 두는 것이, 기본적인 이해를 하기에는 좋을 것이다.

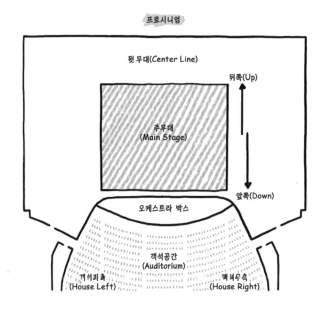

01. 수평적 관점에서의 무대 구분

무대는 개념적으로 무대 안(On Stage)과 무대 밖(Off Stage)으로 구분한다.

무대 안(On Stage)은 공연이 실연되는 공간을 말하며, 관객의 시선에서 보자면 액자 틀 안의 무대 공간을 뜻한다. 무대 밖(Off Stage)은 주 무대에 필요한 각종 장치와 배우, 스태프들의 대기 공간이다.

프로시니엄 무대를 기준으로 하여, 무대를 공간적으로 해석한다면 옆의 그림과 같다. 주 무대(Main Stage)를 중심으로 앞 무대(Apron Stage), 측 무대(Side Stage), 후 무대(Rear Stage)가 둘러싸고 있는 형태다. Main Stage와 Apron Stage가 On Stage에 해당하며, Side Stage와 Rear Stage는 Off Stage에 해당한다.

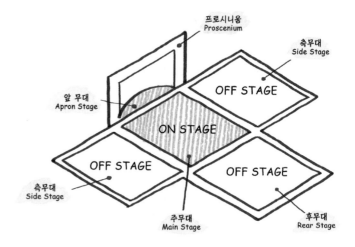

* 주 무대(Main Stage)는 실제 공연이 이루어지는 공간이다. 공연의 대부분이 이곳에서 펼쳐진다.

* 앞 무대(Apron Stage)는 준비 공간으로 활용되는 측 무대(Side Stage)나 후 무대(Rear Stage)와는 달리 실제 무대로 활용되는 공간이다. 오케스트라 피트용으로 즐겨 사용하고 확장하여 주 무대(Main Stage)로도 활용 가능하다. 몇 곳의 극장은 이 공간을 객석으로도 사용하는 예도 있다.

* 측 무대(Side Stage)는 실연의 공간인 주 무대(Main Stage)의 좌우측 옆면에 위치한 무대 공간이다. 포켓(Pocket)이라 부르기도 한다. 무대 장치 및 출연자의 대기를 위한 공간으로 사용되고, 원활한 장면 전환을 위한 이동식 무대 장치를 설치, 운영하는 공간이기도 하다. 측 무대(Side Stage)의 공간은 주 무대(Main Stage) 활용과 비례하여 확보된다.

* 후 무대(Rear Stage)는 주 무대(Main Stage) 뒤편의 무대 공간을 말한다. 객석에서 보여지는 주 무대(Main Stage)의 끝선 뒤로 이어지는 공간이다. 출연진의 동선, 후 사용 영상(Rear Screen)을 위한 공간, 장치 전환을 위한 공간 등으로 다양하게 활용될 수 있다. 후 무대(Rear Stage) 중 장치 반입구와 연결된 공간은 뒷무대로 따로 구분하기도 한다.

* 주 무대(Main Stage)는 좀 더 상세하게 구분되기도 한다.
실제 무대에서 사용한다기보다는, 스태프들의 의사소통 수단으로 활용되는 가상의 구분이다. 특정 공간에 대한 상호 이해가 달라서 발생되는 착오를 예방하기 위한 명칭인 셈이다. 프로시니엄 무대를 기준으로 하여 주 무대(Main Stage)는 크게 3개의 공간으로 구분된다. 객석에서 가장 가까운 쪽의 무대를 Down Stage, 가장 먼 곳의 무대를 Up Stage, 그 중간 구역은 Center Stage라고 부른다. 그리고 좌측 공간은 상수(Left), 우측 공간은 하수(Right)로 구분한다.
이 좌, 우측에 대한 구분은 무대에서 본 시선을 기준으로 한다.
이렇게 나누어 보면, 주 무대(Main Stage)가 총 9개의 구역으로 구분됨을 알 수 있다.

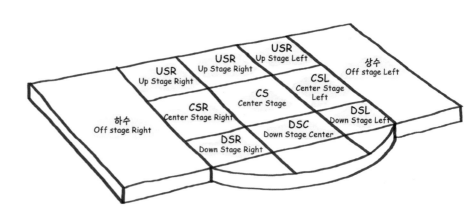

02. 수직적 관점에서의 무대 구분

수평적 관점이 위에서 바라본 평면도라고 한다면, 수직적 관점은 높낮이가 있는 입체도라고 할 수 있다. 크게 무대 상부(Over Stage)와 무대 하부(Under Stage)로 나눌 수 있다.

* 무대 상부(Over stage)는 주 무대(바닥_영점면)를 포함하여 무대 천장까지의 수직 공간을 말한다. 세트, 막, 조명 등의 무대 상부 시설이 승강하기 전 보관되는 장소이다. 무대 상부(Over Stage)의 존재 유무는 다양한 장면 연출과 활용에 영향을 미친다.

* 무대 하부(Under Stage)는 무대 바닥을 중심으로 밑 공간을 말한다. 공연 중에 필요한 장치의 전환이나 특수 설비의 운용에 필요한 공간이다. 출연진 동선으로도 사용 가능하다. 무대 하부(Under Stage)의 활용도가 떨어질 경우 무대 연출이나 장치 활용에 상당한 제약을 받을 수 있다.

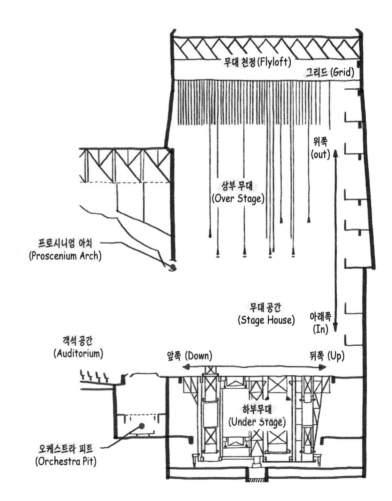

149

스태프들이 극장(현장) 셋업 작업을 시작하며 제일 먼저 해야 할 일은 무대의 중심선(Center Line)과 영점선(Zero Line)을 구분하는 것이다. 작업과 공연의 균형을 위해 무대 바닥의 구역을 정리해야 하는 것이다.

* 중심선(Center Line)은 무대 폭을 중심으로 프로시니엄 개구부의 정중앙을 통과하는 가상의 선이다. 무대의 중심으로서 무대의 좌측과 우측을 구분하는 기준이 된다. 무대 위에 설치되는 모든 세트의 균형을 잡아주는 중요한 선이다.

* 영점선(Zero Line)은 프로시니엄 아치를 기준으로 객석과 무대를 구분짓는 선이다. 영점선(Zero Line)에서의 수평면, 즉 무대 평바닥은 **영점면(Zero Plane)**이라고 부른다.

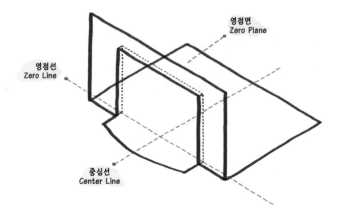

이제 마지막으로 체크해야 할 것은 무대 사이즈이다.
가변성이 높은 음악 공연 무대의 사이즈에 대해서는 다른 관점의 해석이 필요하므로 다음 장에서 살펴보기로 하고, 우선 '극'을 기본으로 하는 공연들의 무대에 대해서 살펴보자. 마찬가지로 프로시니엄 무대를 기준으로 한, 무대 넓이/폭(Width), 무대 높이(Height), 무대 깊이(Depth)이다.

* 무대 넓이/폭(Width)은 주 무대로 활용가능 한 너비를 말한다.
* 무대 높이(Height)는 영점면(Zero Plane)으로부터 프로시니엄 개구부까지의 높이를 말한다.
* 무대 깊이(Depth)는 무대와 객석의 경계선인 영점선(Zero Line)으로부터 하늘막까지의 거리를 말한다. 영점선(Zero Line)으로부터 실제 사용하는 무대 공간의 끝선까지를 깊이로 본다.

프로시니엄 무대의 각 사이즈는 극장마다 다르다.
우리나라를 대표하는 극장 세 곳의 사이즈를 추가해 둘테니, '평균치'로 이해하고 참고 바란다.

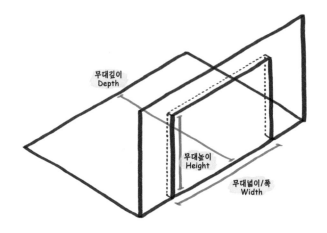

세종문화회관 대극장	22M	11.86M	18.56M
LG아트센터	16.4M	12M	12.35M
충무아트센터 대극장	18.15M	8.6M	13.25M

#4. 상부 시스템과 하부 시스템

수직적인 관점에서, 무대가 상부와 하부로 구분된다는 것에 대해 언급했다.
이렇게 무대를 상·하로 나누는 것은, 시스템을 구분하기 위한 목적도 있다.
즉 사용되는 장치들이 있어야 할 위치가 구분되는 것이다.
지금부터는 상부 시스템과 하부 시스템에 대해서 좀 더 깊이 들여다보자.

01. 상부 시스템

상부 시스템은 조명, 장치, 막 등을
공중에 매달기 위한 장치를 운용하는 시스템을 통칭한다.

대개 매달기 기구(Flying System), 막 기구(Curtains),
조명 기구(Lightings), 음향 기구(Acoustic System),
프로시니엄 개구부(Proscenium Openings),
건축 설비(Architectural Facility)로 구성된다.

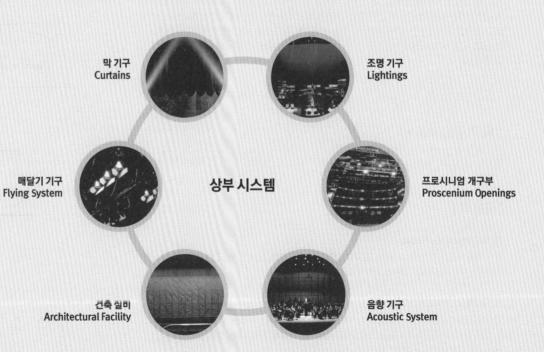

막 기구
Curtains

조명 기구
Lightings

매달기 기구
Flying System

상부 시스템

프로시니엄 개구부
Proscenium Openings

건축 설비
Architectural Facility

음향 기구
Acoustic System

* 매달기 기구(Flying System)

장치봉(Set Batten)

장치봉(Set Batten)은 현장에서는 짧게 '배턴'으로 불리는데, 배경이나 장치 등을 매다는 긴 봉이나 구조물을 말한다. 스태프들은 극장을 섭외하는 단계에서 배턴에 대해 다음 몇 가지를 확인한다.

    1. 장치봉의 갯수(외부 팀들이 사용할 수 있는 배턴 수_극장마다 다름)
    2. 각 배턴의 적정 하중(배턴 하나가 감당할 수 있는 무게 확인_500kg 전후)
    3. 배턴과 배턴 사이의 간격(15~30cm까지 다양한 간격이 존재함)
    4. 장치봉의 길이와 속도, 운영방식(Driving Type)

호이스트(Point Hoist)

호이스트(Point Hoist)는 스트링 와이어로 장치물을 매달아 올릴 수 있도록 제작된 무대 기계이다. 유닛당 하나의 스트링 와이어를 사용할 수 있어서, 각 유닛의 높낮이와 다양한 모양의 유닛(오브제)을 활용할 수 있는 장점이 있다. 최근에는 전체 유닛을 곡에 맞춰 자동으로 프로그래밍 할 수 있는 장치까지 개발되었다. 스태프들은 극장을 섭외하는 단계에서 호이스트에 대해 다음 사항을 체크해야 한다(사용 가능 수량, 속도, 하중, 운영 방식, 포인트 이동 가능여부 등).

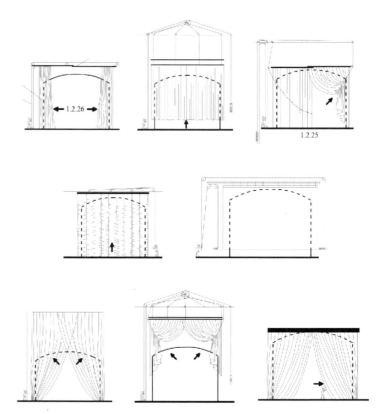

* 막 기구(Curtains)

극장의 막 기구는 크게 극장 막(Drapery)과 장치 막(Drop Curtains)으로 구분하여 사용한다.

[극장 막]

면 막(House Curtain)

대막이라 부르기도 하는 이 막은 극장의 상징막이다. 공연의 시작과 끝, 장면 전환, 휴식 시간(인터미션)에 사용한다. 하우스 커튼이라고도 부른다.

모양 막(Contour Curtain)

줄의 길이를 달리하여 여러 모양의 장식적인 주름을 만들어 낼 수 있는 막이다. 일반 극장보다는 다목적 공연장에서 대막 대용으로 즐겨 사용한다. 대여해서 사용하는 것이 일반적이다. 색은 자주, 아이보리, 흰색 등이 주로 활용되는 편이다.

[장치 막]

매스킹 용도의 막(Masking) : 주 무대의 시선을 분산시킬 수 있는 다양한 요소들을 차단하는 막 종류들이다.

다리막(House Leg)은 주 무대 양 옆에 세로로 높게 걸려 수평 시각선을 가려주는 막이다.
스태프, 대기 중인 세트와 배우를 관객의 시선으로부터 차단하기 위한 목적이다.

머리막(House Board, Head)은 주 무대 천정에 가로로 길게 걸려 수직 시각선을 가려주는 막이다.
배턴에 달려 있는 조명기구나 세트를 관객의 시선으로부터 막아 주기 위한 목적이다.

끌막(인활막_Draw Curtain) 중앙으로부터 양 옆으로 열리는 막으로 다리막과 겸할 수 있는 막이다.

영사막 용도의 막(Screen) : 영상을 투사할 수 있는 막 종류들이다.

영사막(Screen)은 일반적인 용도의 영사막이다.
전면에서 빔프로젝트를 통해 영상을 송출하는 경우에 사용할 수 있는 막이다.

후사막(Rear Screen)은 뒷쪽에서 빔프로젝트를 통해 영상을 송출하는 경우에 사용하는 막이다.
전면에서 영상을 송출할 경우 빛 노출이 관객의 시선에 불편함을 줄 수 있다.
그래서 후사막을 쓸 수 있는 뒷 공간이 확보만 된다면 후사막을 쓰는 것이 현명하다.

하늘막(Cyclorama)은 주 무대의 가장 뒤쪽에 설치된 막으로 약자로 CYC로 부르기도 한다.
영상이나 조명 등을 활용하여 다양한 표현이 가능한 막이다.

망사막(샤막_Scrim Drop)은 막 앞의 조명에 의해서는 불투명하게 보이나
막 뒤의 조명에 의해서는 투명하게 변하는 막이다.
전면 영상 투사와 막 뒤 부분 조명을 통해 하나의 그림처럼 연축이 가능한 막이다.
*샤막 개폐 방식 _ 오픈/클로즈, 업 앤 다운, 이탈/이중 이탈, 흡입

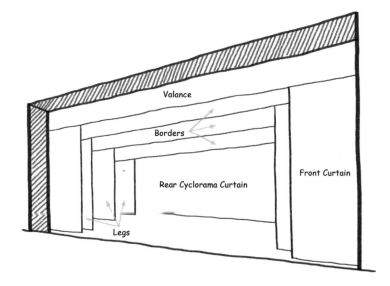

* 조명 기구(Lightings)

조명봉(Light Batten, Electric Bar)은 조명기기를 설치할 수 있는 배턴이다. 전기로 운영되는 조명 기구의 특성상 전원 회로가 설치되어 있다.

보더 라이트(Border Light)는 무대 전체와 하늘막을 비추기 위해 일렬로 설치된 조명기이다.

조명 타워(Lighting Tower)는 옆 무대 좌우에 조명기를 설치하기 위한 독립된 구조물을 말한다.

천장 조명(Ceiling Light)은 프로시니엄 아치를 기준으로 객석 쪽으로 설치된 조명 시설이다.

* 음향 기구(Acoustic System)

음향 반사판(Acoustical Shell)은 상부 설비 중 음향 기구의 대표적으로, 프로시니엄 극장의 경우 마이크를 사용하지 않는 클래식 공연시 천장부 및 좌우측 무대에 설치하는 극장 구조물이다. 설치 위치에 따라 천장 음향 반사판, 측면 음향 반사판, 후면 음향 반사판으로 구분한다.

* 가변 프로시니엄(Portable Proscenium)

공연의 규모와 특성에 따라 프로시니엄 개구부를 조절할 수 있는 장치이다. 무대의 너비와 높이를 좁혀 사용하는 경우에 주로 이를 사용한다.

* 건축 설비

상부 설비 중 **건축 설비는 그리드(Grid)**를 의미한다. 그리드는 무대상부의 최고층에 설치되어 무대 기계 설비의 상부 지지대 역할을 하는 철골로 된 극장 고정 구조물을 말한다.

방화막(Fire Curtain)은 무대 위의 화재로부터 객석을 보호하기 위해 사용하는 막이다. 객석에서 본다면 무대의 제일 첫 번째 막이 되는 것이다.

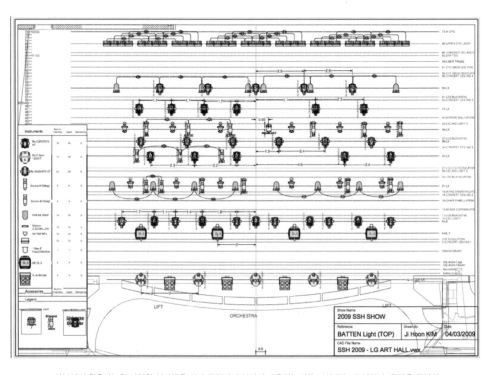

상부에서 활용가능한 다양한 설비들을 실제 공연에서 어떻게 사용하는지를 보여 주는 도면이다. 왼쪽은 극장의 배턴 넘버, 오른쪽은 극장의 배턴 중 우리가 사용하는 배턴 넘버 중앙은 각 배턴의 운용 예시다. 조명, 세트, 막 등 다양한 용도로 쓰여짐을 볼 수 있다.

02. 하부 시스템

하부 시스템은 공연에 효과를 주고 무대를 전환하기 위한 일련의 무대 전환 시스템을 의미한다.

승강 무대(Stage Facility), 연주 승강 무대(Orchestra Fit), 경사 무대(Tilting Stage), 수평 이동 무대(Stage Wagon), 회전 무대(Revolving Stage), 건축 설비(Architectural Facility) 등이 있다.

* 승강 무대(Stage Lift)

승강 무대는 공연 중 장면 전환이나 연출 효과를 위해 무대 바닥의 일부분이 수직으로 승강할 수 있도록 만든 무대이다. '리프트'라고도 한다.

– 리프트는 일반적으로 무대 바닥에서 영점면까지 또는 영점면에서 2층 무대 등장으로의 수직 승강용이다. 기본 하부를 30cm 정도 감안하고 탑승자 키 높이에 맞춰 전체 높이를 결정할 필요가 있다. 속도 조절이 가능하지만 대부분 슬로우 템포 등장에 활용한다.

– 펌핑 리프트(Pumping Lift)는 무대 바닥에서 영점면까지의 수직 승강용 리프트이다. 가속이 붙은 펌핑 리프팅에 주로 사용한다.

– 매직 리프트(Magic Lift)는 영점면에서 4-5m 이상 수직 상승 가능한 리프트이다. 높낮이 조절이 가능하며, 다른 오브제(영상, 조명, 세트 등)와 함께 활용하여 다채로운 연출이 가능하다.

* 수평 이동 무대(Stage Wagon)

수평 이동 무대는 공연 중 수평으로 이동하면서 장면을 전환할 수 있도록 만든 무대다. 무대 바닥의 일부 혹은 전체를 수평으로 이동시켜 장면전환 시 사용하는 무대 설비이다.

* 오케스트라 승강 무대(Orchestra Fit)

오케스트라 승강 무대는 말 그대로 오케스트라가 들어가 연주할 수 있도록 만들어진 앞 무대와 객석 사이의 공간이다.

주로 뮤지컬에 많이 사용한다. 오케스트라 피트 용도 외에는 주무대와 연결하여 사용하거나, 객석으로 사용하는 예도 있다.

* 경사 무대(Tilting Stage)

경사 무대는 무대 바닥의 일부나 무대 전체를 필요로 따라 또는 영구적으로 경사지게 만들어 놓은 무대이다.

무대 바닥의 일부를 활용할 경우에는 기계 장치 등을 활용하여 경사 외 다른 공간 연출을 가미할 수도 있다.

* 회전 무대(Revolving Stage, Turn Table)

회전 무대는 원형의 바닥면이 회전하면서 장면전환이 가능하도록 만든 무대 장치이다. 별도로 규정된 크기가 없어, 다양한 지름을 가진 회전 무대를 구성할 수 있다.

20, 10, 5m에서 80cm 등 다양한 지름의 턴 테이블이 연출 상황에 따라 운용된다. 수동과 자동 모두 가능한 방식이며, 다른 회전 무대(이중 원형), 리프트, 경사 무대 등과 연동하여 복합적으로 활용되기도 한다. 오토메이션일 경우 회전 무대 위 탑재되는 사람, 세트의 무게에 따라 노이즈 발생 위험이 있기에 꼼꼼한 대처가 필요하다.

Chapter 23
대중음악 무대의 **기본 구조** 이해

#1. 콘서트 무대 기술은 더 **정확, 섬세, 민첩**해야 한다

정규 극장보다 다목적 홀을 많이 사용하는 대중음악 공연의 무대 기술은 조금 더 복잡하다. 아무것도 없는 빈 공간에 무대 바닥부터 시작해서 극장의 골격에 해당되는 구조(비계)까지 새롭게 다 만들고 세워야 한다. 즉 만들고 세우고 뜯고 치우는 일이 중요한 업무 중에 하나이다. 들이는 공력에 비해 공연 기간은 짧기 때문에, 공연 후 심리적 후유증이 크다.

특히 공연이 단 하루에 끝나는 경우에는 이 여파가 더욱 거세다. 이런 이유로 나는 조금 이상한 버릇이 생겼다. 공연이 끝나면 콘솔에 있는 감독들과 악수와 허그로 인사를 나누고는 현장을 빠져나와 밖을 서성이는 것이다. 담배도 피우지 않으니, 유일하게 할 수 있는 게 정신줄 놓은 사람처럼 공연장 주변을 배회하는 일이다. 긴 기획 기간과 2–3일의 셋업, 하루 이상의 리허설이 두 시간 반의 공연으로 마무리되는 허탈감은 겪어 보기 전에는 모를 것이다.

앞장에서도 언급했지만, 뮤지컬에 비해 콘서트 프로덕션은 준비 기간도, 셋업 기간도, 리허설 시간도, 공연 기간도, 철수 기간도 짧다. 즉 프로덕션의 모든 과정이 짧고 급하게 운영되는 것이다.
'할 일은 많은데, 짧고 급하게 운영된다'는 것은 그만큼 위험 요인이 많다는 뜻이기도 하다. 따라서 더 정확해야 하고, 더 섬세해야 하고, 더 민첩해야 하는 콘서트 무대 기술의 현장들을 살펴보자.

#2. 콘서트 무대의 구역 구분

콘서트 무대의 공간적 구분은 크게 주 무대(Main Stage), 날개 무대(Side Wing), 돌출 무대(Island), 측 무대(Side Stage), 콘솔(Console Booth)로 나뉜다.

* **주 무대(Main Stage)**는 극장의 주 무대와 같은 의미의 공간이다. 실제 공연이 이루어지는 공간이다.

* **날개 무대(Side Wing)**는 극장의 공간 구분에서는 없는 개념이다. 프로시니엄 극장에서는 무대 공간으로서의 측면 확장은 불가능하다.
　하지만 콘서트에서는 좌우 측면을 구조물로 쌓고, 그 앞쪽으로 길을 내고 무대를 확장하여, 아티스트의 동선으로 사용할 수 있다. 날개 무대를 돌출 무대와 연결하여 사용하는 예도 점점 늘고 있다.
　동선의 폭을 넓히는 것이다.

* **돌출 무대(Island)** 역시 극장의 공간 구분에서는 없는 개념이다. 다목적 홀 공연장에서는 거의 대부분의 공연이 아일랜드를 만들어 활용한다. 객석과의 친밀감, 교감을 이끌기 위해 가장 쉽게
　사용되는 카드이다. 가면 갈수록 돌출의 디자인이 과감해지고 있으며, 더욱 관객 친화적으로 변하고 있다.

* **측 무대(Side Stage)**는 극장의 공간 구분에서 살펴본 측 무대와 같은 의미의 공간이다. 포켓(Pocket)이라고 쉽게 부르기도 한다.
　스태프들과 연주자, 아티스트의 대기 공간이자 무대 장치와 이동 무대의 파킹 구역이기도 하다. 대중음악 공연의 측 무대는 극장보다 면적이 더 넓은 경우가 많다.

* **콘솔(Console Booth)**은 극장에서는 잘 갖추어진 공간이지만, 다목적 홀에서는 새롭게 다 만들어야 한다. 관객석 중앙에 위치하는 경우가 많아, 공간 구성에 더 세심한 배려가 필요하다.

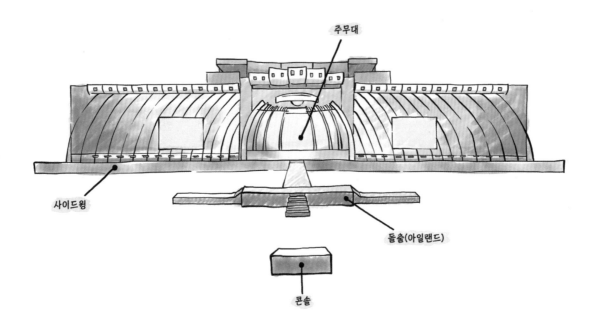

#3. 비계 장치(Scaffolding System)에 대한 이해

01. 트러스(Truss)와 레이허(Layher)

극장과 다목적 홀 공연장의 가장 큰 차이점은 구조에 대한 것이다. 다목적 홀 공연장은 무대 바닥 및 극장 상·하부에 해당하는 공간을 임시 구조물로 만들어서 그 형태를 유지해야 공연이 가능하다. 이 임시 구조물을 비계 장치(Scaffolding System)라고 부르는데, 일반적으로 조명 거치(Hanging), 스피커 거치(Hanging), 영상 장비(스크린/LED) 거치를 목적으로 한다. 이 외에 세트 거치, 막 장치를 위한 트레블러 장치, 장식용, 특수효과 배치, 전식 거치, 특수 장치(와이어, 엘리베이터 등) 등으로 그 용례를 넓혀가는 추세이다. 비계 장치(Scaffolding System)는 대개 트러스(Truss)와 레이허(Layher)를 가장 많이 사용한다.

* 트러스(Truss)는 구조물의 조립 단위로서 알루미늄 관을 용접해서 만들며, 공연의 임시 상부 구조물을 짓는데 사용하는 장비를 말한다.
* 레이허(Layher)는 독일에서 생산을 시작한 비계 시스템으로 현재 우리나라에서 가장 많이 사용되는 장비이다. 안정성 확보와 다른 장치와의 연계성이 뛰어난 장점을 가졌다.
 트러스(Truss)와 레이허(Layher)를 이용하여 세울 수 있는 다양한 공간들을 소개한다.

이러한 공간들을 만들기 위해서는 다음과 같이 비계 장치를 응용할 수 있다.

– 주 무대, 음향 타워, 영상 타워, 조명 타워를 트러스(Truss)로만 구조물을 세우는 경우
– 주 무대의 상부는 트러스(Truss)로, 음향, 조명, 영상 타워는 레이허(Layher)를 활용해 구조물을 세우는 경우
– 주 무대, 음향 타워, 영상 타워, 조명 타워를 레이허(Layher)로만 세우는 경우
– 대부분의 공간의 뼈대는 레이허(Layher)로 쌓고, 구조 안의 장식용으로 트러스(Truss)를 활용하는 경우

[무대=트러스로만 세우는 경우]
주 무대, 음향 타워, 영상 타워,
조명 타워를 트러스로만 구조물을 세운 경우

[무대=레이허로만 세우는 경우]
주 무대, 음향 타워, 영상 타워,
조명 타워를 레이허로만 구조물을 세운 경우

[무대=트러스+레이허를 같이 활용하는 경우]
주 무대의 상부는 트러스로,
음향, 조명, 영상 타워는 레이어를 사용해 구조물을 세운 경우

02. 트러스(Truss)와 레이허(Layher)의 장·단점 비교

각 비계 장치 활용에 대한 장·단점을 잘 알아 두는 것도 의사결정에 도움이 될 것이다.

비용 : 트러스 〈 레이허
트러스에 비해, 레이허가 훨씬 높은 비용이 소요된다.

설치 시간 : 트러스 〈 레이허
시설과 세팅에 소요되는 시간 역시, 레이허가 트러스보다 더 많이 소요된다. 레이허는 사람 손으로 한층 한층 쌓아 올려야 하는 수고로움을 필요로 한다.

안정성 : 트러스 〈 레이허
레이허가 트러스에 비해 훨씬 안전하다. 특히 바람의 영향이 큰 야외 무대에서 레이허를 선호하는 이유이다.
트러스로 지어진 구조물이 바람에 넘어가는 사건이 종종 발생한다.

연출 디테일 : 트러스 〈 레이허
트러스보다 레이허로 지어진 구조물이 공간 연출의 디테일 면에서 단연 앞선다. 오밀조밀한 멋을 낼 수도 있고, 다양한 공간 활용도 가능하다.

확장 용이성 : 트러스 〈 레이허
레이허가 트러스 구조물보다 무대 확장에도 더 용이하다. 좌우 측면의 공간을 창조적으로 활용할 수 있어, 확장에도 용이하다.
트러스로는 확장하기 힘든 무대 너비와 높이를 레이허로는 만들 수 있다.

03. 비계 장치(Scaffolding System)를 세울 때의 유의점

* 무대 마감

비계 장치를 사용하여, 야외에서 구조물을 쌓을 경우는 반드시 주 무대 상부를 지붕(Roof)을 덮어야 한다. 우천과 바람에 대비하는 것이다. 이 외에 비계 장치가 관객에게 그대로 노출되는 것이 싫다면, 비계 장치의 골격을 세트화하여 마감 효과와 더불어 사용할 수 있다. 비계 장치 내에 조명 기구를 삽입해 조명으로 멋을 내는 방법도 가능하다.

또한 비계 장치의 마감은 구조물 뒷면 마감이 기본이다. 무대 뒤편의 사용하지 않는 어수선한 객석이나 주변 환경들을 매스킹하는 것이 그 시작이다. 극장 공간처럼 좌우 측면 공간의 가려야 할 것들을 위해 임시로 다리막을 설치하여 사용할 수 있다. 또 무대 공간은 아니지만 객석으로도 사용하지 않는, 시야에 노출되는 무대 측면과 후면 공간 등도 마감 대상에 해당된다.

* 안정성 확보

비계 장치를 세울 때는, 안전성 확보가 무엇보다 중요하다.
많은 장비를 거치해야 하기 때문이다. 따라서 구조물 담당 스태프와 무대 감독이 중심이 되어, 여러 번의 스태프 회의를 통해 충분히 논의해야 한다.

각 장비팀이 사용하는 장비와 장비의 하중, 운용 방식 등을 꼼꼼이 따진 후, 리깅되는 구조물의 거치 장소와 방법을 결정해야 한다. 야외일 경우 지면 상태, 바람 등의 날씨도 꼭 살펴야 한다. 안전이 언제나 최우선이다.

#4. 무대 사이즈와 도면의 종류

01. 무대 사이즈에 대한 이해

극장 공간에서의 무대 사이즈는 고정적이지만, 다목적 홀에서의 무대 사이즈는 가변적임을 알아야 한다.
비계 장치로 골격을 만든 무대의 사이즈는 다양한 변수를 포함하는 경우가 많기 때문이다. 따라서 극장 공간보다 더 세심한 이해와 응용력이 요구된다.

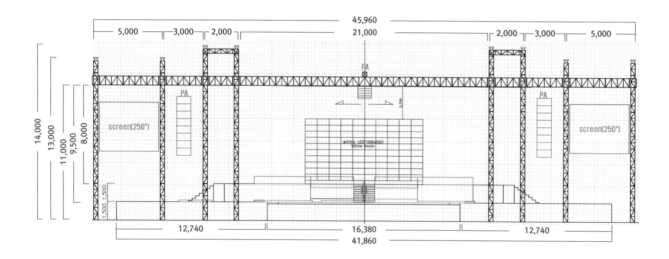

일반적으로 무대 넓이/폭(Width)은 21~24m, 무대 높이(Height)는 11m~13m, 무대 깊이(Depth)는 12~14m를 가장 많이 사용한다.

공연 현장을 답사할 때, 사용 가능한 공간을 면밀히 측정한 후에 실제 공연에서 활용할 공간의 사이즈를 결정해야 한다. 기획팀과 연출팀의 협업이 필요한 부분이다.

사이즈에 관련하여 상식적인 팁을 몇 가지만 추가한다. 무대 높이는 무조건 높아야 좋다. 천장이 높은 실내 공간을 봤을 때 갖는 느낌과 같다. 특히 조명 선이 라인이 살아 있어야 멋이 더해지는데, 이때 높이가 중요한 역할을 한다. 또 무대 영점면을 기준으로 2-3층의 무대 공간, 영상 장비, 거치 공간 등을 정하게 되는데, 전체 높이가 낮을 경우에는 답답해 보이기 쉽고, 각 장치들의 장점을 극대화할 수 없는 경우가 많다.

무대 너비도 넓으면 좋다. 그러나 보편적인 사이즈를 넘어갈 경우에는, 다른 팀과 체크할 사항들이 많아진다. 특히 음향(소리) 문제가 많이 발생한다. 무대 좌우측에 거치해 둔 음향 타워의 스피커들이 커버하는 각의 범위가 넓어지기 때문에, 비싸게 티켓을 구입한 앞줄 좌석이 음질에 대한 보상을 제대로 받지 못할 확률이 생긴다. 이처럼 무대 구성상 보편적인 사이즈보다 너비를 더 넓혀야 한다면, 바닥, 상부 전면 중앙(Front Fill)의 소리 보완 문제를 해결해야 한다.

무대 깊이는 기획자와 연출 감독이 늘 실랑이를 벌이는 부분이다. 무대가 깊어지면 공간 활용에 대한 부담이 줄어들어, 다양한 공간 연출이 가능하다. 그러나 기획자는 무대 제작시의 예산 문제, 시야 장애석의 증가 문제 등으로 늘 반대 입장이다. 합리적인 선택이 필요한 부분이다. 무대 깊이를 평소보다 좀 깊게 하였을 때는, 아티스트의 등장 동선이나 장면이 관객들의 시야 안에 들어 오는지의 여부를 꼼꼼히 따져야 한다. 아티스트가 무대에 폼나게 등장을 했는데도 좌석에 따라 이를 보지 못하는 상황이 발생해서는 안된다는 뜻이다.

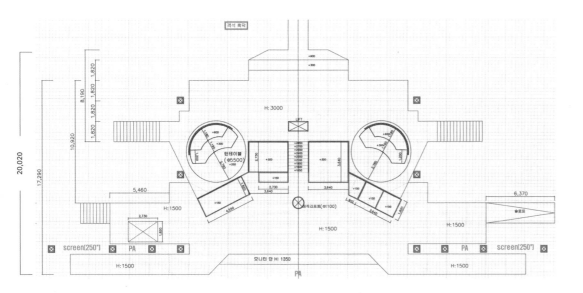

02. 무대 바닥 높이에 대한 고려사항

극장 구조와 달리 다목적 홀 공연장에서는 주 무대 공간인 무대 바닥(Show Deck)
도 별도로 만들어야 한다. 이 무대 바닥의 높이에 대한 기준은 다양하지만, 보편적으로
900~2100mm(90cm~2.1m)를 선호한다. 무대 기본 바닥 높이를 결정하기 위해서는 다
음 세 가지를 고려해야 한다.

* 객석 상황
객석의 상황은 가장 중요한 기준이 된다. 객석이 단층으로 이뤄졌을 경우의 바닥 높이는 1.8m 이상이어야 한다. 객석
이 단층이면서 길고 넓게 퍼져 있을 때는 더 높아야 한다. 객석이 계단으로 나눠진 다층 구조일 때는 90cm ~1.2m의
범위 내에서 바닥 높이를 결정한다.

* 하부 공간 연출 계획
하부 공간에 등 퇴장 동선이 많거나, 리프트 등 장치 운용 계획이 있다면 이를 반드시 고려하여 바닥 높이를 결정해야
한다. 리프트만 사용해도 최소 1.8m 이상의 바닥은 확보되어야 한다.

* 무대 2, 3층 동선 및 라이저
바닥에서 시작된 2, 3층 무대가 있거나 밴드 라이저가 층을 나누어 높게 조성되었을 때는, 바닥이 너무 높으면 안된다.

900~2100cm

03. 그 외 공간의 높이에 대한 고려사항

* 돌출 무대의 높이

주 무대와 돌출 무대의 높이가 같아서는 안된다.
돌출 무대는 관객과의 교감을 위해 존재한다. 주 무대에서
돌출로 이어지는 지점을 슬로프로 만들어, 주 무대 높이보
다 돌출 무대가 낮도록 해야 한다. 돌출 무대 바로 옆에서
아티스트를 바라볼 관객들의 시선이 너무 높지 않게 배려
해야 한다는 뜻이다.

* 측 무대의 높이

측 무대는 무조건 주 무대와 높이가 같아야 한다.
차이가 있을 경우, 무대 전환과 동선에 상당한 문제점이
생길 수 있다.

* 날개 무대의 높이

날개 무대의 높이는 주 무대와 같거나 더 높아야 한다. 층
이 질 수도 있고, 완만하게 이어질 수도 있다. 중요한 것은
날개 무대의 위치상 관객의 시야각에서 멀어질 수 있음을
고려해야 한다는 것이다.

* 모니터 단의 높이

주 무대의 영점면 바닥에는 일반적으로 모니터, 스피커, 프
롬프터용 모니터, 특수효과 장치 등이 놓여진다. 요컨대 모
니터단은 주 무대와 높이가 같은 것이 일반적이다. 그러나
이런 장치와 장비들을 눈에 거슬려 하는 아티스트라면, 주
무대의 높이보다 30cm정도 낮게 모니터단을 별도로 조성
할 수 있다. 이때 주 무대의 바닥은 깨끗한 상태가 된다.

04. 도면의 종류

앞서 말했듯이 대중 음악 공연의 무대를 포함한 구조물 작업의 최우선 과제는 안전성 확보이다.

따라서 사전에 정확하고 세심한 준비가 필요하다. 임기응변식의 대처방안은 절대 금물이다. 이때 가장 훌륭한 보완책은 정확한 도면과 이를 기반한 기술 스태프간 협의 과정이다.

즉 기술 스태프 회의는 공간과 공연에 가장 적합한 도면을 만들어 가는 과정이라고 할 수 있다.

도면에는 무대와 구조물, 조명, 음향, 특수효과, 장치들이 모두 반영되어야 하기에 복잡하다.

따져 볼 수 있는 것은 모두 따져 봐야 오차 없는 도면을 완성할 수 있다. 다양한 시점의 도면과 영역별 세부 도면이 필요한 이유이다.

도면 작업을 위한 첫 번째 과정은 무대 스케치(Sketch)다. 이 과정에서는 연출 감독과 무대 디자이너가 협의해 가며 스케치를 완성한다. 이를 기반으로 무대와 구조물의 디자인이 완성되는데, 구조물이 다양한 만큼 여러 개의 버전이 존재한다. 무대 스케치에 대한 협의가 끝난 뒤에야 비로소 구조와 골격을 만드는 작업을 시작한다. 무대와 구조물의 골격이 반영된 디자인 도면의 종류들을 소개한다.

* 무대 평면도(Ground Plan_Top View)

무대 위에 설치된 상태의 무대 장치를 위에서 내려다 본 모습을 표현한 도면이다. 가장 기본적이고 시기적으로 가장 먼저 제시되어야 할 도면이다. 평면도는 세 가지로 제시되어야 한다.

1
Deck Top View(Show Deck)는 구조물을 배제한 무대 바닥 상황만을 볼 수 있도록 만든 도면이다.

배우들의 동선 전환과 세트 동선의 전환 확인에 필요할 수 있다. 바닥 동선이 복잡하거나 라이저 운영이 복잡한 경우에도 꼭 필요한 도면이다

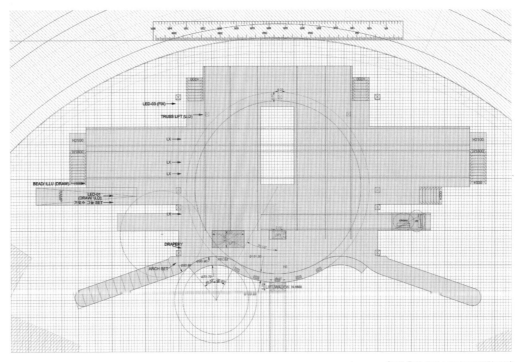

(도면 출처_유잠스튜디오 유재헌 감독)

2

Stage Top View는 무대에 설치되는 구조물의 상태를 정확히 볼 수 있도록 만든 도면을 말한다.

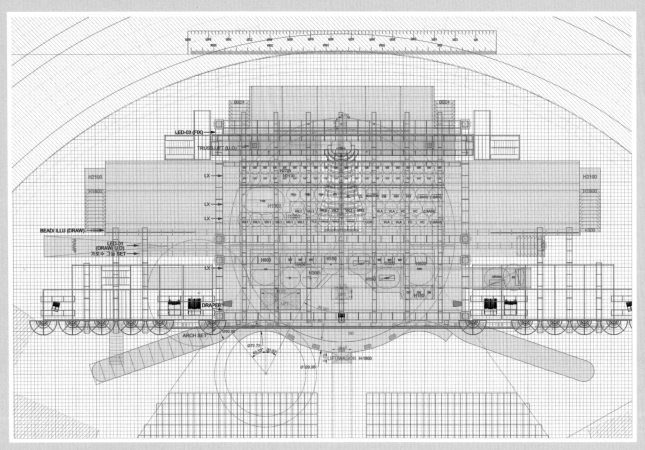

(도면 출처_유잠스튜디오 유재헌 감독)

3
**Venue Top Views는 무대를 포함한 실내 공간
전체를 위에서 내려다 본 모습을 담는다.**

무대 외 돌출, 콘솔, 객석에 설치되는 각종 장치
와 장비의 위치를 볼 수 있는 도면이기도 하다.
조명 디자인을 위해 꼭 필요한 도면이다. 구조
물의 평면 도면 위에 조명 장치에 대한 디자인을
입히기 때문이다.

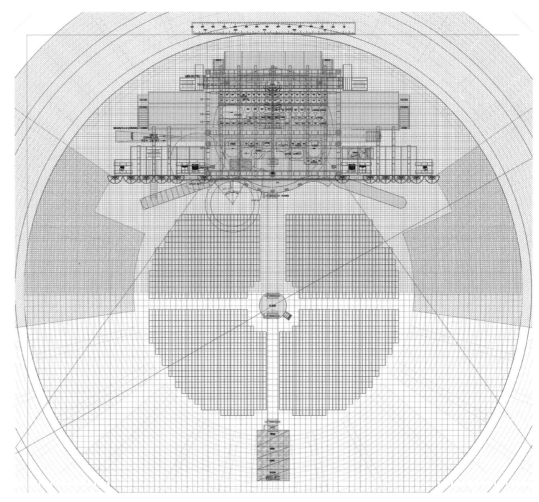

(도면 출처_유잠스튜디오 유재헌 감독)

167

* 측면도(Side View)

무대 위에 설치된 상태의 무대 장치와 바닥의 상황을 측면(우측)에서 본 모습을 표현한 도면이다.
각종 상부 장치와 구조물의 높이와 간격을 볼 수 있다. 장치들이 서로 충돌하지는 않는지, 각 장치들의 동선은 어떻게 확보되는지 등을 따져 볼 수 있는 도면이다.

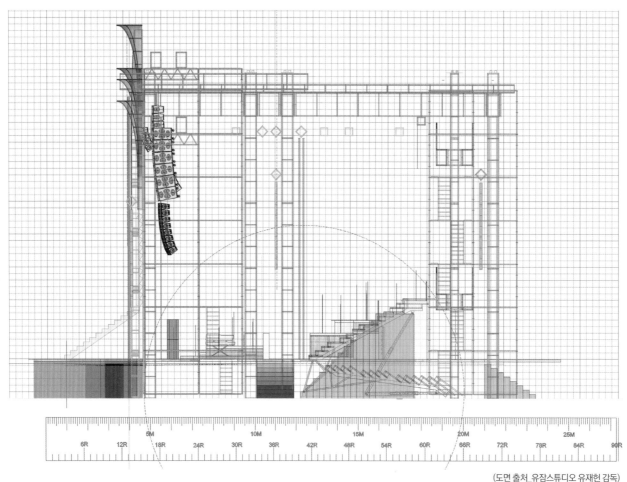

(도면 출처_유잠스튜디오 유재헌 감독)

* 입면도, 정면도(Front View)

무대 위에 설치된 무대 장치와 바닥 전체 상황을 정면에서 본 모습을 담은 도면이다.
구조물과 구조물에 거치된 모든 장치와 무대 바닥의 라이저 등이 상세하게 체크되어 있다.
정면을 기준으로 무대 전체를 한 눈에 보면서 밸런스와 시야를 따질 수 있는 도면이다.

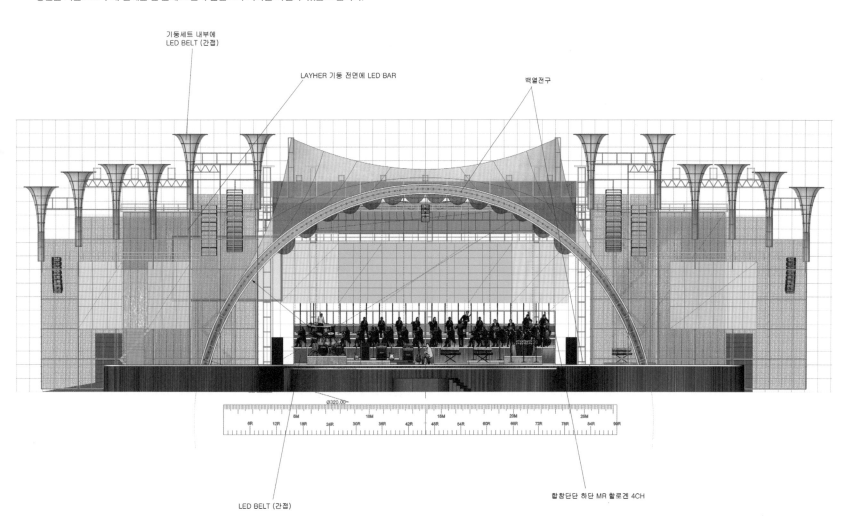

기둥세트 내부에
LED BELT (간접)

LAYHER 기둥 전면에 LED BAR

백열전구

Ø320.00

LED BELT (간접)

합창단단 하단 MR 할로겐 4CH

* 투시도(Perspective View)

무대 장치와 구조물의 모습을 가장 특징적으로 그린 도면이다.
일반적으로 무대 개구부 폭의 2배가 되는 거리의 중심 선상에 위치한 객석을 관찰점으로 삼는다.
정면도와는 달리 무대 바닥의 상황을 자세히 들여다볼 수 있다.

 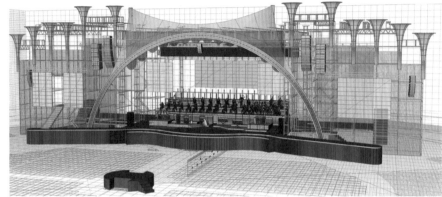

* 무대 모형(Miniature, Model Box)

완성된 무대 장치와 구조물의 모습을 축소하여 입체적으로 만든 모형물이다.
일반적으로 1/30, 1/50 스케일로 제작한다. 도면에 익숙하지 않은 기획자, 아티스트에게 공간을 입체적으로 보여 줄 수 있는 좋은 모델이다.
연출 회의와 스태프 회의에서도 유용하게 사용된다.

* 상세도(Scene By Scene)

주요 장면별 세트와 동선의 흐름을 볼 수 있도록 표현한 도면이다.
장면별로 세트가 어떻게 운영되는지를 가늠해 볼 수 있다. 연출 감독의 신 노트에 가장 많이 활용되는 도면이다.
상세도에는 각 장면별 특징과 핵심을 잘 표현해야 한다.

* 제작 도면(Working Drawing)

무대 위에 설치될 각 장치의 치수, 재료, 작업 방법, 무대에서 요구되는 효과, 무대에서 사용하는 방법 등을 상세하게 제시한 도면이다.
무대 디자이너가 완성된 무대 디자인의 제작을 위해 제작소에 넘길 때 사용하는 도면이다.

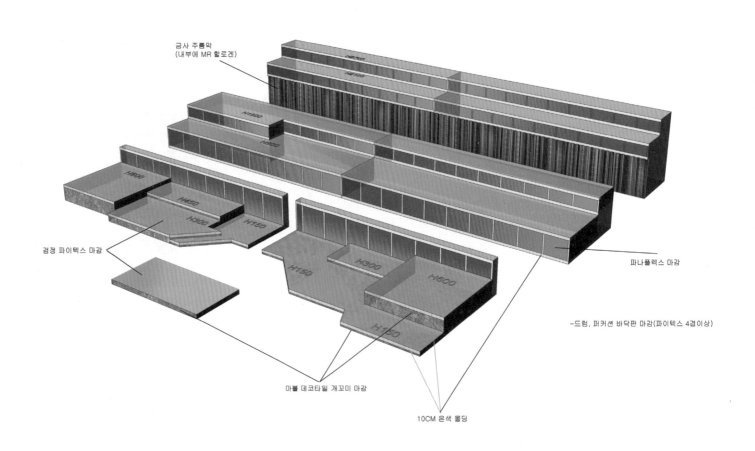

금사 주름막
(내부에 MR 할로겐)

검정 파이텍스 마감

파나플렉스 마감

-드럼, 퍼커션 바닥판 마감(파이텍스 4겹이상)

마블 데코타일 개꼬미 마감

10CM 은색 몰딩

EVENT NAME
"2010 이문세 The Best Concert "
CLIENT

■ Symbol
- Par64 Lite
- 4구 Bank
- 4각 Bank
- 4구 Blinder
- 8구 Blinder
- Source Four 19˚
- Source Four 26˚
- Source Four 36˚
- Atomic 3000
- VL2500
- Mac2000
- I-Wash LED
- Infinity
- Led Zoom
- VL3000
- DR III
- Zip Strip
- Mac 500

T·K·L·S Total Korea Lighting Sound | TITLE Lighting VIEW | SCALE | DATE 10.11.29 | DRAWN BY jihun | DESIGN BY K.S.M | DWG NO. L1033-01/04

* 조명 도면(Light Design)

조명 디자이너가 사용하는 서류와 양식은 복잡하고 다양하지만(Light Plot, Center Line Section, Hook-up, Focus Sheet 등) 기술 스태프 회의를 위해 필요한 도면을 중심으로 살펴보자.

상부 조명 디자인은 구조물 상부에 달아서 사용할 조명 장치를 볼 수 있는 도면이다.

EVENT NAME
"2010 이문세 The Best Concert "
CLIENT

■ Symbol
- Par64 Lite
- 4구 Bank
- 4각 Bank
- 4구 Blinder
- 8구 Blinder
- Source Four 19˚
- Source Four 26˚
- Source Four 36˚
- Atomic 3000
- VL2500
- Mac2000
- I-Wash LED
- Infinity
- Led Zoom
- VL3000
- DR III
- Zip Strip
- Mac 500

T·K·L·S Total Korea Lighting Sound | TITLE Lighting VIEW | SCALE | DATE 10.11.29 | DRAWN BY jihun | DESIGN BY K.S.M | DWG NO. L1033-04/04

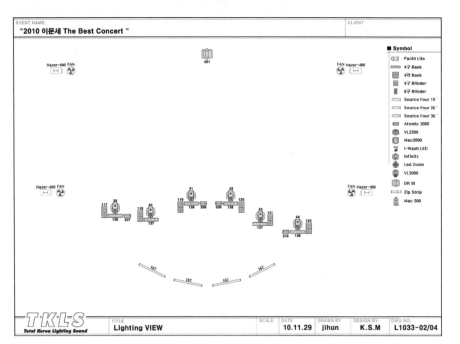

바닥 조명 디자인은 무대 바닥면에 놓고 사용할 조명 장치를 볼 수 있는 도면이다.

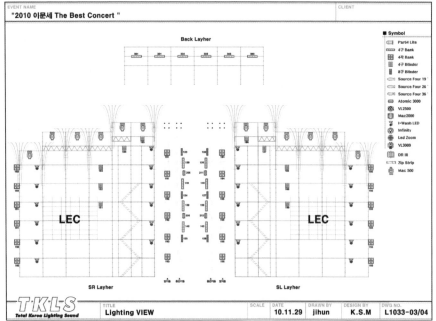

측면 구조물 조명 디자인은 날개 쪽의 구조물에 달아서 사용할 조명 장치를 볼 수 있는 도면이다.

(조명 도면 출처_토탈조명 계승만 감독)

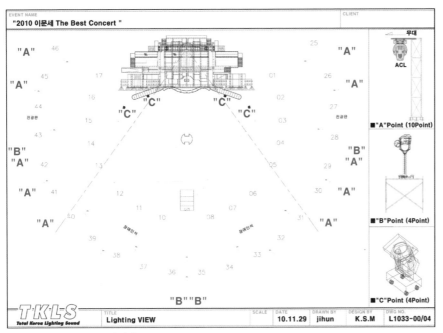

객석 조명 디자인은 객석 쪽에 배치되어
사용할 조명 장치를 볼 수 있는 도면이다.
팔로우 스팟과 객석 쪽에서 돌출과 무대
를 향해 사용할 목적으로 설치한 무빙 종
류들이 표기된다.

(조명 도면 출처_토탈조명 계승만 감독)

이 장을 마치면서 다시 한 번 강조하고 싶은 핵심은

콘서트 무대 기술과 관련한 일련의 작업은

타장르 공연의 그것보다

더 정확!해야 하고 더 섬세!해야 하고 더 민첩!해야 하는 과정임을 기억하사.

Chapter 24
프로덕션 매니지먼트

#1. 매니지먼트 없이는 **혁신**도 없다

언젠가 선배 연출과의 사적인 자리에서 들은 일화를 소개한다.

그 선배가 우리나라의 한 국민 가수와 함께 북한 공연을 갔을 때의 일이다.

"아주 난리가 났어. 하루 종일 아티스트 옆에 붙어가지고, 물 갖다 주고, 말 상대해 주고, 땀나면 땀 닦아 주고. 나는 무슨 마누란 줄 알았네. 뭐 그런 놈이 다 있어!"

분명 직함은 무대감독인데, 아티스트의 수발을 드는 데만 여념이 없더란다.
앞서 14장에서 언급했듯, 무대감독의 역할은 무대에 투입되는 모든 장치와 장비들의 반입, 설치, 운영을 관리하고 감독하는 것이다.
아티스트와의 의견 조율은 연출감독의 영역이다.
한 마디로 무대감독이 연출감독의 영역을 침범한 셈이다.

사실 그 무대감독은 나와도 잘 아는 사이였기에 조금 더 캐물었다.
"아티스트가 워낙 대단하다보니까 아티스트 케어하는 게 더 폼나 보였겠지. 그래, 그럴 수 있어. 근데 자기 할 일은 제대로 해 가면서 나서야 될 거 아니야! 안 그래?"

사실 무대감독과 연출감독이 긴밀한 협업을 요구하는 관계이다보니, 가끔 업무를 혼동하는 경우도 있고, 또 뚜렷한 구분이 어려운 경우도 있다. 그러나 그 정도가 지나치면 연출감독은 물론 다른 스태프들에게도 혼란을 주기 마련이다.
또 가장 근본적인 업무들은 구분되어 있기에, 핵심 업무는 각자 제대로 처리해 내는 것이 중요하다. 자신의 핵심 업무는 뒷전으로 한 채, 폼나 보이는 다른 일에만 집중한다는 것은 결코 허용될 수 없다.

때로 나 역시, 연출감독 행세를 하는 무대감독들과 마주친다. 그런 이들은 아마 무대감독의 지위가 연출감독보다 낮다고 생각하는 모양이다. 본 역할인 매니지먼트를 제쳐 두고, 얼굴마담에만 관심이 있는 것이다. 딱 잘라 말해, 암적인 존재들이다. 나의 역할을 침범했기에 하는 말이 아니라, 업무 이해도가 낮은 사람들이기 때문이다. 백 스테이저(Back Stager_실연자의 공연을 가능케 하는 무대 뒤 사람들을 지칭)들이 블랙 컬러의 옷을 입는 이유가 무엇인가? 감독은 조명이 닿지 않는 곳의 그림자를 자처해야 하는 것이다. 이런 기본적인 자세부터 못 갖췄다면 협업은 기대할 수조차 없다.

물론 현장이 제대로 돌아갈 리 만무하다.
이런 관점에서 그 선배의 분노는 지극히 이해할 만하다.

'무대감독'을 비롯하여 공연기획의 전 과정 중 매니지먼트를 핵심 업무로 하는 영역이 제법 있다. 프로덕션 매니지먼트(Production Management), 스테이지 매니지먼트(Stage Management)가 대표적이다. 스케줄링, 조율, 관리, 운영이 핵심 업무인 셈인데, 매니지먼트가 제대로 이루어지지 않으면 공연은 결코 성공적일 수 없다. 단언컨대 매니지먼트는 누구의, 어떤 일의 하위 개념도 아니고 보조자 역할을 의미하지도 않는다. 고유 영역임과 동시에 그 자체로 존중받아야 할 중요 직책이다.

스태프들이 매니지먼트에 대한 자존감을 갖지 못하면 혁신은 잘 나가는 옆 동네 이야기가 된다. 공연기획 분야에 처음 입문하는 사람을 위해, 매니지먼트가 얼마나 중요하고 멋진 일인지를 확인시킬 필요를 느낀다. 이 과정의 원활한 업무 수행이 다른 기획 공정에 얼마나 큰 영향을 미치는지 알기 때문이다.
한발 더 나아가, 매니지먼트 과정이 전문화되지 않으면 공연의 미래도 없다는 것을 강조하고 싶다. 이른바 '매니지먼트 혁신'을 기대하는 것이다. 선배들은 과정을 이해하고 숙련하는 것으로 그 역할을 다했다. 미래를 이끌어 나갈 후배들은 그런 전철을 밟지 않았으면 한다. 매 과정마다 깊이 들여다보고 혁신의 핫스팟을 찾아야 한다. 선배들이 해 왔던 일과 과정을 당연히 여기며 답습하지 말고, 매 순간마다 문제 의식을 가졌으면 한다.

#2. 뮤지컬 프로덕션의 매니지먼트

먼저 뮤지컬 프로덕션 매니지먼트 팀 구성원을 살펴보자.

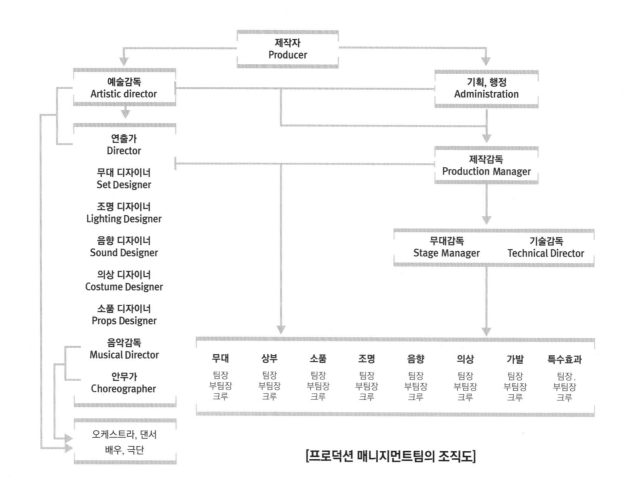

[프로덕션 매니지먼트팀의 조직도]

01. 프로덕션 관리자의 역할

프로덕션을 관리하는 책임자를 제작감독(Production Manager)이라고 부른다.
제작감독의 가장 중요한 역할은 전체적인 제작 비용의 효율성과 프로덕션의 기술적인 계획을 감독하는 것이다.

제작감독은 프로덕션(무대 장치, 조명, 음향, 의상, 무대 등)에 운영되는 모든 기술적인 면에 대해, 전문적인 지식과 경험을 갖추어야 한다.

뿐만 아니라 제작 일정을 직접 작성할 수 있어야 하며, 제작 스태프로 참여하는 많은 전문 인력들의 작업 진행 사항과 비용, 운영 등을 감독하고 조언하는 역할까지 맡는다. 이때에는 제작 초기 단계에 결정한 제작 방향을 지켜나가는 것이 중요하다. 또한 제작 감독은 모든 프로덕션의 극장 내 반입과 설치 업무를 무대 감독과 협력하여 진행하게 된다.

설치가 완료된 후에는 리허설(기술, 드레스)을 지켜 보며 프로덕션의 취약점과 문제점을 점검하는 일도 그의 일이다.

우려되는 사항들을 각 파트에 전달하여, 발생 가능성이 있는 기술적 문제점을 수정해 나가는 한편, 스케줄을 조정하는 조율자의 역할도 계속 이어간다. 공연이 끝나고 나면 철수와 보관의 업무도 맡는다.

요컨대 제작감독은 공연 제작의 초기 단계부터 참여하여 제작자, 연출가와 함께 공연 제작 전반의 밑그림을 그리는 역할이라고 할 수 있다.

작은 규모의 프로덕션일 경우에는 제작감독이 무대감독을 겸하기도 한다. 이때는 제작무대감독(Production Stage Manager)이라고 따로 지칭하기도 한다.

02. 제작 일정표

제작 일정표(Production Schedule)는

제작 회의를 통해 확정된 시간, 공간, 예산, 인력, 환경 및 작업 일정을 담은 계획표이다. 뮤지컬, 연극과 같은 극 형태의 공연 장르에서 많이 사용하는 문서다(대중음악 공연에서 사용하는 제작 일정표의 의미는 축소된 개념이다.). 공연을 위해 무대에 투입되는 모든 장치/장식물, 장비들의 반입과 설치, 철거의 세부 일정을 담은 계획표인 것이다. 제작 일정표의 작성은 제작감독 또는 제작무대감독이 직접 작성하여 프로덕션에 참여하는 모든 스태프들과 공유한다.

[Musical Production Schedule]

기본 개요 : 창작 뮤지컬

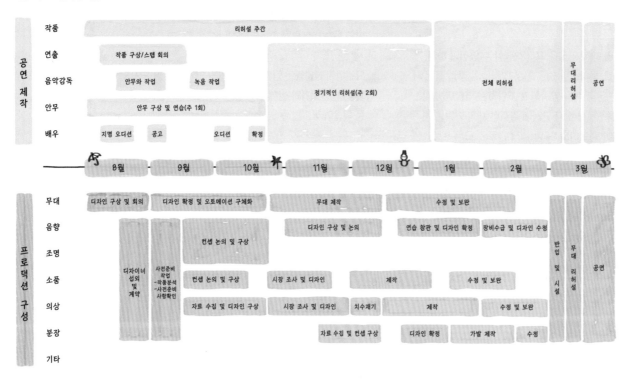

03. 제작 일정의 세부 구성

전문 공연장을 무대로 장기 공연을 하는 뮤지컬, 연극과 같은 극 형태의 공연 제작은 전체 제작 과정이 일정의 중심이 된다.
제작 공정이 복잡하고 장기적이어서 세심하고 자세한 계획이 필요하다. 어느 하나라도 차질이 빚어지면, 전체가 어려움을 겪을 수 있는 상호 연계성이 강한 업무들이 대부분이다.
따라서 철저한 사전 준비와 협의를 통해 일정을 확정해야 한다.

3-1) 사전 기획 단계

이 단계에서는 제작자와의 협의와 조율을 통해 결정된 제작 예산을 기준으로 세부 실행 예산을 수립해야 한다. 원칙대로 한다면 제작감독이 극장과 작품에 대한 사전 분석을 통해 합리적인 제작 예산을 수립해야 한다. 하지만 우리나라 제작 환경에서는, 전체 수익 구조 분석을 기준으로 배정된 제작 예산을 제작감독에게 일임하여, 그 범위 내에서 효과적으로 예산을 운영하도록 한다.

프로덕션 제작비는 공연 기간 전후로 필요한 제작에 관한 모든 비용을 말한다.
이에 대한 정확한 이해를 가지고 있어야만 제작 예산 수립이 가능하다. **프로덕션 제작비에는 크게 사전 조사 및 준비에 필요한 '사전 제작비', 파트별 '장비 제작 및 임대비', 오디션과 연습을 위한 '장소 임대비' 그리고 전체 프로덕션 운영에 소요되는 '행정 비용' 등이 포함된다.**
우수한 인력들을 제작 스태프로 참여할 수 있게 하는 것이 양질의 공연을 만드는 데 최우선 과제 중 하나이다. 그러나 우수한 인력을 가늠하는 절대 기준은 존재하지 않는다. 결국 제작진 선정은 작품의 방향과 대상자의 작업 성향, 스타일, 함께 작업에 참여하는 다른 스태프들과의 관계, 기준에 맞는 예산이 고려되어야 한다.

프로덕션 미팅은 제작감독의 주도하에 소집되며, 각 파트의 감독들과 연출가, 디자이너, 제작자가 함께 모여 작품과 제작 방향과 콘셉트에 대한 서로의 의견을 교환하는 시간이다.

제작 업무는 개별적인 업무보다는 연계성이 높은 업무들이 대부분이기에, 모든 구도와 콘셉트에 대해 서로의 생각을 공유하는 시간이 반드시 필요하다. 세트와 의상의 색감과 질감은 조명과 밀접한 관련성이 있다.

조명 장비의 위치는 세트 운영과 무대 전환에 상호 간에 이해가 필요하다. 프로덕션 미팅의 주요 의제는 세트 제작 방법과 방향, 조명, 음향, 의상, 소품, 분장 및 헤어, 상부, 장면 전환, 특수효과에 대한 디자인 콘셉트, 제작 방향, 운영 방법이다.

일정 작성은 각 파트의 팀장을 포함하여 제작 감독, 무대감독, 연출가, 제작자가 상호 협의와 동의를 거쳐서 짜여져야 한다. 대형 프로덕션의 경우, 수백 명의 스태프와 배우들이 움직이기 때문에, 사전 계획이 전체 프로덕션의 성공 여부를 좌우할 수 있다.

3-2) 사전 프로덕션 실행

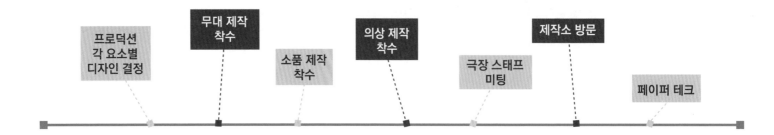

프로덕션 각 요소별 디자인 결정 · 무대 제작 착수 · 소품 제작 착수 · 의상 제작 착수 · 극장 스태프 미팅 · 제작소 방문 · 페이퍼 테크

배우들의 오디션이 진행되는 동안 본격적인 제작 업무가 펼쳐진다.
제작 공정은 '작품 분석-아이디어 스케치-디자인-설계-제작-감리-수정-완성'의 단계를 거쳐 틀을 갖추게 된다.

3-3) 프로덕션 주간

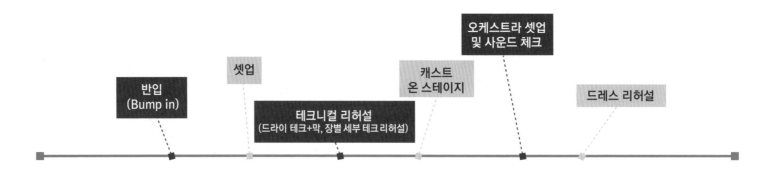

반입 (Bump in) · 셋업 · 테크니컬 리허설 (드라이 테크+막, 장별 세부 테크리허설) · 캐스트 온 스테이지 · 오케스트라 셋업 및 사운드 체크 · 드레스 리허설

프로덕션 주간은 준비된 모든 공정을 거친 프로덕션이 극장 반입과 설치 작업이 마무리 된 후 기술 리허설과 드레스 리허설을 갖게 되는 주간을 의미한다.
정확한 시간 계획과 통제가 필요한 시점이다. 예상치 못했던 상황이 생길 수 있기에 항상 대비할 수 있는 대책(B Plan)을 가지고 있어야 하며, 위기 관리 능력이 절대적으로 필요한 주간이다.

3-4) 프리뷰와 공연

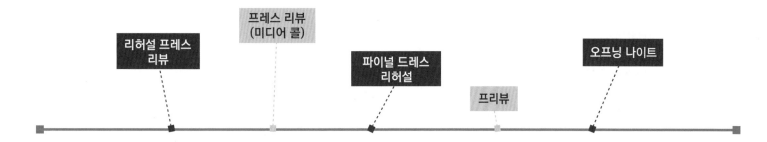

리허설까지 모든 과정이 끝나면 관객들을 맞을 준비가 끝난 것이다. 관객에게 극장의 문을 열기 전, 언론들을 대상으로 한 프레스 콜을 먼저 개최하는 것이 최근의 경향이다.
신문과 인쇄 매체를 중심으로 한 '사진 촬영 시간(스틸)'과 TV와 온라인 매체를 중심으로 한 '동영상 촬영 시간'을 구분하여 배정하는 것이 효과적이다. 전체 공연을 다 보여 주는 것이 아니며,
공연 중 하이라이트 장면을 중심으로 선별된 몇 개의 장면을 공연한다.
프리뷰 공연은 단어의 뜻처럼 본 공연이 시작되기 전에 진행되는 실전 리허설 격의 공연이다. 뮤지컬 전문 동호회, 공연 평론가, 관련 종사자들을 대상으로 일반 가격보다 할인된 가격에 공연을 올린다.
공연은 실전처럼 진행되지만, 배우와 스태프들에게는 마지막 단계의 리허설인 셈이다.

3-5) 철수

실제 사례 01

컴퍼니 매니지먼트팀의 시간 관리

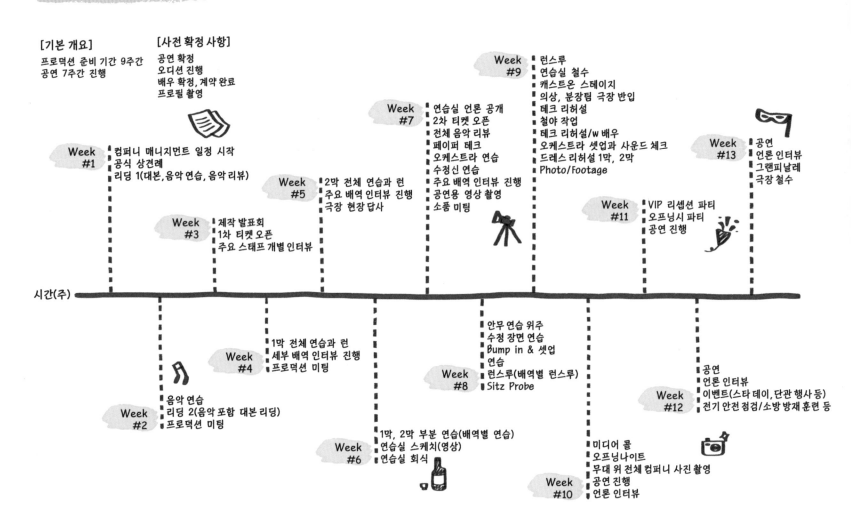

[기본 개요]
프로덕션 준비 기간 9주간
공연 7주간 진행

[사전 확정 사항]
공연 확정
오디션 진행
배우 확정, 계약 완료
프로필 촬영

Week #1
컴퍼니 매니지먼트 일정 시작
공식 상견례
리딩 1(대본, 음악 연습, 음악 리뷰)

Week #2
음악 연습
리딩 2(음악 포함 대본 리딩)
프로덕션 미팅

Week #3
제작 발표회
1차 티켓 오픈
주요 스태프 개별 인터뷰

Week #4
1막 전체 연습과 런
세부 배역 인터뷰 진행
프로덕션 미팅

Week #5
2막 전체 연습과 런
주요 배역 인터뷰 진행
극장 현장 답사

Week #6
1막, 2막 부분 연습(배역별 연습)
연습실 스케치(영상)
연습실 회식

Week #7
연습실 언론 공개
2차 티켓 오픈
전체 음악 리뷰
페이퍼 테크
오케스트라 연습
수정신 연습
주요 배역 인터뷰 진행
공연용 영상 촬영
소품 미팅

Week #8
안무 연습 위주
수정 장면 연습
Bump in & 셋업
연습
런스루(배역별 런스루)
Sitz Probe

Week #9
런스루
연습실 철수
캐스트온 스테이지
의상, 분장팀 극장 반입
테크 리허설
철야 작업
테크 리허설/w 배우
오케스트라 셋업과 사운드 체크
드레스 리허설 1막, 2막
Photo/Footage

Week #10
미디어 콜
오프닝나이트
무대 위 전체 컴퍼니 사진 촬영
공연 진행
언론 인터뷰

Week #11
VIP 리셉션 파티
오프닝시 파티
공연 진행

Week #12
공연
언론 인터뷰
이벤트(스타 데이, 단관 행사 등)
전기 안전 점검/소방 방재 훈련 등

Week #13
공연
언론 인터뷰
그랜피날레
극장 철수

시간(주)

*sitz probe : 배우들과 오케스트라가 각자 연습을 하다 처음으로 만나 함께 연습하는 리허설.

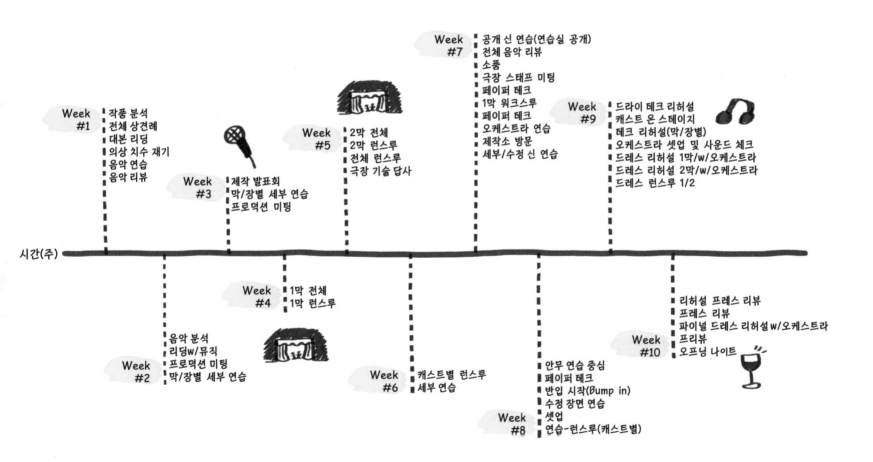

시간(주)

Week #1
작품 분석
전체 상견례
대본 리딩
의상 치수 재기
음악 연습
음악 리뷰

Week #2
음악 분석
리딩w/뮤직
프로덕션 미팅
막/장별 세부 연습

Week #3
제작 발표회
막/장별 세부 연습
프로덕션 미팅

Week #4
1막 전체
1막 런스루

Week #5
2막 전체
2막 런스루
전체 런스루
극장 기술 답사

Week #6
캐스트별 런스루
세부 연습

Week #7
공개 신 연습(연습실 공개)
전체 음악 리뷰
소품
극장 스태프 미팅
페이퍼 테크
1막 워크스루
페이퍼 테크
오케스트라 연습
제작소 방문
세부/수정 신 연습

Week #8
안무 연습 중심
페이퍼 테크
반입 시작(Bump in)
수정 장면 연습
셋업
연습-런스루(캐스트별)

Week #9
드라이 테크 리허설
캐스트 온 스테이지
테크 리허설(막/장별)
오케스트라 셋업 및 사운드 체크
드레스 리허설 1막/w/오케스트라
드레스 리허설 2막/w/오케스트라
드레스 런스루 1/2

Week #10
리허설 프레스 리뷰
프레스 리뷰
파이널 드레스 리허설w/오케스트라
프리뷰
오프닝 나이트

#3. 대중음악 공연 프로덕션의 매니지먼트

대중음악 공연의 제작 일정과 세부 구성은 극 형태처럼 운영하지 않는 게 일반적이다.
프로덕션 주요 요소별로 업무 영역을 나누고 그 영역을 중심으로 추진 계획을 세운다.

구분	업무	D-25	D-24	D-23	D-22	D-21	D-20	D-19	D-18	D-17	D-16	D-15	D-14	D-13	D-12	D-11	D-10	D-09	D-08	D-07	D-06	D-05	D-04	D-03	D-02	D-01	Show 01	Show 02	Show 03
프로덕션	데크스텝 미팅	1차								2차						3차(현장미팅)							Set up				Show		
	무대 디자인/제작		도면 수정								최종 도면		제작(화이어, 이어폴링 등 특수장치 출연유무)																
	구조물 디자인(상부 조명 포함)										최종 도면에 따른 수정																	
	조명 디자인		기본구상 (월션 다이어그램 포함)								최종 조명디자인																	
	특수효과 구성 및 디자인		기본구상								최종 조명디자인																	
	음향 디자인										세부 디자인(조명 및 촬영장비 음향 전달)																	
음악	밴드 편곡		편곡 작업						1차 합주		수정 및 보완						2차 합주							최종 음향 디자인					
	오케스트라 편곡		//						1차 합주		//						2차 합주												
	합창 편곡		//					합창단 단원 섭외/우정																				
	Overture Effect		작곡가 섭외/미팅							1차 선검토				최종														
	녹음(탭댄스)		랩댄스+음악녹화								녹음																	
연습	밴드		준비 A	준B				1차 합주	준A	준A							준B	2차 합주	준B										
	오케스트라						합주 2차세터업											2차 합주											
	합창단					제작 가서 탑승																3차/4차 합주						
	안무		탱 섭외				1차 구상			탑		(약결합 참여)								합주 연습참여								
	전체 합주(밴드+오케스트라)						1차 합주									2차 합주						3차/4차 합주						
	뮤직 드라마〈문세 스토리〉		앨범선정		듀엣 작업		앨범작업									밴드+댄스,객영상,대교습 탑습											
	게스트(DJ,랩퍼,하석배 교수)&특별출연 연습		DJ 대역가 섭외				게스트 개별연습 예습																전체 합주 참여					
연출	Scene Note정리(장면별 세부 연출)		1차정리					2차 정리 및 검토(수정)							최종 정리												
	장면별 동선&전환 다이어그램		무대사용 배열																									
	파트별 큐시트								2차 정리						정정												
	대본(뮤직 드라마, 관객 이벤트, 브릿지 스팟 포함)		뮤직드라마 완성				앨범관 대본, 관객이벤트 메리리									스크립트 (관객이벤트 정리)											
	가사&음원		1차 정리						2차 정리					//								최종 정리					
	프롬프트(밴드 연습 및 합주시 운영/정리)						1차 합주							프롬프트 운영(정리)			2차 합주 프롬프트 운영				3차 합주					
	소품준비(관객 합주 악기 포함)					필요소품 정리					사전 준비 소품 체크							합주시 소품체크									
	객석 BGM																음악 선택 및 CD 제작								음향팀 전달			
	연습실 음원 녹음(리허설 용)					합주 녹음				밴드 녹음							합주						합주 녹음				

구분	업무	D-25	D-24	D-23	D-22	D-21	D-20	D-19	D-18	D-17	D-16	D-15	D-14	D-13	D-12	D-11	D-10	D-09	D-08	D-07	D-06	D-05	D-04	D-03	D-02	D-01	Show 01	Show 02	Show 03
의상	아티스트			과별 의상제작계획 천요						의상 제작										피팅		최종							
	밴드								5컬러 코드 결정																				
	오케스트라								"																				
	합창단								"																				
	출연인(무용단, 나팔기수)		의상 결정													최종제작				최종									
영상	프로그램별 영상 제작 결정	세부 협의																											
	오프닝(Awakening+Overture)			컨셉 및 제작방향 결정						제작 및 편집 (의상 컨셉에 따라 부분수사)								수사			최종								
	엔딩 크레딧			"						"								"			"								
	타이틀 영상																"				"								
무대운영	시스템별 반입 및 셋업 계획								시스템별 일정 체크							일정 수립 및 공지						반입 및 셋업							
	상/하수 운영계획								상/하부 및 무대전환 계획									수정				최종 확정							
	큐시트(대기실, 밴드용, 무대부착용 등)															수정 뮤시트 공유						최종							
	통신(인터컴) 계획									팀별 통신대책 체크						최종 정리													
	테크 리허설																					테크 리허설							
	드레스 리허설																					5컬러 리허설							

01. 대중음악 공연의 제작에 필요한 항목과 세부 업무들이다.

1-1) 프로덕션

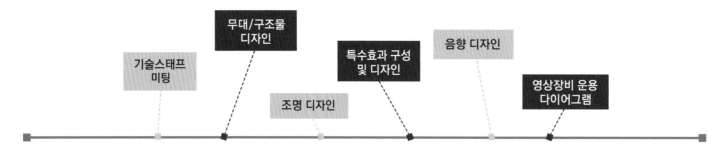

기술 스태프 미팅은 도면 협의와 반입 일정 조율 등을 위해 대개 두 차례 이상 갖는다.

극장 스태프들도 함께 참여하는 현장 미팅이 1회 추가된다. 프로덕션 디자인은 1차 도면이 나온 후, 다양한 관점에서 수정 회의를 거친 뒤 최종 도면을 확정한다.

한번은 무대와 구조물 최종 도면의 Version 넘버가 11을 찍은 경우도 있었다. 그만큼 치열한 논의와 세심한 준비가 필요하다. 최종 도면이 확정되면 영역별로 제작 또는 시스템 발주에 들어간다.

1-2) 음악

음악 작업은 아티스트와 음악감독, 연출감독을 중심으로 작업이 진행된다. 공연에 필요한 효과음이 있을 경우 외부 작곡가를 섭외해서 공연의 완성도를 높이기도 한다.

대부분은 자료 편집을 통해 효과음을 처리한다. 사전 녹음이 필요한 부분(나레이션, 연주 등)이 있을 경우, 관련 스태프들을 모아 녹음작업을 진행할 수 있다.

1-3) 연습

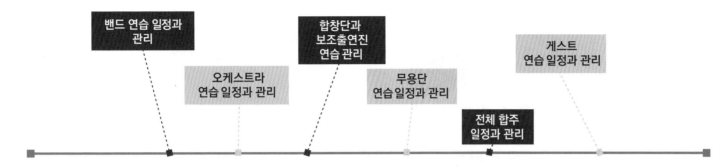

연습 관리는 기획사와 연출팀이 함께 팀워크를 이뤄 진행한다. 초반에는 밴드 중심의 연습이 이뤄진다(대개 7-10회). 밴드 연습의 틀이 잡히면 오케스트라가 함께 참여하여 연습을 진행한다(3-4회). 합창단, 무용단 등은 별도의 장소에서 연습을 진행해야 한다. 각자의 연습이 마무리되면 최종적으로 모든 출연진이 모여 전체 연습 시간을 갖는다. 최근에는 최종 연습을 실제 공연장에 준하는 공간을 대여해서 실전과 같이 진행하는 경우도 많아졌다. 완성도를 위한 기준이 점점 높아지고 있다는 뜻이다. 게스트로 출연하는 가수들도 반드시 사전 연습에 참여토록 권유해야 한다. 연습실에는 연출감독 외 각 프로덕션 파트별 감독들이 참여하여, 각자에게 필요한 정보들을 사전 취합한다. 연출팀은 가수와 스태프용 가사집과 연주자용 간단 큐시트를 준비해야 한다.

1-4) 연출

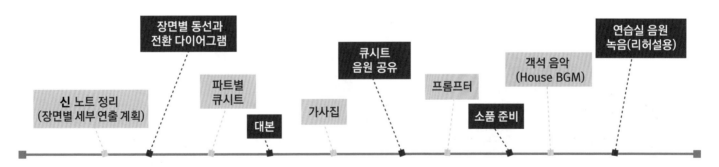

연출팀이 사전에 준비하고 챙겨야 할 내용들이다. 장면별 상세 노트가 기록된 신 노트를 만들어 스태프들에게 공유해야 한다.
이 노트에는 장면별 동선 계획과 신 운영에 대한 세부 계획이 들어 있어야 한다. 프로덕션 각 파트팀들이 각자의 정보를 중심으로 볼 수 있도록 만든 파트별 큐시트도 필요하다.
아티스트의 멘트, 영상 시놉시스, 스킷의 대본 등 공연 구성에 필요한 제반 대본 작업을 해야 한다. 이는 연출팀에 참여하는 작가의 몫이다. 큐시트 순서에 맞게 가사만 볼 수 있도록 한 가사집도 챙겨야 한다. 가사집은 가수와 백보컬, 프로덕션 감독(조명)에게 꼭 필요한 자료이다. 큐시트 순서에 맞게 편집된 오리지널 음원도 스태프들에게 제공해야 한다.
최종 연습 기간에 리허설용 연습 음원을 녹음하는 것도 중요한 업무 중 하나이다. 실제 테크 리허설 시간에 이 음원으로 리허설을 진행한다. 공연 시작 전, 객석에 흐를 배경 음악도 연출팀이 1차적으로 준비해서 아티스트에게 확인받는다. 연습 마지막 단계부터는 아티스트용 프롬프트(가사와 멘트)를 가동한다.

1-5) 의상

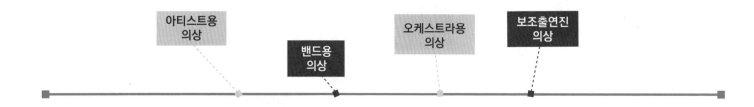

의상은 일반적으로 가수의 스타일리스트가 책임을 맡는다. 특별히 공연을 위해 전문 의상디자이너를 별도로 섭외하기도 한다.
출연진별 의상 콘셉트를 사전에 결정하여 구입, 제작, 렌트 등 세부 방식도 정해야 한다. 메인 아티스트는 신 구성에 맞는 의상 콘셉트를 정할 수 있고,
이 기준일 경우 최소 3번 이상의 의상 체인지와 2회 이상의 퀵 체인지가 필요하다.

1-6) 영상

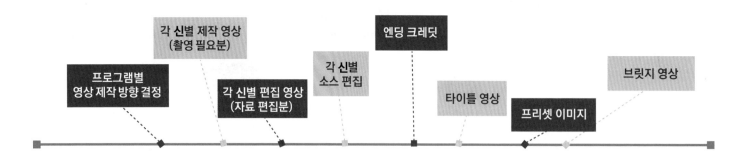

공연 영상은 VJ로 참여하는 회사(감독)가 제작 전반의 과정을 이끈다. 연출 감독, 작가, 아티스트, VJ가 팀 회의를 통해 영상의 콘셉트 및 제작 방향을 의논한다.
촬영, 자료 편집, 특수 촬영, 소스 편집 등 제작 방식에 대한 협의가 끝나면 구성에 맞춘 영상 작업에 들어간다.
시사 과정을 1-2회 거치며 영상의 완성도를 높이는 과정을 갖는다. 비율과 사이즈에 대한 협의도 이 시기에 결정해야 한다.

1-7) 무대

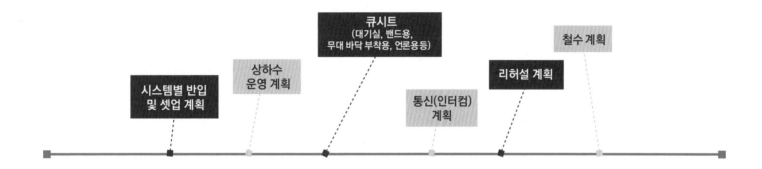

시스템별 반입 및 셋업 계획

상하수 운영 계획

큐시트
(대기실, 밴드용, 무대 바닥 부착용, 언론용등)

통신(인터컴) 계획

리허설 계획

철수 계획

이 영역은 무대감독이 중심이 되어, 각 프로덕션 파트의 감독들과 함께 작업을 이끈다.

전체 스태프들이 모인 자리에서 반입 일정에 대한 순서와 소요 시간 등을 협의해야 하고, 이를 반영한 반입 일정과 셋업 계획표도 사전에 공유해야 한다.

무대 감독팀은 내부 문서로 상·하수 운영 계획표를 만들어 각자의 역할을 구분한다. 공연 중 스태프들의 통신 계획(유/무선 인터컴, 라디오 사용 여부와 채널 구분)도 필요하다.

시간대별 리허설 계획을 연출팀으로부터 인계받아 진행에 차질이 없도록 해야 한다. 공연 후 철수 작업도 안전하고 효율적으로 진행될 수 있도록 이끌어야 한다.

02. 콘서트 프로덕션의 영역별 작업 순서를 반영한
셋업 일정표와 작업 순서에 사용하는 단계별 용어를 알아보자.

[셋업 일정표]

날짜	시간	무대감독팀	구조물	음향	조명	무대 세트	특수효과	영상 장비	전식	VJ	악기	중계	발전차
D-4	AM 08:00	셋업 준비	트러스 반입										
	AM 10:00				장비 반입/리깅								
	AM 11:00		레이어 반입										
	PM 12:00	점심식사											
	PM 01:00						장비반입/셋업						
	PM 03:00												조명
	PM 06:00	저녁식사											
	PM 08:00												
D-3	AM 08:00					장비 반입							
	AM 10:00												
	PM 12:00	점심식사											
	PM 02:00			반입/리깅									조명
	PM 04:00												음향
	PM 06:00	저녁식사											
	PM 08:00												
D-2	AM 08:00						장비 반입/셋업						조명/특효
	AM 10:00							장비 반입/셋업					음향/영상/중계
	PM 12:00	점심식사											
	PM 02:00												
	PM 04:00									장비 반입/셋업	장비 반입/셋업	장비 반입/셋업	
	PM 06:00	저녁식사											
	PM 08:00	PM8-10/전환 위주의 Tech Rehearsal, PM10-11/현대무용, 댄스팀, 합창단 Rehearsal, PM 11-AM 1/Sound Check											
D-1	AM 09:00	전체 Call											
	AM 10-12:00	Orchestra Rehearsal											
	PM 12-1:00	점심식사											
	PM 1-4:00	Dress Rehearsal											
	PM 4-6:00	Technical Check											
	PM 6-7:00	저녁식사											
	PM 7-11:00	최종 Dress Rehearsal											

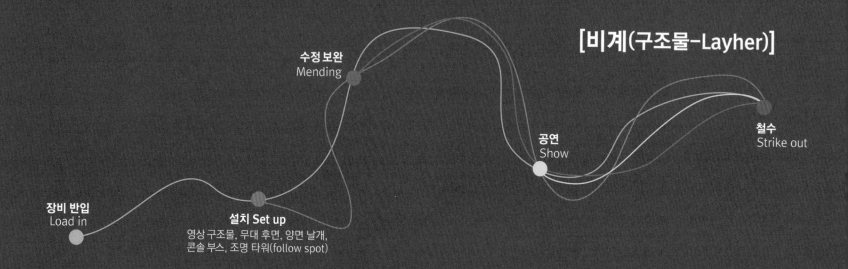

[비계(구조물-Layher)]

장비 반입
Load in

설치 Set up
영상 구조물, 무대 후면, 양면 날개,
콘솔 부스, 조명 타워(follow spot)

수정보완
Mending

공연
Show

철수
Strike out

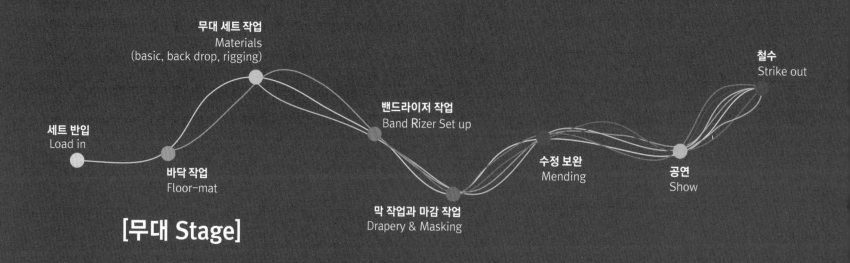

[무대 Stage]

세트 반입
Load in

바닥 작업
Floor-mat

무대 세트 작업
Materials
(basic, back drop, rigging)

밴드라이저 작업
Band Rizer Set up

막 작업과 마감 작업
Drapery & Masking

수정 보완
Mending

공연
Show

철수
Strike out

[조명 Light]

장비 반입
Load in

상부 작업
Light Setting & Rigging

하부 작업
Stage Floor Setting

포커싱 작업
Focusing

메모리 작업
Memory

큐 메모리
Detail Memory

공연
Show

철수
Strike out

모니터 스피커 설치
Stage Monitor Speaker Set up

라인, 인풋, 마이크로폰 체크
Line, Input Check, Patch

사운드 체크
Sound Check

공연
Show

장비 반입
Load in

룸 튜닝
Room Tuning(EQ)

[음향 Sound]

수정 보완
Mending

철수
Strike Out

스피커 설치
SP Mount or Flying

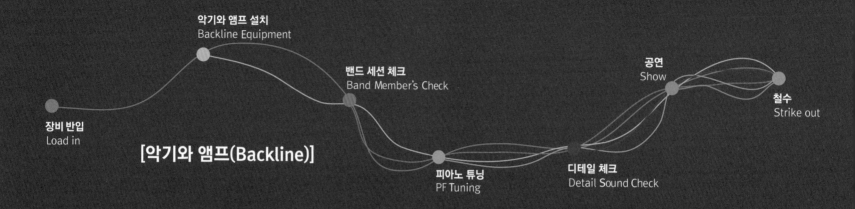

악기와 앰프 설치
Backline Equipment

밴드 세션 체크
Band Member's Check

공연
Show

철수
Strike out

장비 반입
Load in

[악기와 앰프(Backline)]

피아노 튜닝
PF Tuning

디테일 체크
Detail Sound Check

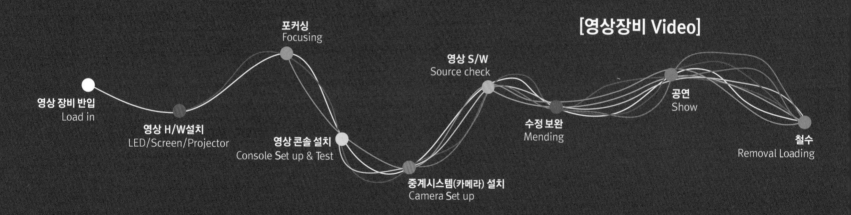

포커싱
Focusing

[영상장비 Video]

영상 S/W
Source check

영상 장비 반입
Load in

영상 H/W설치
LED/Screen/Projector

영상 콘솔 설치
Console Set up & Test

중계시스템(카메라) 설치
Camera Set up

수정 보완
Mending

공연
Show

철수
Removal Loading

[추가 장비]

- 발전차 : 무대 장비 영역별 별도 배치.
- 특수효과 : 공연 1일 전 설치(기존 장비와 맞물려 있을 경우 작업 일정이 앞당겨짐).
- Folk Lift : 무대 작업용으로 필요할 경우 사전 예비해야 한다.
- 트랙 보호재 : 운동장 행사에는 트랙 보호재가 반드시 필요함(제일 먼저 작업).
- 잔디 보호재 : 운동장 잔디를 사용할 경우 사용해야 한다. 공연 전날 일몰 후 작업.
- 대기실 : 스태프용으로 먼저 설치, 리허설 일정에 맞추어 설치하면 된다.
- 바리케이드 : 무대와 관객을 분리해 주며 관객을 보호해 주는 장비이다. 공연 당일 설치.

Chapter 25
테크니컬 라이더

#1. 비욘세 내한 공연의 국내 제작 파트너를 찾는데 한번 만나 보실래요??

정말이지, 귀가 솔깃한 제안이었다. 비욘세의 첫 내한 공연 소식을 들은지 꽤 되었고, 이미 한 국에서 여러 프로모터들이 자기가 한다며 여기저기 떠들고 다니던 상황에서 들어 온 제안이 었다. 이때 나는 미국 엔터테인먼트 회사의 한국 지사를 맡고 있었기에 제작할 만한 여건을 갖 추고 있었고, 비욘세의 첫 내한 공연은 나쁘지 않은 기회였다.

미국 본사의 책임자에게 의사 타진을 위한 메일을 보냈더니, 조건을 잘 따져 보고 괜찮으면 한 번 해 보라는 빠른 회신이 왔다. 곧 비욘세의 내한 공연에 대한 권리를 확보하고 있다는 회사 와 미팅이 잡혔다. 총 제작비는 18억, 단독 투자 조건이었고, 투자 회사인 우리에게 돌아오는 이득(이익 배분 80:20)이 예상 외로 컸다. 게다가 TV 공연권, PPL 수익, 부가 판권 수익까지 보장되는, 그야말로 파격적인 조건이었다. 거기에 상대 회사는 "JAY-Z도 출연 협상 중"이라는 말도 덧붙였다.

우리에게 지나치게 유리한 조건과 투자 시기는 그렇다 쳐도, 조금 서두르는 듯한 뉘앙스가 마음 에 걸렸다. 나는 계약서와 라이더를 보여 달라고 했다. **라이더란 내한 공연을 하는 아티스트의 투어 에이전시가 로컬 프로모터에게 내는 공연 출연 계약서 외 추가 조항이 담긴 문서다. 라이더 는 공연에 사용할 모든 무대 기술적 요구 사항들을 정리한 테크니컬 라이더(Technical Rider)와 아티스트가 국내에 체류하는 동안의 의전(호텔, 교통, 음식, 경호, 대기실 등)에 대한 요구 사항 을 담은 하스피털 라이더(Hospitality Rider), 이 두 가지로 구성되어 있다.** 아티스트별로 다소의 차이는 있지만, 일반적으로는 라이더는 피로감이 몰려 올 정도로 많은 요구 사항들을 담고 있다.

비욘세의 투어 에이전시라는 회사에서 내민 라이더를 다 넘기기도 전에, 더 이상의 대화는 무 의미함을 깨달았다. 일단 공연 계약자가 콜롬비아 음반사로 되어 있는 것부터 일단 상식적이 지가 않았다. 또 탑 클래스 아티스트인 비욘세의 테크니컬 라이더가 동네 아티스트 수준이었 다. 공연 장소도 잠실주경기장으로 되어있었는데, 말도 안되는 라이더로 짜여져 있었다. 한마 디로 사기극이었다. 당장에 미팅을 중지하고, 돌아오는 데 헛웃음만 나왔다. 아까운 시간만 낭비한 것이다. 그리고 그 해 11월, 체조경기장에서 내가 잘 아는 다른 프로모터의 초청으로, 비욘세의 첫 내한 공연이 올려졌다.

이번 장에서는 사기극에 휘말릴 뻔한 상황에서 나를 살려 준, 테크니컬 라이더에 대해 중점적 으로 살펴보려고 한다.

#2. 테크니컬 라이더(Technical Rider)란 무엇인가?

01. 테크니컬 라이더의 개념과 필요성

테크니컬 라이더는 공연에 사용할 모든 기술적 사항들을 정리한 기술 문서이다. 공연 전체의 기술 감독 또는 제작 감독 혹은 제작 무대 감독이 기본적으로 작성을 맡게 된다.

하부적으로는 각 무대 기술 영역의 감독들이 제출한 장비 내역(specification)을 종합적으로 묶어서 만든 일종의 기술 지침서이다. 복잡한 준비 과정과 반입/설치 작업에 어려움이 생기지 않도록 공연에 투입될 모든 기술 사항(디자인, 장비 내역, 도면, 운영 체계 등)을 정리한 무대 기술 매뉴얼은 필수 항목이다. 뿐만 아니라 타국에서 공연을 해야 하는데 극장을 직접 확인할 수 없는 경우나, 늘 같이 일해 오던 스태프들과의 공동 작업이 아닐 경우에는 상호간 의사소통을 위한 매뉴얼이 매우 중요하다.

1 내한 공연을 갖는 해외 기술감독이
극장 상황에 맞춘
테크니컬 라이더를 보냄

국내 초청 기획사에서
공연장 기술 사항에 대한
정보를 해외 기술감독에게 제공 **2**

3 상호간 준비 가능한 장비와
준비가 불가능한 것에 대한
조율과 협의 시작

국내 공연 담당 기술감독(제작감독)이
국내 프로덕션팀 미팅 소집 **4**

02. 테크니컬 라이더 진행 과정

해외의 유명 아티스트가 한국에서 공연을 하게 되는 내한공연에서, 테크니컬 라이더가 어떤 진행 과정을 거쳐 준비되는지 알아보자.

5 국내 프로덕션 담당 제작감독이
각 장비 회사에 최종 발주/ 관리

상호간 협의를 통해
테크니컬 라이더 확정 **6**

7 보완과 리허설 진행

장비 반입과 설치
(내한 공연 측 기술감독과 스태프 참여) **8**

9 해체와 철수

공연 **10**

03. 극장 환경 체크리스트
(Auditorium-technical Specification Information)

테크니컬 라이더를 받기 위해 제일 먼저 해야 할 일이 공연할 극장의 기술적, 공간적 환경을 조사하는 것이다. 조사에 필요한 체크 리스트이다.

극장 시설 현황(객석 수, 무대 재원 등)
극장 무대 장비 현황(세트 배튼, 라이트 배튼, 호이스트, 막 등)
극장 조명 장비 현황
극장 음향 장비 현황
극장 도면
극장 회로도(조명, 음향 등)
극장 장치 반입구 규격(도면)
극장 분장실 배치도

[무대 규격]	[막]	[객석 시각]
☐ 프로시니엄 높이	☐ 극장막 사용 가능한 막 확인	☐ 시각선(상태)
☐ 그리드 높이	☐ 샤막 유무, 사이즈	☐ 시각장애 또는 사석(위치)
☐ 무대 넓이	☐ 다리막(유무, 개수, 운용 방식)	
☐ 무대 높이	☐ 머리막(유무, 개수, 운용 방식)	[작업 도구]
☐ 무대 깊이		☐ 운반 장비(유무)
	[반입구]	☐ 고소 작업 장비(유압 사다리 등)
[무대 뒷면]	☐ 반입구 위치	
☐ 후무대 유무	☐ 반입구 경로(반입구에서 무대까지의 경로)	[기계실]
☐ CYC로부터의 뒷벽 거리	☐ 반입구 사이즈	☐ 위치, 상태(투시 상태, 매뉴얼/자동)
		☐ 조작책임(작업과 공연에 극장 인력 지원 여부)
[덧마루]	[분장실]	
☐ 보유현황	☐ 사용가능(위치, 개수)	[냉, 난방]
☐ 덧마루 규격(치수)	☐ 시설(내부 사용 시설 체크)	☐ 방식(중앙 제어식)
☐ 상태(사용에 문제 없는지 체크)	☐ 보안(시건 장치 유무, 물품보관소 유무)	☐ 상태(소음 발생 여부, 공조)
[무대 바닥]	[상부 장치]	[오케스트라]
☐ 무대 바닥재와 특징(상태)	☐ 장치봉(개수, 사용 개수, 하중, 간격)	☐ 상태(사용 유무, 상승 R/T)
☐ 바닥 고정(못, 피스 사용 여부)	☐ 하늘막(개수, 운용 방식-Fly out 가능 여부)	☐ 테두리(고정형, 가변형)
	☐ 바스불(개수, 높이)	
[SM Desk]	☐ 영사막(개수, 사이즈, 운용 방식)	[기타]
☐ 위치(상,하수/가시 상태)	☐ 보더라이트(개수)	☐ 자료-도면 확보여부
☐ 시설(사용 가능한 모니터 개수, 인터컴 유무)		☐ 주의사항-방염, 화약 사용 여부
		☐ 청소-무대와 분장실 청소 담당

세부적으로 확인이 더 필요한 내역들이다.

04. 테크니컬 라이더의 구성

모든 환경과 기술 조사가 마무리된 후 작성되는 테크니컬 라이더에는 무대 각 영역에 필요한 다양한 패키지가 들어간다.

기본적인 개요와 대표 스태프 정보
(Producer's Contact Details)

테크니컬 라이더의 도입부에는
일상적인 개요, 대표자와
기술 책임자의 연락처, 이메일, 주소,
비상 연락망

공연 팀 정보
(Touring Party)

공연에 참여하는 전체 스태프의
(아티스트, 연주자, 행정 인력, 기술 인력 등)
인원수와 역할

공연 정보
(Performance Information)

전체 공연 시간(Running time)을
기록한다.
중간에 쉬는 시간 (Intermission)이
있을 경우에는 정해진 시간과 지켜야
할 수칙에 대한 언급이 따른다.

막 구분이 있을 경우 1막과 2막의
시간 정보도 포함될 수 있다.
객석 오픈 시간에 대한 요구도
있을 수 있다.

인력 정보
(Labour's Schedule)

공연 진행을 위해 국내에서
지원이 필요한 영역과 인원,
자질에 대해서 기록한다.

공연팀들이 극장에 도착해서 갖게 될
사운드 체크와 리허설에 대한
시간 정보도 들어 있다.

반입과 철수 일정
(Typical Load in & Out Schedule)

전체적 반입과 철수 일정이
시간 계획과 함께 언급된다.
국내팀들이 준비해야 할 반입과
설치에 소요되는 시간과
마감 시간에 대한 요구도 같이 한다.
리허설 일정과 진행 방법이 기록된다.

조명
(Lighting)

조명 디자인
(Lighting Design_sus Plot)
장비 내역(Equipment List)
심볼을 포함한 리스트(Symbol List)
반드시 준비해 주어야 할 장비(콘솔)와
칼라, 밝기에 대한 요구도 할 수 있다.

무대
(Staging)

기본적인 마스킹(Standard Masking)
무대 평면 도면(Floor Plan_Stage Plot)
상부 배턴 활용 계획(Batten plan)
디자인(Perspective View)
무대 최종 마감 색감과 재질,
밴드 라이저(Band Risers Diagram)
바닥 재질과 색감 등이 포함된다.

의전 사항
(Hospitality)

스태프 숙박
식사(케이터링)
차량 지원
대기실
의전 물품 지원

특수효과
(Special Effects)

특수효과 사용 장비 이름과
개수, 높이, 위치, 운용 방법(안전 포함)
등에 대한 기록이 중심이 된다.

기타 추가 사항

Mixing Console 위치
(높이와 거리, 안전, 차단 방법)
Communication
(스태프들과의 통신 체계)
Folk Lift(무거운 장비를 운반할 수
있는 시설에 대한 주문)
Power(전기와 전력 상황)
Piano Tuner
(피아노 조율을 위한 기준과 방법)
Work Light(작업에 필요한 조명 지원)
Security(장비와 스태프에 대한 안전)
Parking(주차지원)
Generator
(전력 공급에 필요한 발전차에 대한 주문)
Touring Equipment(투어링 물품)
Merchandising/Program
(물품 판매 및 프로그램 판매)

영상
(Multi Media)

영상H/W 장비 설치 다이어그램과 사양
(Multi Media H/W Diagram)
카메라 위치와 사양
(Camera Plot & Specification)
프롬프터 시스템과 다이어그램
(Prompt System & Diagram)

음향
(Sound)

음향디자인(Sound Design
_Main Speaker Lay-out
& Equipment Diagram)
장비 내역(Specification
_F.O.H / Monitor)
악기와 앰프 리스트
(Backline Equipment)
채널 계획(Input List
_Channel Plan-house Deck Plan)
마이크로폰 사용계획 등이 포함된다.

Chapter 26
공연 운영 계획

#1. 공연 운영 계획이 필요한 이유

공연 제작이 수많은 인력이 함께 협력하는 과정임은 이미 알 것이다. 같은 맥락에서 공연 제작이란, 수많은 업무들이 동시다발적으로 진행되는 과정이기도 하다. **즉 공연 규모가 클수록 투입되는 인력도 많아지고, 예상치 못했던 운영 및 행정상의 문제점도 많아짐은 당연한 이야기이다. 따라서 제작 과정에서 운영 매뉴얼을 만들고 공유하는 것은 필수적이다.** 이는 업무 충돌 등의 혼선을 최대한 줄여 주고, 공연에서 발생할 수 있는 다양한 위험 요소에 대한 관리와 대응을 돕는다.

미숙한 운영으로 인한 안전사고가 관객의 생명까지 위협하는 사례를 보면서, 공연 운영 계획의 중요성을 강조하지 않을 수 없다. 공연기획자는 공연의 완성도에 들이는 노력만큼, 안전을 위한 운영 계획에도 신경을 써야 한다. 다양한 위험 요소를 차단해, 관객들에게 안전하고 편리한 관람 환경을 제공할 수 있어야 한다.

예술의전당 같은 공연 전문 극장은 객석 관리와 운영 계획이 비교적 복잡하지 않고 쉬운 편이다. 관객들의 높은 시민 의식, 잘 정돈된 주변 환경, 객석 관리와 운영을 담당하는 스태프가 전문성을 갖추었기 때문이다. 그만큼 안전을 위협하는 요소 또한 적다.

그러나 전문 극장이 아닌 곳에서 많이 열리는 대중음악 공연(콘서트)은 위험 요소들이 더 많다. 특히 최근에는 공연 규모가 점점 대형화되고 있어, 안전을 위협하는 요소가 더욱 많아졌다. 관객들은 가장 쾌적한 환경에서, 공연을 즐겁고 편하게 관람하길 원한다. 따라서 행정적인 실수(대기 시간, 매표와 수표 등)도 용납하지 않는데, 미숙한 안전 관리는 치명적이다. 실제 관객들이 불만을 제기하는 부분들은 공연 외적인 요소인 경우가 많다. 특히 서비스의 질적 문제는 바로 티켓 환불로 이어진다. 자칫 온라인상의 안티 세력이라도 형성하게 된다면, 공연 전체의 이미지와 흥행에도 영향을 미칠 수 있다.

한 가지 팁은 무대 운영을 제외한 전반적인 공연 운영을 외부 전문 회사에게 위탁하여 전문성을 보장받으라는 것이다. 경기장 공연의 경우 공연 운영을 위한 스태프가 수백 명 이상이 투입되는 경우가 많다. 단기 용역으로 사람을 고용하여 안전하지 않은 공연 운영을 하는 것보다 예산 부담을 조금 감수하더라도 안전과 전문성을 보장받는 것이 낫다. 공연의 안전사고에 대한 모든 책임은 공연기획자의 몫이기에, 더욱더 현명한 운영 시스템이 필요하다.

#2. 대형 공연장의 운영 계획 수립

공연 전용 극장이 아닌 스타디움 같은 대형 장소에서 개최되는 공연의 운영 계획은 보다 더 체계적이어야 한다.
대형 공연장의 운영 계획은 '출연진의 안전 계획'과 '복잡한 객석과 입구를 중심으로 한 운영 계획', 이 두 가지가 중심이 된다.

01. 안전 계획

안전 계획은 출연진, 공연장 경호와 경비, 이들을 위한 비표에 대한 세부 계획으로 수립한다.

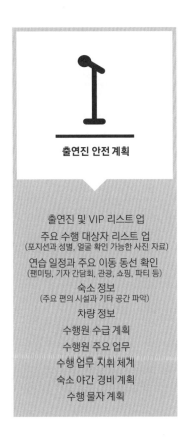

출연진 안전 계획

출연진 및 VIP 리스트 업

주요 수행 대상자 리스트 업
(포지션과 성별, 얼굴 확인 가능한 사진 자료)

연습 일정과 주요 이동 동선 확인
(팬미팅, 기자 간담회, 관광, 쇼핑, 파티 등)

숙소 정보
(주요 편의 시설과 기타 공간 파악)

차량 정보

수행원 수급 계획

수행원 주요 업무

수행 업무 지휘 체계

숙소 야간 경비 계획

수행 물자 계획

공연장 경호 경비 계획

행사장 경비 계획

야간경비

방범, 방재, 안전 관리 업무

행사장 유선, 무선 통신망 계획

비표 운영 계획

비표(AD Card)발급 기본 원칙과 계획

Zone 구분과 발급 양식

분야별 발급 계획
(Artist, Organizer, Press, Staff, VIP, Security …)

보조 비표 계획 (Visitor, Press)

비표 샘플

02. 운영 계획

운영 계획은 크게 여덟 분야로 업무 영역을 구분하여 세부 실행 계획을 세워야 한다.
객석과 공연장 모든 공간을 대상으로 효율적인 관리 프로그램이 필요하다.

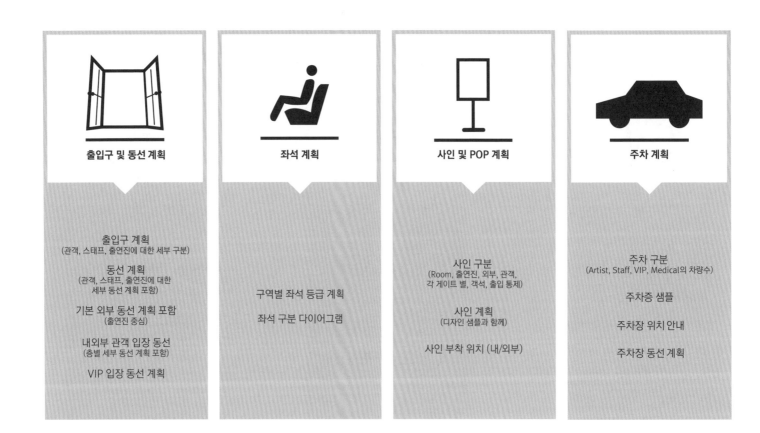

출입구 및 동선 계획	좌석 계획	사인 및 POP 계획	주차 계획
출입구 계획 (관객, 스태프, 출연진에 대한 세부 구분) 동선 계획 (관객, 스태프, 출연진에 대한 세부 동선 계획 포함) 기본 외부 동선 계획 포함 (출연진 중심) 내외부 관객 입장 동선 (층별 세부 동선 계획 포함) VIP 입장 동선 계획	구역별 좌석 등급 계획 좌석 구분 다이어그램	사인 구분 (Room, 출연진, 외부, 관객, 각 게이트 별, 객석, 출입 통제) 사인 계획 (디자인 샘플과 함께) 사인 부착 위치 (내/외부)	주차 구분 (Artist, Staff, VIP, Medical의 차량수) 주차증 샘플 주차장 위치 안내 주차장 동선 계획

03. 실행 계획

실행 계획은 앞에서 세워진 안전과 운영 계획을 위해 필요한 **인력들의 배치도, 업무 내용, 시간 계획, 동선 계획, 실행 조직도 같은 내용들이 들어간다.**
추가적으로 인력 수급 계획과 교육 계획, 비상본부 운영 계획, 비상 계획 등이 필요하다.
이 모든 운영 계획은 운영 매뉴얼이라는 문서에 고스란히 담겨져 스태프들에게 전달된다.
외부 전문 회사를 고용하여 운영에 대한 위탁을 그들에게 맡길 경우에는 전문 회사의 담당 스태프들이 직접 모든 계획을 수립하게 되고
공연기획사와의 의견 조율을 통해 확정안을 만들게 된다.

기자 대응 계획

Press 등급 규정
(All Access, Partial Access)

Press 출입 가능 구역과 구분
(Press 위치 포함)

대기실 운영 계획

대기실 구분
(대기실 Room No, 배정 아티스트
인원, 필요 물자, 수량 등)

대기실 운영 스태프 계획

물자 계획

의료실 물자 계획
(의료실 설치와 그에 따른 의료기구 중심)

행사 운영 물자 계획
(안전 장비와 기타 운영 장비)

장비 샘플링

장애인 대응 계획

장애인 좌석 구분

장애인 좌석 위치 다이어그램

장애인 동선(내/외부)

#3. 내한 공연과 해외 공연의 운영 계획 수립

외국의 유명 아티스트의 내한 공연과 국내 유명 아티스트의 해외 공연이 개최될 때 기획자가 가장 고심하며 걱정하는 것이 아티스트의 안전과 경호, 의전 사항이다.

해외 유명 아티스트들은 본인들의 안전과 의전 계획에 대해서 상호간 사전에 충분히 협의하기를 원하고, 합의된 운영 계획은 의전 전문가들에 의해 실행되기를 원한다.

안전, 경호와 의전 사항에서 문제가 발생할 경우 공연 개최에 큰 지장을 주게 된다. 이들을 위한 의전 지침서(매뉴얼)는 아티스트와 팀의 인적 사항과 정보, 공식 일정과 제작 일정, 비행 일정, 호텔 숙소 계획, 식사 계획, 차량 계획, 비표 운영 계획, 대기실 운영 계획이 들어가야 한다.

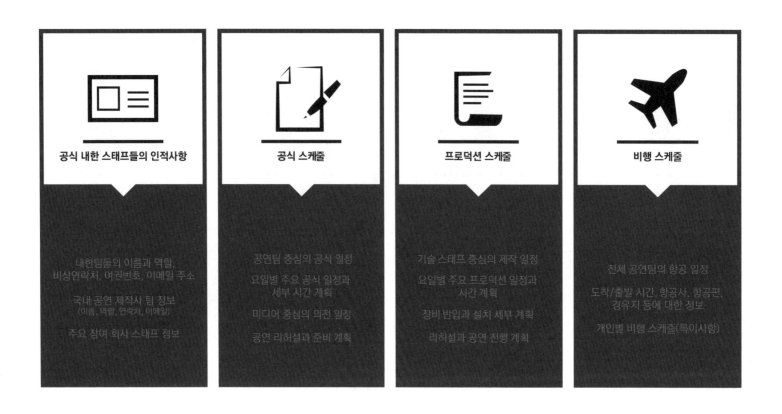

공식 내한 스태프들의 인적사항

내한팀들의 이름과 역할, 비상연락처, 여권번호, 이메일 주소

국내 공연 제작사 팀 정보 (이름, 역할, 연락처, 이메일)

주요 참여 회사 스태프 정보

공식 스케줄

공연팀 중심의 공식 일정

요일별 주요 공식 일정과 세부 시간 계획

미디어 중심의 의전 일정

공연 리허설과 준비 계획

프로덕션 스케줄

기술 스태프 중심의 제작 일정

요일별 주요 프로덕션 일정과 시간 계획

장비 반입과 설치 세부 계획

리허설과 공연 진행 계획

비행 스케줄

전체 공연팀의 항공 일정

도착/출발 시간, 항공사, 항공편, 경유지 등에 대한 정보

개인별 비행 스케줄(특이사항)

호텔 숙소 계획

전체 공연팀의 숙박 일정

호텔 이름, 주소, 연락처,
담당 매니저 정보

예약 번호, 룸 넘버, 이름,
성별, 침대 사이즈, 숙박 일수,
체크인과 체크아웃 일정,

호텔 내 사용 가능한
부대 시설 정보

식사 계획

전체 공연팀의 체류기간 내
식사 일정

조식, 중식, 석식의 식사 메뉴,
식당 식사 인원에 대한 기록

특이체질 또는 특별 주문한
사항에 대한 기록

차량 계획

공연팀의 체류 기간 내
육상 교통 일정

이동 스케줄과 인원에 따른
배차 계획

배차 계획에는 차종, 차량 번호,
기사 유무, 동행인에 대한 정보

보험 확인

비표 계획

공연팀들과 현지 스태프들의
비표 구분

비표에 들어갈 이름,
타이틀, 공간 출입 제한 여부

비표 샘플

대기실 계획

공연장의 대기실 배정 계획

대기실 번호, 배정자, 담당 매니저
의전 물품 등에 대한 기록

대기실 내 샤워 시설과
의전 시설에 대한 기록

Act 07
균형

Chapter 27_공연 수익 구조 분석법

Chapter 27
공연 수익 구조 **분석법**

#1. 기획자와 사업가

서울에 올라온 뒤, 겪었던 일 중 가장 진땀 뺐던 기억 하나를 들려주고 싶다. 당시 내 주변에는 아티스트 "TAKE 6"의 팬들이 많았다. 단순히 팬이라기보다는 거의 '빠'수준으로 열광하는 친구들이었는데, 틈만 나면 나를 부추겼다. 왜 그들을 한국에 모셔 오지 않느냐는 것이었다. 친구들은 기획자인 나를 통해, 그들의 라이브 공연을 보고 싶은 욕망을 채우고자, 열심히 나에게 "TAKE 6"을 전도했다. 결국 성화에 못 이겨 음반을 들어봤는데, 정말 놀라운 팀이었다. 나 역시 한번에 빠져들었다.

다음 날, 회사에 출근하는 즉시 국제 업무를 보던 직원에게 에이전시를 찾아 이메일을 부탁했다. 본래 이렇게 공연 의사를 묻는 러브 콜에는 금방 답이 오지 않는데, 운이 좋았는지 바로 다음 날 회신이 왔다. 마침 일본을 가는데, 원하는 시기에 공연이 가능하다는 얘기였다. 이후 과정도, 일사천리로 진행되었다. 대관부터 출연 계약까지 모든 일들이 순조로웠다.

그리고 본격적인 시작을 앞 두고, 갑자기 정신이 번쩍 들었다. 마치 뭐에 홀린 듯이, 여기까지 왔다는 생각이 들었다. 공연 유치를 결정하는 과정에서, 단 하나도 합리적인 의사결정은 없었다. 주변의 권유, 몇 사람의 강한 권유, 한 번 들어본 음반, 회사 내 마케팅 담당과 함께 그제서야 시장 조사를 하고, 현황 파악에 들어갔다. 이미 계약서 잉크가 마르고 난 뒤에야 말이다. 마케팅 팀의 보고는 더 나를 수렁으로 빠트렸다. 예술의전당 콘서트 홀 2회면, 5,000석 티켓은 팔아야 하는데, 그럴 가능성이 전혀 보이지 않았던 것이다. 며칠 뒤에 계약금(deposit)도 보내야 하는데 낭패였다. 텅 빈 공연장을 뒤로 한 채, 쓸쓸히 부산으로 낙향하는 나의 모습이 떠올랐다. 무모한 짓을 했다는 자책감이 밀려들었다.

다행인지 불행인지, 첫 번째 계약금을 보내기 전에 IMF가 터졌다. 나라는 위기에 빠졌다. 계약 당시, 1달러에 800원 정도였던 환율이 1,600원까지 치솟기 시작했다. 더 어쩔 수도 없는 상황에서, IMF 위기를 설명하며 공연 취소에 대한 양해 메일을 보냈다. 다행히도 "TAKE 6"의 에이전시 측은 오히려 우리를 위로하며, 다음에 다시 기회를 찾아보자며 기분 좋은 마무리를 해 주었다.

위의 사건 그리고 뒤에도 몇 번 비슷한 일을 겪으며 절실하게 깨달은 한 가지. '아. 나는 결코 사업하는 사람은 아니구나.' 사실 '사업'에 재능 없는 기획자가 나 혼자만은 아니다. 공연은 넘쳐나고 시장은 시끌시끌하지만, 성공했다는 사람은 손가락 안에 든다. 오히려 흉흉한 소문만 넘쳐난다. 누군 폐업했다더라, 어떤 제작자는 빛잔치를 하다 못해 해외로 도망갔다더라, 어떤 대표는 빛에 허덕이다 자살했다더라, 어떤 회사는 돌려막기식 제작을 반복해 아슬아슬 하다더라, 뭐 이런 괴담들이다. 전혀 근거 없는 소문도 아니기에 더 긴장감이 든다.

공연 시장의 규모가 커지면서, 사실 공연에 따르는 위험부담도 함께 커졌다. 한 번의 실패가 영원한 실패가 될 확률도 높아진 것이다. 그렇기에 더 따져 보고, 미리 두드려 보고, 냉정한 판단을 해야 한다. 그러나 기획자들에게 이런 과정은 익숙치 않다. 나 역시도 그랬지만, 어렵게 찾은 콘텐츠는 좋은 사업 아이템이라는 근거 없는 확신들을 갖고 있다. **기획자도 냉철해야 하는 시대가 왔다. 공연 제작 규모가 크면 클수록, 더 영리하고 합리적이어야 한다. 공연의 흥행 여부를 따져 보는 수익 구조 분석에 대한 균형 잡힌 감각을 갖추어야 하는 것이다.** 만일 그렇지 못하다면, 수지타산에 대해 더 합리적이고 균형 잡힌 사람과 함께 일해야 한다.

특히 상업 공연을 전제로 하는 모든 공연기획자들은 더욱 그렇다. 상업적인 공연기획은 그 어떤 일보다 수익 구조 분석 과정이 우선순위의 업무이어야 하는 것이다. 다양한 방법으로 따져 보고 아니다 싶은 생각이 들면 접을 줄 아는 소신도 필요하다. 공연 수익구조분석 업무들 Kick-off Job이자 Wrap-up Job이라 부르는 이유다.

이번 장에서는 기획자의 입장에서 공연 수익 구조 분석에 접근하기 위해 따져 봐야 할 몇 가지 조건들을 제시해 보고자 한다.

#2. Income Projection

공연기획자가 제작을 맡은 공연 상품에 대해 적정 수준 이상의 이윤을 창출할 수 있는지를 수치적으로 분석해 보는 자료를 업계에선 Income Projection이라 부른다.

이를 토대로 공연 개최 및 사업 실행의 여부를 결정한다. 어떤 기준과 방법으로 수지 분석을 하는지 자세히 들여다보자.

공연의 3대 수입 모델은 입장료(티켓 판매액), 협찬 수입, 부대 수익이다.

세 가지 수입 모델 모두가 손익 분석에 필요한 항목이긴 하지만 가장 안전한 선택은 티켓 판매 금액만으로 손익 분석을 따져 보는 것이 좋다.

손익 분석에 필요한 몇 가지 기준에 대해 먼저 알아보자.

_좌석 등급   _티켓 가격   _공제 항목   _공연 횟수   _제작비 총액

01. 좌석 등급 구분

뮤지컬의 경우 좌석 등급은 4~5등급으로 나뉜다.

VIP 20%
R 40%
S 30%
A 10%

위의 기준이 보수적인 등급 배정 요율이다.

VIP는 객석 앞줄부터 1층
R은 1층 옆과 뒷줄, 2층 앞자리
S는 1층 옆자리, 2층 잔여석
A는 3층으로 자리 배치를 해 왔다.

1,200석 기준일 때
VIP 200~300석
R 400~500석
S 300석 안팎
A 100~200석

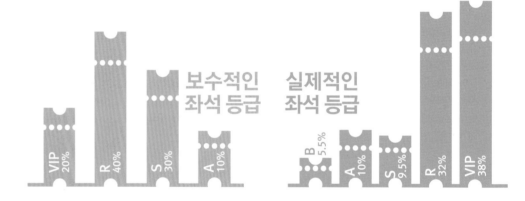

보수적인 좌석 등급 / 실제적인 좌석 등급

VIP 20% / R 40% / S 30% / A 10%

B 5.5% / A 10% / S 9.5% / R 32% / VIP 38%

위의 보수적인 등급 배정 기준은 제작비 부담이 큰 대형 공연들에게서는 지켜지지 않는 룰이다.

대형 공연의 경우 1,600석 대극장은 5등급으로 기본 기준을 삼는다.

VIP 38% / 1층(520여 석), 2층(80여 석) / 600여 석
R 32% / 1층(350여 석), 2층(170여 석) / 520여 석
S 9.5% / 2층 / 160여 석
A 10% / 3층 / 170여 석
B 5.5% / 3층 / 90여 석

극장 보유석, 사석 등 일부 좌석은 판매에서 제외한다. 회당 초대권과 기업 협찬 대응용으로 배정한 매수도 판매에서 제외한다.

위의 모든 제외수를 뺀 실제 판매 가능한 등급별 좌석 수가 중요한 기준이 된다.

02. 티켓 가격

제작비 부담이 큰 대형 라이선스와 투어링 프로덕션은 5등급에 각각의 티켓 가격으로
160,000원, 130,000원, 90,000원, 70,000원, 50,000원 선으로 일정하게 부여한다.

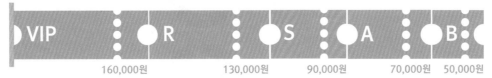

제작비 부담이 덜한 작품은
110,000원, 90,000원, 70,000원, 40,000원 선을 평균적으로 유지한다.

대중음악 콘서트의 경우, 특A급 국내 가수들은
130,000원, 110,000원, 90,000원, 70,000원, 50,000원으로 등급별 티켓 금액을 산정한다.

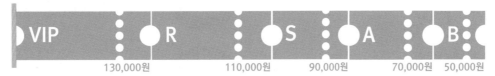

중형급 가수들은
110,000원, 90,000원, 70,000원, 50,000원으로 안정적인 티켓 가격을 선호한다.

03. 공제 항목

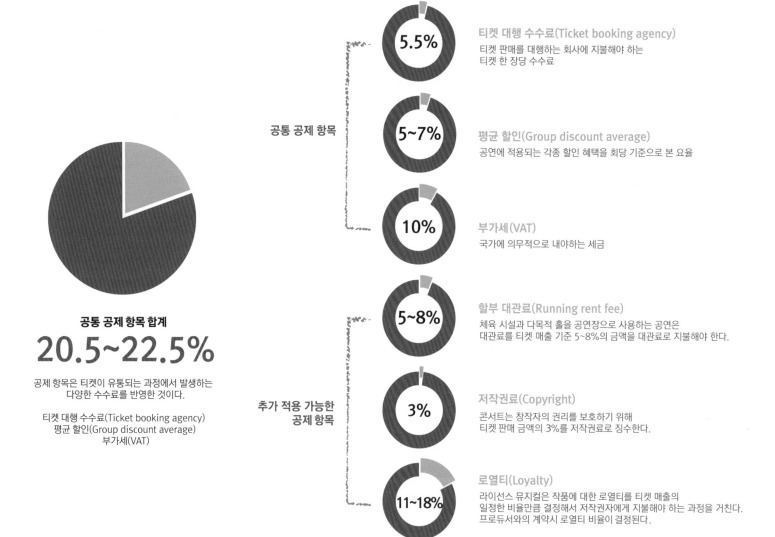

공통 공제 항목

5.5%
티켓 대행 수수료(Ticket booking agency)
티켓 판매를 대행하는 회사에 지불해야 하는
티켓 한 장당 수수료

5~7%
평균 할인(Group discount average)
공연에 적용되는 각종 할인 혜택을 회당 기준으로 본 요율

10%
부가세(VAT)
국가에 의무적으로 내야하는 세금

추가 적용 가능한 공제 항목

5~8%
할부 대관료(Running rent fee)
체육 시설과 다목적 홀을 공연장으로 사용하는 공연은
대관료를 티켓 매출 기준 5~8%의 금액을 대관료로 지불해야 한다.

3%
저작권료(Copyright)
콘서트는 창작자의 권리를 보호하기 위해
티켓 판매 금액의 3%를 저작권료로 징수한다.

11~18%
로열티(Loyalty)
라이선스 뮤지컬은 작품에 대한 로열티를 티켓 매출의
일정한 비율만큼 결정해서 저작권자에게 지불해야 하는 과정을 거친다.
프로듀서와의 계약시 로열티 비율이 결정된다.

공통 공제 항목 합계

20.5~22.5%

공제 항목은 티켓이 유통되는 과정에서 발생하는
다양한 수수료를 반영한 것이다.

티켓 대행 수수료(Ticket booking agency)
평균 할인(Group discount average)
부가세(VAT)

04. 공연 횟수

공연이 개최되는 전체 공연 횟수를 말한다.
뮤지컬은 주당 8~9회를 보편적으로 횟수로 결정한다.
수요일 낮 공연인 마티네 등이 추가될 수 있다.

05. 제작비 총액

공연 제작에 소요되는 모든 지출 경비의 합을 말한다. 제작비 세부 항목과 기준에 대해서는 다음 장에 자세히 나온다.

06. 손익분기점과 객석 점유율

손익분기점(Break Even Point)이란 본전을 찾는 시점을 말한다.
즉 공연을 위해 사용한 제작 비용이 회수되는 지점이다. 객석 점유율은 극장의 좌석 수에 실제 입장한 관객 수를 백분율로 계산하여 뽑은 통계를 말한다.
객석 점유율은 무료와 유료 두 가지로 구분될 수 있는데, 손익 분석을 위해 필요한 기준은 유료 객석 점유율이다.
이 두 가지를 함께 고려한다면, 다음과 같은 기준을 세울 수 있다.

* 유료 객석 점유율이 50%가 되었을 때, 손익분기점을 넘는 것이 가장 안정적이다.
* 손익분기점을 기준으로 그 이상을 벌면 이익이 되고, 그 이하를 벌면 손실이 된다.

즉 손익분기점이 객석 점유율 50%에서 넘어가고, 실제 극장에 든 손님들의 점유율이 75%였다면, 나머지 25%만큼의 티켓 판매 금액이 제작자에게 이익으로 돌아가는 셈이다.
업계에서는 암묵적으로 다음과 같은 손익분기점을 잡는다. 이 범주 내에서 공연 실행 여부를 결정한다.

* 뮤지컬 : 손익분기점을 50%대 (예상 관객 점유율은 60~70%)
* 콘서트 : 손익분기점을 60%대 (예상 관객 점유율은 70~80%)

국내에서 올려진 작품 중, 손익분기점이 85%대로 잡혀진 공연을 어렵지 않게 볼 수 있다.
너북이 콘서트나 내한 공연은, BEP가 90%에 육박하는 공연두 있는 실정이다.
이런 공연들은 수익에 비해 원가율이 너무 높아서 위험하다.
물론 이런 경우에도 실제 관객 점유율이 90%이상이면 이익이 발생할 수 있다.
그러나 이론상으로만 가능할 뿐 확률은 낮은 편이다.

#3. Income Projection 구성을 위해 시뮬레이션 가이드

이제 손익 분석을 위해 필요한 기준들에 대해 알아보았다면, 이 기준들을 적용하여 수익 구조 분석을 연습해 보자.
한 가지 시뮬레이션 상황을 제시해 보려고 한다.

[적용 사례_뮤지컬]

공연 형태_라이선스 뮤지컬	좌석 등급_VIP(324), R(365), S(120), A(208)
극장_LG아트센터	티켓 가격_100,000/80,000/60,000/40,000
수용 좌석_1017석	로열티_12%
공연횟수_96회	제작비 총액_3,300,000,000원

구분/등급	VIP	R	S	A	Total
티켓 가격	100,000	80,000	60,000	40,000	
좌석 수	324	365	120	208	1,017
초대권		15			
협찬사		20			
실제 판매 좌석 수		330			
합계	32,400,000	26,400,000	7,200,000	8,320,000	74,320,000
제외 항목	단체 할인			7%	5,202,400
	티켓 판매 대행 수수료 (5.5%+1.5%)			7%	4,838,232
	부가가치세			10%	6,911,760
제외 항목 합계					16,952,392
1회 공연 수익 합계					57,367,608
주당 공연 수익 합계			9 performance		516,308,472
전체 공연 수익 합계			96 performance		5,507,290,368

예상 객석 점유율	점유율에 따른 수익	로열티 12%	제작비 총액	Profits
100%	5,507,290,368	660,874,844	3,330,000,000	1,516,415,524
90%	4,956,561,331	594,787,360	3,330,000,000	1,031,773,971
80%	4,405,932,294	528,699,875	3,330,000,000	547,132,419
70%	3,855,103,258	462,612,391	3,330,000,000	62,490,867
60%	3,304,374,221	396,524,906	3,330,000,000	− 422,150,686
50%	2,753,645,184	330,437,422	3,330,000,000	− 906,792,238
40%	2,202,916,147	264,349,938	3,330,000,000	− 1,391,433,790
30%	1,652,187,110	198,262,453	3,330,000,000	− 1,876,075,343

위 사례에서 손익분기점을 알아낼 수 있겠는가? 이 공연의 문제점은 무엇인가? 이 공연은 손익분기점이 업계 관례보다 높게 책정되었다.

수익율을 높이기 위해서는 손익분기점 요율을 낮출 수 있는 방안이 필요하다. 다음 다섯 가지의 해결책을 제시할 수 있다.

티켓 가격 상향 조정
등급별 티켓 가격을 일정 금액 상향 조정할 수 있다.

공연 횟수 추가
1-2주 정도의 공연 횟수를 추가할 수 있다. 제작비 증감률도 감안해야 한다.

등급별 좌석 비율 조정
비싼 등급의 좌석으로 좌석 수를 몰아 주는 방식도 가능하다.

제작비 절감
비용을 아껴 쓰는 방안이다.

공제 항목의 효율적 관리
할인이나 초대권 등 공제 항목을 최대한 긴축해서 사용할 수 있다.

다섯 가지 적용 항목 중 손익분기점 요율 조정에 가장 큰 변화를 제공하는 것이 무엇인지를 살펴보자.

티켓 가격 상향 조정
티켓가 조정으로 **기존 70%였던 B.E.P를 60%로 떨어뜨릴 수 있었다.**

구분/등급	VIP	R	S	A	Total
티켓 가격	120,000	100,000	80,000	60,000	
좌석 수	324	365	120	208	1,017
초대권		15			
협찬사		20			
실제 판매 좌석 수		330			
합계	38,880,000	33,000,000	9,600,000	12,480,000	93,960,000
제외 항목	단체할인			7%	6,577,200
	티켓 판매 대행 수수료 (5.5%+1.5%)			7%	6,116,796
	부가가치세			10%	8,738,280
제외항목합계					21,432,276
1회 공연 수익 합계					72,527,724
주당 공연 수익 합계		9 performance			652,749,516
전체 공연 수익 합계		96 performance			6,962,661,504

예상 객석 점유율	점유율에 따른 수익	로열티 12%	제작비 총액	Profits
100%	6,962,661,504	835,519,380	3,330,000,000	2,797,142,124
90%	6,266,395,354	751,967,442	3,330,000,000	2,184,427,911
80%	5,570,129,203	668,415,504	3,330,000,000	1,571,713,699
70%	4,873,863,053	584,863,566	3,330,000,000	958,999,486
60%	4,177,596,902	501,311,628	3,330,000,000	346,285,274
50%	3,481,330,752	417,759,690	3,330,000,000	- 266,428,938
40%	2,785,064,602	334,207,752	3,330,000,000	- 879,143,151
30%	2,088,798,451	250,655,814	3,330,000,000	- 1,491,857,363

등급별 좌석 비율 조정

티켓가 조정 후 좀 더 B.E.P를 낮춰보기 위하여 A 등급의 좌석수를 줄이고 R석을 늘려보았다.
좌석 비율 조정으로 B.E.P를 54%로 떨어뜨릴 수 있었다.

구분/등급	VIP	R	S	A	Total
티켓 가격	120,000	100,000	80,000	60,000	
좌석 수	324	465	120	108	1,017
초대권		15			
협찬사		20			
실제 판매 좌석 수		430			
합계	38,880,000	43,000,000	9,600,000	6,480,000	97,960,000
제외 항목	단체할인			7%	6,857,200
	티켓 판매 대행 수수료 (5.5%+1.5%)			7%	6,377,196
	부가가치세			10%	9,110,280
제외 항목 합계					22,344,676
1회 공연 수익 합계					75,615,423
주당 공연 수익 합계			9 performance		680,537,916
전체 공연 수익 합계			96 performance		7,259,071,104

예상 객석 점유율	점유율에 따른 수익	로열티 12%	제작비 총액	Profits
100%	7,259,071,104	871,088,532		3,057,982,572
90%	6,533,163,994	783,979,679	3,330,000,000	2,419,184,314
80%	5,807,256,883	696,870,826	3,330,000,000	1,780,386,057
70%	5,081,349,773	609,761,973	3,330,000,000	1,141,587,800
60%	4,355,442,662	522,653,119	3,330,000,000	502,789,543
58%	4,210,261,240	505,231,349	3,330,000,000	375,029,891
56%	4,065,079,818	487,809,578	3,330,000,000	247,270,240
54%	3,919,898,396	470,387,808	3,330,000,000	119,510,589
52%	3,774,716,974	452,966,037	3,330,000,000	− 8,249,063
50%	3,629,535,552	435,544,266	3,330,000,000	− 136,008,714
40%	2,903,628,442	348,435,413	3,330,000,000	− 774,806,971

공연 횟수 추가

공연 횟수를 2주(18회) 늘린 후 기존 제작비에 5%를 더하여 B.E.P를 분석해 보았다.

구분/등급	VIP	R	S	A	Total
티켓 가격	100,000	80,000	60,000	40,000	
좌석 수	324	365	120	208	1,017
초대권		15			
협찬사		20			
실제 판매 좌석 수		330			
합계	32,400,000	26,400,000	7,200,000	8,320,000	74,320,000

제외항목					
단체 할인				7%	5,202,400
티켓 판매 대행 수수료(5.5%+1.5%)				7%	4,838,232
부가가치세				10%	6,911,760
제외항목합계					16,952,392

1회 공연 수익 합계					57,367,608
주당 공연 수익 합계			9 performance		516,308,472
전체 공연 수익 합계			114 performance		6,539,907,312

예상 객석 점유율	점유율에 따른 수익	로열티 12%	제작비 총액	Profits
100%	6,539,907,312	784,788,877	3,496,500,000	2,258,618,435
90%	5,885,916,581	706,309,990	3,496,500,000	1,683,106,591
80%	5,231,925,850	627,831,102	3,496,500,000	1,107,594,748
70%	4,577,835,118	549,352,214	3,496,500,000	532,082,904
61%	3,989,343,460	478,721,215	3,496,500,000	14,122,245
60%	3,923,944,387	470,873,326	3,496,500,000	− 43,428,939
50%	3,269,953,656	392,394,439	3,496,500,000	− 618,940,783
40%	2,615,962,925	313,915,551	3,496,500,000	− 1,194,452,626
30%	1,961,972,194	235,436,663	3,496,500,000	− 1,769,964,470

위의 다이어그램에서 확인할 수 있두 가장 이상적인 방안은 공연 횟수를 조정하는 것이다.

그러나 이 해결책에는, 극장 상황, 배우들의 일정, 프로덕션 스태프의 일정 등 조율해야 할 것이 많은 편이다. 그래서 가상 현실석으로 신택힐 ÷ 있는 것은 제파비를 절감하는 방안이다 한마디로 긴축 재정을 하는 것이다. 큰 변화를 가져다 줄 수 없는 방안인데, 시장에서 선호하는 조건이다. 이 조건을 활용할 경우, 스태프들이 가장 큰 피해자가 된다.

기획자가 이 지점에서 꼭 한 가지 경계해야 할 것은 단순한 숫자 놀음을 해서는 안된다는 것이다. 전략을 기반하지 않은 단순한 수치 나열은 무의미한 작업이다.

수치가 변할 때는 그 변수에 대응하는 다른 전략이 함께 따라야 한다. 균형을 맞춰야 한다는 것이다. 그렇기에 기획자에게는 합리성 못지 않게 균형 감각도 필요하다.

#4. 공연 제작 예산 작성법

공연에서 지출 예산은 수입 예산의 결과와는 관련없이 계획되고 집행되는 것이 일반적이다.
그런 이유로 많은 기획자들이 공연에 소요되는 제작비(지출)를 최대한 줄이면 이윤을 극대화시킬 수 있다는 생각에 소모적인 긴축재정 정책을 사용했다.
그러나 소비자들의 의식 변화와 문화인지 능력이 높아지면서 이러한 긴축재정 정책은 zero-sum을 불러올 수 있다.
지금은 오히려 쓸 돈은 쓰고 우수한 인재와 역량이 검증된 전문팀과의 효과적인 제휴를 통해 공연의 완성도를 높이며, 이를 통해 수익을 극대화시켜 나가는 적극적인 예산 정책이 필요하다.

공연기획자는 제작비 지출에 대한 효율성을 높이고 공연에서 발생하는 여러 가지 부작용을 시스템적으로 차단하여 수익성을 높여 갈 수 있어야 한다.
그러기 위해서는 제작비에 대한 전반적인 이해가 반드시 필요하다.

4-1) 대중음악 공연(콘서트)의 제작비 지출 비율

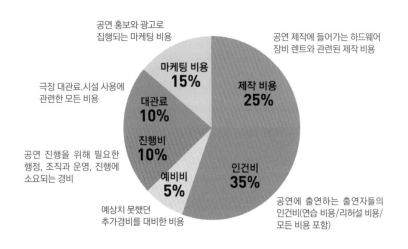

4-2) 뮤지컬의 제작비 지출 비율

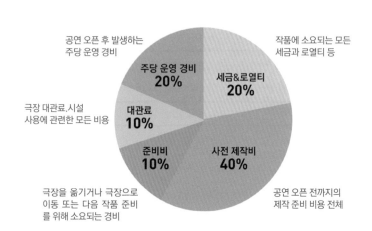

4-3) 제작비 지출 비율의 조화와 균형

공연 시장에서 평균적으로 사용되는 제작비 지출 비율은 전체적으로 공연을 성공적으로 이끌기 위해 지켜야 할 중요한 과제이다. 지출 항목 중 한 영역이 불균형적으로 배당 요율이 커져 버린다면
상대적으로 다른 지출 항목에 문제가 생기는 것은 쉽게 예상할 수 있다. 이는 곧 공연의 높은 수준과 안전에 대한 객관적인 보장이 어려울 수 있다는 뜻이다.
공연의 완성도를 높이고 성공적인 기획으로 공연을 마무리하기 위해서는 지출 항목에 대한 균형을 맞추는 것이 중요한 데 특별한 경우를 위해 사용할 수 있는 방법들이다.

– 출연료 수익 분배 방식(running share)   – 투자 전환(대관료, 장비)   – 공동 제작 방식(출연료)

#5. 공연 제작 예산 항목 이해_뮤지컬

5-1) 사전 준비 비용
(Pre-production_Development)

공연 작품을 결정하고 계약 진행 과정, 초기 작품 준비(번역/가사/작곡)에 사용되는 사전 준비 비용을 말한다. 해외에서 공연을 들여 올 경우 해외 에이전트의 고용 비용도 포함된다.

• 해외 업무 비용

• 번역, 대본: 해외 라이선스 뮤지컬의 경우 외국어를 한국어로 번역하고, 공연하기 매끄럽게 만드는 작업

• 작사, 작곡: 뮤지컬, 오페라같이 음악극 요소가 결합된 경우

• 편곡: 원극에서의 원곡을 다른 연주 형태로 옮기는 일

• 기술 견학

• 프로젝트 개발 비용

• 저작권, 창작극본

5-2) 크리에이티브팀 인건비
(Pre-prodcution_Creative Fee & Salaries)

공연 작품 준비 기간에 참여하는 크리에이티브 팀들에 대한 인건비 책정 항목들이다. 프로덕션 고문이나 기술 담당 매니저들의 항목도 포함된다.

• 프로듀서
• 거주 연출가
• 무대, 음향, 조명 디자이너
• 메이크업, 헤어 디자이너
• 안무가
• 연출-해외
• 음악 감독
• 지휘자, 연주자
• 제작 감독
• 기술 감독

5-3) 출연료와 프로덕션 스태프 인건비
(Personnel Fee & Salaries)

공연 작품 준비 기간과 공연 기간에 참여하는 공연 출연자들과 프로덕션 스태프들에 대한 인건비 책정 항목들이다.

• 주연 배우 A, B: 공연 예술의 경우 일회적 성격을 지니므로, 일정한 기간 단위로 번갈아 가며 주연 배우가 바뀌게 된다. 일반적으로 하나의 배역에 2~3명의 배우가 존재한다.

• 앙상블, 연주자
• 기술감독
• 극단 매니저
• 목수, 플라이맨
• 음향
• 의상
• 반입 지원 스태프
• 음향 오퍼레이터
• 조명 오퍼레이터
• 핀 조명수, 핀잡이
• 드레서(전환)
• 안무팀장
• 제작감독, 제작조감독
• 무대감독, 무대조감독
• 기계공
• 소품
• 조명
• 헤어, 메이크업
• 공연 진행팀
• 모니터 오퍼레이터
• 조명 오퍼레이터 보조
• 의상팀장
• 보컬 트레이너

5-4) 프로덕션(제작) 비용
(Physical Production, Equipment Rental and Department Expense)

공연 제작에 소요되는 모든 경비와 극장에 추가로 투입되는 장비(음향, 조명, 악기 등)에 대한 예산 항목이다. 프로덕션에 참여하는 각 팀들의 진행과 운영에 소요되는 일반 경비도 포함된다.

- 무대
- 의상
- 전기, 오토메이션
- 녹음
- 조명 대여
- 프로덕션 매니지먼트
- 무대 매니지먼트
- 조명 매니지먼트
- 헤어, 메이크업 매니지먼트

- 소품
- 가발, 메이크업
- 악기
- 음향 대여
- 악보
- 컴퍼니 매니지먼트
- 음향 매니지먼트
- 의상 매니지먼트

5-5) 오디션과 연습 비용
(Audition & Rehearsal Expense)

배우들을 선발하기 위한 오디션 준비에 사용되는 모든 비용과 연습 기간에 참여하는 배우들과 연주자들에 대한 연습 비용과 대관, 진행비를 말한다.

- 오디션 장소 대여
- 오디션 진행 비용
- 심사 위원 섭외
- 리허설 진행 비용
- 리허설 장소 대여

5-6) 대관료와 마케팅 비용
(Theatre Rental, Administration & Management, Marketing)

공연을 올리기 위해 필요한 장비 반입과 설치, 리허설에 들어가는 대관료를 포함한 공연 기간의 대관료, 행정과 운영, 진행 비용과 마케팅에 들어가는 비용이 포함된다.

- 반입,반출 비용
- 경영, 운영
- 예비비
- 대관료
- 방송 매체 광고
- 마케팅 비용
- 마케팅 매니지먼트

공연기획

#6. 공연 제작 예산 항목 이해_콘서트

6-1) 출연료
(Guarantee, Artist)

대중음악 공연에 출연하는 아티스트에 대한 출연료 항목이다. 출연 횟수, 시간, 연습 비용, 의상 비용, 체제 비용 등의 모든 비용을 포함한다. 외국에서 국내로 공연을 오게 되는 경우는 뮤지션과 안무팀들의 모든 출연료들은 개런티에 포함된다.

- 가수 출연료
- 에이전트 대행료 – 해외 공연
- 연주자
- 무용수
- 케이터링 비용
- 숙박, 식사
- 항공, 교통

6-2) 프로덕션 비용
(Production)

무대에 설치되는 장비의 디자인과 대여 비용에 대한 항목들이다. 무대 연출을 맡은 크리에이티브 팀들에 대한 인건비도 포함한다(내한 공연의 경우 별도로 책정되지 않는다).

- 음향
- 무대
- 레이어
- 악기
- 중계 카메라
- 잔디 보호
- 펜스
- 바리케이드
- 연출
- 작가
- 편곡가
- 무대 디자이너

- 조명
- 트러스
- 스크린, 영상 H/W
- 특수효과
- 발전차
- 트랙 보호
- 객석 의자
- 운송
- 조연출
- 음악감독
- 무대감독

6-3) 마케팅과 행정 비용
(Marketing, A&M)

공연 마케팅과 운영에 사용되는 항목들이다. 운영과 마케팅의 항목들은 공연의 규모에 따라 차이가 크다.

- 텔레비전 광고
- 제작비
- 홈페이지 제작
- 인터넷 광고
- 포스터 인쇄
- 거리 현수막
- 홍보비
- 운영 요원
- 무대 진행
- 테이블 렌탈
- 물품 및 집기 렌탈
- 제작 스태프
- 진행비

- 라디오 광고
- 디자인
- 신문 광고
- 전단비
- 부착비
- 현판
- 현장 경호
- 통역
- 현장 총 진행
- 텐트 렌탈
- 스태프 보험
- 티켓 안내원
- 스태프 식대

6-4) 기타

극장 대관료와 진행 경비, 보험료와 행정 비용, 예비비의 항목들로
구성된다.

- 대관 진행료
- 안전 보험
- 예비비
- 스폰서 유지비
- 종연 회식 비용

- 투자 유치비
- 범칙금
- 업무 진행비
- 비표 및 기타 제작물

자료 1. 뮤지컬 예산 항목 예시

BUDGET		
Classification	Item	Total
Development		136,000,000
	Overseas Management Fee	75,000,000
	Translation	2,000,000
	Lyrics	4,000,000
	Script	2,000,000
	Music Arrangement	3,000,000
	Tech Visit	20,000,000
	Project Development Costs	30,000,000
Audition		4,600,000
	Audition Room Rental	2,500,000
	Audition Salaries	2,100,000
	Audition Expenses	2,500,000
Fee & Salaries		1,073,900,000
	Producer	50,000,000
	Director(Overseas)	50,000,000
	Residence Director	20,500,000
	Music Director	5,000,000
	Scenic Designer	8,000,000
	Sound Designer	5,000,000
	Lighting Desigher	5,000,000
	Wardrobe Designer	5,000,000
	Makeup/Hair Designer	4,000,000
	Choreographer	8,000,000
	Cast A(주연급)	96,000,000
	Cast B(조연급)	81,000,000
	Cast C(아이들)	32,400,000
	Cast D(앙상블A)	75,600,000
	Cast E(앙상블B)	55,040,000
	Conductor	12,000,000
	Musicians	162,000,000

	Production Supervision	20,000,000
	Project MGT Team	44,640,000
	Company MGT Team	44,640,000
	Production MGT Team	27,680,000
	Stage MGT Team	61,280,000
	Mechanic Team	31,440,000
	Sound Team	29,520,000
	Lighting Team	39,360,000
	Prop Team	25,200,000
	Wardrobe Team	50,400,000
	Wigs & Makeup Team	25,200,000
Rehearsal Expenses		58,800,000
	Rehearsal Room Rental	16,800,000
	Rehearsal MGT	42,000,000
Physical Production		560,000,000
	Scenery (automation 포함)	350,000,000
	Props	40,000,000
	Wardrobe	80,000,000
	Wigs & Makeup	40,000,000
	Instrumental	50,000,000
Equipment Rental		370,000,000
	Sound	148,000,000
	Lighting	222,000,000
	Other	-
Department Expense		126,900,000
	Production MGT	9,500,000
	Company MGT	100,000,000
	Stage MGT	3,800,000
	Sound MGT	3,800,000
	Lighting MGT	3,800,000
	Wardrobe MGT	3,000,000
	Hair / Makeup	3,000,000
Bump In & Out		36,000,000
	BIO expense	16,000,000
	Closure	20,000,000
Theatre Rental	7/1 ~ 9/22	420,000,000
A & M	Office, Communicaltion, etc.	47,000,000
Marketing		477,500,000
	Marketing Costs	410,000,000
	Marketing Costs (Broadcast)	-
	Marketing MGT	67,500,000
Contingency		20,000,000
	Grand Total	3,330,700,000

자료 2. 콘서트 예산 항목 예시

				US1$=	950 KRW		
	Item	Quantity		Unit Cost	Duration	Amount	Description
Guarantee 아티스트 게런티	Artist Guarantee			US$800,000		760,000,000	
	Agent Fee		2%	US$16,000		15,200,000	
	소계					**775,200,000**	
Artist 아티스트 관련	Hotel 호텔	30	P	200,000	3	18,000,000	
	Visa 비자	30	P	50,000	1	1,500,000	
	차량 1	4	EA	300,000	2	2,400,000	Sedan
	차량 2	4	EA	400,000	2	3,200,000	VAN
	Catering 케이터링	30	P	100,000	1	3,000,000	
	Meals 식대	30	P	50,000	2	3,000,000	
	Insurance 보험	30	P	15,000	1	450,000	
	Dressing Rooms 대기실	6	R	700,000	1	4,200,000	
	Security 경호	2	P	150,000	3	900,000	
	소계					**36,650,000**	
Production 제작	Sound 음향	1	Set	10,000,000	1	10,000,000	
	Lights 조명	1	Set	15,000,000	1	15,000,000	
	Stage 무대	1	Set	10,000,000	1	10,000,000	
	Truss 트러스	1	Set	5,000,000	1	5,000,000	
	Layher 레이어	1	Set	0	1	0	
	Screen 스크린	2	Set	2,500,000	1	5,000,000	
	LED 전광판	1	Set	7,000,000	1	7,000,000	
	Backline 막기	1	Set	2,000,000	1	2,000,000	
	Special Effect 특수효과	1	Set	5,000,000	1	5,000,000	
	Cameras 중계	1	Set	5,000,000	1	5,000,000	
	Generator 발전차	2	EA	2,000,000	1	4,000,000	
	Seats 객석 의자	0	EA	1,200	1	0	
	Barricade 바리케이트	1	Set	5,000,000	1	5,000,000	
	Ground Cover 바닥 보호	0	Set	0	1	0	
	Venue 대관운영비	1	Set	5,000,000	1	5,000,000	
	Cargo 운송	1	Set	1,000,000	1	1,000,000	국내 운송
	소계					**79,000,000**	
Marketing 마케팅	TV Spot TV광고					100,000,000	
	Radio Spot 라디오 광고					0	
	Spot Production 제작비	1	Set	1,500,000	1	1,500,000	
	Artwork Design 디자인	1	Set	1,500,000	1	1,500,000	
	Newspaper AD 신문 광고	3	T	1,000,000	1	3,000,000	
	Internet AD 인터넷 광고	1	Set	10,000,000	1	10,000,000	
	Poster Printing 포스터 인쇄	25,000	EA	150	1	3,750,000	
	Poster Promotion Fee 부착비	25,000	EA	300	1	7,500,000	
	Street Banners 거리 현수막	100	EA	40,000	1	4,000,000	
	Outdoor Banners 현판 등					4,000,000	
	PR 홍보비					3,000,000	
	소계					**138,250,000**	
Operation 운영	Security 경호	20	Set	150,000	2	6,000,000	
	Ushers 운영요원	80	P	80,000	1	6,400,000	
	Interpreter 통역	6	P	100,000	4	2,400,000	
	VIP Cares VIP 관련 용대	1	Set	10,000,000	1	10,000,000	
	Rentals 외부 렌탈	1	Set	3,000,000	1	3,000,000	
	Stage Hand 제작 스태프	12	P	100,000	4	4,800,000	
	Meals 식대	100	T	5,000	2	1,000,000	
	소계					**33,600,000**	
Miscellaneous 기타	Business Expense 업무 진행비	3	M	4,000,000	1	12,000,000	
	Audience Insurance 관객 보험	1	T	3,000,000	1	3,000,000	
	Pass 비표 및 기타 제작물	200	EA	4,000	1	800,000	
	Reserve 예비비					10,000,000	
	소계					**25,800,000**	
	Grand Total					**1,088,500,000**	VAT 별도

Act **08**
디테일

Chapter 28
디테일의 힘

#1. 스케일과 디테일

외국 뮤지션들의 공연을 비디오로 접한 학생들이 내게 자주 묻곤 한다. "교수님, 외국 공연이 우리나라 공연과 그렇게 차이가 큰가요?" 사실 외국의 예시와 상대적으로 비교하여 우리의 부족함을 찾는 일이 그리 유쾌한 일은 아니지만, 그리 어려운 일도 아니다. 내가 그들에게 하는 대답은, '스케일과 디테일(scale & detail)'에서 처절하게 밀린다는 것이다.

사실 스케일은 시장의 문제이기에 우리가 따라 잡기가 힘든 부분이다. 우리나라 아티스트 중 전 세계 Main Stream을 대상으로 월드 투어를 할 수 있는 이가 나오기 전까지는 불가능한 일이다. U2의 〈360〉, 마돈나의 〈MDNA 투어〉 같은 프로젝트를 누구나 꿈꾸지만 아무에게나 주어지는 기회는 아닌 것이다.

디테일은 어떤가? 해 볼 만한 게임이 분명한데도 이건 더 멀어 보인다. 콘셉트 설정, 구성력 아니 작은 소품 하나만 비교해 보아도 디테일의 퀄리티가 다르다. 그들은 작은 리본 하나의 색감과 매듭 스타일링까지 신경을 쓴다. 전 세계의 팬들은 그 디테일 속에 숨어 있는 악마에 매료된다.

스케일과 디테일
양쪽 모두 따라잡을 길이 멀어 보이는 것이 지금 우리의 현실이다. 그러나 디테일은 역시 한번 해 볼만 한 게임이다. 작은 차이로 차별성을 만들어 내는 작업이기에, 조금 세심한 시각만 가진다면 충분히 가능성이 있다. 그렇기에 연출자의 역량이 중요하다. 디테일을 가장 필요로 하는 영역이 바로 연출(directing)이기 때문이다. 세심하게 신경쓰고, 치밀하게 판을 짜야 하는 일 대부분이 연출 파트에 몰려 있다.

그래서 나는 공연기획자의 태도를 풀어가는 마지막 아젠더이자 키워드로 '디테일'을 골랐다. 그만한 가치가 있다고 판단했다. 사족을 조금 보태자면, 내가 연출 작업을 하며 십 년 넘게 외쳐 온 슬로건이 있다. '디테일에서 밀리면 끝!'이다. 그만큼 디테일의 중요성을, 누구보다도 절감하며 살아왔지만 현장에 적용하기란 쉬운 일이 아니었다. 매 순간 나의 한계와 시장 환경의 벽을 실감하며 보낸 듯하다. 그러나 나는 아직까지도 '디테일'에 목숨을 건다. 주어진 프로젝트마다 디테일에 밀리지 않으려 노력하며 산다.

**스케일로 승부할 수 없는 대한민국의 여건상,
우리의 열쇠는 '디테일' 뿐이기 때문이다.**

#2. 연출, 디테일 마스터

공연의 완성은 기본 골격이 되는 아티스트와 곡 자체의 경쟁력에서 시작한다. 좋은 공연은 좋은 곡, 재기, 가창력의 삼박자를 고루 갖춘 가수로부터 시작된다는 말이, 괜히 생겨난 것이 아니다. 요리의 완성이 좋은 재료에서 시작되듯, 공연 역시 좋은 재료가 필요하다. 재료가 되는 곡을 가지고, 관객의 기호와 입맛에 맞게 맛있는 요리로 만드는 작업은 그 다음이다. 이 작업은 잘 짜여진 구성력과 음악적 완성도를 이끌어 내야 하는 단계를 의미한다.
세프의 역할을 갖는 연출이 돋보여야 하는 지점이다. 그리고 마지막으로 정성껏 준비한 요리 위에, 어떤 장식이 좋을지를 고민하게 된다. 관객을 위해 만들어진 가장 아름다운 성찬이 될 수 있도록 멋을 내는 단계이다. 다양한 흥미 유발 요소와 볼거리로 무장한 프로덕션으로, 완성의 마침표를 찍는다.

요약한다면 공연은 아티스트가 7할 이상의 역할을 하지만, 연출과 프로덕션팀의 조력이 더해질 때 제대로 완성된다는 이야기다. 이번 장에서는 디테일의 힘을 가장 필요로 하는 연출의 역할에 대해 자세히 살펴보고자 한다.

#3. 연출의 역할

대중음악 공연의 연출감독은 아티스트 다음으로 중요한 보직이다.
관객에게는 아티스트만 보이겠지만, 공연을 만드는 스태프들 입장에서는 그의 존재감이 크다. 공연 연출감독의 역할을 통해 그가 얼마나 중요한 존재인지를 이야기하고싶다.

콘서트 연출 감독은 다음과 같은 역할을 갖는다.
'잘 구성한 공연 내용을 무대에서 구현가능한 기술과 결합한 형태로 시각화하여 관객에게 일정한 흐름을 갖고 효과적으로 전달하는 것'이다.

지금부터 연출의 역할을 여섯 가지 단계별로 나누어 설명하고자 한다.

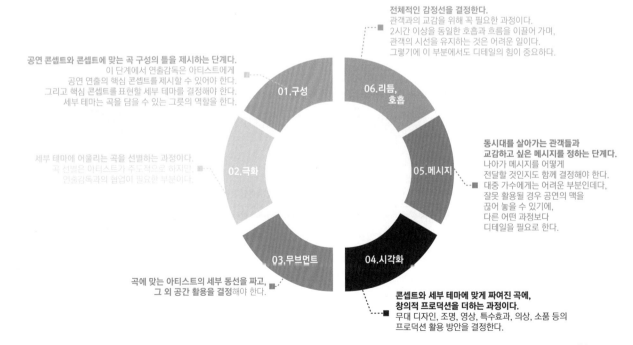

전체적인 감정선을 결정한다.
관객과의 교감을 위해 꼭 필요한 과정이다.
2시간 이상을 동일한 호흡과 흐름을 이끌어 가며,
관객의 시선을 유지하는 것은 어려운 일이다.
그렇기에 이 부분에서도 디테일의 힘이 중요하다.

공연 콘셉트와 콘셉트에 맞는 곡 구성의 틀을 제시하는 단계다.
이 단계에서 연출감독은 아티스트에게
공연 연출의 핵심 콘셉트를 제시할 수 있어야 한다.
그리고 핵심 콘셉트를 표현할 세부 테마를 결정해야 한다.
세부 테마는 곡을 담을 수 있는 그릇의 역할을 한다.

01.구성

06.리듬, 호흡

**동시대를 살아가는 관객들과
교감하고 싶은 메시지를 정하는 단계다.**
나아가 메시지를 어떻게
전달할 것인지도 함께 결정해야 한다.
대중 가수에게는 어려운 부분인데다,
잘못 활용될 경우 공연의 맥을
끊어 놓을 수 있기에,
다른 어떤 과정보다
디테일을 필요로 한다.

세부 테마에 어울리는 곡을 선별하는 과정이다.
곡 선별은 아티스트가 주도적으로 하지만,
연출감독과의 협업이 필요한 부분이다.

02.극화

05.메시지

03.무브먼트

04.시각화

곡에 맞는 아티스트의 세부 동선을 짜고,
그 외 공간 활용을 결정해야 한다.

**콘셉트와 세부 테마에 맞게 짜여진 곡에,
창의적 프로덕션을 더하는 과정이다.**
무대 디자인, 조명, 영상, 특수효과, 의상, 소품 등의
프로덕션 활용 방안을 결정한다.

#4. 좋은 연출과 연출감독의 조건

공연은 기술이나 상품이기 이전에 문화며 예술이다.
그렇기에 대형 규모의 무대와 화려한 메커니즘은 결코 좋은 공연을 평가하는 절대 기준이 될 수 없다.
관객은 아티스트와 함께 호흡하고 교감할 수 있는 공연을 원한다.
공연의 본질인 소통, 교감에 충실한 공연이 바로 좋은 공연인 것이다.
다시 말해 좋은 연출이라면, 관객과 같은 시선으로 무대를 볼 수 있어야 하며, 무대와 객석을 아우르는 통찰이 있어야 한다.
공연의 본질인 소통, 교감에 충실해야 한다.

이를 기본으로 두고, 그 밖에 좋은 연출감독이 되려면 갖추어야 할 필수 소양들을 살펴보자.

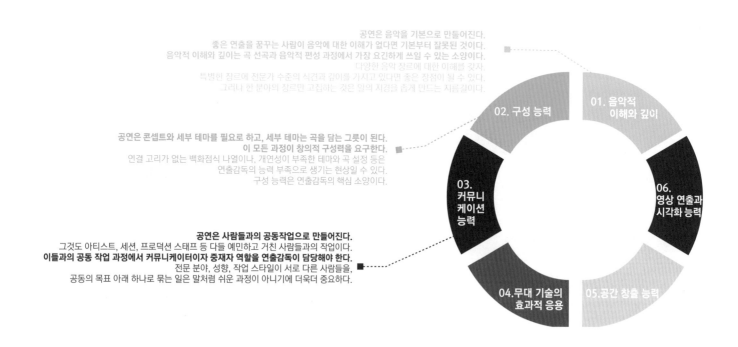

공연은 음악을 기본으로 만들어진다.
좋은 연출을 꿈꾸는 사람이 음악에 대한 이해가 없다면 기본부터 잘못된 것이다.
음악적 이해와 깊이는 곡 선곡과 음악적 편성 과정에서 가장 요긴하게 쓰일 수 있는 소양이다.
다양한 음악 장르에 대한 이해를 갖자.
특별한 장르에 전문가 수준의 식견과 깊이를 가지고 있다면 좋은 장점이 될 수 있다.
그러나 한 분야의 장르만 고집하는 것은 일의 지경을 좁게 만드는 지름길이다.

공연은 콘셉트와 세부 테마를 필요로 하고, 세부 테마는 곡을 담는 그릇이 된다.
이 모든 과정이 창의적 구성력을 요구한다.
연결 고리가 없는 백화점식 나열이나, 개연성이 부족한 테마와 곡 설정 등은
연출감독의 능력 부족으로 생기는 현상일 수 있다.
구성 능력은 연출감독의 핵심 소양이다.

공연은 사람들과의 공동작업으로 만들어진다.
그것도 아티스트, 세션, 프로덕션 스태프 등 다들 예민하고 거친 사람들과의 작업이다.
이들과의 공동 작업 과정에서 커뮤니케이터이자 중재자 역할을 연출감독이 담당해야 한다.
전문 분야, 성향, 작업 스타일이 서로 다른 사람들을,
공동의 목표 아래 하나로 묶는 일은 말처럼 쉬운 과정이 아니기에 더욱더 중요하다.

02. 구성 능력

01. 음악적 이해와 깊이

03. 커뮤니케이션 능력

06. 영상 연출과 시각화 능력

04. 무대 기술의 효과적 응용

05. 공간 창출 능력

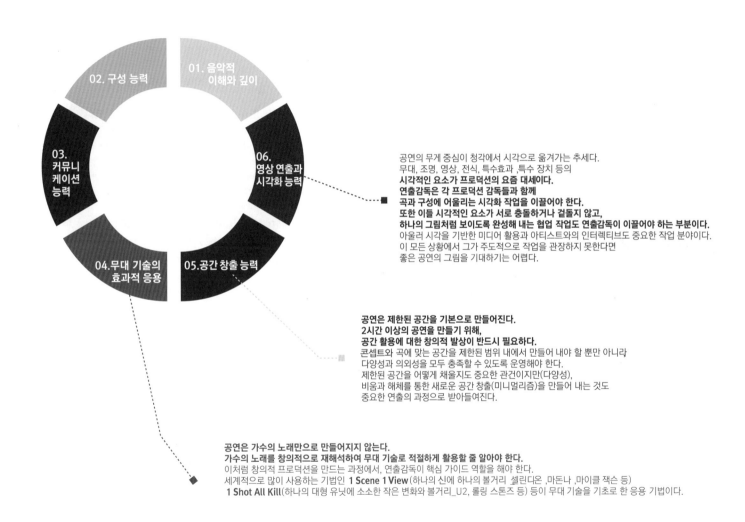

01. 음악적
이해와 깊이

02. 구성 능력

03.
커뮤니
케이션
능력

06.
영상 연출과
시각화 능력

04.무대 기술의
효과적 응용

05.공간 창출 능력

공연의 무게 중심이 청각에서 시각으로 옮겨가는 추세다.
무대, 조명, 영상, 전식, 특수효과 ,특수 장치 등의
시각적인 요소가 프로덕션의 요즘 대세이다.
연출감독은 각 프로덕션 감독들과 함께
곡과 구성에 어울리는 시각화 작업을 이끌어야 한다.
또한 이들 시각적인 요소가 서로 충돌하거나 겉돌지 않고,
하나의 그림처럼 보이도록 완성해 내는 협업 작업도 연출감독이 이끌어야 하는 부분이다.
아울러 시각을 기반한 미디어 활용과 아티스트와의 인터렉티브도 중요한 작업 분야이다.
이 모든 상황에서 그가 주도적으로 작업을 관장하지 못한다면
좋은 공연의 그림을 기대하기는 어렵다.

공연은 제한된 공간을 기본으로 만들어진다.
2시간 이상의 공연을 만들기 위해,
공간 활용에 대한 창의적 발상이 반드시 필요하다.
콘셉트와 곡에 맞는 공간을 제한된 범위 내에서 만들어 내야 할 뿐만 아니라
다양성과 의외성을 모두 충족할 수 있도록 운영해야 한다.
제한된 공간을 어떻게 채울지도 중요한 관건이지만(다양성),
비움과 해체를 통한 새로운 공간 창출(미니멀리즘)을 만들어 내는 것도
중요한 연출의 과정으로 받아들여진다.

공연은 가수의 노래만으로 만들어지지 않는다.
가수의 노래를 창의적으로 재해석하여 무대 기술로 적절하게 활용할 줄 알아야 한다.
이처럼 창의적 프로덕션을 만드는 과정에서, 연출감독이 핵심 가이드 역할을 해야 한다.
세계적으로 많이 사용하는 기법인 **1 Scene 1 View** (하나의 신에 하나의 볼거리_셀린디온 ,마돈나 ,마이클 잭슨 등)
1 Shot All Kill(하나의 대형 유닛에 소소한 작은 변화와 볼거리_U2, 롤링 스톤즈 등) 등이 무대 기술을 기초로 한 응용 기법이다.

#1. 악마는 디테일에 숨어 있다.

앞서 디테일이 우리가 가져야 할 핵심 키워드라는 것을 언급했다.

이에 한 가지를 더 보탠다. "악마는 디테일에 숨어 있다"라는 서양 속담이다.

이 말은 사소한 것 하나를 놓치면 전부를 잃을 수도 있다고 경고하고 있다. 공연도 마찬가지이다. 다 잘하다가 하나에서 미끄러지면 여태 잘해 온 게 모두 물거품이 되는 일이 허다하다. 100-1=99가 아니라 100-1=0이 되는 것이다. 우리는 작은 것, 지나치기 쉬운 것이, 때로는 결정적인 열쇠로 작용하기도 한다는 사실을 알아야 한다. 이 사소한 한 가지를 살펴보는 것이 바로 '디테일' 작업이다. 즉 우리나라 공연의 미래를 걱정하기 전에, '공연의 성공 여부'를 가늠하는 기준도 역시 '디테일'이다.

이번 장에서는 콘서트 연출감독이 하는 일에 대해 살펴보며, 연출이 고려해야 할 디테일에 대해 상세히 살펴보도록 하자.

Chapter 29
콘서트 연출의 5단계 업무 프로세스

#2. 콘서트 연출팀_5단계 업무 프로세스

콘서트 연출감독이 공연 연출을 의뢰 받은 후, 구체적으로 어떤 일들을 해야 하는지를 알아보자.

프로젝트의 규모나 연출 감독의 성향에 따라 다양한 해석과 기준이 세워지겠지만,

이번 장에서 언급하는 내용은 내가 현장에서 얻은 노하우를 중심으로 재구성한 것이다.

나는 나와 나의 팀들이 업계에서 가장 합리적으로 일해 왔다고 생각하기에,

연출팀의 일과 과정에 대한 좋은 기준이 되리라 믿는다.

콘서트 연출팀은 대개 5단계의 업무 프로세스를 거친다.

사전 준비 단계(Development),

콘셉트화 단계(Conceptualization),

프로덕션 단계(Production),

프로덕션 실행 단계(Execution),

장비 반입과 공연 단계(Load in & Run)가 그것이다.

단계별로 상세히 살펴보도록 하자.

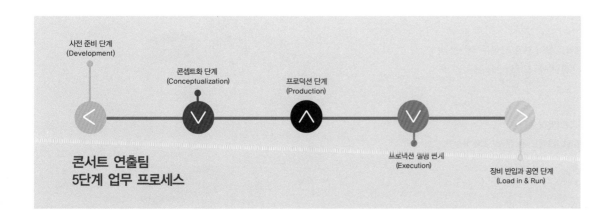

사전 준비 단계
(Development)

콘셉트화 단계
(Conceptualization)

프로덕션 단계
(Production)

프로덕션 실행 단계
(Execution)

장비 반입과 공연 단계
(Load in & Run)

**콘서트 연출팀
5단계 업무 프로세스**

01. 사전 준비 단계

Key Works : R&D(research & development), Line-up
Co Work : 기획사

사전 준비 단계에서 가장 중요한 업무는 함께 일할 스태프들을 결정하는 일이다.
연출감독은 먼저 연출팀의 일원으로 작가와 조연출을 선임한다. 대부분 함께 호흡을 맞춰 왔던
스태프들을 1순위로 섭외한다.
이때 작가의 참여 범위는 프로젝트의 규모, 아티스트의 성향에 따라 다양한 경우의 수가 존재
하는데, 콘셉트 개발 단계부터 전 과정을 함께 하는 경우, 아티스트와 구성안 작업을 중심으로
작업에 동참하는 경우, 아티스트의 멘트·영상 대본 등을 중심으로 함께 하는 경우로 나뉜다.
예산만 가능하면 콘셉트 개발 단계부터 작가와 전 과정을 함께 하는 방법을 권하고 싶다.

또한 연출감독은 기획사의 프로듀서와 협의해서 무대와 구조물 디자이너도 선임한다. 연출감
독은 대부분 작업 스타일이나 호흡을 고려하게 되지만, 디자인 비용과 후반 제작 작업 연계 가
능성(견적)도 빼놓아서는 안되는 부분이다.
이 시기에 조명감독, 영상 VJ, 음향감독 역시, 기획사의 프로듀서와 긴밀하게 협의해 가며 결정
한다. 특수효과감독, 영상감독(H/W), 카메라감독 등도 순차적으로 팀에 합류시킨다. 특히 이
시기에는 연출감독을 도와 프로덕션팀을 관리·조율할 수 있는 제작감독 또는 기술감독을 선임
해 역할을 분배해야 한다. 규모가 작은 공연은 무대감독이 이 일을 대신할 수 있다.

다음 단계로 연출감독이 챙겨야 할 일은 계약이다.
연출팀(연출감독, 조연출, 작가)은 팀으로 묶어 기획사와 계약을 한다. 프로덕션팀은 대부분 회
사와 연계되어 있기에 기획사와 별도의 계약을 해야 한다. 연출감독이 프로덕션팀 전체를 묶어
단일 계약(turkey)으로 진행하는 경우도 가능하다.

꾸려진 프로덕션팀 감독과 연출팀은 기획사와 함께 현장을 다녀와야 한다.
현장 답사에서 연출감독이 체크해야 할 리스트들은 앞장에서 언급했으니 생략하도록 하겠다.

팀도 꾸려졌고, 현장도 다녀왔으니 이제 다음 단계는 기획 콘셉트에 대한 공유와 아티스트 분석
작업이다. 이에 대한 사전 조사와 내부 학습 단계는 다음과 같은 조사 범위를 중심으로 이루어진다.

아티스트의 음악적 스타일, 타겟 분석, 타겟 충성도 분석, 아티스트의 장단점 분석,
특징(음반/공연기록/곡), 공연 평가, 이전 공연 셋 리스트 분석

중요한 것은 남들 다 아는 수준의 정보와 학습은 의미가 없다는 것이다.
심층 분석이 필요하고, 치밀한 준비가 요구된다.

특별히 이전 공연들의 셋 리스트 분석은 중요한 자료가 된다. 곡 선곡의 패턴과 기준, 대표곡
활용 빈도수, 특별 구성/편성 사례 등은 요긴한 정보이다. 곧 이어질 아티스트와의 만남을, 체
계적으로 준비하는 시간인 셈이다. 늘 강조하지만 아티스트에 대한 섬세한 이해를 갖고 그를
대하는 것이야 말로 연출팀에 대한 신뢰도를 높이는 가장 기본이자 최고의 방법이다.

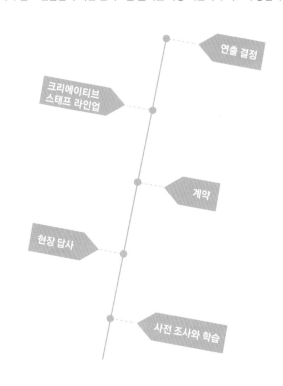

02. 콘셉트화 단계

Key Works : Concept, Set List, Programming
Co Work : 기획사와 아티스트

이 단계는 공연의 연출 콘셉트, 세부 구성의 틀과 내용을 결정하는 단계이다. 이를 위해 연출팀이 제일 먼저 할 일은 아티스트와의 만남이다. 기본 연출 방향을 조율하는 시간이다. 그렇기에 나는 언제나 미팅의 핵심을 '경청'으로 정한다. 아티스트의 의중을 읽으려는 것이다. 아티스트는 자기 공연이기에 남다른 애정을 가진다. 그래서 부르고 싶은 곡, 특별히 강조하고 싶은 메시지, 반드시 해 보고 싶은 효과 등 생각이 아주 많다. 아무 생각이 없는 것처럼 행동하는 것은 일종의 연막 작전이다. 그들의 태도에 넘어가선 안된다. 그렇기에 아티스트와의 첫 만남에서는 말을 많이 하기보다는 많이 듣는 자세를 추천한다.

다른 접근 방법도 있다. 아티스트가 꼼짝 못할 정도로 멋지고 새로운 공연 콘셉트를 제안하는 것이다. 결정적인 한방이 될 수 있는 무기이기에, 이 방법이 실패하면 아티스트의 신뢰를 얻기 힘들다. 그렇기에 충분한 사전 조사, 분석 등의 철저한 준비가 필요하다. 디테일에서 앞서야 하는 것은 물론이나. 이 방법으로 이디스트 설득에 성공할 경우에는 반대로, 아티스트의 높은 신뢰를 얻을 수 있어 연출팀의 역할과 비중이 커진다.

위의 두 가지 방법을 모두 사용해 본 결과, 얻어낸 한 가지 팁을 소개한다. 내공이 흘러 넘치는 대형 가수의 콘서트 연출을 처음 맡았을 때는 후자의 방법을 사용하라. 그의 경우, 분석할 자료가 많은 편이기에 제대로 핵심만 짚어낸다면 충분한 가능성이 있고, 강한 인상도 심어 줄 수 있다. 반대로 처음이 아닌 경우에는 전자의 방법을 택하는 것이 좋다.

연출팀의 내부 회의를 통해, 아티스트의 의중을 반영한 연출 콘셉트와 기본 구성안을 결정했다면 되도록 빨리 아티스트에게 브리핑해야 한다. 인내심이 부족한 그들을 기다리게 해서는 안된다. 이 만남을 위해 사용하는 문서가 앞서 언급한 적이 있는 Directing Concept Brief이다.

아티스트 설득에 성공하면 다음 단계는 곡 선별 작업이다.
기본 구성 안에 어울리는 곡들을 고르고, 흐름을 다듬어 내는 것이다.
이 작업을 'Set List'라고 하는데, 이 셋 리스트에는 두 가지 방법이 가능하다.
아티스트가 주도적으로 작업을 진행하는 것과 연출감독이 작가와 함께 작업을 이끄는 것, 이렇게 두 가지가 사용 가능한 방법이다. 나는 주로 셋 리스트 작업에 관해서는 아티스트에게 전적으로 맡겨 왔다. 물론 1차 셋 리스트가 나오면 이를 회의 테이블에 올려놓고, 시뮬레이션 단계를 거치며 객관적 검증을 마쳐야 한다. 선곡의 완성도를 위한 작업이 본격화되는 것이다. 셋 리스트 버전이 열 개가 넘는 공연을 쉽게 볼 수 있을 정도로 이 작업은 시간을 요하는 부분이다.

셋 리스트가 마무리되면 이제 연출팀이 제대로 바빠진다.
공연의 핵심 구성인 오프닝, 브릿지, 엔딩, 앙코르, 하이라이트 프로그램 등 세부 구성을 어떤 방향으로 연출할지 고민을 시작한다.

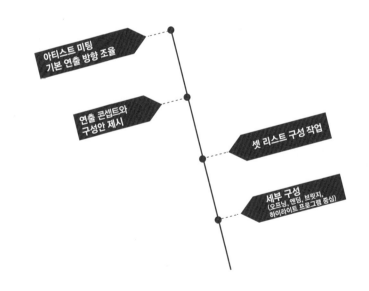

아티스트 미팅
기본 연출 방향 조율

연출 콘셉트와
구성안 제시

셋 리스트 구성 작업

세부 구성
(오프닝, 엔딩, 브릿지,
하이라이트 프로그램 중심)

03. 프로덕션 단계

Key Works : Technical Process, Scene Detail, Music Arrangement
Co Work : 제작/기술감독과 음악감독, 스타일리스트

아티스트와 협의 하에 틀을 잡은 세부 구성안을 중심으로, 무대에 대한 기술적 검토를 시작한다.

제일 먼저 해야 할 일은 프로덕션 팀으로 결정된 모든 스태프들을 한 자리에 불러 모으는 것이다.

연출팀과 기획팀은 이 미팅을 위해 'Technical Staff Meeting Brief'를 준비해야 한다.

이 문서는 스태프들에게 공연에 필요한 정보를 중심으로 작성된다.

크게 네 가지 기준으로 정보가 담겨야 한다.

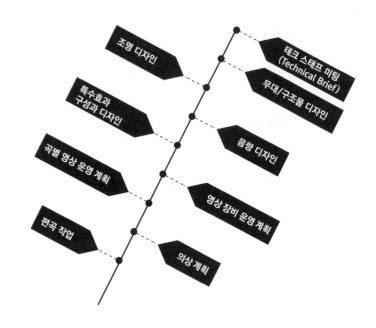

* 첫 번째: 공연 개요

공연 타이틀
일시, 장소, 공연 횟수
기획사 정보
특이 사항

구분	내용	비고
공연명		
장소 및 일정	서울 올림픽 체조경기장(3회) 12월 10일(금) 8시 / 11일(토) 7시 / 12일(일) 6시	6일(월)부터 셋업
	부산 벡스코(2회) 12월 24일(금) 8시 / 25일(토) 7시	20일(월)부터 셋업

〈공연개요〉

* 두 번째: 프로덕션 일정 가이드 라인

기술 스태프의 정규 미팅
반입과 셋업 일정(예상)
리허설 예상 일정

〈프로덕션 주요 일정[1/2]〉

날짜		내용
11월 12일~	금	별도 연습 일정 참고(밴드 17회, 오케스트라 4회)
11월 15일	월	전체 스태프 미팅(AM 11:00)
12월 6~8일	월~수	셋업
12월 8일	수	7시 PM ~ 10시 Tech Rehearsal 10시 ~ 11시 Cast on Stage(현대 무용 댄스 / 합창단) 11시 ~ 1시 AM Sound Check 1(가수 + 밴드) 1시 ~ 3시 Tech Rehearsal(전환중심 - 7시 테크 리허설 진행 불가시)
12월 9일 Rehearsal	목	9시 Call 10시 ~ 12시 Sound Check 2(오케스트라) 12시 ~ 1시 점심식사 1시 ~ 4시 Dress Rehearsal(Run Through) 4시 ~ 6시 Tech 수정보완(시스템별 수정 보완) 6시 ~ 7시 저녁식사 7시 ~ 11시 Final Dress Rehearsal 출연진 리허설(합창단, 무용단)
12월 10일 Show(8:00PM)	금	10시 Call 11시 ~ 12시 Tech Rehearsal 2차(전환 중심 테크리허설) 12시 ~ 1시 점심식사 1시 ~ 2시 Sound Check 3(밴드, 오케스트라, 합창단) 2시 ~ 5시 부분 리허설(Run Through) - 합창단, 무용단 리허설 제외 5시 ~ 6시 시스템별 최종 점검 6시 ~ 7시 식사 및 Pre-set 7시 House Open 8시 Show
12월 11일 Show(7:00 PM)	토	12시 Call 1시 ~ 2시 시스템별 테크 점검 2시 ~ 3시 Sound Check 3시 ~ 5시 Rehearsal 5시 ~ 6시 식사 및 Pre-set 6시 House Open 7시 Show

〈프로덕션 주요 일정[2/2]〉

날짜		내용
12월 12일 Show(6:00 PM)	일	12시 Call 1시 ~ 2시 시스템별 테크점검 2시 ~ 3시 Sound Check 3시 ~ 4시 Rehearsal 4시 ~ 식사 및 Pre-set 5시 반 House Open 6시 Show
12월 20~22일	월~수	부산 벡스코 셋업
12월 23일 Rehearsal	목	4시 ~ 6시 Tech Rehearsal 6시 ~ 7시 저녁식사 7시 ~ 8시 Cast on Stage 8시 ~ 11시 Rehearsal
12월 24일 Show(8:00 PM)	금	12시 Call 1시 ~ 2시 Tech Rehearsal 2시 ~ 3시 Sound Check 3시 ~ 5시 Rehearsal 6시 ~ 7시 식사 및 Pre-set 7시 House Open 8시 Show
12월 25일 Show(7:00 PM)	토	1시 Call 2시 ~ 3시 시스템별 테크점검 3시 ~ 4시 Sound Check 4시 ~ 5시 Rehearsal 5시 ~ 6시 식사 및 Pre-set 6시 House Open 7시 Show

* 세 번째: 연습 일정

프로덕션 스태프가 참여해야 하는 아티스트의 연습 일정

〈연습 스케줄(11-12월)〉

일	월	화	수	목	금	토
28	29	30 2pm 랩퍼 녹음 9pm 밴드 연습 준악기 B룸	1 4-10pm 밴드 오케스트라 합주 (4 밴드, 오케 / 6 가수) 썬악기(주차 불가)	2 2-6pm 밴드, 안무 연습 @우리금융아트홀 지하 (안무 녹화, 조명 전달용) 7-10pm 합창단 연습	3 2-6pm 밴드, 안무연습 @우리금융아트홀 지하	4 오케스트라 녹음예정 장소/시간 미정 7-10pm 합창단연습/개포동
5	6 6:30-11pm 총 연습 @우리금융아트홀 지하 (밴드, 오케, 안무 합창단) 10pm 홍대 육완순 무용 연습 참관	7 12-6pm @우리금융아트홀 지하 (밴드, 오케, 안무)	8 2-6pm 밴드, 안무연습 @우리금융아트홀 지하 리허설 1 ────────────────▶ Set up	9 총 리허설	10 Show (서울 체조 8시)	11 Show (서울 체조 7시)
12 Show (서울 체조 6시)	13	14	15	16 2-6pm 밴드, 안무 연습 준악기 A	17 2-6pm 밴드, 안무 연습 준악기 A	18
19	20	21 9pm 밴드 연습 준악기 A룸	22	23 ├────────────────▶ Set up	24 Show (부산 벡스코 8시)	25 Show (부산 벡스코 7시)

* 네 번째: 체크리스트

각 프로덕션에게 연출감독이 원하는 요구 사항과 확인 사항들

이 상견례와도 같은 첫 미팅이 끝나고 나면, 프로덕션 스태프와 연출팀은 이후 '구조물과 무대 도면 공유 및 조율 미팅(2회 정도)', '팀별 세부 미팅(필요에 따라 진행)', '현장 기술 미팅' 등에 참여해야 한다.

또한 프로덕션에 대한 개별 예산과 견적도, 첫 미팅 후 기획사와의 별도 미팅을 통해 결정하게 된다. 전체 스태프 미팅 후 해당 감독들은 무대와 구조물 디자인을 시작으로 각 파트별 프로덕션 디자인과 운영계획을 구성한다. 제작물(영상과 의상, 소품 등)들에 대한 발주도 함께 이루어진다. 영상 장비 운영 계획(다이어그램)이 이 시점에서 만들어져야 한다. 각 신별로 영상이 어떤 방식으로 운영되는지 한눈에 확인할 수 있어야 한다. 출연진 의상도 아티스트의 스타일리스트와 협의하에 계획하게 된다. 아티스트 의상 계획(구성별 의상 콘셉트 제안)과 세션 및 보조 출연진의 의상 계획(스타일과 구매 방식)을 필요로 한다. 연습 시작을 위한 음악 편곡 작업도 병행한다. 편곡 작업 외에도 공연에 필요한 음원(효과, 사전 녹음 등)을 결정하고 필요한 절차를 밟아야 한다.

연출팀은 프로덕션 관리가 시작되면 구성에 대한 세부 연출 계획을 논의한다. 프로그램 꼭지별로 영상 연출 계획에 대한 가이드라인을 제시해야 한다.

무대

디자이너 : OOO (010-0000-0000)
무대 제작 : Company A
구조물 : Company B / 전식 : Company C

√ 메인막(Up&Down)

√ 상부 구조 트러스 레이어 구조물(Up&Down)
– 중앙 LEC 앞/ 셋업 방법 및 Up&Down 속도 확인, Draw LEC(IN/OUT),
비즈막 커튼형 좌우 개폐(트래블러)

√ 하부 구조 바닥 중앙 계단 Up/Down
오케스트라 좌우 슬라이딩 2식
합창단 좌우 슬라이딩 2식
밴드 슬라이딩 1식(밴드라이저 바닥 프레임만으로 짜지 않도록 채워서 제작 요망)
(드럼 바닥 고무판)

√ 무대 하수 리프트, 중앙 리프트(총2석) 리프트 설치시 무대 바닥 고정 장치 필요

√ 콘솔 앞 시저 리프트 1식

√ 슬라이딩 왜건(하몬드 오르간, 업라이트 피아노, 반주자 탑승) 1대

√ 지름 80cm 턴테이블 (게스트 등장시 하수 리프트에 배치)

√ 돌출 무대 (지름 4.5m)

√ Moving Car 2식 (본 무대에서 돌출 무대로 Docking / 돌출 무대에서 콘솔로 이동)

√ 와이어 상수 → 돌출 무대로 이동 – 파랑새 자전거 세트

√ 무대 Apron Line, 아치 돌출 무대, 밴드 및 오케스트라 라이저 계단 전식

√ 하수 사이드 LEC 계단 설치(앵콜 후 LEC 일부 열려서 뒷면 계단으로 가수 퇴장)

√ 전식 : 아치 전구 전식, 무대 앞단 전구 전식, 비즈막(+은하수 3cch)
악기 슬라이딩 왜건(전면 파나플랙스, LED Belt 간접),
합창단 하단 게꼬미(할로겐 mr, 3ch / 신호선, 전원선)
이동카 리프트(3*6*2식 상단에 계단판 전식 로고 시트지)

√ 그 외 무대 도면 참고

악기

악기 담당자 : 000(010-000-0000)

- √. 밴드 악기별 백라인 확인 요망
  - 드럼, 베이스, 기타2, 1st 건반, 2nd 건반, 퍼커션 7인 브라스 6인
- √. 드럼 바닥 고무판(뜨지 않도록)
- √. 차음판:드럼 뒤, 왼쪽 퍼커션 설치(브라스 소리 영향)
- √. 밴드/오케스트라(40인) 보면등 & 보면대 & 의자
- √. 가수용 어쿠스틱 기타(S#4 뮤직 드라마)
- √. 하몬드 오르간 1대, 업라이트 피아노 2대
  (S#4 뮤직 드라마, S#5 빅밴드 & 합창단)

조명

담당자 : 000 (010-000-0000)

- √. 조명용 구조물 디자인
- √. 아치 프로시니엄 세트 조명
- √. 양쪽 사이드 조명 및 상부 Moving
  (오프닝 연출 및 객석 훑는 연출) -트러스 기둥에 셋업
- √. 그 외 세부사항 Scene Note 참조

음향

음향 담당자 : 음향감독 000(010-000-0000)
000(010-000-0000)

- √. PA 위치, 모니터 콘솔 위치 확인
- √. 악기 슬라이딩 신호선, 전원선 확인
- √. 가수용 W/L
- √. 밴드 7인, 브라스 6인, 코러스 3인
  - 드럼, 베이스, 기타2, 1st 건반, 2nd 건반, 퍼커션(순으로 배치)
  브라스 6인(뒷줄 배치 3명씩 나눠서)
- √. 오케스트라 34인 → 40명 배정 중(현 추가 예정)
  - 플룻 1, 오보에 2, 클라리넷 2, 호른 3, 바순 1, 트럼펫 2, 트럼본 2,
  바이올린 11, 비올라 4, 첼로 3, 더블베이스 2, 타악기 1
- √. 합창단 40명(부산 30명) : W/L 40개(수음용 20개 : 붐마이크 사용 여부 확인)
- √. 스탠드 마이크, 어쿠스틱 기타 (스탠드 포함) - 중앙 리프트 Up(S#4 뮤직드라마용)
- √. 게스트용 MIC 1인 또인 2인 예정
- √. 랩퍼용 MIC, DJ용 턴테이블(S#9 그랜드 피날레)
- √. S#4 뮤직 드라마 효과음 : CD 전달(연출팀)
- √. SOV
- √. Hard 사용 : 난 아직 모르잖아요, 저 햇살 속의 먼 여행(탭댄스), 오케스트라
- √. 연주자 모니터
- √. 통신 계획(인터컴) 별도

특효/화약

담당자 1 : 000 (010-000-0000)
담당자 2 : 000 (010-000-0000)

- √. 양쪽 사이드 상부, 중앙 아치 상부 화약 연출(오프닝)
- √. 리프트 - 무대 리프트 2대(하수/중앙) - 사이즈 다름
  콘솔 앞 시저 리프트 1대(앙코르시 사용)
- √. 메인막 Up/Down
- √. 트래블러 장치 1식(비즈막)
- √. 실루엣용 이탈막
- √. 무빙카(w1800*d900 상단에 계단판 전식, 로고 시트지)
- √. 하우스 콘솔 앞단 대형 리프트(시저)
- √. LED 운용 : 상/하수 4*4 Draw LED 레일 장치(상수만 중앙까지 레일 장치)
  중계 LED 하수만 중앙 오픈식(LED 뒤 계단 설치)
- √. 파랑새 자전거 세트 : Flying 방법, 위치 확인
- √. 붉은색 릴, 컨페티
- √. 기타 화약류
- √. 곡별 특효 포인트 별도

영상

영상제작 : 000 (010-000-0000)
H/W : 000 (010-000-0000)
중계 : 000 (010-000-0000)

- √. 사이드 LED(15mm 기준) : 6*4 2조
- √. 무대 LED(15mm 기준) : 4*4 2조 Draw IN/OUT 운영
  (상수만 중앙까지 들어오도록 장치)
  12*4 1조
- √. 하수 LEC(6*4) 중앙 열려서 계단 내려오는 장치(엔딩시 가수 퇴장 동선)
- √. 프롬프터용 모니터 (기울여서 바닥 매립) 5대

[특수효과 구성 예시]

12월 9일			12월 10일			12월 11일			12월 12일		
품목	수량	고도	품목	수량	고도	품목	수량	고도	품목	수량	고도
에어버스터 (glittering)	4발	섬광효과	에어버스터 (glittering)	18발	섬광 효과	에어버스터 (glittering)	18발	섬광 효과	에어버스터 (glittering)	18발	섬광 효과
1.5 마인 (red)	4발	8m 미만	1.5 마인 (red)	10발	8m 미만	1.5 마인 (red)	10발	8m 미만	1.5 마인 (red)	10발	8m 미만
1.5 마인 (gold flashing)	4발	8m 미만	1.5 마인 (gold flashing)	10발	8m 미만	1.5 마인 (gold flashing)	10발	8m 미만	1.5 마인 (gold flashing)	10발	8m 미만
1.5 마인 (T/K)	4발	8m 미만	1.5 마인 (T/K)	10발	8m 미만	1.5 마인 (T/K)	10발	8m 미만	1.5 마인 (T/K)	10발	8m 미만
우연 분수	4발	1.5m 미만	우연 분수	20발	1.5m 미만	우연 분수	20발	1.5m 미만	우연 분수	20발	1.5m 미만
실버 젯	4발	6m 미만	실버 젯	10발	6m 미만	실버 젯	10발	6m 미만	실버 젯	10발	6m 미만

[영상 장비 운영과 곡별 영상 운영 계획 예시]

*. LED 운영 상황

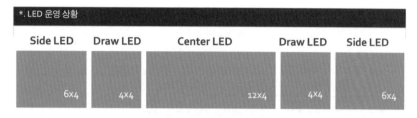

Side LED	Draw LED	Center LED	Draw LED	Side LED
6x4	4X4	12X4	4X4	6x4

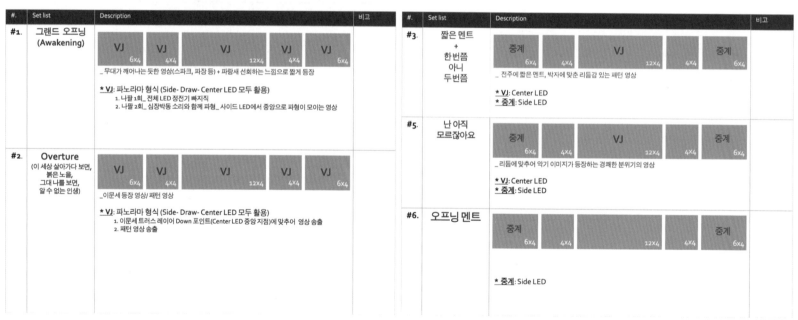

#.	Set list	Description	비고
#1.	그랜드 오프닝 (Awakening)	VJ 6x4 / VJ 4X4 / VJ 12X4 / VJ 4X4 / VJ 6x4 _ 무대가 깨어나는 듯한 영상(스파크, 파장 등) + 파랑새 선회하는 느낌으로 짧게 등장 *** VJ**: 파노라마 형식 (Side- Draw- Center LED 모두 활용) 　1. 나팔 1회_ 전체 LED 점전기 빠지직 　2. 나팔 2회_ 심장박동 소리와 함께 파형_ 사이드 LED에서 중앙으로 파형이 모이는 영상	
#2.	Overture (이 세상 살아가다 보면, 붉은노을, 그대 나를 보면, 알 수 없는 인생)	VJ 6x4 / VJ 4X4 / VJ 12X4 / VJ 4X4 / VJ 6x4 _이문세 등장 영상/ 패턴 영상 *** VJ**: 파노라마 형식 (Side- Draw- Center LED 모두 활용) 　1. 이문세 트러스 레이어 Down 포인트(Center LED 중앙 지점)에 맞추어 영상 송출 　2. 패턴 영상 송출	

#.	Set list	Description	비고
#3.	짧은 멘트 + 한번쯤 아니 두번쯤	중계 6x4 / 4X4 / VJ 12X4 / 4X4 / 중계 6x4 _ 전주에 짧은 멘트, 박자에 맞춘 리듬감 있는 패턴 영상 *** VJ**: Center LED *** 중계**: Side LED	
#5.	난 아직 모르잖아요	중계 6x4 / 4X4 / VJ 12X4 / 4X4 / 중계 6x4 _리듬에 맞추어 악기 이미지가 등장하는 경쾌한 분위기의 영상 *** VJ**: Center LED *** 중계**: Side LED	
#6.	오프닝 멘트	중계 6x4 / 4X4 / 12X4 / 4X4 / 중계 6x4 *** 중계**: Side LED	

04. 프로덕션 실행 단계

Key Works : Production Management, Rehearsal
Co Work : 기획사 PM과 무대감독

프로덕션 실행 단계는 각 프로덕션별 디자인을 확정한 후, 장비의 발주와 공연에 사용될 무대 세트의 제작 작업이 시작되는 시점이다. 반입에 필요한 제반 프로덕션 시스템을 구축하는 작업이기도 하다. 이와는 별도로 연출팀은 기획팀과 협의하에 연습에 참여할 출연진들의 일정을 조율하고, 연습 장소를 대관해야 한다. 공연을 위한 본격적인 연습이 시작되는 것이다.
일정은 모든 경우의 수를 포괄해야 한다. 연습은 대개 다음 순으로 이루어진다.

밴드 연습 → 밴드+아티스트 연습 → 밴드+오케스트라+아티스트 연습 → 밴드+아티스트+게스트 연습

이에 맞춰 밴드, 아티스트, 오케스트라, 게스트의 일정을 고려해 최종 연습 일정을 짜야 한다.

연습실에 참여하는 프로덕션 감독들은 조명, 음향, VJ, 특수효과감독 순이다. 중계감독도 포함되면 더 안정적인 중계 운영을 기대할 수 있다. 이때는 프로덕션 관리를 위한 세부 일정이 나와야 하고, 이를 기준으로 진행 상황을 체크하게 된다. 반입과 셋업 일정표를 최종적으로 결정하는 것이다. 반입과 셋업 일정은 대관 일정, 공연 규모에 따라 다양한 경우의 수가 존재한다. 리허설이 이루어지는 공연 D-1일 전까지 마무리될 수 있도록 편성한다.

모든 출연진이 참여하는 리허설 일정도 이 시점에서 결정되어야 하고, 결정된 일정은 모든 관계자에게 공유하여 차질이 없도록 해야 한다.
연출팀은 연습 진행을 위한 세부 큐시트, 가수와 프로덕션 감독을 위한 큐시트 외 가사집도 제공해야 한다. 또 신별 상세 연출 계획이 담겨져 있는 신 노트도 함께 제공한다. 출연자들을 위한 큐시트는 곡 순서를 중심으로 편성된 간단 큐시트로 작성된다.

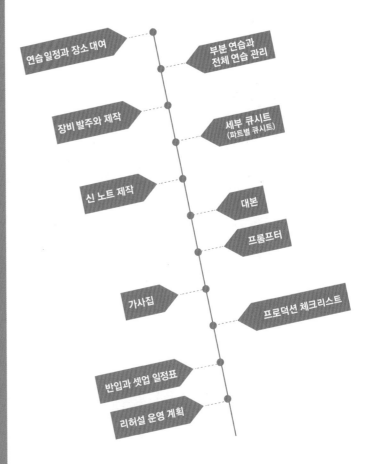

05. 장비 반입과 공연 단계

Key Works : Stage Management, Set up, Rehearsal, Show
Co Work : 기획사 PM, 무대감독, 객석운영감독, 매니저

이제 드디어 현장이다. 모든 준비를 마친 연출팀과 프로덕션팀은 현장으로 그 일터를 옮기게 된다.
사전에 짜여진 일정대로 극장에 장비가 반입되고, 무대 설치가 시작되는 단계이다.
장비가 반입되기 전 극장(현장)에서 전체 스태프 회의를 통해 최종 점검의 시간을 갖는다.
이 과정은 연속적으로 물려 있는 후속 작업에도 영향을 미치는 데다, 그 여파가 공연에까지 미칠 수
있기에 약속 이행이 필수 덕목이다.

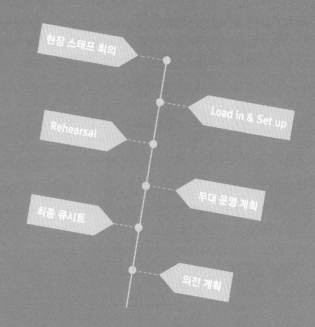

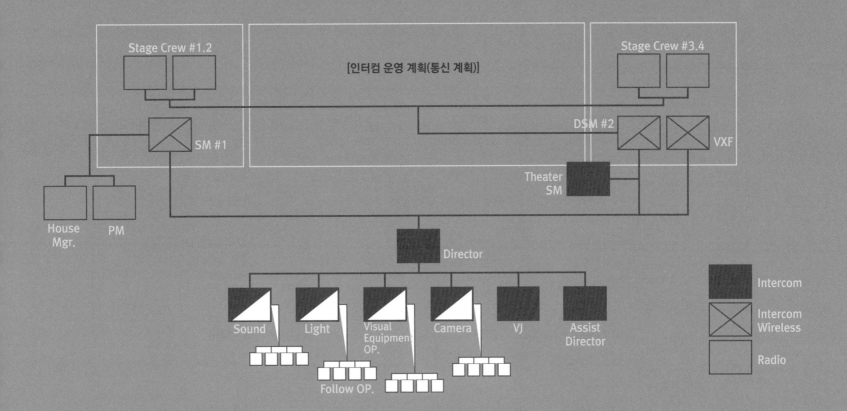

[인터컴 운영 계획(통신 계획)]

Stage Crew #1.2

Stage Crew #3.4

SM #1

DSM #2

VXF

Theater SM

House Mgr.

PM

Director

Sound

Light

Visual Equipment OP.

Camera

VJ

Assist Director

Follow OP.

Intercom

Intercom Wireless

Radio

짧은 시간 내에 운영되는 프로덕션이기에 현장과 스태프가 위험에 노출될 확률도 높다.

연출감독은 무대감독과 함께 현장을 안정적으로 이끌어야 한다.

무대감독은 특별히 '상하수 운영 계획', '상부 및 전환 운영 계획', '인터컴 운영 계획(통신 계획)'을 토대로 안정적인 무대 운영을 해야 한다.

리허설은 공연의 완성도를 높인다. 리허설은 대개 다음 순으로 짜여진다.

테크니컬 리허설 → 테크니컬+특별 프로그램(사전 확인, 장치와 함께 연동되는 프로그램) 리허설
→ 사운드 체크 → 동선 리허설 → 드라이 리허설 → 드레스 리허설 → 파이널 드레스 리허설

날짜	시간	타이틀	참석자&Call.T	STAFF
D-2	20:00~22:00(2hr)	Technical Rehearsal 1	Tech. Staff	연출, 무대감독
D	22:00~23:00(1hr)	Cast on Stage	현대무용단 댄스팀 합창단	음향, 조명, 무대감독
	23:00~01:00(2hr)	Sound Check 1	밴드	음향, 무대감독
D-1	12:00	Call		
	12:00~13:00(1hr)	점심식사		기획팀
	13:00~14:00(1hr)	Sound Check 1	오케스트라(밴드 대기)	음향, 무대감독
	14:00~17:00(3hr)	Dress Rehearsal 1 (Run Through)	현대무용, 합창단 제외한 전 출연진	모든 스태프
	17:00~18:00(1hr)	Tech 수정/보완	Tech. Staff	시스템별 수정, 보완
	18:00~19:00(1hr)	저녁식사		기획팀
	19:00~23:00(4hr)	Dress Rehearsal 2 (Final)	밴드, 오케스트라 현대무용단, 댄스팀, 합창단	모든 스태프
Show Day 1	10:00	Call		
	11:00~12:00	Technical Rehearsal 2	Tech. Staff	연출, 무대감독
	12:00~13:00	점심식사		기획팀
	13:00~14:00	Sound Check 3	밴드, 오케스트라	음향, 무대감독
	14:00~17:00	Partial Rehearsal (Run Through)	합창단, 현대무용 제외	연출, 무대감독
	17:00~18:00	시스템별 최종점검		모든 스태프
	18:00~19:00	저녁식사		기획팀
	19:00~	House Open		무대감독, PM
	20:00~	☆SHOW ☆	전 출연진	모든 스태프

이 중 테크니컬 리허설을 위해서는 연습실용 라이브 음원이 꼭 필요하다. 연출팀이 챙겨야 할 사항이다.
그리고 현장 연출팀 사무실에는 프린터를 필수로 설치해 둔다. 최종 큐시트가 언제 바뀔지 모르기 때문이다. 연출팀은 모든 상황에 대비해야 하는 비상체제에 돌입한다.
최종 큐시트는 사용자의 용도에 따라 다양하게 준비되어야 한다.

간단히 말해서 곡 순서만 있어 가독성이 높은 '무대 바닥용' 과 '세션용' 큐시트, 시간 계획까지 포함된 '기자용' 큐시트, 기존보다 대형 사이즈로 제작되는 '대기실용' 큐시트,
그리고 팀별 세부 디렉션이 담긴 '스태프용' 큐시트가 그것이다.
이에 대해서는 30장에서 자세히 다루도록 하겠다.

날짜	시간	타이틀	참석자&Call.T	STAFF
Show Day2	12:00	Call		
	13:00~14:00(1hr)	시스템별 테크 점검	Tech. Staff	연출, 무대감독
	14:00~15:00(1hr)	Sound Check	해당 출연진	음향, 무대감독
	15:00~17:00(2hr)	Rehearsal	전 출연진	연출, 무대감독
	17:00~18:00(1hr)	저녁식사 및 Pre-set		기획팀
	19:00~	House Open		무대감독, PM
	20:00~	☆SHOW☆	전 출연진	모든 스태프
Show Day3	12:00	Call		
	13:00~14:00(1hr)	시스템별 테크 점검	Tech. Staff	연출, 무대감독
	14:00~15:00(1hr)	Sound Check		음향, 무대감독
	15:00~16:00(1hr)	Rehearsal	전 출연진	연출, 무대감독
	16:00~17:00(1hr)	저녁식사 및 Pre-set		기획팀
	19:00~	House Open		무대감독, PM
	20:00~	☆SHOW☆	전 출연진	모든 스태프

Chapter 30
프로그램 구성법(Set List)

#1. 한국 대중음악, 지금 이대로는 고사한다!

페이스북에 걸린 글 하나가 눈을 사로잡는다.

록그룹 "시나위"의 리더 신대철이 울분을 담아 토해낸 글이었다. 대중음악 산업을 둘러싼 환경들이 빠르게 변화하고 있는 지금, 이에 맞춰 속속 생겨나고 있는 기현상에 대해 일침을 가하는 노장의 메시지였다. 스마트폰 하나로 모든 걸 해결하는 문화가 자리 잡자, 음악과 전혀 상관없는 망사업자가 수퍼갑으로 등극했고, 그들이 음악 시장을 장악하면서 대중음악 시장은 무너지기 시작했다는 이야기였다. 음악이 음악이 아닌 부가 서비스로 전락한 현실이 못마땅한 것이다. 스트리밍 서비스로 설명되는 우리나라 음원 산업의 실체를 뮤지션들은 받아들이기 힘들 것이다. 이런 부조리한 수익 분배 구조가 바뀌지 않는 한, 한국의 대중음악 시장은 괴멸하고 말 것이라는 불안한 미래도 예측이 가능하다.

이에 대해 완벽한 해결책이나 대안이 존재할 지는 모르겠다.

다만 내가 볼 때는 아티스트들이 새로운 수익 모델로 눈을 돌리는 것이 현명해 보인다. 악화된 수익 구조를 다른 방법으로 되살리자는 것이다. 뮤지션들의 생명력을 연장하기 위해, 새로운 수익 모델인 라이브 공연(Live Performance)에 대한 관심을 늘리길 바란다. 라이브 공연이야말로 실제 살아 있는 음악을 만날 수 있는 거의 유일한 기회이며, 뮤지션의 경쟁력을 입증할 수 있는 기회이다. 음악성이 있다고 자부하는 뮤지션이라면, 충분히 띄워 볼 만한 승부수가 아닐까?

이미 우리 주변에는 라이브 공연으로 경쟁력을 확보한 대중 가수들이 있다. 그들은 매년 새로운 브랜드와 콘셉트로 시장과 본인의 영역을 넘어 한계를 넓혀가고 있다. 좀 속물적인 접근이기는 하나 그들의 통장 잔고는 언제나 상한점을 찍고 있을 게 분명하다. 외국의 경우 이런 현상은 더욱 두드러진다. 해외 연예인들 중 연간 최고의 수익을 올리는 아티스트들은 대부분 라이브 공연을 주요 수입원으로 활동하고 있다. 우리나라도 회당 공연 개런티가 1억이 넘는 아티스트들이 많아졌을 뿐 아니라 연간 소화하는 공연 횟수도 나날이 증가하고 있는 추세다.

적어도 '라이브 공연'이 확실한 해결책은 아닐지라도, 긍정적인 변화를 이끌어 낼 수 있는 대안임에는 이견이 없으리라 생각한다.

#2. 프로그램 구성법(Set List) : 곡의 흐름을 잡는 일

좀 다른 관점으로 이야기를 이어가 보자.

라이브 공연을 한다고 누구나 대중들의 관심을 받는 것은 아니다. 라이브 공연이 시장에 넘쳐나는 만큼, 이 또한 경쟁의 장이다. 인터파크에는 하루에도 수많은 공연이 걸리고 내려지기를 반복한다. 그러나 현장에서 대중들의 기억을 붙들어 매는 공연은 그만큼 많지 않다.

그렇다면 전문가와 관객들에게 사랑받는 공연은 어떤 공연들일까? 여기에는 분명히 공통점이 있다고 단언할 수 있다. 꾸준히 공연을 지속해 온 가수, 세월이 지나도 사랑받는 명곡을 가진 가수 그리고 좋은 콘셉트와 구성, 연출력을 갖춘 가수의 공연인 것이다. 이들 중에는 최신 히트곡이 없는 아티스트도 많다. 이슈 메이킹 없이도 그들의 공연은 사랑받는다.

이는 '잘 만들어진' 공연의 조건들과도 맞아 떨어진다. 앞 장에서 잠시 언급했듯이 좋은 곡, 재기, 가창력은 '좋은 공연'의 기본 조건이다. 아주 단적인 예를 들어 보자. 공연 러닝타임 2시간 30분을 자신의 곡만으로 채울 수 있는 가수는, 이미 그 자체가 경쟁력이다. 여기에 어떤 멘트를 던져 줘도 120% 이상 소화해 내는 재기라면 금상첨화이다. 가창력은 굳이 언급할 필요가 없을 듯하다.

요컨대 좋은 공연을 만들기 위해서 필요한 요소들을 보면 대부분 아티스트에 대한 것이다. **아쉽게도 7할 이상이 가수의 몫이다.** 내가 아쉽다고 말하는 것은 연출과 스태프의 역할이 태생적 한계를 가지고 있기 때문이다. 남은 3할에서 최선을 다하는 것이 우리의 몫이다.

3할의 핵심은 바로 셋 리스트 작성, 즉 공연 구성에 대한 것이다. 대중음악 공연은 공연 연출을 맡은 감독이 작가와 중심이 되어 프로그램 구성의 틀을 잡아가야 한다. 연극과 뮤지컬은 시나리오(극본)가 있어 극의 흐름을 잡아 주는데 대중음악 공연은 그 중심을 잡아 줄 만한 것이 특별히 없다. 결국 대중 음악 공연은 가수들의 곡으로 흐름을 잡아야 한다.

즉 프로그램 구성이야 말로, 구성(composition)과 함께 극화(dramatization)의 근간인 셈이다. 공연 연출 콘셉트에 맞는 선곡 작업과 배열로 전체적인 리듬을 살려내야 한다. 음악이 마치 드라마처럼 보이도록 해야 한다.

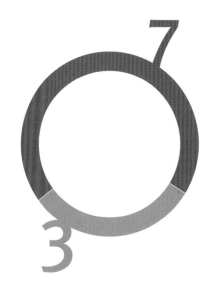

프로그램 구성, 셋 리스트 작업이 여러 차례 공연을 했던 가수에게는 어려운 작업일 수 있다. 관객들에게 매번 새로운 공연을 선보여야 하는 책임과 부담을 갖고 있기 때문이다. 더 달라지고, 더 좋아진 모습을 보여야 하기에, 기준에 대한 정확한 원칙을 가져야 할 것이다. **프로그램 구성 과정을 들여다보며, 셋 리스트 작업에 대한 정확한 원칙을 배워 보자.**

#3. 셋 리스트 작업의 원칙

01. 20여 곡 전후의 선곡 리스트

대중음악 공연은 평균적으로 2시간에서 2시간 반 정도의 시간 동안 관객을 만난다. 이 정도의 시간이면 20~24여 곡의 선곡이 필요하다. 메들리 편성이 많거나 완창하는 곡이 많으면 다소 차이가 있을 수 있지만, 평균 20여 곡 전후로 선곡 리스트를 구성한다.

02. Old & New의 7:3 원칙

곡을 편성할 때, 7:3 원칙이라는 것이 있다. 7은 기존 관객층을 위한 선곡, 3은 새로운 관객층을 위한 선곡으로 구성한다는 것이다. 수년간 정기적으로 공연을 하고 있는 가수들의 경우에도, 2회 이상 불려진 전체 곡수는 놀랍게도 40여 곡 밖에 되지 않는다. 40여 곡을 전체 선곡 리스트로 삼고 그중에서 공연 때마다 불려질 20여 곡을 추린다.

이 두 가지 기본 원칙과 현장 상황을 종합해 보면 재미난 결론이 내려진다. 수십 년간 공연을 해 온 가수들의 공연을 보러가는 관객들은, 최소 60%이상 매년 같은 곡을 듣게 된다는 것이다. 특히 수년간 히트곡을 만들지 못하고 있는 가수의 경우에는, 그 비중이 더 높아질 가능성이 있다. 이를 다른 관점에서 본다면, '라이브형 가수들의 공연에서 새롭게 불려지는 곡은 몇 곡이나 될까?' 하는 의문이 든다. 완벽한 창작과 새로움이 좋은 공연의 기준이라면 대한민국 라이브형 가수 모두가 문제의 소지가 있는 것이다.

그런데 이들 가수의 공연장에는 항상 사람들이 미어터진다. 듣는 곡은 같지만, 보이는 곡이 다르기 때문이다. 같은 곡을 다르게 보이도록 하는 것이 바로 연출과 스태프들의 몫이다. 성공하는 좋은 공연들은 결코 의미없는 재생산이나 변화없는 반복으로 관객을 무시하는 행동을 하지 않는다. 관객들은 같은 노래를 듣는 것이 부담이 아니라 변화 없는 반복에 실망을 하게 된다. 라이브 공연을 잘하는 가수들, 관객들에게 여전히 많은 사랑을 받고 있는 아티스트들은 매년 새로운 브랜드와 콘셉트로 효과적인 변화를 시도를 하고 있거나 신선한 음악적 변화(편곡과 편성)를 통해 아름다운 재생산을 하고 있다.

같은 곡도 다르게 보이도록 만드는 작은 '변화', 그것이 바로 프로그램 구성이다.
매번 들었던 노래도 배열과 묶음에 따라 새로운 느낌으로 전달될 수 있는 강력한 무기가 바로 프로그램 구성에 있다.

#4. 프로그램 세부 구성의 기준

아래의 그림은 프로그램 구성의 보편적인 기준을 설명하고 있다.

물론 가수의 성향이나 연출감독의 스타일에 따라 구성은 얼마든지 달라지기 마련이지만, 편성에 대한 기준(Standard Rule)은 반드시 필요하다.

절대적이지는 않아도 구성법을 이해하는 데 큰 도움이 될 것이다. 각 프로그램의 세부 구성에 대해 알아보자.

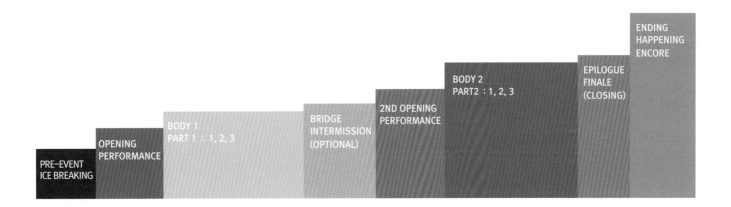

01. 사전 관객 이벤트(Pre-event for Ice Breaking)

공연 시작 전 관객들로 하여금, 긴장감을 풀고 무대에 집중할 수 있는 환경을 조성해 주는 꼭지이다.

한번 크게 웃겨 줄 수 있거나, 소소한 재미와 즐거움을 전해 줄 수 있는 프로그램이다.

배정 시간은 5분을 넘기지 않도록 한다. 중요한 것은 반드시 관객이 중심이 되는 이벤트여야 한다는 것이다.

1. Pre-set Image & BGM
2. CF(sponsor)
3. 관객 이벤트
4. 퍼포먼스(주제와 연관이 있는)
5. 오프닝 게스트
6. 영상 활용 이벤트
7. 에티켓 영상

02. 그랜드 오프닝(Grand Opening)

공연의 시작을 알리는 프로그램이다. 오프닝은 공연 전체의 흐름을 결정하는 중요한 구성이다.

10여 분 이내지만, 공연의 20-30%를 차지할 정도로 큰 비중을 갖는다. 공연의 성패가 걸려 있다고 해도 과언이 아니다. 가장 집중도가 높은 시간이기에 실패하면 분위기를 다시 살리는 데 어려움이 크다. 곡 선곡 기준은 익숙한 곡, 빠른 곡 중심이다. 오프닝 곡 마무리 후 첫 멘트인 오프닝 멘트를 하게 되기에, 특히 마지막 곡은 멘트 분위기를 감안하여 선곡해야 한다. 대개 메들리로 많이 편성하는 편이다. 곡수는 3-4곡 정도가 안정적이다. 관객들의 시선을 한번에 끌 수 있어야 한다. 다양한 시도와 아이디어가 필요한 부분이지만 세계적으로 유명한 아티스트들은 특별한 구성 없이 무대를 향해 걸어 들어 오는 것으로 오프닝 무대를 열기도 한다. 상황과 아티스트에 따라 예외가 있을 수 있다는 것이다.

1. Video Presentation
2. Special Performance
3. Technical Movement

03. 그랜드 피날레(Grand Finale)

공연의 끝을 맺는 꼭지이다.

클로징은 공연의 대미를 장식하게 되는 중요한 구성이다. 가수들에 따라 차이가 있지만, 대부분 10여 분에서 15분 이상 다소 길게 편성한 아름다운 마무리를 원한다. 연출의 입장에서 보자면, 다음에 이어질 커튼콜을 감안하여 곡과 프로그램을 편성해야 한다. 클로징을 하이라이트 프로그램으로 편성하여 강력한 마무리를 원하는 경우도 있다. 곡 수는 2-3곡 이상의 편성이 필요하다.

곡 선곡 기준은 대표적인 곡으로 구성하는 것이 일반적이다. 모두가 함께 부를 수 있는 곡이 안정적이기 때문이다. 마지막 노래를 다른 가수들의 노래로 하는 것은 부정적이다.

아주 단적인 표현으로 '감동적이거나 달리거나' 둘 중 하나인 셈이다.

1. Technical Movement
2. Special Effect & Pyro.

04. 브릿지(Bridge_Intermission Program)

뮤지컬과는 달리 대중음악 공연은 공식적으로 중간에 쉬는 시간(intermission)을 갖지 않는다. 다만 객석의 흐름을 유연하게하고 무대 집중도를 높이기 위한 방법으로 5분 정도의 Bridge program을 갖는다. 뮤지션들에게는 컨디션 조절에 도움을 줄 수 있는 시간이다. 자칫하면 프로그램의 맥을 끊어 놓거나 산만함을 불러 올 수 있기에 신중함이 요구된다. 관객과 호흡하는 프로그램 편성도 좋을 수 있다.

1. Video Presentation (making, behind, history film)
2. Special Guest
3. Music Video(special edition)

05. 2부 오프닝(2nd Opening Program)

5분 정도의 쉬어 가는 브릿지 프로그램을 갖고, 새롭게 2부를 여는 구성이다.

1부 오프닝과는 다른 느낌을 전달해 주는 것이 필요하다. 아티스트의 기존 이미지를 벗어난 다소 파격적인 편성도 객석에게 색다른 재미를 제공하게 된다. 때로는 음악적 깊이를 추구할 수 있는 편성도 좋다. 기술적 접근보다는 음악적 접근이 안정적일 수 있다. 곡 편성은 2곡 정도면 좋다. 시간 배정은 7분 정도를 사용하고, 노래 후 2부를 여는 멘트가 들어간다.

1. Performance_Dance
2. Analogue Edition

06. 커튼콜(Ending Happening)

정규 공연이 끝난 후 갖는 커튼콜 시간이다. 특히 최근에는, 무대 인사로 끝내기보다는 커튼콜을 구성의 범주에 넣어 특별하게 만드는 편이다. 앙코르 연주와 함께 색다른 커튼콜 무대를 만들면, 돌아가는 관객들에게 짙은 여운을 남겨 줄 수 있다. 모두가 같이 할 수 있는 곡 편성을 권한다. 정규 편성에서 듣지 못해서 많이 기다렸던 곡이면, 더욱 효과적이다. 잊지 말아야 할 것은 절대 길지 않아야 한다는 것이다. 커튼콜 시간은 10분 정도면 충분하다.

1. Technical Movement
2. Curtain Call
3. Ending Credits
4. BGM

07. 코멘트(Comment)

대중음악 공연에서 가수들의 멘트는 '필요 악' 같은 존재이다. 효과적으로 사용하면 공연의 흐름을 원활하게 이어 주는 연결 고리가 되지만, 잘못 활용되면 공연의 흐름과 맥을 끊는다. 지나치게 말이 많은 공연은 공연 전체의 격을 낮출 수도 있기에 신중한 접근이 요구된다. 세계적으로 유명한 대형 가수들은 공연 중 거의 멘트 없이 공연을 이끌어 간다. 음악과 곡의 유연한 구성이 곧 메시지이기에 특별히 부연 설명은 넣지 않는 것이다. 만담 같은 공연 멘트를 하는 가수들이 있는데, 자칫 관객에게 불편한 관람이 될 수도 있다. 공연에서 꼭 필요한 멘트 꼭지는 오프닝(1/2부), 클로징, 중간에 2회 정도이면 안정적이다. 시간은 꼭지당 3분을 넘지 않아야 한다.

08. 주 프로그램 콘텐츠(Main Program Contents, Body I~II)

그랜드 오프닝 이후 특별히 정해진 프로그램 순서(bridge, 2nd opening, finale 등)를 제외한 대부분의 프로그램이다. 1부와 2부의 두 영역에서 적게는 파트별 60분에서 70분 정도의 시간 배정이 된다. 다양한 음악적 깊이와 변화, 기술과의 융합, 색다르고 신선한 퍼포먼스 등 여러 가지 구성으로 이루어진다. 핵심은 흐름(rhythm)이다. 음악 공연은 주제 의식이 없기에 곡의 배치를 통해 기승전결의 흐름을 잡아야 한다. 이는 곧 관객의 정서와 감정의 흐름을 무대에 집중할 수 있도록 하는 중요한 매개체이기도 하다.

이 꼭지의 핵심 사항은 응용 요소를 더해 기본을 더욱 빛나게 하는 것이다. 이때 기본은 아티스트와 노래이며, 응용 요소는 볼거리(view)가 된다. 다시 강조하자면 이 영역에서 제일 중요한 곡은 음악이며, 음악이 흐르는 물길을 유연하게 열어 보이는 것이 연출의 핵심이다. 귀로 듣는 정적인 감동만이 아니라 노래와 잘 어울리는 소소한 재미와 볼거리들을 제공하여 관객들로 하여금 살아 있는 열정을 몸으로 체험하고 즐기도록 해야 한다.

해외 유명 아티스트들은 '1scene 1view' 원칙을 지켜 나간다. 하나의 신(노래)에 하나의 볼거리를 제공한다는 뜻인데, 적절한 조화와 유연성이 필요한 부분이기도 하다. 연결고리가 부족하거나 맥이 없을 경우, 공연이 끝나고 난 후 조각난 형상만이 잔상으로 남을 수 있기 때문이다.

2010 이문세 "The Best" _ 간단 큐시트 (101208)

Date. 2010.12.10-12 (서울올림픽체조경기장) / 12.24-25(부산 벡스코)
Produced by Mooboong, M-PROJECT. Directed by SSOPA

구분	Scene	Set-List	Description	Session	R/T	
객석	관객 사전 이벤트	House BGM 30'	* 암전 후 메인막 UP			**PRE-EVENT**
Part 1	S#1 (그랜드 오프닝)	오프닝 - Awakening	* 무대 비워진 상태/나팔 기수가 돌출 무대 등장하여 조명, 음향, 영상, 특효 등 무대 시스템을 깨우는 연출	BGM	1:30	**OPENING PERFORMANCE**
		Overture 이 세상 살아가다 보면 - 붉은 노을 - 그대 나를 보면 - 알 수 없는 인생	* 각 세션(밴드/오케스트라/현대무용단/댄스팀/백보컬) 및 이문세 등장 overture * 후주 약 4분 지점에 이문세 노래(그대 나를 보면) * 이문세 트러스 레이어 탑승하여 DOWN/중앙 LED 앞으로 등장	밴드(브라스 포함) + 오케스트라	5:27	
	짧은 MENT				1:30	
	S#2	한 번쯤 아니 두 번쯤 난 아직 모르잖아요	* 미디엄 템포의 바운스 있는 곡 구성 * 난 아직 모르잖아요 _ 재즈 스타일로 편곡 / Hard	밴드(브라스 6인 포함)	3:55 3:43	**BODY 1**
	MENT				5:00	
	S#3 (발라드의 재구성)	가을이 오면 사랑이 지나가면(완) 기억이란 사랑보다(1절) 시를 위한 시(1절)	* 새로운 시각과 느낌(영화 음악톤)으로 편곡된 발라드 무대 * 기억이란 사랑보다 _ 밴드라이저 간접 조명(전식)	오케스트라 (40인)	3:53 5:00 3:25 3:35	**PART1 : 1, 2, 3**
	S#4 (뮤직 드라마)	"Moonsae's Story"	* 이문세의 앨범 관련 다양한 에피소드를 소재로 모노 드라마 (영상, 오디오 이펙트, 별도 출연진 등장 - 하석배 교수, 이영훈 대역) * 확정곡 - 그대 없인 못살아, 그러나다, 나는 행복한 사람, 그때 그랬어야, 소녀, 조조할인	어쿠스틱 기타 + 밴드	20:00	
	S#5 (빅밴드&합창단)	저 햇살 속의 먼 여행(백보컬) 빗속에서(합창단 점점 조인) 이 세상 살아가다 보면	* 스케일 확장되며 Build-up되는 무대 * 저 햇살 속의 먼 여행 _ 탭댄스_Hard * 빗속에서 - 업라이트 피아노 + 키보드 연주 / 합창단 10명 * 이 세상 살아가다 보면_합창단 전체 마무리(후주 이문세 중앙 리프트 퇴장)	밴드 +합창단(40인)	5:26 4:30 4:30	
		브릿지	* 2부 등장을 위한 사회자의 이문세 소개 멘트 _ 김성주 돌출무대 등장		1:30	**BRIDGE (INTERMISSION)**
Part 2	S#6 (2부 오프닝)	파랑새(1절) 조조할인(1절_Guest) 알 수 없는 인생(1절)	* 3곡 메들리 형태 진행 * 이문세, 파랑새 세트(와이어)에 탑승한 뒤 돌출 무대로 이동 * "조조할인"중반부에 무빙카로 본무대까지 이동 * 게스트 출연자 "조조할인"에 등장(김장훈_토/일)	밴드	10:05	**2ND OPENING PERFORMANCE**
	S#7	관객 이벤트	* 베스트 관객 시상 * 루돌프 사슴으로 관객 합주 - 사전에 배포된 소악기로 합주하는 무대		20:00	**BODY 2**
	S#8 (올 댓 발라드)	소녀(Guest) 광화문 연가 옛사랑(편곡) 가로수 그늘 아래 서면	* 2부의 발라드 무대(광화문연가, 소녀-오케스트라) * 소녀 - 간주 부분에 게스트 하수 리프트로 등장 짧은 대화 + 노래(Only 금요일) * 옛 사랑 이문세 + 어쿠스틱 기타(하수에서 리어스크린 IN), 현대무용 실루엣 2절 _ 숲속에서 춤추는 연출(무용, 중계, 파노라마 영상) 엔딩 부분에서 이문세 상수 퇴장	오케스트라 +밴드	4:34 4:27 5:00 5:56	**PART2 : 1, 2, 3**
	S#9 (그랜드 피날레)	춤의 여왕 깊은 밤을 날아서 솔로예찬 그대 나를 보면 붉은 노을	* 래퍼+DJ 등장 _ 관객들 호응 유도(2분) 미러볼 장치 * 춤의 여왕 전주 시작되면서 트러스 레이어 탑승하여 이문세+무희들 등장 * 라스베가스 쇼 느낌의 Dance 무대로 전식 활용한 무대 연출 * Rock Stage(엔딩시 객석 전체를 붉은색으로 물들인다) - 붉은색 릴, 컨페티, 무용수들의 리본 등으로 분위기 고조	밴드 오케스트라+밴드 +합창단	3:35 2:55 3:35 4:28 4:15	**EPILOGUE FINALE (CLOSING)**
Bridge	S#10	브릿지 스팟	* 이문세가 관객에게 보내는 메시지가 담긴 영상 송출(사진으로 구성)		2:00	**ENDING HAPPENING ENCORE**
Encore	S#11 (발라드메들리)	그녀의 웃음소리뿐 - 그대와 영원히 이별이야기	* 1절 관객 합창 + 이문세 중앙계단 탑승한 채로 올라오면서 등장 * 합창 조인시 이문세 돌출 무대로 이동 * 그대와 영원히 _ 돌출 → 콘솔 이동 → 리프트 UP → 돌출 복귀 * 관객과 듀엣 _ 돌출 무대에서 시작 엠딩시 하수 LED로 이동 / 계단 퇴장 / 클로징(파노라마 영상)	오케스트라+밴드 +합창단	4:04 2:41	

Total 2:30:30

이 세부 구성은 전체 공연 시간(running time)을 2시간 30분에서 3시간 정도로 설정하고 짜여진 기준이다.

총 8개의 프로그램 대 구분 안에 12개의 소 단락으로 나누었다. 통계학적으로 사람이 동일한 사물을 주시하고 있을 때, 15분이 지나면 눈의 피로가 찾아 오고 집중력을 잃게 된다고 한다.

결국 2시간 30분 공연 시간 속에서, 10번 이상의 변화 포인트가 필요하다는 결론이다. 공연의 흐름을 프로그램 꼭지로 분류하는 것은, 관객의 집중력 저하를 막기 위함일 뿐아니라, 나아가 관객의 에너지를 더욱 증폭시킬 수 있는 계기가 되어 줄 것이다.

#5. 프로그램 세부 구성별 상관 관계

마지막으로 프로그램 세부 구성별 상관 관계를 알아보자.
이번에 소개할 상관 관계는 전적으로 나의 기준임을 먼저 밝힌다. 오랜 시간 공연을 하면서 프로그램 꼭지별로 충돌하거나
반복되는 요소를 없애기 위해 세워 온 나름의 기준과 원칙들이다.

1. 오프닝과 2부 오프닝의 대비

전체 공연의 막을 여는 오프닝과 중간에 잠깐 쉬어 가는 시간 후에 갖는 2부 오프닝은 철저하게 대비색을 갖게 한다. 1부가 무대 장치와 효과를 최대한 활용한 화려한 오프닝이었다면, 2부는 가수에게만 집중이 가능한 재미나거나 따뜻한 편성을 한다. 1부를 대표적인 히트곡으로 셋 리스트를 짰다면, 2부는 신곡이나 새로운 시도를 엿볼 수 있는 곡 구성을 한다. 이 두 개의 오프닝은 배정된 시간과 프로그램 콘셉트, 곡 편성 기준, 악기 편성 등 모든 면에서 색깔을 달리하라고 권장하고 싶다.

2. 오프닝과 피날레의 대비

전체 공연의 막을 여는 구성과 대단원의 막을 닫는 구성 역시 달라야 한다. 오프닝이 잘 짜여진 한편의 작품이었다면 클로징은 틀에 메이지 않고, 에너지를 쏟아 내며 마음껏 달리도록 하라. 오프닝이 빠른 템포의 곡 구성으로 분위기를 띄웠다면, 클로징은 음악의 진수를 느끼며 깊이 빠져들 수 있는 느리거나 웅장한 편성을 권한다. 오프닝은 가수가 한껏 멋을 내며 자기를 다양한 요소로 포장하는 구성이지만, 클로징은 가수가 관객과 함께 하나가 되는 편성이 안정적이기 때문이다. 오프닝과 피날레가 서로 닮아야 하는 부분은 대표 곡을 중심으로 편성해야 한다는 것 정도이다.

3. 오프닝과 오프닝 멘트 후 첫 순서의 대비

잘 짜여진 오프닝 후 가수들은 준비한 멘트로 첫 인사를 관객에게 한다. 이 다음에 이어질 무대는 방금 끝난 오프닝과 다를 것이라는 이야기다. 오프닝 멘트 후 첫 번째 꼭지는 오케스트라 편곡, 재즈 편곡 등 음악적으로 변화를 주거나 곡 구성 자체의 의미 부여가 필요하다. 선곡의 이유를 밝히는 것이다. 오프닝 편성과는 템포와 호흡에서 확실한 차이를 느낄 수 있어야 한다.

4. 피날레와 앙코르의 대비

대단원의 막을 닫는 피날레와 그 여운을 이어가는 앙코르의 곡 편성은 대비색보다는 보색이 필요한 구성이다. 피날레가 관객의 호흡을 절정으로 이끌었다면, 앙코르는 관객에게 여운을 남길 수 있는 구성으로 맥을 이어가야 한다. 피날레가 달리며 에너지를 쏟아 내는 구성이었다면, 앙코르는 전체가 같이 차분히 노래하며 공연장의 남은 호흡까지 빨아들이는 편성을 권한다. 반대로 피날레가 발라드로 감성을 자극하는 편성이었다면 앙코르는 여운의 끝이 보이지 않을 정도로 달리는 구성을 권한다. 앙코르가 다음 공연의 오프닝과 궤를 같이 하는 것도 내가 잘 쓰는 방법 중 하나이다. 다음 공연에 대한 연속성과 개연성을 조금 미리 제시해 주는 것이다.

5. 1부 피날레와 2부 피날레의 대비

1부 엔딩은 대부분 관객의 호흡을 절정으로 이끌며 마무리한다. 이후 이어지는 잠깐의 쉼이 의미가 있는 편성이어야 한다. 빠르고 춤이 필요한 곡들이 어울릴 수 있다. 이런 편성일 경우 2부는 1부와 확실히 다른 색깔을 갖는 것이 중요하다.

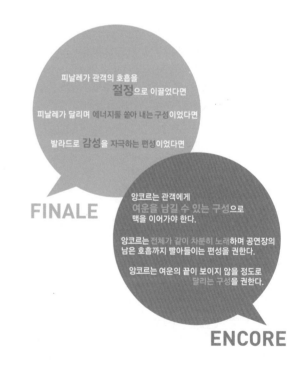

피날레가 관객의 호흡을 **절정**으로 이끌었다면

피날레가 달리며 에너지를 쏟아 내는 구성이었다면

발라드로 **감성**을 자극하는 편성이었다면

FINALE

앙코르는 관객에게 여운을 남길 수 있는 구성으로 맥을 이어가야 한다.

앙코르는 전체가 같이 차분히 노래하며 공연장의 남은 호흡까지 빨아들이는 편성을 권한다.

앙코르는 여운의 끝이 보이지 않을 정도로 달리는 구성을 권한다.

ENCORE

#6. 프로그램 구성법 소소한 몇 가지 팁

1. '노래 한 번, 멘트 한 번'은 지겹지 않니?

소테마 안에 2-3곡 정도의 곡을 편성해서 음악이 분위기를 이끌도록 하자.
1곡 후 멘트, 1곡 후 멘트식의 반복 편성은 너무 아마추어적이다.
길게 달릴 때는 4곡 이상의 곡 편성도 괜찮다.

2. 메들리는 한 번 이상 넣지 말 것

잦은 메들리 편성은 관객들에게 실망감을 줄 수 있다. 가능하면 완곡 수준의 곡 편성을 권한다.

3. 너무 낯선 곡은 관객을 어색하게 만든다

관객에게 생소한 곡이나 연주 편성은 위험하다. 의외성, 이색 편성은 어떤 공연이라도 반드시 필요하지만, 디테일이 따라 주지 않을 경우에는 관객의 호흡을 끊을 수 있다.

4. 반복은 임팩트의 적

강한 임팩트는 한 공연에서 두 번 사용할 카드는 절대 아니다. 반복은 '강한 임팩트'에서 '강한'을 날려 버리는 효과를 가져다 준다. 빈번한 편성은 임팩트 자체의 의미를 상실케 한다.

5. 브랜드 공연에는 고정 꼭지를!

매년 공연을 갖는 브랜드 공연의 경우, 고정 꼭지를 넣어 시리즈로 발전시킬 수 있는 프로그램 개발을 추천한다.

6. 식상함은 빠순이도 등 돌리게 만든다

방송에서 또는 다른 곳에서 볼 수 없는 설정, 장면, 곡, 멘트들이 구성 안에 잘 녹여지는 것을 추천한다.

7. 카피 곡은 선곡이 생명

카피 곡 편성은 선곡과 편곡/편성에 디테일을 요구한다. 남의 노래를 공연에서 기본적으로 하지 않는 가수일 때, 카피 곡 카드는 신의 한 수일 수 있다. 그러나 선곡이 절묘해야 하고, 편곡과 악기 편성도 특별해야 한다.

8. 게스트는 게스트일 뿐

게스트는 할 수만 있다면 버리는 카드여야 한다. 꼭 구성의 한 꼭지로 사용해야 한다면, 별도로 편성하기보다는 메인 아티스트와 음악적 협업을 이끌어 낼 수 있는 편성을 권한다.

Chapter 31
Cue Sheet

#1. Cue Sheet : 셋 리스트의 완성

**디테일의 힘을 공연 연출에서 찾아보려는 시도를 해왔다.
이제 마지막으로 다룰 것은 셋 리스트를 담아내는 문서인
Cue Sheet에 대한 것이다.**

큐시트는 무대 감독이 공연 중에 실행하게 되는 연출과 관련된 무대 운영에 대한 기록을 담은 문서이다. 대개 음향, 무대 전환, 출연진의 등·퇴장, 조명의 변화, 영상 활용 계획 등이 담긴다. 즉 큐시트는 출연진과 스태프, 스태프와 스태프간의 약속이라고도 표현할 수 있다. 공연에 투입되는 모든 스태프들이 큐시트에 의해 역할과 범위를 결정하게 된다. 출연진들도 스태프들과의 사전 약속에 의해 동선을 만들고, 가능한 범위 내에서 벗어 나지 않는다. 만약 어느 한 영역에서 그 약속이 깨진다면 전체에게 상상할 수 없는 위험과 사고로 이어질 수도 있다. 나아가 관객에게 큰 실망을 주게 된다. 즉 큐시트대로 움직이지 않는다는 것, 상호 간의 약속을 깨는 것은 스스로가 아마추어임을 나타내는 것과 다름없다.

큐시트의 작성은 무대감독의 역할이지만, 아직 대중음악 공연에서는 연출이 직접 큐시트를 작성하고 무대감독이 운영을 책임지는 경우들이 많다. 큐시트는 아티스트의 선곡 배열(set list)을 중심으로 동선, 무대 전환 계획, 음향, 조명, 영상, 특수효과 장치와의 Cue to Cue에 대한 세부 계획을 요약하여 담게 된다. 문서 작성은 복잡하게 기록할 수 없는 상황으로 전문 용어와 약어로 기록된다.

#2. 큐시트의 용도

현장에서 실제 사용하는 큐시트는
용도에 따라 쓰임이 달라진다.

01. 연출 회의용

연출감독이 아티스트와 선곡 배열의 과정에서 주로 사용
하는 큐시트다. 공연 전체의 대략적인 흐름과 호흡을 볼 수
있고, 꼭지별 방해 요소와 마(Break)가 뜨는 부분은 없는
지 확인할 수 있다. 연출감독은 곡별 연출 구성에 대한 세
부 기록(기술적 장치 활용 방안 포함)을 추가하여, 아티스
트가 공연의 전체적인 흐름을 이해할 수 있도록 도와야 한다.

2010 이문세 "The Best"_ 간단큐시트(101021)
Date : 2010.12.10-11 (서울 올림픽 체조경기장)

구분	Scene	Set-list	Description	Session	R/T
객석	Preset	House BGM 30' /			
Part1	S#1 (그랜드오프닝)	붉은노을- 이 세상 살아가다보면- 그대 나를보면-알 수 없는 인생 (짧은 메들리)_5'-7'	*오프닝퍼포먼스 A-애국가, B-마우스 뮤직 퍼포먼스 *반전 극대화 시킬 수 있는 장치들 필요 *밴드 무대 프리셋 상태_(오케스트라 연주는 하되, 무대에는 안 보이는 상태)	밴드(7인)	10'
		짧은 MENT			1'
	S#2	빨간내복	*미디움 템포의 바운스 있는 곡들로 풍성하고 상쾌한 사운드를 관객에게 제대로 들려줄 수 있는 곡으로 구성	밴드(7인) + 브라스(6인)	3'39
		한번쯤 아니 두번쯤			4'04
		MENT			5'
	S#3 발라드의 재구성	사랑이 지나가면(완)	*새로운 시각과 느낌으로 편곡된 발라드 무대 *밴드라이저 간접조명(전식) * Paper Architecture 활용한 무대 연출 무대 앞 선에서 1곡(아기자기한 소품활용)-가수 이동 동선에 따라 세트 팝업 (매직효과)	오케스트라 (40인)	4'15
		기억이란 사랑보다(1절)			3'
		시를 위한 시			3'55
		가을이 오면 (오케스트라 편곡)			3'41
	S#4 (뮤직드라마)	"Moonsae's Story"	*이문세의 인생 이야기 중 다양한 에피소드를 음악과 퍼포먼스, 영상과 함께 꾸며보는 15분 가량의 뮤직 드라마(하석배 교수_부분Join) *추천 노래- 서로가, 그대, 나는 행복한 사람, 소녀 외 2곡 정도 *소무대장치 / 영상 인터렉티브 활용 / 세트 활용한 소무대장치	어쿠스틱 기타 + 밴드	15'
		MENT			
	S#5 (빅밴드&합창단)	저 햇살 속의 먼 여행(백보컬)	*빅밴드와 함께 꾸미는 무대 - 스케일 확장되면서 Build-up 되는 무대 *업라이트 피아노 + 하몬드 오르간 (고려중)추가 악기 추천 *합창으로 시원하게 마무리	밴드 + 브라스 + 합창단(30~40인)	3'02
		빗속에서(합창단 점점 조인)			3'47
		이 세상 살아가다보면			3'13
Part2	S#6 (2부오프닝)	파랑새	*WWE 사회자 등장 및 이문세 소개 (돌출-사회자, 이문세-파랑새와이어) '이문세' 를 외치면 이문세 파랑새(장치) 탑승하여 와이어로 등장 _ 무대에는 오케스트라 조인	밴드 +오케스트라 조인	5'
		조조할인			2'34
		알 수 없는 인생			3'59
					4'10
		MENT			5'
	S#7 (발라드 & 빅퍼펫)	광화문 연가	*2부의 발라드 무대(광화문 연가, 소녀-오케스트라) *옛사랑- 원곡 느낌을 살린 재즈 편곡 *유재석 게스트 출연시 '소녀' 에 등장 *사랑은 늘 도망가 또는 가로수 그늘 아래서면	오케스트라 + 밴드	3'39
		소녀			3'39
		옛사랑 (편곡)			4'46
		짧은 MENT			2'
		사랑은 늘 도망가			3'57
		할말은 하지 못했죠	*빅퍼펫(ABR) 활용하여 노래에 맞춘 안무 연출 *기존곡보다 조금 느린 템포로 곡 구성		2'57
	S#8	관객이벤트	*관객 전체를 대상으로 하는 이벤트		15'
	S#9 (그랜드피날레)	*춤의여왕(1절)	*관객이벤트 후 짧은 Dance Performance 추가 (의상환복 고려) *리스베가스쇼 느낌의 Dance 무대로 전식 활용한 무대 연출	밴드	2'
		솔로예찬	*계단 활용 / 백드롭 셋트 - 무회 등장 계단 활용		4'47
		깊은 밤을 날아서	* Moving Car 를 타고 관객석으로 이동		3'02
		그대나를보면			3'22
		붉은노을	*Rock Stage(엔딩은 객석 전체를 붉은 색으로 물들인다) - 붉은색 릴, 컨페티, 무용수들의 리본 등으로 분위기 고조	오케스트라 +밴드+합창단	3'46
Bridge	S#10	브릿지스팟			1'
Encore	S#11 (앵콜_15')	발라드 메들리	앵콜을 유도하는 관객들의 노래로 시작(1절) *.난 아직 모르잖아요(1절만_관객합창)- 굿바이- 그대와 영원히- 그녀의 웃음 소리뿐 (합창단) *. 이별이야기(관객듀엣)_돌출무대에서 마무리	오케스트라 +밴드+합창단	15' ∴ 2h33

02. 프로덕션 스태프 공유용

프로덕션 스태프가 꾸려지고 난 뒤, 전체 스태프 미팅에서 연출팀이 각 팀에게 공유하는 큐시트다. 전체적 공연의 흐름과 테마, 소테마별 곡 구성에 대한 내용을 볼 수 있도록 만들어진 문서이다. 곡별 연출 의도와 그에 수반되는 기술적 요구 사항이 문서에 잘 담겨져 있어야 한다.

2009 THE 신승훈 Show_간단큐시트(090312)_revised version

구분	S#	Scene Title	Set-list	Technical & Directing brief.	비고
Intro & opening performance	S#1	Drawing performance 오프닝 퍼포먼스(드로잉용) 오프닝 셋	Drawing performance-BGM #1.오랜 이별뒤에(완곡) #2.나보다 조금 더 좋은 곳에(완곡) #3.그런 날이 오겠조(1절-잘-오케스트라) #4.I believe(일본버전-오케스트라)	Pre-event: Drawing performer 1 관객입장부터 무대하수에서 드로잉 퍼포먼스 무대센터는 그림맥자(스크린-사)-심부태인캡쳐필름 드로잉과 연계설비여여 영상에 그림 재현 *.오렌이별 뒤에 심장하는 그림 구현 (수제화, 포손 영차) *.그림안의 오브제로 가수와 기타리스트 등장 (가수와 기타리스트 그림은 치워됨-사안 top) *.가수와 기타리스트 위치로 무대공간 다른 쪽으로 공 *.기타친주와 가수 노래/썸은up #1.오렌 이별뒤에_가수와 기타 (조명과 소품) #2.나보다 조금 더_가수와 피아노 (조명과 소품) #3.그런 날이 오겠조_잊혀지겠조...rit부터 All (막전환-영상성성성ALEC-색김중심) #4.I believe_보사버즈 (볼 느낌의-애니메이션 영상과 가법고 뮤제한 댄서들과 함께, 스탈오션,효과리기, 웨이크) (또는 관객에게 봉꽃 나눠 주는 동작) 엔딩은 신승훈 타이틀 자막으로 처리	액자플레임 (스크린-사) 드로잉공간 소품 (1-2번 곡) 화가1 기타/피아노 댄서들(옵션)
Part 1 "One fine day" 회소성 회귀함	S#2	Greeting Ment			
	S#3	신승훈 음악 중 숨겨진 아름다운 곡들	#5.나처럼(완곡-오케스트라) #6.못된 기다림(완곡-오케스트라)	두 곡 / 배경과 구도 대비되게 편성 *.영상배경 / 밴드 전체 실루엣-가수 무빙탑 *.영상이(수-심부소품(진시)과 밴드	상부전식소품
Part 2 "Once upon a dream" 특별함	S#4	음악적 협연과 새로운 편성 중심 (ZEN style / fusion_orientalism)	#7.Lady(1절) #8.애심가(1절) #9.이별 후(1절) #10.승연비가(완곡)	무대 upsatge협연자 자리(영상배경)활용 (가수와 협연자 위치-비대칭) #7.Lady_해금 #8.애심가_해금/Bass,Gtr,Pf 스런성 (동양적 영심 활용-중석색감에 블랙과 레드) #9.이별 후_반도네온 #10.승연비기_Tango(?) (김동룡 노음장연 돈-실루엣)	협연자 (해금,반도네온) 배경소품
	S#5	Interactive	#11.내 방식대로의 사랑(1절-일본버전) #12.그녀와 함께 춤을 #13.엄마아(1절) Bridge program	내 방식대로의 사랑 영심 배경 * 이동영대 물림음은 무대음-이동 동선여 따른 영상면&화면인터페이션는 느낌들도록 내 방식대로의 사랑에 맞는 영심(시눌앞리) *.그녀와 함께 춤을: 4커플댄서(등장무언댄) [Bridge] 캔드-소개영상 가수노래층 한국 선악과 개사 가수가 직접 부런다(audio) 영상과 라이브교차(엔님과 오늘 사진 디플쓰)	삼바댄서4커플
Part 3 "Only for you" 친밀함	S#6	2부 오프님과 Pop's parade(Shin's Bar)	#14.나비효과 #15.I do 2부 Opening ment #16.Pop's Parade(2-3곡 / free style) - Kissing A fool - 1-2곡 팝송 #17.너무 아픈 사람은 사랑이 아니었어 (Special Edition)	나비효과 / 나무세트(real)*투명스크린 활용 아낌없이 주는 나무(4계절의 변화)와 나비를 주제로 한 영상 가수 real * interactive한 느낌들도록 (배경안으로 이동-나비가 가수여애우여) I do-자막 변경 Pop's Parade / Shin's Bar image (스런성-Bar style / 자로이미지-이동식세트와 소품) -한 두곡 더 가볍고 릴렉스(격식 분위기) -김공석 story / 노쳐 (너무 아픈 사람은 사랑이 아니었어) 첼로꼬 story / 노래 (너무 아픈 사람은 사랑이 아니었어) 첼로꼬 연주 *.외미:외국 가요 부런것 첫음(남의 노래) -김공석과 사연 -김공석 추모와 개인 사색	나무세트 투명스크린 Bar세트 (이동식세트와 소품) 첼로
	S#7	관객들과 함께 하는 편성	관객이벤트(참여) #18.New Song / 일본발매 앨범수록 _그 남자 작곡, 그여자 작사 #19.One Fine Day	관객들의 본격적인 참여를 이끌어 낼 수 있는 편성 1.일본 발매 신곡 가사_편창여 이벤트 형식 2.One Fine day-결혼 커플 축가형식 (배경 영상-연인, 아이들, 노부부, 김각적 영상)	
Part 4 On & On 이미 그러나 아직	S#8	분위기 업	#20.Hey #21.날 울리지마(공연버전)	날 울리지마-관객함께 노래하는 분위기	
	S#9		#22.미소속에 비친 그대(1절) #23.돌아봐줘(1절) #24.당신은 사파이어처럼(1절) #25.처음 그 느낌 처럼(완곡) #26.전설속의 누군가 처럼-오케스트라	발라드로 시작해서 공연 마지막 분위기로 업 (조명과 영상-세트와 영상 인동-곡 1곡).	미러볼
Finale	S#10	Final Stage 연출적으로 대형전환 또는 큰 스케일의 변화가 있는 무대와 구성	Closing ment #27.You raise me up-오케스트라	가시제공 키체인지에서 대형(전환 또는 무대연출이 필요 (영상,팬멤상-빌려디온) You-Fan	지구/은하
	S#11	Encore	#28.보이지 않는 사랑-오케스트라 #29.그후로 오랫 동안-오케스트라		

03. 파트별 세부 큐시트

프로덕션 각 팀별로 필요한 진행 사항만을 중심으로 작성
된 큐시트다. 음향, 조명, 영상, 특수효과, 전환 등 각 파트
감독들에게 필요한 개별 내용만을 담는다.
공연 현장에서 주로 사용한다. 대개, 대기실용, 무대 바닥
용, 기자용, 세션용으로 구분해서 필요한 위치에 부착한다.
대기실용 큐시트는 가독성이 높도록 대형 사이즈로 제작한
다. 무대 바닥용 큐시트는 곡만 기록하고, 형광 효과를 주어
가독성을 높인다. 기자에게 주어지는 기자용 큐시트는 시
간의 흐름까지 볼 수 있도록 한다. 세션용 큐시트에는 셋 리
스트와 멘트를 넣어 흐름을 따라갈 수 있도록 돕는다.

그 외에도 무대 전환용 큐시트는,
스태프들이 세부 전환 큐시트를 별도 작성해서 공유한다.

이처럼 큐시트는 공연에 참여하는 스태프들의 역할에 따
라 여러 형태로 만들어진다. 무대에서 움직임이 많지 않고
지시사항이 많은 연출부와 하드웨어 감독들은 위의 사례
에서 보는 것처럼 세부사항이 잘 기록된 큐시트를 사용한
다. 반면에 움직임이 많은 무대 운영 스태프들을 위해서는
필요한 사항을 중심으로 요약된 큐시트를 사용한다.
요약 형태는 A4 1장으로 만들어 휴대하기 편하도록 한다.

2010 이문세"The Best"_ 간단큐시트_영상/중계 (101208)

Date : 2010.12.10-12 (서울/올림픽체조경기장) / 12.24-25(부산/벡스코)
Produced by Mooboong, M-PROJECT. Directed by SSOPA

구분	Scene	Performer	Set-list	Session	Tech.brief
객석	Preset		House BGM 90' /		*.영상: 사이드LED_타이틀이미지
Part1	S#1	나팔기수	오프닝 -어웨이크닝	별도 BG	*.영상: 파노라마LED_파장,스파크 이미지
		이문세, 현대무용단12, 안무팀	이 세상 살아가다보면-붉은노을-그대 나를보면-알 수 없는 인생 4' 짧은 메들리	밴드 + 오케스트라	*.영상: 파노라마LED_이문세 등장 포인트
			짧은 MENT		*.중계: 사이드LED
	S#2	이문세,안무팀4	한번쯤 아니 두번쯤	밴드 + 브라스(6인)	*.영상: 중앙LED_패턴 / *.중계: 사이드LED
		이문세,안무팀14	난아직모르잖아요		*.영상:중앙LED_악기 이미지 영상 / *.중계: 사이드LED
		이문세	MENT		*.중계: 사이드LED
	S#3	이문세	가을이 오면	오케스트라 (40인)	*.영상:중앙LED_경쾌하고 발랄한 분위기 영상 / *.중계: 사이드LED
			사랑이 지나가면(완)		*.중계: 사이드LED
			기억이란 사람보다1(1절)		*.영상: 중앙LED_가사포인트 Typography
			시를 위한 시(1절)		*.중계: 사이드LED
	S#4	이문세, 하석배, 이성준	"문세스토리" 그대없이는웃살이,그러나더,나는행복한사람,그래그럼데어,소녀,조조할인	오케스트라 어쿠스틱 기타 + 밴드	(문세스토리 큐시트 참조) *.영상: 상수 DrawLED_전유성사진/가은네 영상/ 2집자켓영상/이영훈사진 조조할인 1의영상 / *.중계: 사이드LED_하석배 등장빈 (프로필 하단 스크롤)
	S#5	이문세, 탭댄서8	저 햇살 속의 먼 여행	밴드 + 합창단(40인)	*.중계: 사이드LED
		이문세, 합창단 10	빗속에서		*.영상: 파노라마LED_비 내리는 영상 / *.중계:중앙LED_Mono tone 으로 분위기 맞춰 Encore
		이문세,합창단 40	이 세상 살아가다보면		*.영상: 파노라마LED_합창단 영상
Part2	S#6	김성주	브릿지		*.영상: 상수 DrawLED_김성주 멘트시 단어 포인트 / *.중계: 사이드LED
		이문세	파랑새(1절)	밴드	*.영상: 중앙LED, DrawLED_ 레트로 패턴 영상 / *.중계: 사이드LED
			조조할인(1절_Guest)		
			알 수 없는 인생(1절)		
	S#7	이문세	관객이벤트		*.영상: 중앙LED_ 1. 베스트 관객대상_시상부문,상품 2. 루돌프사슴코 가사 및 연주포인트 / *.중계: 중앙LED_필요시 몇 포인트에만 활용 사이드LED
	S#8	이문세, 게스트	소녀(Guest)	오케스트라 + 밴드	*.영상: 파노라마LED_집 그려지고 소녀 실루엣 영상 / *.중계: 중앙LED, 사이드LED_분위기에 따라 Encore
		이문세	광화문연가		*.영상: 파노라마LED_액자 영상 / *.중계: 중앙LED, 사이드LED_분위기에 따라 Encore
			옛사랑 (편곡)		*.영상/중계: 암전
		이문세, 현대무용단	가로수 그늘 아래서면		*.영상: 파노라마LED_가로수 숲 영상 / *.중계: 중앙LED, DrawLED_무용수 Encore
	S#9	이문세,DJ,랩퍼, 안무팀 8명	춤의여왕	밴드	*.영상: 중앙LED, DrawLED_ 라스베가스 느낌 패턴 / *.중계: 사이드LED
		이문세,안무팀 14	깊은 밤을 날아서		
		이문세,안무팀6	솔로예찬		
		이문세,안무팀6	그대나를보면		*.영상:중앙LED, DrawLED_Rock 분위기에 맞는 패턴 / *.중계: 사이드LED
		이문세, 안무팀 14,합창단 40	붉은노을	오케스트라 +밴드 +합창단	*.영상: 파노라마LED_1.(전주때만)붉은천 이펙트 중앙LED,DrawLED_2. 전주 끝나면 패턴 전환 / *.중계: 사이드LED_전주 끝나면 중계 전환
Bridge	S#10		브릿지스팟		*.영상: 사이드LED
Encore	S#11	이문세, 합창단 40,	그녀의 웃음소리뿐	오케스트라 +밴드+합창단	*.영상: 중앙LED_1절 가사 영상
			그대와 영원히		*.영상: 파노라마LED_이문세 리프트,그'저 붉은바다' 포인트에 영상 송출 / *.중계:중앙LED, 사이드LED_분위기에 따라 Encore
		이문세	이별 이야기		*.영상: 중앙LED_ 1. 1절 가사 영상 파노라마_2. 엔딩 파랑새 영상 (이문세 하수 사이드LED로 퇴장하면 동시 송출) / *.중계: 사이드LED_이별이야기 끝나고 엔딩때는 Out

#3. 큐시트 작성을 위해 알아 두어야 할 항목들

2013 Musical Gala Concert
Date. 2013.05.20 @세종문화회관

순서	출연진	R/T	Program	앙상블 및 코러스	음향	등퇴장	상부전환	NO.	DOWN	UP	조명
S#0			House BGM		CD		*리어스크린 / *SHOW LED / *흑샤	#.33 / #.31 / #.02	↓ ↓ ↓		객석등 >> 5' 렌탈 블라인드
S#1	윤시영	1'43"	Intro		BGM	윤시영 하수 DS In					이동 동선에 따라 무빙탑 필요 /계단 동선
S#2	오케스트라	3'08"	Time in Fantasy episode 1		오케스트라 Live		오케 INTRO >>	#.02		↑	지휘자 탑 / 오케스트라 중심 조명
S#3	윤시영	1'31"	1. Tomorrow		오케스트라 Live 무선/핸드헬드	윤시영 2층 무대 이동 (중앙 계단)					2층 무대 센터에서 노래/탑
	남경주&윤시영	2'42"	2. A Whole New World		오케스트라 Live 무선/핸드헬드 2	남경주 상수 2층 무대 In	오케 INTRO >> SET LED 다운	#.27	↓		2층 무대에서 듀엣
			남경주 오프닝 멘트			윤시영 Out					1층 무대로 이동해서 멘트
S#4	김소현	2'58"	3. Think of me		오케스트라 Live 무선/스탠드 1 Piano	김소현 상수 DS In					1층 무대에서 노래
			김소현 멘트				*비즈막	#.03	↓		1층 무대에 노래 비즈막 터치
		2'20"	4. Once upon a dream			김소현 하수 Out					
	최정원&김소현	3'42"	5. In his eyes		오케스트라 Live Wireless Mic.2(handheld)	최정원 상수 2층 무대 In 김소현 하수 2층 무대 In	오케 INTRO >> *비즈막	#.03		↑	여성 듀엣 2층 무대에서 / 교차탑/ 어두운 톤
S#5			윤형렬 멘트			바이올린 1입장(상)	미러볼	#.11	↓		
	윤형렬	4'33"	6. 사랑	여배우 1 바이올린 1 댄서10 코러스12 (앙상블)	오케스트라 Live 무선/스탠드1 바이올린솔로용 1 여배우용 이어셋 1(사랑) 코러스 Mic. 12	윤형렬 하수 DS In					미러볼 / 중간에 곡 분위기 전환 / 여배우-벤치/바이올린 솔로 위치 탑
			윤형렬 멘트								
		2'34"	7. I can't recall			1층 무대					

01.장면 구분(순서)

프로그램 진행순서를 Scene으로 구분하여 사용한다.
S#1,S#2~와 같은 방식으로 표기한다.
소테마가 있을 경우 같이 사용할 수 있다.

02.시간(Running Time)

공연 전체의 시간 흐름을 볼 수 있게 하고,
해당 순서에 배당된 시간도 추가 기록한다.

2013 Musical Gala Concert
Date. 2013.05.20 @세종문화회관

03.프로그램(Program)

순서에 배정된 프로그램
(곡명, 영상 타이틀 등)을 기록한다.
멘트 공간도 별도 기재해야 한다.

04.출연(Performer, Cast)

프로그램을 진행할 출연자의 이름을 기록한다.
팀일 경우 인원수와 간단한 역할을 추가할 수 있다.

순서	출연진	R/T	Program	영상불 및 코러스	음향	등퇴장	상부전환	NO.	DOWN	UP	조명
S#0			House BGM		CD		*리어스크린 *SHOW LED *흑샤	#.33 #.31 #.02	↓ ↓ ↓		객석등 >> 5' 렌탈 블라인드
S#1	윤시영	1'43"	Intro		BGM	윤시영 하수 DS In					이동 동선에 따라 무빙탑 필요 /계단 동선
S#2	오케스트라	3'08"	Time in Fantasy episode 1		오케스트라 Live		오케 INTRO >>	#.02		↑	지휘자 탑 / 오케스트라 중심 조명
S#3	윤시영	1'31"	1. Tomorrow		오케스트라 Live 무선/핸드헬드	윤시영 2층 무대 이동 (중앙 계단)					2층무대 센터에서 노래/탑
	남경주&윤시영	2'42"	2. A Whole New World		오케스트라 Live 무선/핸드헬드 2	남경주 상수 2층 무대 In	오케 INTRO >> * SET LED 다운	#.27	↓		2층 무대에서 듀엣
			남경주 오프닝 멘트			윤시영 Out					1층 무대로 이동해서 멘트
S#4	김소현	2'58"	3. Think of me		오케스트라 Live 무선/스탠드 1 Piano	김소현 상수 DS In					1층 무대에서 노래
			김소현 멘트				*비즈막	#.03	↓		
		2'20"	4. once upon a dream			김소현 하수 Out					1층 무대에서 노래 비즈막 터치
	최정원&김소현	3'42"	5. In his eyes		오케스트라 Live Wireless Mic.2(handheld)	최정원 상수 2층 무대 In 김소현 하수 2층 무대 In	오케 INTRO >> *비즈막	#.03		↑	여성 듀엣-2층무대에서 / 교차탑/ 어두운 톤
S#5	윤형렬					윤형렬 멘트 / 바이올린 1입장(상)	미러볼	#.11	↓		
		4'33"	6. 사랑	여배우 1 바이올린 1 댄서10 코러스12 (앙상불)	오케스트라 Live 무선/스탠드1 바이올린솔로용 1 여배우용 이어셋 1(사랑) 코러스 Mic. 12	윤형렬 하수 DS In					미러볼 / 중간에 곡 분위기 전환 / 여배우-벤치/바이올린 솔로 위치 탑
			윤형렬 멘트								
		2'34"	7. I can't recall			1층 무대					

2013 Musical Gala Concert
Date. 2013.05.20 @세종문화회관

순서	출연진	R/T	Program	앙상블 및 코러스	음향	등퇴장	상부전환	NO.	DOWN	UP	조명
S#0			House BGM		CD		*리어스크린 *SHOW LED *흑샤	#.33 #.31 #.02	↓ ↓ ↓		객석등 >> 5' 렌탈 블라인드
S#1	윤시영	1'43"	Intro		BGM	윤시영 하수 DS In					이동 동선에 따라 무빙탑 필요 /계단동선
S#2	오케스트라	3'08"	Time in Fantasy episode 1		오케스트라 Live		오케 INTRO >>	#.02		↑	지휘자 탑 / 오케스트라 중심 조명
S#3	윤시영	1'31"	1. Tomorrow		오케스트라 Live 무선/핸드헬드	윤시영 2층 무대 이동 (중앙 계단)					2층 무대 센터에서 노래/탑
	남경주&윤시영	2'42"	2. A Whole New World		오케스트라 Live 무선/핸드헬드 2	남경주 상수 2층 무대 In	오케 INTRO >> * SET LED 다운	#.27	↓		2층 무대에서 듀엣
			남경주 오프닝 멘트			윤시영 Out					1층 무대로 이동해서 멘트
S#4	김소현	2'58"	3. Think of me		오케스트라 Live 무선/스탠드 1 Piano	김소현 상수 DS In					1층 무대에서 노래
			김소현 멘트				*비즈막	#.03	↓		
		2'20"	4. once upon a dream			김소현 하수 Out					1층 무대에서 노래 비즈막 터치
	최정원&김소현	3'42"	5. In his eyes		오케스트라 Live Wireless Mic.2(handheld)	최정원 상수 2층 무대 In 김소현 하수 2층 무대 In	오케 INTRO >> *비즈막	#.03		↑	여성 듀엣-2층 무대에서 / 교차탑 / 어두운 톤
S#5	윤형렬		윤형렬 멘트			바이올린 1입장(상)	미러볼	#.11	↓		
		4'33"	6. 사랑	여배우 1 바이올린 1 댄서10 코러스12 (앙상불)		윤형렬 하수 DS In					미러볼 / 중간에 곡 분위기 전환 / 여배우-벤치/바이올린 솔로 위치 탑
			윤형렬 멘트		오케스트라 Live 무선/스탠드1 바이올린솔로용 1 여배우용 이어셋 1(사랑) 코러스 Mic. 12						
		2'34"	7. I can't recall			1층 무대					

05.동선(Blocking)

출연자들의 무대 등/퇴장과 이동 동선을 기록한다.
상하수 또는 등/퇴장의 지정 공간(장소, 장치)을 기록한다.

06.음향(Sound)

프로그램에 필요한 음향적 장치와 운영 방식을 기록한다.
연주 방식, 마이크 사용 계획, 영상 음원 포함 여부 등이 기록 대상이다.

07.조명(Lighting)

**프로그램에 필요한 조명 제반 장치와
그 운영 방식을 기록한다.**
팔로우 스팟, 탑 포지션,
객석 조명 사용 등이 기록대상이다.

08.영상(Video)

**프로그램에 필요한 영상 송출 계획과
운영 방식을 기록한다.**
이때 영상(VJ) 소스가 송출될 세부 장비와
소스 내용에 대한 기록이 중요하다.
중계와 분할 방식 등에 대한 기록이 추가될 수 있다.

2013 Musical Gala Concert
Date. 2013.05.20 @세종문화회관

순서	출연진	R/T	Program	영상불 및 코러스	음향	등퇴장	상부전환	NO.	DOWN	UP	조명
S#0			House BGM		CD		*리어스크린 *SHOW LED *흑샤	#.33 #.31 #.02	↓ ↓ ↓		객석등 >> 5' 렌탈 블라인드
S#1	윤시영	1'43"	Intro		BGM	윤시영 하수 DS In					이동 동선에 따라 무빙탑 필요 /계단 동선
S#2	오케스트라	3'08"	Time in Fantasy episode 1		오케스트라 Live		오케 INTRO >>	#.02		↑	지휘자 탑 / 오케스트라 중심 조명
S#3	윤시영	1'31"	1. Tomorrow		오케스트라 Live 무선/핸드헬드	윤시영 2층 무대 이동 (중앙 계단)					2층 무대 센터에서 노래/탑
	남경주&윤시영	2'42"	2. A Whole New World		오케스트라 Live 무선/핸드헬드 2	남경주 상수 2층 무대 In	오케 INTRO >> * SET LED 다운	#.27	↓		2층 무대에서 듀엣
			남경주 오프닝 멘트			윤시영 Out					1층 무대로 이동해서 멘트
S#4	김소현	2'58"	3. Think of me		오케스트라 Live 무선/스탠드 1 Piano	김소현 상수 DS In					1층 무대에서 노래
			김소현 멘트				*비즈막	#.03	↓		
		2'20"	4. once upon a dream			김소현 하수 Out					1층 무대에서 노래 비즈막 터치
	최정원&김소현	3'42"	5. In his eyes		오케스트라 Live Wireless Mic.2(handheld)	최정원 상수 2층 무대 In 김소현 하수 2층 무대 In	오케 INTRO >> *비즈막	#.03		↑	여성 듀엣-2층 무대에서 / 교차탑 / 이두운 톤
S#5	윤형렬		윤형렬 멘트			바이올린 1입장(상)	미러볼	#.11	↓		
		4'33"	6. 사랑	여배우 1 바이올린 1 댄서10 코러스12 (양상불)		윤형렬 하수 DS In					미러볼 / 중간에 곡 분위기 전환 / 여배우-벤치/바이올린 솔로 위치 탑
			윤형렬 멘트		오케스트라 Live 무선/스탠드1 바이올린솔로용 1 여배우용 이어셋 1(사랑) 코러스 Mic. 12						
		2'34"	7. I can't recall			1층 무대					

267

09.특수효과(Special Effects)

**프로그램에 배정된 특수효과 장치와
운영방식을 기록한다.**
특효 포인트(타이밍과 공간)에 대한
세부 기록이 필요하다.

10.전환(Stage Management)

프로그램에 배정된 무대 전환에 대해 기록한다.
상/하부 장치와 대/소도구의
전환 계획이 기록 대상이다.
극장의 경우 상부 전환은
배턴 운영 계획이 포함되어야 한다.

2013 Musical Gala Concert
Date. 2013.05.20 @세종문화회관

순서	출연진	R/T	Program	앙상블 및 코러스	음향	등퇴장	상부전환	NO.	DOWN	UP	조명
S#0			House BGM		CD		•리어스크린 •SHOW LED •흑사	#.33 #.31 #.02	↓ ↓ ↓		객석등 >> 5' 렌탈 블라인드
S#1	윤시영	1'43"	Intro		BGM	윤시영 하수 DS In					이동 동선에 따라 무빙탑 필요 /계단 동선
S#2	오케스트라	3'08"	Time in Fantasy episode 1		오케스트라 Live		오케 INTRO >>	#.02		↑	지휘자 탑 / 오케스트라 중심 조명
S#3	윤시영	1'31"	1. Tomorrow		오케스트라 Live 무선/핸드헬드	윤시영 2층 무대 이동 (중앙 계단)					2층 무대 센터에서 노래/탑
S#3	남경주&윤시영	2'42"	2. A Whole New World		오케스트라 Live 무선/핸드헬드 2	남경주 상수 2층 무대 In	오케 INTRO >> • SET LED 다운	#.27	↓		2층 무대에서 듀엣
S#3			남경주 오프닝 멘트			윤시영 Out					1층 무대로 이동해서 멘트
S#4	김소현	2'58"	3. Think of me		오케스트라 Live 무선/코러스 1 Piano	김소현 상수 DS In					1층 무대에서 노래
S#4	김소현		김소현 멘트				•비즈막	#.03	↓		
S#4		2'20"	4. once upon a dream			김소현 하수 Out					1층 무대에서 노래 비즈막 터치
S#4	최정원&김소현	3'42"	5. In his eyes		오케스트라 Live Wireless Mic.2(handheld)	최정원 상수 2층 무대 In 김소현 하수 2층 무대 In	오케 INTRO >> •비즈막	#.03		↑	여성 듀엣-2층 무대에서 / 교차탑 / 어두운 톤
S#5	윤형렬		윤형렬 멘트			바이올린 1입장(상)	미러볼	#.11	↓		
S#5	윤형렬	4'33"	6. 사랑	여배우 1 바이올린 1 댄서10 코러스12 (앙상블)	오케스트라 Live 무선/스탠드1 바이올린솔로용 1 여배우용 이어셋 1(사랑) 코러스 Mic. 12	윤형렬 하수 DS In					미러볼 / 중간에 곡 분위기 전환 / 여배우-벤치/바이올린 솔로 위치 탑
S#5	윤형렬		윤형렬 멘트								
S#5		2'34"	7. I can't recall			1층 무대					

#4. 큐시트 작성시 사용되는 용어와 약어

큐시트 작성은 제한된 지면으로 인해 대부분 전문 용어와 약어로 이루어진다.
큐시트에서 자주 사용하는 용어에 대한 이해를 갖는 것이 도움이 될 것이다.

01.조명

큐시트에는 피사체(아티스트, 세션 등)에 대한
follow spot 사용 계획이 들어가야 한다.
follow spot은 사용 위치에 따라
front, side, back, top follow로 나눠진다.

빛의 방향에 대한 용어 이해가 필요하다.
top, back, foot, back foot, side로 구분하여 사용한다.

빛의 점등방식을 위해 사용하는 용어이다.
빛의 점등_switch in(bump in), fade in
빛의 소등_black out, fade out

사용 장비 이름 중 큐시트에 자주 활용되는 것들이다.
blinder, bank, source 4, jaraq, moving, house light

02.음향

큐시트에 사용하는 음향적 장치와 운영 방식에 대한
전문용어와 약어이다.

연주 방식에 사용하는 용어이다.
live, MR(music of record), AR(on air record)

마이크 사용 계획을 위해 알아 두어야 할 용어이다.
유/무선과 마이크 사양_handheld, pin, ear set
사용자_main, guest, BGV(back ground vocal), choir

영상에 음원이 포함되어 있을 때 사용하는 용어이다.
SOV(sound of video)

03.영상

큐시트에 사용하는 영상적 장치와 운영 방식에 대한
전문 용어와 약어이다.

영상 소스에 대한 기록이다.
PGM(program)_공연 중계 소스를 의미한다.
VJ source_패턴, 편집, 맵핑, 제작

중계샷에 대한 용어이다.
투샷, 클로즈업샷, 부감샷 등

중계와 영상 시스템 운영에 필요한 용어이다.
개폐 방식
분할 방식(2면, 3면, 4면 분할 방식 등)

04.전환

무대 전환을 위해 알아 두어야 할 용어들이다.

– 하부 전환
 in & out
 sliding & lifting

– 상부 전환
 up & down
 fly out & draw

– 좌우개폐
 open & close

05.특수효과와 장치

공연에서 즐겨 사용하는 특수효과 이름들이
용어로 큐시트에 대체된다.
타이밍에 대한 메모는 특수효과 감독의 가사집에 기록된다.
큐시트에는 어떤 종류의 효과가 사용되는지를 기록하면 된다.

특수효과 종류들이다.
화약류, 컨페티(confetti), 에어샷(air shot)
토치(torch), 드라이아이스(dry ice)
스노우 머신(snow machine), CO2

공연에서 많이 사용하는 장치들이다.
수직 승강 무대(lift, magic lift, pumping)
수평 이동 무대(wagon [sliding])
회전 무대(turn table)
와이어(wire)
자동화 장치(automation)
이탈 장치(이탈, 이중 이탈, 흡입)
크레인(crane)

#5. Scene Note 메뉴얼

연출 감독이 큐시트 외 공연 연출의 내용을 담은 추가 문서로 즐겨 활용하는 것이 신노트(scene description)다.

신노트는 공연 장면(scene)에 대한 출연자들의 세부 동선과 무대 기술적 운영(무대 전환/소품/조명큐/마이크 운영 등)을 중심으로 구성된, 일종의 '장면 연출 구성안'이다. 많은 공연에서 활용되는 자료는 아니지만, 세심한 연출이 요구되는 공연이거나 장면의 변화가 잦고, 기술적 변화가 많이 요구되는 공연에서는 활용 가치가 높다.

큐시트는 전문 용어와 약어로 모든 것을 기록하기 때문에, 공연의 구체적 동선과 세부적인 연출안을 담아내기는 한계가 있기 때문이다.

특히 신노트는 연출감독이 아티스트와 구성에 대한 협의를 하거나, 프로덕션 감독들과 장면 구성에 대한 회의를 할 때 중요하게 사용될 수 있다.

01. 무엇을 넣는가?

신노트를 만들기 위해서 제공되어야 할 정보들이다.

- Stage Plot : 세부 무대 사이즈와 밴드라이저의 위치, 정확한 사이즈를 표기한 무대 도면
- Cue Sheet : 아티스트와 최종적으로 합의한 프로그램 기본 구성안
- Blocking Line : 무대감독과의 조율을 통해 합의된 주요 출연자의 무대 동선 계획

02. 세부 내용은?

신노트의 세부 내용은 다음과 같이 구성된다.

- 기본 동선(아티스트, 게스트, 연주자 등)
- 연주 포지션(주요 연주자에 대한 메모)
- 무대 전환 계획
- 영상 장비 운영과 송출 계획
- 조명, 음향, 소품 등에 대한 운영과 사용 계획
- 가사집(전주와 간주, 후주의 마디 수, 곡중 세션 솔로의 타이밍 등을 표기)

03. 현장에서는 이렇게 쓰인다.

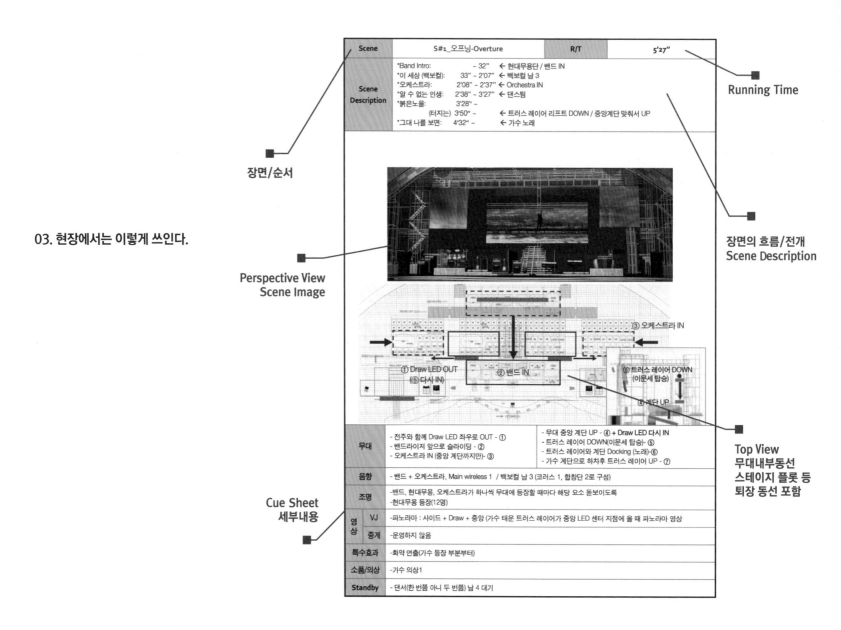

장면/순서

Running Time

장면의 흐름/전개
Scene Description

Perspective View
Scene Image

Top View
무대내부동선
스테이지 플롯 등
퇴장 동선 포함

Cue Sheet
세부내용

Scene	S#1_오프닝-Overture	R/T	5'27"

Scene Description	*Band Intro: ~ 32" ← 현대무용단 / 밴드 IN *이 세상(백보컬): 33" ~ 2'07" ← 백보컬 남 3 *오케스트라: 2'08" ~ 2'37" ← Orchestra IN *알 수 없는 인생: 2'38" ~ 3'27" ← 댄스팀 *붉은노을: 3'28" (터지는) 3'50" ~ ← 트러스 레이어 리프트 DOWN / 중앙계단 맞춰서 UP *그대 나를 보면: 4'32" ~ ← 가수 노래

③ 오케스트라 IN

① Draw LED OUT
(⑤ 다시 IN)

② 밴드 IN

⑤ 트러스 레이어 DOWN
(이문세 탑승)

④ 계단 UP

무대	- 전주와 함께 Draw LED 좌우로 OUT - ① - 밴드라이저 앞으로 슬라이딩 - ② - 오케스트라 IN (중앙 계단까지만)- ③	- 무대 중앙 계단 UP - ④ + Draw LED 다시 IN - 트러스 레이어 DOWN(이문세 탑승)- ⑤ - 트러스 레이어와 계단 Docking (노래)- ⑥ - 가수 계단으로 하차후 트러스 레이어 UP - ⑦
음향	- 밴드 + 오케스트라, Main wireless 1 / 백보컬 남 3 (코러스 1, 합창단 2로 구성)	
조명	-밴드, 현대무용, 오케스트라가 하나씩 무대에 등장할 때마다 해당 요소 돋보이도록 -현대무용 등장(12명)	
영상 VJ	-파노라마 : 사이드 + Draw + 중앙 (가수 태운 트러스 레이어가 중앙 LED 센터 지점에 올 때 파노라마 영상	
영상 중계	-운영하지 않음	
특수효과	-화약 연출(가수 등장 부분부터)	
소품/의상	-가수 의상1	
Standby	- 댄서(한 번쯤 아니 두 번쯤) 남 4 대기	

공연기획

공연계 최고의 Match Maker
한민아가 만난 사람들

이 사람을 보면
공연계의 미래와
나의 미래가 보인다!

Profile

한민아

닉네임: 한마담
현) SPARK 학사운영팀장
현) 국제예술대학 공연기획과 강사
현) 공연인을 위한 네트워크 파티 〈B급수다〉 프로듀서
현) 공연기획 樂 기획피디

라이브콘서트 기획자가 되겠다고 업계에 발을 디뎠지만

2006년 3월 우연히 공연기획을 가르치는 아카데미에서 학사 운영 업무를 맡게 되면서

공연 현장보다는 공연인들과 함께하는 삶을 살기 시작했다.

8년이 넘는 시간 동안 공연 현장과 입문자를 연결하는 역할을 해 왔고, 현재는 수많은 공연인 네트워크의 중심에 서 있다.

틈틈이 라이브콘서트 기획에도 참여하면서 현장에 대한 감도 잃지 않으려고 노력 중이다.

들어가며

하루에도 수없이 울리는 핸드폰의 알람.
사람을 찾고 일을 찾는 사람들의 전화, 메신저, 문자가 내게 도착한다.
다양한 작품과 분야에서 적임자를 찾고 있고 그보다 더 다양한 상황에 놓인 사람들이 공연 일을 찾고 있다.

같은 공연 업계에 몸 담고 있다 하더라도 각자의 길이 있다는 것을 보여 주고 싶었다.
공연을 시작할 때도 각자 다른 환경과 출발 지점에 서 있었고,
지금도 각자의 방법으로 다양한 분야에서 자신만의 길을 만들고 있음을 보여 주고 싶었다.

각기 다른 사연을 지닌 공연인 8명(7팀)을 섭외했다.

최수명
잘나가던 회사를 때려 치우고 늦은 나이에 공연 업계에 뛰어든 용기 넘치는 뮤지컬 제작피디이다.

김잔디
아이 둘을 낳고도 현장을 누비는, 여성 공연인에게 전설이 되어가고 있는 뮤지컬 제작감독이다.

하태환
고졸 학력이지만 스펙보다는 실력으로 승부한 한참 잘 나가는 콘서트 무대감독이다.

정현철
당당하고 끈질긴 알바생이 어떻게 넘버원 피디가 되는지를 보여 준 콘서트 연출감독이다.

진경환
석사 학위를 두 개나 가진 유학파로 우리나라 공연계에 새 바람을 일으키고 있는 크리에이터이다.

신영권
공연 현장뿐 아니라 현장 밖에서도 공연을 위한 일이라면 무엇이든 뛰어드는 열정의 백스테이저이다.

성지환, 김혜미
공연인 부부도 행복할 수 있다는 것을 보여 주는 공연하는 남자(크리에이터), 공연하는 여자(콘서트 기획자)이다.

이들의 이야기가 정답이라고 말하는 것은 아니다.
이들이 지금 업계 최고의 자리에 있나는 것을 원하는 깃도 이니다.
이들의 이야기가 '나는 과연 공연계에서 어떻게 자리매김할 것인가' 를 고민하는 많은 사람에게 공연만큼이나
생생한, 살아 있는 정보가 되기를 바랄 뿐이다.

(참고로 최대한 자연스러운 이야기를 담다 보니 딱 떨어지는 문답 형식의 인터뷰가 아닐 수 있고, 인터뷰이와 이미 알고 있는 관계에서 진행된 인터뷰다 보니 호칭이나 말투가 개인적일 수 있다는 것을 미리 밝힌다.)

Special Thanks To

우선 8명의 인터뷰이에게 진심으로 감사드립니다.
평상시 알고 지낸 사람이라 하여도 '인터뷰' 라는 이름으로 만나니 어색하지 않을 수 없었습니다.
초보 인터뷰어의 긴장이 티 나지 않게 애썼는데 이미 다들 눈치 채셨을 거라는 생각도 듭니다.
현장 일로 바쁜데도 시간 내어 주셔서 감사합니다.
이제는 인터뷰가 아닌 더 편한 자리에서 더 진한 수다를 떨고 싶습니다.

부족한 저를 도와서 이 작업을 해 준 모든 분들에게도 고마운 마음을 전합니다.
사진 촬영뿐 아니라 인터뷰 기간 내내 옆에서 많은 도움을 준 희전언니
3시간이 넘는 인터뷰를 일일이 딕테이션 하느라 고생한 후배들
(수영, 세화, 현명, 지원, 정원, 지영, 지원, 수현, 동희)
바쁜 시간 쪼개어 인터뷰 원고 작업에 도움을 준 나의 오랜 친구 보람
밀린 일정 때문에 고생했을 디자이너 온유
정말 고맙습니다.

그리고 무엇보다 이런 기회를 주신 전성환 선생님께 감사 드립니다.
20대 중반 공연에 대해 아무것도 모르던 제가 선생님을 만나 지금 여기까지 올 수 있었습니다.
10년이 다 되어가는 시간 동안 곁에서 든든하게 이끌어 주셔서 감사합니다.

언제나 나를 믿고 지지해 주는 부모님과 가족들
늘 나와 즐겁게 일하고 있는 나의 동지 나래
공연 현장에서 삶을 나누고 있는 S-line 여러분과 악동이에게도 제 마음 닿기를 바랍니다.

그리고 이 책을 읽는 여러분과 가까운 미래에 공연 현장에서
얼굴 뵙고 인사하며 이야기 나눌 수 있는 그때를 기다리겠습니다.

2014년 6월
한빈아

이 사람을 보면
공연계의 미래와
나의 미래가 보인다!

목차

01

최수명

서른셋,
그녀가 공연계에 투신하는 자세

Profile

최수명 – 뮤지컬 제작피디

Philadelphia University Textile Design 석사 졸업
경희대학교 섬유공학과 학사 졸업

전) ㈜설앤컴퍼니 제작피디

인형발레 〈백조의 호수〉 공동 프로듀서

뮤지컬 〈애비뉴Q〉, 〈위키드〉 내한공연, 〈캣츠〉 한국어 공연 제작피디

창작뮤지컬 〈천국의 눈물〉, 〈샤우팅〉 제작피디

뮤지컬 〈캣츠〉 내한 공연 컴퍼니매니저

2005년 8월 25일. 그녀의 나이 33세.
섬유 전문 기업 과장이었던 그녀가 하던 일을 뒤로 한 채 공연계에 뛰어들었다.
부모님도 친구도 모두 그녀에게 미쳤냐고 했지만 그녀는 흔들림 없었다.
그리고 9년이 지났다.

지금 그녀는 "나이가 좀 많은데 지금 공연 일을 시작해도 잘 할 수 있을까요?" 라는 질문을 받으면 제일 먼저 떠오르는 대표 사례가 되었다.
뮤지컬 제작PD로 활약하고 있는 그녀는 적지 않은 나이에 시작했음에도 자리를 잘 잡은 모범 사례이다.

봄 기운 가득한 3월. 화사한 프리지어를 안고 그녀를 만났다.
8년간 쉬지 않고 일한 회사를 그만두고 잠시 쉬고 있는 그녀에게 여유롭게 봄꽃을 감상할 시간을 주고 싶었다.

그녀가 일을 시작한 뒤로는 나는 늘 그녀를 "수명 피디님"이리고 불렀었는데,
오늘만큼은 우리가 함께 공연을 공부하던 그때처럼 "수명 언니"라고 부르고 싶다.

'언니'가 어떻게 '피디님'이 되었는지 들어 볼 마음으로.

서른셋 그녀가 공연계에 투신하는 자세

한

오랜만입니다. 이렇게 만나니 우리가 같이 공연에 대해 공부하던 때가 생각나요. 언니는 유학파에 대기업을 거쳐 중소기업 과장을 지낸 완전 능력자였죠. 그런데 공연 공부를 새롭게 시작한다니 신기하기도 했고, 의아하기도 했죠. 저희도 그랬는데 주변에서는 어땠을까 싶어요. 막 말리거나 하지는 않았어요?

최

너 미쳤구나라는 말을 너무 많이 들었지. 회사에서도, 친구들에게도, 가족들조차도. 그런데 그때는, 정말 늦었다고 생각했지만 더 늦어지면 정말 시작조차 못 할 것 같았어. 지금이라도 하고 싶은 일을 해야겠다는 생각이 들었어.
가족 중 공연 일 종사자가 있었어. 이쪽 일이 힘든 걸 아니까. 힘들고, 힘든 만큼 만족을 얻기도 쉽지 않아. 그리고 부모님께서는 그런 생각이 컸겠지. 실컷 공부시켜 놨더니, 대학원까지 나오고 대기업에 들어가고 이제 자리를 잡았나 했는데. 얼마나 답답하셨겠어. 친구들도 말 떨어지기 무섭게 물어. "너 거기 월급 얼마 받니?"

한

차이가 얼마나 났어요, 월급?

최

처음 3개월 정도는 인턴처럼 일하고 그 다음에 올라갔는데, 초반에는 3분의 1! 나중에 올려 받아서 반 정도? 그나마도 경력직으로 해 주신 거야.

한

우리가 처음 만났을 때 언니가 자기소개를 하며, '늦은 나이이긴 하지만 해 낼 자신이 있다!'고 말씀하셨던 게 기억나요. 실제로 그렇게 해 내셨고. 공연 일에 관심을 갖는 사람들 중에는 자기가 30대인데 공연 일을 시작해도 되겠냐고 묻는 사람들이 종종 있어요. 늦게 시작했지만 잘 된 사례가 있느냐고 물으면, 흔치 않지만 있다고 답해요. 대표 사례죠, 최수명 피디님.

최

자신감은 엄청났지. 열정과 노력만 있다면 못 할 게 없다고 생각했으니까. 내가 사례구나. 그래서인지 연락하는 친구들이 많아. 보면, 가장 답답한 경우가 서른 살 안팎인데 계속 공부만 한 친구들이야. 졸업하고, 어학연수도 다녀오고 그랬지만 현장이나 실장 경험이 없는 친구들. 내 동생이 아니기 때문에 함부로 말하긴 조심스럽지만, 또 그렇게 아무것도 안 하고 살았냐고 말해 주고 싶은 거야. 그들은 뭔가 내가 해답을 줄 거라고 생각해서 찾아와. 그럼 이게 참 그렇지. 아카데미 등록할 때도, '그럼에도

죽어도 난 하고 싶어요.' 하는 경우가 아니면 조금은 냉정한 소리를 해서라도 돌려보내야 한다고 생각해. 사실 내가 그 나이에 남들보다 잘하는 거라면 영어와 전 직장에서 기획을 했던 거였거든. 나이라는 게 그래. 물론 관련 분야 경력이 있는 사람이라면 상황이 달라지겠지만, 그렇지 않다면 '어린 친구들보다 잘할 수 있는 게 뭐지?'를 찾아야 하거든. 이건 요즘 내가 부딪히는 문제이기도 해. 본부장이나 팀장들이 나보다 나이가 어린데, 저들이 과연 날 뽑을까 하는. 내가 주민번호를 바꾸지 않는 이상은 아마 이 일을 계속하는 한 계속 따라다니는 문제야.

한

설앤컴퍼니에서 처음 일을 시작할 때도 쉽지는 않았을 것 같아요. 피디님보다 어린 직원들도 있었을 테고요.

최

입사 전에 설도윤 대표님(이하 설 대표님)과 업무를 3개 정도 했어. 공연보다 문화 기획 쪽에 가까운 일들. 그게 연결이 되어서 설앤컴퍼니에 들어가게 된 것 같아. 그렇게 들어가 보니 3, 4년차 된 친구들이 다 나보다 어려. 심지어 팀장 중에는 고등학교 3년 후배도 있었어. 나 때문에 여러 가지 꼬이겠구나 하는 생각이 들었지. 입사한 지 얼마 안 되었을 땐데, 설 대표님이 직원들 다 같이 밥 먹는 자리에서 "최수명이는 피디야, 피디" 하신 거야. 힘을 실어 주시려고 그러셨는지 모르겠는데 불과 몇 달도 안 되었으니, 사람들이 어떻게 생각했을지는 알 만하네. 원래 있던 직원들도 직원들이고, 소문은 또 얼마나 빨라. 현장의 감독님들도 아마 그랬겠지. 저 나이만 많고 현장 경험 하나 없는 여자가 오자마자 피디랍시고. 그리고 처음 들어가서 얼마나 실수를 많이 했겠니. 열정만 앞서서. 내가 지금 생각해도 정말 낯부끄러운 실수들이 정말 많았거든.
그리고 나는 직원이 몇천 명, 몇백 명씩 있는 대기업, 중소기업에서 일을 하다 왔잖아. 그런 데는 갖춰진 시스템이란 게 있었는데 그런 걸 따지기엔 사실 설앤컴퍼니는 작은 회사지. 그러다 보니 본의 아니게 처음 1, 2년은 입바른 소리를 많이 했어. 그러다가 언젠가 서로에게 고칠 점, 좋은 점 같은 걸 적는 롤링페이퍼를 했는데, 열 명 중 네다섯 명이 고칠 점에 이렇게 썼더라고. 이사님한테 말대답 좀 안 하셨으면 좋겠습니다. 내가 그거 아직도 간직하고 있잖아. 잊어버리지 말아야겠다는 마음으로. 공연계는 일 따로 사람 따로가 아니라는 것을 가슴에 새기게 된 계기였지. 내가 조금 더 현명했다면 처음부터 더 잘했을지도 모르지만, 내 인생을 두고 봤을 때 롤링페이퍼를 해서 참 다행이었다고 생각해.

한

설앤컴퍼니에서 처음으로 맡으신 작품이 〈캣츠〉 내한 공연이었죠?

그리고 다음 해에는 라이선스 공연 제작피디를 맡으셨는데요, 저는 그 공연 오프닝을 보면서 "와~ 드디어 캣츠를 한국 배우들이 하는구나." 흥분하고 긴장하며 봤던 기억이 나요.

최

여러 작품 했지만, 정이 제일 많이 가는 작품이 캣츠야. 처음이기도 했고, 고생도 무지하게 했으니까. 오프닝 때는 정말 펑펑 울었어. 캣츠 오프닝 때 '그린 아이스(green eyes)'라고 암전 중에 고양이 눈 모양으로 생긴 불을 켜고 고양이 분장을 한 배우들이 객석을 지나가거든. 그들도 첫 오프닝에 얼마나 떨리겠어. 객석 뒤에 서서 그걸 보고 있는데 배우들이 내 어깨를 톡톡 두드리고 지나가는 거야. 갑자기 눈물이 주르륵 흐르더라. 연습 때부터 너무 힘들었고 정말 많은 일들이 있었거든. 2시간 40분 내내 '제발, 아무 일도 없었으면…. 아무도 다치지 않았으면….' 하는 마음이었어.
프리뷰 때였는데, '몽고제리' 역할을 했던 친구가 공연 중 어깨가 빠진 거야. '몽고제리'가 등장하는 장면은 듀엣인데다가 사람들이 너무 좋아해서 뺄 수도 없었어. 또 '몽고제리'가 중간에 하는 일이 정말 많아. 그래서 커버로 연습을 했던 '스킴블샹크스'라는 기차 고양이 친구가 대신 들어간 거야. 그 신 끝나고 박수가 쏟아졌어. 눈물 나게 잘했어. 원래 '스킴블샹크스'의 메인 장면은 2막에 나오거든. 그래서 1막 때 '몽고제리'를 하고, 2막엔 분장을 바꿔서 '스킴블샹크스'를 하고 이렇게 1인 2역을 하기로 했지. 오프닝 날 이 친구가 몽고제리 신을 끝내고 들어와서는 갑자기 주저앉는 거야. 처음엔 넘어진 줄 알았지. 그런데 느낌이 이상한 거야. 무대 뒤로 달려가서 확인하니 이 친구가 걷지도 못하는 상태인 거야. 나중에 병원에 갔는데 십자인대가 끊어졌다는 거야. 결국 서울 공연에서 아예 빠지게 됐어. 그럼 '스킴블샹크스'는? 당일에 장면을 없애 버렸어. 이상하게 생각하는 관객들도 있었겠지만 컴플레인이 나거나 그러지는 않았어. 〈위키드〉 같으면 난리가 났겠지만, 캣츠는 옴니버스식 구성이라 그런지 큰 컴플레인이 없었어. 무대 뒤에서 우리들끼리 난리가 났지. 그 친구와 함께 앰뷸런스를 타고 병원에 갔더니 수술 받고 완치하려면 최소 3개월 이상 걸린다더군. 서울에서 4개월간 공연인데 메인 캐릭터가 한꺼번에 둘이나 빠진 거지. 그래서 스윙 배우들이 투입됐어. 그 친구들 자리는 다시 뽑아서 다시 연습이 시작되었고.

한

캣츠는 에피소드가 진짜 많을 것 같아요. 어느 때는 고양이를 세어 보면 몇 마리 모자랄 때도 있다는 얘기를 들었거든요. 어떤 날은 진짜 조금일 거라고. 사실, 누가 어디에 있는지 명확히 보기 힘든 무대예요. 세트나 조명도 그렇고, 색깔 비슷한 고양이들이 왔다갔다 하니까.

최

정말 재미난 게, 캐츠의 멋진 점 중 하나가 바로 그거라는 거야. 원래 배우가 스물아홉 명이야. 캐츠 라이선스 초연 때는 서른두 명이 무대에 섰어. 왜냐하면 우리는 외국 배우들보다 스윙을 더 뒀거든. 만약의 사고에 대비한 거였지. 무대에 다 서면 서른두 명이 서는 거야. 캐츠의 스윙들은 무조건 온 스테이지 스윙이니까. 그런데 어떤 날은 스물두 명으로 공연한 적도 있어. 그런데도 관객들은 무대가 비었다고 생각하지 않는 거야. 캐츠가 그래서 대단한 공연인 거지. 그런 게 다 숨어 있거든. "캐츠 너무 어두워요." 하는데 조명을 밝힐수록 쓰레기장 세트와 고양이로 분한 배우들의 모습이 적나라하게 드러나서 환상이 깨지는 거지.

그런데 우리 관객들은 "목소리가 안 들려요, 소리 키워 주세요." 하면 음향이 커지고, "어두워요." 하면 조명이 밝아질 거라 생각한다는 말이지. 진짜 그건 제작 의도도 원작에 담긴 철학도 무시하는 거야. 81년에 만들어진 공연에서 30년 넘게 바뀌지 않고 이어온 것이 있다면 다 그럴 만한 이유가 있어서야. 그리고 그들도 바꿀 만하면 바꾸기도 해. '럼퍼스캣'이란 고양이가 있는데, 상당히 무거운 고양이가 탈을 써야 해. 무게만 7-8kg 되는데, 뒤집어쓰고 춤을 추면 목에 무리가 오는 거지. 두 달 정도 하다가 배우도 목 디스크가 와서 새로운 안을 만들어 제시했어. 원제작사에 우리 크리에이터가 한 디자인을 보내서 컨펌 받고 그리고 바꿨어. 나중엔 그들이 우리에게 만들어 달라고 해서 구입해 가기까지 했어. 문제가 있다고 판단이 되면 바꾸기도 한다는 말이지. 고집을 피우는 데는 이유가 있는 거고. 그런데 우리는 동일한 작품을 같은 연출자가 다시 맡아도 전 해에 했던 작품하고 또 다른 작품이 무대에 오르는 경우가 많아. 가끔 이전 공연이 더 나았다 싶은 때도 있어. '무엇이 오리지널리티(originality)지' 하다가도 한편으로는 '이게 우리나라의 특성일 수도 있겠구나.' 하는 생각도 들어. 10년 넘게 지속적으로 공연한 몇 안 되는 작품들, 명성황후나 점프, 난타 같은 공연들도 여러 차례 바뀌었으니까.

한

캐츠를 생각하면 지금도 울컥해요. 오프닝 날 "그리자벨라"로 출연했던 옥주현이 "메모리(Memory)" 불렀을 때 배우도 울컥하고 보는 관객들도 목이 메고. 정말 숨넘어가게 불렀던 것 같아요.

최

캐츠에 "그리자벨라"가 출연하는 시간이 14분 정도 밖에 안 돼. 1막에는 몇 소절 부르고 그냥 쑥 지나가면 끝. 기다리고 기다리다 공연이 절정에 다다랐을 때 딱 한 번 나와서 가장 유명한 바로 그 곡을 부르지. 계속되는 기다림의 싸움이야. 감정을 계속 쌓아가다 마지막 순간에 "터치 미(touch me)" 그 부분에서 감정을 폭발시키는 거지. 그래야 관객들도 쌓인 감정만큼 감동을 하게 되고.

"그리자벨라" 맡은 배우들 다들 그랬어, 우울증 치료 받는 거 같다고. 라이선스 초연에 옥주현과 같이 "그리자벨라" 역할이었던 신영숙은 굉장히 밝고 재미있는 친구인데 캐츠를 하는 동안은 "(한숨) 아, 어떻게 해…." 정말 이랬어. 또 2007년 내한 공연 때 같은 역을 맡았던 프란체스카 아레나(Francesca Arena)는 평소엔 항상 잘 웃는 사람인데 공연장에서는 상주하는 치료사(therapist)에게 심리 상담을 받곤 했어. "그리자벨라"만 그런 게 아니라 "카산드라"라는 털 없는 고양이가 4차원적이고 신비로운 캐릭터였는데, 항상 무대 위에서 혼자 다니는 거야. 먼 산을 보면서. 그 친구도 시즌이 끝나고 정신과 치료 받았어. 철저하게 역할에 빠져서 그 고양이 캐릭터로 살게 만드는 작품인 거지.

심리적인 것만이 아니라 캐릭터가 몸으로 드러나는 친구들도 있었어. 신체의 한쪽 부분만 아프다거나. 무릎이랑 팔꿈치 시커멓게 멍들어서 다닌 친구들도 있었고, 그들을 데리고 병원도 정말 많이 다녔어. 축구 선수들이 많이 간다는 무릎 수술 전문 병원, 배구 선수들이 많이 가는 어깨 전문 병원, 통증 치료 전문 병원 같은 데를 수소문해서 찾아가고. 이전에는 나랑 전혀 상관없을 것 같은 곳들에 관심을 갖게 된 거지. 그때 배우들도 그 기억을 많이 하는 것 같아. 지금도 만나면 연습이랑 공연 때 다치고 힘들었던 얘기를 주로 해.

한

이것저것 배우들을 많이 챙겨주게 되니까 배우들이 농담처럼 수명 피디님을 '엄마'라 부르기도 했다고 들었어요. 컴퍼니매니저나 제작피디 모두 챙겨야 할 게 참 많은 것 같아요. 처음 작품을 했을 때에는 일을 어떻게 배우셨어요?

최

처음 일 시작할 때 매뉴얼이 있지는 않았어. 일을 하면서 중간에 문제가 생기거나 궁금한 게 생기면 선배들에게 도움이나 자문을 구하면서 하나하나 처리해 나갔지. 그러면서 나름 계속 업무를 정리해 놨었고, 지금도 후배들이 쓰고 있는 컴퍼니매니지먼트 매뉴얼 같은 건 내가 캐츠 하면서 만들어 놓은 자료야.

한

처음 일 시작할 땐 매뉴얼이 참 큰 힘이 되잖아요. 때마다 물어보면 혼나니까. 이런 것도 모르냐? 나는 이런 거 안 가르쳐 줘도 했다, 이러면서.

최

그게 우리네 십팔 번이잖아. 그런데 현장에서 부딪혀 봐야 정말 배우는 거야. 내가 10년 전에 했던 일들이 지금은 정답이 아니거든. 사람도 바뀌었고, 환경도 바뀌었으니까. 그래서 기본적인 것은 가르쳐 주지만, 늘 후배들한테 하는 이야기는 그거야. 내가 하라는 대로만 하면 절대 네 것이 안 되니까, 찾아보고 부딪혀 보고 실수도 해 보라고, 그리고 정 불안하면 그때 물어보라고.

시키는 걸 잘하는 친구가 있어. 그런 친구들은 참 좋은 컴퍼니매니저고. '이렇게 해 보려고요. 저렇게 생각해 보는데요.' 하는 친구들을 보면 그런 친구들은 나중에 좋은 기획자가 되겠구나 싶어. 컴퍼니매니저를 잘하는 친구가 꼭 좋은 제작피디가 되는 거같지는 않아.

한
예전에 〈샤우팅〉1)이랑 〈천국의 눈물〉2) 제작피디도 맡아 하셨잖아요. 창작 뮤지컬이었는데, 그 두 작품은 어떤 필요에 의해서 만드셨나요?

최
일종의 코웍(co-work)이지. YG와 함께한 것이 샤우팅이고, 코어콘텐츠와 함께 공연한 것이 천국의 눈물이고.

한
천국의 눈물은 "들리나요" 그 노래가 가장 기억나요. 무대도 좀 색달랐던 것 같고요.'

최
음악은 정말 좋아. 연출과 무대 디자인, 영상은 외국 스태프가 했어. 초기 개발 단계부터 작업을 같이 했고, 연출이 이 사람 아니면 안 된다고 해서 부득이하게 같이 할 수밖에 없었지. 그러다 보니 협의라기보다 무대 디자인이 다 결정되고 다른 무대 미술이나 안무 동선 같은 것들이 거기에 맞춰져야 하는 상황이 됐어. 무대 바닥이 엘이디(LED) 조각판인데, 엘이디와 조명은 서로 충돌하는 애들이잖아. 조명 디자이너가 할 수 있는 건 하고, 포기할 건 포기하면서 만들어 낸 거지. 안무도 무대에 따라 동선을 맞춰야 했어. 국내 무대 디자이너라면 절대로 안 했을 시도가 좀 많았지. 지금 생각해 보면 그들이 브로드웨이에서 시도해 보고 싶었던 것들을 우리나라에 와서 해 본 것 같아. 그때가 2010년, 11년이니까 영상이나 엘이디 같은 나름의 신기술을 선보인 거지. 개인적 의견으로는 같은 시기 초연이었던 〈영웅〉의 영상만 못하긴 했지만.

한
스토리에 대한 평가는 어땠어요? 〈미스 사이공〉과 너무 비슷하다는 의견도 많았잖아요.

최
만드는 과정 중에 스토리에 대한 고민이 많았어. 〈천국의 눈물〉

기획 의도 자체가 "아시나요"라는 노래의 뮤직비디오에서 영감을 받아 시작하긴 했지만, 꼭 베트남전일 필요가 있을까? 차라리 한국 전쟁을 배경으로 하면 어땠을까. 실제로 스태프들이 그런 의견을 내긴 했지만 반영되지는 않았지. 만약에 그렇게 해 봤으면. 그 '만약에'가 기억에 남아. 창작물이어서 가능한 얘기지. 라이선스는 특히 오리지널리티를 살려야 하는 작품에는 '만약'이란 게 없거든.

한
제작비에 비해 흥행이 저조했던 작품이기도 했는데요. 힘든 점도 많았을 것 같아요.

최
설앤컴퍼니에서도 손해를 많이 봤지만, 우리가 그 정도 규모의 작품을 직접 제작해서 흥행에 실패할 경우와 비교할 때 그리 큰 손해라고는 할 수 없지. 메인 제작사가 코어콘텐츠기에 제작비를 적게 들이고 제작 노하우를 쌓는 큰 경험을 하기도 하고. 다만 개인적으로는 천국의 눈물이 끝나고 정말 힘든 시기를 보냈어. 슬럼프이기도 했고. 2010년 봄부터 준비한 작품이었는데, 그 무렵 어머니가 돌아가셨어. 마음이 힘든 상태에서 준비를 하고 공연을 했는데 공연 후에도 우리가 해결해야 할 여러 가지 문제가 남은 거야. 제작 피디였던 내가 응대해야 하는 문제들. 공연이 3월 말쯤 끝났는데, 사후 정산 처리가 거의 10월까지 지체된 거지. 업체들부터 뮤지션들, 스태프들까지. 매일 그들의 전화를 받는 게 일인데 그게 너무너무 스트레스인 거야. 언제까지만 기다려달라고 날짜라도 말할 수 있으면 좋겠는데, 그들에게 그 약속조차 해 줄 수 없는 상황이고. '거짓말을 할까? 시간이라도 벌 수 있게?' 차라리 내 돈이라도 먼저 줘 버릴까?' 라는 생각까지 했어. 그런데 그러면 안 되는 거잖아. 나는 나름대로 힘들지만 상대방은 나에 대한 신뢰가 점점 없어지는 것 같고. 그때 정말 그런 생각을 했어. '비록 열정은 없겠지만 그냥 예전처럼 좋은 대우를 받을 수 있는 일을 하고, 공연은 그냥 취미로 관객 입장에서 즐기는 것이 낫지 않을까. 공연을 아예 그만 둬야겠구나.' 까지 고민을 했었지.

한
처음이에요? 그런 생각을 한 게?

최
2009년, 샤우팅 그때도 한번 정말 심각하게 고민했었지. 그때가 입사한 지 3년이 좀 넘었을 때야. 내가 이쪽 일에 맞는 사람인지 확신이 없는 거야. 그 후에도 그런 고민 여러 번 했어. 8년 있으면서 고민이 없을 수야 없지.

샤우팅은 평범한 작품은 아니었던 것 같아요. 출연진도 그렇고 타깃도 확실하다 보니 작품 만드는 데 한계가 좀 있었을 것 같아요.

최
샤우팅은 목적의식이 분명한 작품이었어. 빅뱅을 보여 주기 위해 만든 작품이지. 프로듀서들은 자기들의 목적을 딱 던져 줬어. 그리고 창작자들이 잘 정리해 줄 거라고 믿었지. 하지만 크리에이터들 입장에선 뭔가 새로운 것, 더 나은 것을 제시하기가 쉽지 않은 작품이었을 거야. 사실 구조적으로 바꿀 수 있는 게 많지도 않고, 주요 배역의 캐스팅도 마음대로 할 수 없으니까.

드라마를 보여 주기엔 그 아이들이 살아온 인생도 역사도 너무 짧고 평이해. 공연에서 보여 줄 중요한 사건과 갈등이 '어려운 환경에 있던 연습생이 오디션을 거쳐 신인 가수로 데뷔하게 된다.'였으니까. 그게 과연 관객들에게 얼마나 어필할 수 있을지는….

한
공연 일 한다는 것에 대해 여러 가지로 고민이 많았겠어요. 그런 고민의 시기들은 어떻게 지나갔어요?

최
회사를 그만 둬야지, 일을 그만 둬야지. 매번 그럴 때마다 항상 뭔가 툭 튀어나왔어. 그중에 하나가 〈백조의 호수〉3)야. 정말 아이디어부터 시작해서 여러 번 시행착오를 거쳐 만들어 낸, 내 자식 같고, 내가 책임져야 한다고 생각했던 작품이지. '우리가 어떤 식으로 만들어 내지?'가 아니라, '뭘 하지?'부터 고민한 작품. 크리에이터 몇몇과 가평 펜션으로 엠티를 가서, 새벽까지 회의를 하면서 열 가지 아이디어를 추려 냈어. 그중에 가족 하나, 성인 공연 하나를 뽑아서 그 두 개를 개발해 보자고 한 거야. 그렇게 2년 넘게 개발해서, 그 과정을 다 아는 작품이지.

한
그런데 백조의 호수가 공연되고 있는 도중에 그만 두셨잖아요. 아쉽지는 않으셨어요?

최
아쉽다는 생각은 안 들어. 자리가 잡혔는데 내가 원하는 방향으로 가지 않은 게 아쉽지. 처음 그림은 어린이를 타깃으로 한 공연이 아니라 어른이 보고 나서 어린이에게 보여 주고 싶다는 생각을 하게 하는 공연이었어. 부모들이 보기에도 퀄리티가 좋아서 '우리 애들 보여 줘야지.' 하게 만드는 공연.

1) 2009. 08. 12 ~ 2009. 08. 23. / 한전아트센터 / 승리, 주원성, 홍지민, 이현동, 이민아, 이소영, 강인영 등 출연. 빅뱅의 성공 스토리를 담은 에세이 「세상에 너를 소리쳐」를 바탕으로, 스타가 되고 싶은 젊은이들의 꿈을 다룬 뮤지컬.
2) 2011. 02. 01 ~ 2011. 03. 19. / 국립극장 해오름극장 / 김준수, 정상윤, 전동석, 윤공주, 이해리, 브래드 리틀 등 출연. 조성모의 "아시나요" 뮤직비디오 스토리를 바탕으로 브로드웨이에서 활동하는 크리에이터들이 만든, 베트남 전쟁 속에 피어난 사랑 이야기.
3) 고전 발레 걸작 〈백조의 호수〉를 테디 베어와 접목하여 제작한 인형 발레극. 2011년 초연 이후 현재까지 온 가족이 함께 즐길 수 있는 작품으로 공연되고 있다.

그런데 그건 이상일 뿐 현실에서는 그런 시장이 없어. '인형 발레'라는 것 때문에 어른들이 보는 공연이 아니라는 인식이 큰 거야. 막상 어린이들을 데려다가 보여 줬더니, 아이들은 어려워하고 지루해 하는 게 문제인거야. 관람 연령대에 맞게 공연 수준을 쉽게 풀어야 했지. 그러다 보니 설명이 들어가고, 잘려 나가는 장면이 생기고…. 타깃이 달라지면서 초반 기획 의도도 달라지고 작품의 톤과 제작 방향까지 다 바뀌어야 하는 상황을 겪게 된 거지. 아쉽지만 좋은 경험이라고 생각해.

개인적 욕심은, 발레와 다양한 장르의 춤과 아크로바틱까지 볼거리가 많은 복합적 무용 공연이면 좋겠다고 생각했어. 원숭이가 아크로바틱을 하고, 거미가 플라잉에 걸려서 벽을 타고 돌아다니고, 백조가 하늘을 날아오르고, 그런 재미있는 요소들이 많은. 결국 전부 다 제작비 문제지.

한
지금은 공연되지 않는 작품 중에 다시 하고 싶은 작품은 없으세요?

최
내가 진행한 작품은 아니었지만 그런 욕심은 있지. 예를 들면 〈뷰티풀 게임〉을 지금의 내가 맡는다면 이런 방향으로 할 텐데. 〈아이러브유〉도 정말 좋은 작품인데, 내가 맡는다면 이렇게 해 보고 싶다, 하는 상상은 많이 해 봤지.

지금 생각해도 아쉬운 건 회사에서 한 공연이 끝나면 그 공연은 왜 성공했는지, 혹 실패를 했다면 그 원인은 무엇인지 분석을 하지 않았어. 그냥 매뉴얼 만들고, 다른 작품 하느라 바빠서 결국 끝난 작품에 관심을 갖는 사람은 정산하는 사람 밖에 없어. 근데 바빠서 못한다는 말은 핑계라고 생각해. 과거를 제대로 모르고 현재와 미래만을 얘기하는, 뭐 그런 느낌이었거든.

지금은 잠시 일을 쉬고 있지만,
그녀가 풀어놓는 이야기에는 자신의 작품에 대한 애정이 담뿍 묻어난다.
공연 관계자라는 직함을 내려놓고도 그녀는 여전히 '공연인'인가 보다.
회사를 그만두고 미국, 일본, 국내 여러 곳을 여행하면서 새로운 기운을 얻고 있는 최수명 피디.
지금의 모든 경험이 앞으로 그녀가 더 좋은 공연을 만드는 데 훌륭한 밑거름이 될 것이다.
불가능할 것 같은 일에서도 무한 긍정 에너지로 가능성을 찾아내는 그녀라면,
분명 그렇게 만들 것이다.

한

퇴사 후 어떻게 지내셨는지 궁금해요. 페이스북 보니까 여행 많이 다니시는 것 같던데. 미국도 다녀오셨죠? 공연은 많이 보셨어요? 왠지 쉴 때 보는 공연은 좀 더 맘 편하게 볼 수 있을 것 같아요, 이것저것 분석 안 하면서요.

최

퇴사하고 브로드웨이에 가서 그동안 밀린 공연들을 많이 보고 왔어. 이번에 바뀐 생각이 뮤지컬이라는 장르 자체가, 뮤지컬은 무엇인가 하는 원론적인 이야기를 해서는 안 될 것 같다는 생각이 들었어. 그러니까 상업적인 공연으로서의 다양한 시도와 접목이 필요하다는 이야기야.

이번에 새롭게 연출된 〈피핀〉을 보고 왔는데, 예전에 우리나라에서 본 피핀은 나에겐 어렵고 관객보다는 뮤지컬 관계자들이 더 좋아하는 공연이란 인상이 강했어. 그런데 이번에 브로드웨이에 가서 본 피핀은 서커스 형식을 공연에 접목했어. '이런 거겠지? 공연 1, 2년 한 사람도 아니고…. 저런 장면은 나올 수밖에 없겠지…'. 처음에는 이러면서 봤어.

그런데 공연이 진행될수록 그들이 보여주는 서커스에서 드라마가 보이기 시작하는 거야. 〈태양의 서커스〉처럼 드라마가 있는 서커스하고는 완전히 다른 개념이었어. 커튼콜에서는 정말 나도 모르게 기립박수를 쳤어. 정말 재미있게, 즐겁게 시간가는 줄 모르고 본 공연이야. 내 스스로가 '이제 정말 생각이 틔어야 되겠구나.' 싶기도 했고.

한

저는 얼마 전에 특강하시는 거 들으면서 정말 회사 차리는 줄 알았어요. SM(수명)컴퍼니.

최

다들 그렇게 기대하고 있는데, 나는 내가 부족한 부분이 뭔지 알거든. 설앤컴퍼니에서 8년 동안 일하면서 아직도 경험하지 못한 분야가 많아. 우물 안 개구리처럼 일했다는 게 좀 더 솔직한 표현인가? 작은 회사에서 일을 시작했다면 달랐을 수도 있겠지. 현재 상태로는 어렵겠다 싶은 부분이 투자나 펀딩 같은 분야거든. 프로듀서로서 독립하려면 가장 중요한 부분인데 나는 아직 그쪽 경험이나 네트워크가 없어. 그 부분에 대한 노하우가 생기기 전까지는 조심스럽지. 〈백조의 호수〉를 해 보니까 공연이란 게 1~2년 해서 덜컥 만들어지는 게 아니더라고.

그리고 회사 대표가 되겠다는 욕심도 별로 없어. 나는 솔직히 외국처럼 프로듀서도 프리랜서처럼 일할 수 있으면 좋겠어. 우리나라 제작피디는 아직은 프리랜서 개념이 없으니까.

어떻게 보면 송한샘 이사님이 뮤지컬 〈조로〉 때 그렇게 하신 건데 외국은 제작사의 총괄 프로듀서가 회사를 지휘하고 있지만 거의 GM(general manager)들 위주로 돌아가거든.

그런데 우리나라는 그런 식으로 시스템이 갖춰지기는 힘들 것 같아. 우리나라는 우리만의 특성을 가지고 성장하고 있거든. 브로드웨이처럼, 웨스트엔드처럼 혹은 일본처럼 될 거다!라고도, 그들의 방식이 제일 좋다라고도 말하기는 어려울 것 같아.

한

언젠가는 본인 작품을 만드시게 될 텐데요. 그때 꼭 같이 일하고 싶은 스태프가 있으세요? 지금까지 일하시면서 나름 속으로 점찍어둔 분도 있을 것 같아요. 일할 당시에는 내색하지 않았어도.

최

내 원칙은 사람과 사람이 만나 하는 일이기 때문에 절대 중립은 있을 수 없다는 거야. 공적인 관계라 하더라도 정말 객관적으로 능력만 보고 일하는 게 아니냐. 다만 나부터 상대방이 믿고 의지할 수 있는 내공이 있는 사람이 되어야겠다 싶어. 그런 후에 서로 잘 맞는 사람, 생각이 통하는 사람과 일하고 싶은 바람이 있지. 경력이 쌓이다 보니, 나중에 함께 일하고 싶은 사람들이 몇 있기도 해. 공연 자체가 성숙해지고 퀄리티가 좋아지려면, 작품의 제작 방향에 잘 맞는 사람들을 찾아야 하는데 그러려면 그들이 잘하는 것이 무엇인지 내가 더 관심을 가지고 찾아내야겠지. 작품을 일로만 대하는 것이 아니라 서로의 가치관을 이해하고 생각을 나누고 협업 할 수 있는 그런 작품을 만들고 싶어. 특히 첫 작품은 그래야 한다고 생각하고.

한

첫 작품은 언제 볼 수 있을까요?

최

지금 당장 내가 회사를 차릴 건 아니지만 설사 지금 시작한다고 해도 최소한 3년은 지나야 공연을 올릴 수 있지 않을까? 천천히 차근차근 고민하고 제대로 개발해서 올려야지.

그녀는 어떤 프로듀서가 되고 싶으냐는 질문에 '상업적 공연의 프로듀서'라고 답했다.

설앤컴퍼니의 설도윤 대표는 종종 "왜 창작은 안하십니까?" 하는 질문을 받곤 했는데, 그럴 때면 허허 웃으며 이렇게 답했다고 한다. "창작을 잘하는 사람에게 시키면 되지." 그 말이 마음에 남았다는 그녀는 스스로 잘 할 수 있는 일을 하면 된다고 믿는다.

공연 아카데미를 다닐 때, 프로듀서 전공이 아니라 연출 전공이었던 그녀는 연출이 되고 싶은 게 아니라 작품에 대해 이해하는 제작자가 되고 싶다고 말했었다.

인형발레 백조의 호수를 하면서 의견을 내고 제작 방향을 만들어 가고, 뮤지컬 애비뉴큐의 라이선스 공연 때 자막을 담당하면서 크리에이티브한 마인드를 가지고 작가와 협업할 수 있었던 것에 많이 고무되었다고 고백하기도 했다.

"그렇지만 지금도 얼마나 팔릴까부터 고민하고 싶지 않아. 모든 프로듀서가 다 그럴 거야. 애정이 있으니까 하는 거지. 그렇지 않고서야 돈 벌 확률이 적은 이 공연계에서 어떻게 버텨. 그저 공연을 좋아하고 열정이 있으니까 할 수 있는 일인 거지."

그런 그녀가 하고 싶은 상업적 공연은 '관객이 좋아하기 때문에 그 힘으로 계속할 수 있는 공연'이란다. 지극히 그녀다운 대답이다.

02

김잔디

**김잔디 제작감독의
파란만장 출산·육아 체험기**

Profile

김잔디 – ㈜ 쇼텍라인 기획제작팀 차장 / 제작감독

경희대학교 행정학 / 신문방송학 학사 졸업

뮤지컬 〈위키드〉, 〈에비타〉, 〈캣츠〉, 〈천국의 눈물〉, 〈오페라의 유령〉 등 제작감독

발레 〈강수진의 로미오와 줄리엣〉, 아트서커스 〈Rain〉, 〈NEBBIA〉 등 제작감독

중국 뮤지컬 〈캣츠〉 조명 & 악기 장비 코디네이터 – 중국 반램 그랜드 극장 외

중국 뮤지컬 〈맘마미아〉 Korean Equipment Manager – 북경, 상해 외

영등포 CGV아트홀 무대 운영 매니지먼트

국제예술대학, 서울예술종합학교 출강

독하다.
그녀에 대해 물어보면 열에 일곱은 이렇게 말한다.
도대체 무엇이 그녀를 '독하다'라고 느끼게 하는 걸까.

만삭의 배를 안고 뮤지컬 현장을 누빈 것.
7개월 된 첫째 아이를 떼어놓고 지방투어를 다닌 것.
급할 땐 5개월 된 둘째 아이와 함께 사무실로 출근하는 것.
여자로서, 엄마로서 쉽지 않은 길을 가고 있는 그녀는 분명 독하다. 맞다.

뮤지컬 현장에서 보기 드문 여성 제작감독이자 두 아이의 엄마인 김잔디 감독을 만났다.
아이들을 어린이집에 보낸 후 잠시 짬을 내어 만난 우리에게 주어진 시간은 딱 2시간.
알찬 수나틀 버른 똥인 똑 부리지는 감독님으로 보이던 그녀가
두 아이를 위한 턱받이 선물을 풀어 볼 때, 아이들을 데리러 어린이집으로 향할 때, 영락없는 아이 엄마로 보였다.

육아와 일. 공연과 가정에 모두 욕심과 애정이 있으니 독해질 수밖에 없는 그녀.
이야기를 나눌수록 앞으로 더 멋지게 독해질 그녀가 기대되었다.

한
안녕하세요. 김잔디 감독님. 요즘 국내 제작감독 중 최초로 두 번째 육아 휴직 중이시라고 들었는데요. 먼저 근황에 대해 좀 들려주세요.

김
네, 안녕하세요. 소문대로 육아 휴직 중입니다. 첫째 아이 때 2개월 썼고요. 이번에 10개월짜리 육아 휴직 중입니다. 공식적으로 육아 휴직 중이기는 한데, 지금 제 후임이 뮤지컬 〈오페라의 유령〉 지방 공연을 진행하러 가 있거든요. 서울에는 공석이라 일 있을 때는 종종 회사에 나가기도 합니다. 집에서 재택근무하기도 하고요. 일주일에 한 번씩은 강의도 나가야 해서, 휴직답지 않게 바쁘게 보내고 있습니다.

한
공연계에서, 더구나 제작감독 중에는 결혼 후에도 일을 계속 하시는 여자 분은 찾아보기 힘든 것이 현실이잖아요? 아이를 둘이나 낳으면서 일을 놓지 않은 분은 김잔디 감독님이 유일무이할 것 같은데요. 고난과 역경의 시간이 있었을 것으로 짐작합니다. 일을 계속하는 것에 대한 가족들의 반대나 회사 측의 압박 같은 것은 없었나요?

김
조금 난감한 질문이네요. 사실 첫째 낳고는 충돌이 심했어요. "아이를 낳고도 왜 일을 하려고 하니?", "일을 하려고 했어?"라고도 많이 물으셨고요. 당연히 일은 계속하고 싶었어요. 그러다 보니 수시로 부모님의 도움을 받을 수밖에 없었죠. 서울에 오셔서 봐주셔야 할 때는 시어머니께서 올라오시고, 제가 장기적으로 지방에 출장을 가거나 할 때는 울산에 있는 친정에 맡기고요. 중국 출장을 갈 일이 생겼는데, 울산에 가서 맡기고 비행기 타고 서울 와서 중국으로 출국하고. 그런 황당한 스케줄도 있었고요.

한
차라리 부산에서 중국으로 가시는 방법이….

김
같이 가야 하잖아요. 다 같이 출장 가는데, 혼자 따로 갈게요 하는 게 싫었어요. 유난스러운 것 같고. 그런데 집에서는 어쩔 도리 없이 유난스러운 며느리였죠. 셋업하면 아이를 돌볼 수 없으니까 시어머니가 올라오셨어요. 셋업 마지막 날 일 끝나고 들어가면 새벽 다섯 시 이렇죠. "다녀왔습니다." 하고 낮까지 자다가 일어나

보면 어머니는 일 끝내시고 벌써 가셨어요. 전화하면 "자기에 그냥 왔다." 하시죠. 그렇게 기 싸움 하는 시기, 시어머니는 말리시고 저는 고집 부리던 시기가 꽤 길었죠.
뮤지컬 〈천국의 눈물〉 했을 때가 최악이었어요. 그때가 첫아이 돌이었는데, 아침에 돌상 차리고 사진 찍어준 게 다예요. 그리고는 바로 출근을 한 거야, 세상에. 일을 해야 하니까요. 남겨 놓고 온 아이와 아이 아빠 때문에 나도 많이 힘들었어요. 어머니도 올라오셨는데….
그렇게 냉전의 시기가 지나고 '어떻게 돼도 쟤가 일을 하는구나' 하시는 때가 온 거죠. 아이는 혼자 둘 수 없으니 몸도 안 좋으신데 올라오시고, 어쩔 수 없다 생각하셨나 봐요. 그렇지만 지금도 그렇게 생각하시는 것 같아요. 설마 둘째까지 있는데 계속 일 할까, 하고. 육아 휴직 한 것을 보고 정말 안심하시는데, 어머니랑 같은 마음이던 남편도 이제는 그렇게 말해요. 첫째 낳고도 어떻게 다닌 회사인데 지금 그만 두냐고.

한
진짜 그만 두는 것에 대한 고민은 하신 적이 없으세요?

김
고민은 정말 많았지요. 그런데 그런 생각을 하면 억울한 심정이 드는 거예요. '나는 서른 몇 해를 살았고 너는 이제 고작 한 살인데. 내가 얼마나 고생하며 여기까지 왔는데, 너 때문에 이걸 포기해야 되겠니?' 하는 생각. 지금은 다 괜찮아요. 그땐 내가 덜 커서 그랬죠. 애 때문에 내 인생을 포기하는 것 같은 기분에 억울해서.

한
만삭이 되어서도 공연장을 누비셨다는 소문을 많이 들었어요. 출산 일주일 전까지 극장에 나오셨다고. 무슨 작품이었죠?

김
〈오페라의 유령〉 공연 때였어요. 임신 7개월 때에도 셋업 현장에 있었으니까. 그리고 출산 예정일 전 날까지 일을 했어요. 극장 감독님들이 아이 이름을 샤롯(극장 이름)으로 하라고 농담도 하시고, 극장 사무실도 쉴 수 있도록 내어주시고 그랬어요.
그래도 만삭 때까지 스트레스를 많이 받아서인지 첫째와 둘째 성격이 많이 달라요. 평온하고 잘 울지도 않는 둘째에 비해 첫째 아이는 많이 울고 보챘죠. 그나마 조금 미안함을 덜었던 것은 이번에 둘째 낳느라 휴직하면서 첫째와 함께 시간을 많이 보냈거든요. 서울대공원도 데려가고, 평일에도 어린이집 안 보내고 함께 놀아 주고. 그 덕인지 성격이 많이 안정됐어요.

한
그래도 아이 때문에 지방 출장이나 이런 건 좀 줄었겠어요.

김
아이 낳고도 지방 출장 갔어요. 아이가 7, 8개월쯤 됐을 때인가 2 개월 가 있었어요, 대구에. 울산 친정에서 출퇴근했죠. 그때도 오페라의 유령 공연할 땐데, 하던 사람이 마무리를 해야 하니까 아이 낳은 직후에도 복직하기 전이지만 계속 집에서 일을 했어요. 아이 젖 먹이면서 전화 통화도 하고. 그러다 복직했는데, 지방 공연을 가야 하는 상황이 된 거죠. 아이가 너무 어리니까 떼어놓고 갈 수는 없고, 친정에 맡기고 6시간 동안 출퇴근을 했어요. 그때는 정말 너무 힘들어서 차 사고라도 나서 좀 누워 있음 좋겠다 하는 생각을 했지. 힘들게 마치고 서울 갔더니, 대표님(김석국 (주)쇼텍라인 대표)이 전화하신 거예요. "잔디야, 미국 출장을 가야돼." 이번에 아니면 다시는 못 갈 것 같다고요. 그래서 갔지요. 2주간은 육아에서 벗어나 힐링하는 느낌?

한
그래도 이쪽 일을 하면서 결혼을 안 하거나 늦게 하는 친구들이 많고, 아이를 낳으면 으레 그만두어야 한다고 생각하는 경향이 많은데 새 길을 터주신 거잖아요. 좋은 전례를 만드신 것 같아요. 육아휴직 끝나면 예전처럼 복귀하시는 거죠?

김
그럼요, 가야죠. 지금 계속 워밍업 단계예요. 한 달에 몇 번 정도는 회사에도 나가고 있어요. 아이 낳고 2개월 안 되었을 때, 회사에 회식이 있었거든요. 짠 하고 나타났더니 대표님이 엄청 좋아하셨던 게 생각이 나네요. 인생을 길게 보면 조금 빨리 가느냐, 조금 더디게 가느냐의 차이가 있을 뿐 가던 길은 계속 가야지요.

한
그렇게 고된 육아에도 포기하지 않고 일을 하시는 모습이 같은 여자가 봐도 정말 멋져 보여요. 그런데 포기하지 못하는 그 제작 감독의 일이란 어떤 것인지 듣고 싶어요. 사실 공연 쪽 일을 희망하는 사람에게도, 공연 마니아들에게도 제작감독은 좀 낯선 영역이거든요.

김
쉽게 말하면 인력, 시간, 돈을 관리 감독하는 파트예요. 한 번의 식품을 만들기 위한 초기 기획 단계부터 공연 오픈 그리고 철수에 이르는 시간 동안 하드웨어적인 요소를 만들고 운영하는 데 필요한 인력과 시간 그리고 돈을 관리하는 거죠. 크리에이티브팀들과 디자이너들과 숱한 프로덕션 회의를 통해서 결정된 것들을

프로듀서가 갖고 있는 예산에 맞추어 제작하고 운영할 수 있도록 하는 게 가장 중요한 업무예요. 해외 라이선스 공연을 할 때는 해외 스태프와 국내 스태프의 대화 창구 역할도 해야 하고요. 아무래도 사람 사이의 일을 조정하는 역할이라 쉽지는 않은 일이에요.

한
사람 사이의 의견을 조율하는 일은 정말 어려운 일 같아요. 공연에서는 그런 커뮤니케이션 능력이 필요한 분야도 너무 많고요. 그런 점에서 어려운 점은 없으셨어요? 특별히 여성 제작감독이어서 더 힘든 점이 있다든지.

김
처음 일 시작했을 때에는 외국 스태프들과 만나서 일하는 자체가 즐겁고, 헤어질 때 울면서 서로 편지 쓰고 선물 주고 그랬었는데, 지금은 오히려 그때처럼 즐겁게 일하지는 못해요. 그때는 그저 내 말에 대한 책임만 있었는데 지금은 프로덕션에 대해 어느 정도의 책임이 나에게 있으니까 대화하고 의견 전달하고 하는 것도 이전보다 훨씬 조심스러워지는 부분도 있고.
그리고 어쩌면 이건 모든 사회 생활하는 여성의 어려움일 수도 있는데요, 특히 공연업계의 사람들은 이 일이 좋아서 시작한 사람들이 대부분이라서 그런지 이해득실보다는 의리나 정으로 일하는 경우가 많아요. 이런 정은 공연장에서 일하면서 다져지기도 하지만 사실 일 외의 시간에 더 돈독해지기도 하거든요. 남성 감독들은 밤새 술자리도 갖고 짬짬이 담배도 피우면서 서로 고민도 들어주고 미래도 걱정하면서 돈독해지는데, 여성 감독들은 밤새 술 마시기도 힘들고 특히 가정이 있는 여성 감독들은 시간 맞춰 출퇴근을 하기도 벅차서 인간적인 유대감을 갖는 게 쉽지가 않아요. 결국 현장에서 실력으로 보여 주는 수밖에 없는 거죠.

한
여성으로서의 단점을 극복하고 당당하게 현장을 누비시는 감독님에게 사람들은 종종 독하다는 소리를 하더라고요. 저도 몇 번 들은 적이 있답니다. 아이 낳고 일하시는 모습을 보면서 더해졌을 텐데, 현장에서 일하면서도 직접 그런 소리 들어 보신 적이 있으세요?

김
독하다는 이야기는 많이 들었어요. 어떤 형태의 역할이 주어지든 포기하지 않고 그 임무를 완수하는 성격인데 제가 봐도 좀 독하긴 히죠. 히히. 몇 년 전에 공저로 책을 내 적이 있는데요. 그때도 정말 독하게 해냈었죠. 김석국 대표님, 설도윤 대표님과 제가 공저로 쓴 『뮤지컬 프로덕션 실무』라는 책인데, 이 책의 시작은 아주 얇은 무대감독 관련 책 번역이었어요. 캣츠 지방 투어를 하면서 3평 남짓한 컨테이너 사무실에서 동료들의 "뭐하냐? 이걸 왜

해?" 등등의 핀잔 섞인 질문을 받아가며 1년 남짓에 걸쳐 번역을
끝내고 났더니, 그제야 저희 대표님이 책을 쓰시겠다는 뜻을 밝
히셨지요. 번역한 내용을 길잡이로 간략한 목차와 그간 갖게 된
많은 자료들을 바탕으로 공연을 진행하는 짬짬이, 휴일도 반납한
채 책 쓰기를 멈추지 않았어요. 그리고 4년이라는 시간 뒤에 당
당히 제 이름 석 자가 적힌 책을 낼 수가 있었지요. 그땐 정말 감
동이었어요. 아 내가 이렇게 해냈구나. 뿌듯했죠.

김석국 대표 밑에서 차근차근 성장해 온 그녀는
여성 제작감독으로는 독보적인 존재다.
신문방송학을 전공한 그녀는 어떻게
다소 생소할 수 있는 제작감독이라는 이름을 얻었을까?
그녀의 과거가 새삼 궁금해졌다.

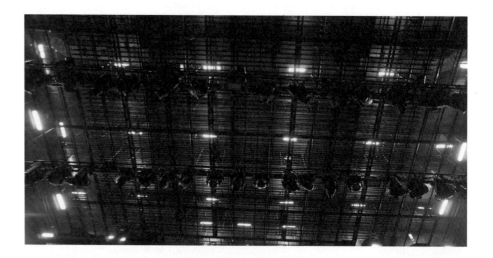

한
어떻게 공연에 관심을 갖게 되신 거예요? 프로필을 보면 대학교
전공은 신문방송학이었고, 특이하게 태권도예술단에서 일한 경
력도 있고. 공연계에 발을 들이게 된 계기가 궁금해요.

김
중고등학교 때부터 연극을 좋아했어요. 배우가 목적은 아니었지
만, 어릴 때는 일단 배우밖에 없는 줄 알잖아요. 배우하면서 연극,
연기 이런데 관심이 많아졌는데 저는 공부말고는 할 줄 아는 게
별로 없었어요. 예체능계를 가야한다고 생각했지만, 소심하게 겨
우 자연계에서 인문계로 바꾼 정도? 아버지는 선생님이 되길 바
라셨어요. 당신 일에 자부심이 굉장하셨거든.
그런데 교대도 아니고 서울에 가겠다고 하니까 반대를 많이 하셨
죠. 나름 중재를 해서 연영과는 아니었지만, 정말 극적으로 서울
상경까지는 성공했어요. 대학로 오디션 보러 다니고 그랬죠. 8개
월 호주에 있을 때도 연극하고, 1년은 울산에서 극단 생활을 하
기도 했어요.
졸업할 때쯤 보니까 친구들은 다 언론고시 준비하고 있는데 난
하고 싶지 않은 거예요. 그래서 들어간 데가 태권도예술단이란
곳이에요. 처음에는 연기로 들어갔는데, 거기는 대부분 태권도나
무용을 하는 사람들이에요. 한계가 있었죠. 원래 꿈도 아니었고.
대학교 원서 낼 때도 사회과학부, 행정학, 사회학, 신문방송학 같
은 전공을 선택했어요. 나중에 내 작품을 만들고 싶은 마음이 있
는데, 그러기 위해서는 시각적인 부분이 사회적으로 트이고 생각
이 있는 사람이 되어야 할 것 같았거든.

한
안목을 가져야겠다는 생각을 하셨던 거군요. 그래서 그때 전환점
을 맞이하게 되는 건가요?

김

그렇게 예술단에 있다가 미국 지방 공연 투어를 다니게 된 거예요. 내가 유일하게 영어를 할 줄 아는 사람이었어요. 그래서 포지션이 조금 바뀌었죠. 해외 마케팅 할 때 이메일도 내가 쓰고. 그런데 예술단이 공연 한 번 할 때마다 쇠락해 갔어요. 버는 것에 비해 돈을 많이 쓰게 되니까. 월급을 못 받는 상황에까지 이르게 된 거죠. 울산에서 조달 끊긴 지도 한참 되었고 살 길을 찾아야 했는데, 이벤트 기획사에 면접 보고 다음 날부터 출근하라는 통보를 받기도 했어요.
그 즈음 경희대 수원 캠퍼스에서 뮤지컬 〈캣츠〉 공연을 하는데 친구들이 거기에 있었어요. 우리는 돈이 없으니 텐트라도 보자, 하며 갔는데 호주 스태프들이 왔다는 이야기를 들은 거예요. 그들이 화장실 근처에 모여서 이야기를 하고 있는데 용기를 내서 말을 붙였죠. "너희 호주에서 왔다며? 나도 호주 가봤어." 이렇게 시작해서 안면을 트고, 그중 한 명이 연락처를 주면서 나중에 표 있으면 공연에 초대하고 싶다고 했는데 정말 초대를 받은 거지.
그래서 고맙다고 학교 아래 술집에 제 친구들이랑 한 잔 하자며 걸어가고 있는데, 우리 대표님이 지나가던 길에 차를 세우신 거예요. 외국 친구를 아니까 타라고 하셔서 따라 탔죠.
사실 캣츠의 빅탑 공연장 사진을 홈페이지로 봤는데, 순간 전율이 오더라고요. 저기 가서 빗자루 질이라도 해야겠다 싶어서 영문 이력서를 준비해 갔거든요. 그곳에서 누구든 공연 관계자를 보면 전달해야지 했는데…. 차 안에서 우리 대표님이 "캣츠 제작감독입니다." 하고 인사하시기에 이력서를 드렸지요. 그리곤 한참 있다 연락이 왔어요. 그날이 이벤트 기획사 출근하기 바로 전날.

한

정말 절묘한 타이밍에 운명적인 만남이네요. 그래서 바로 입사하신 거예요?

김

내 단 하나의 조건은 월급이 얼마든 살 곳을 마련해 주셔야 한다는 거였어요. 집이 없으니까. 그래서 서대문 언덕 위의 집에서 실장님이랑 나랑 선배 언니랑 셋이 같이 살았었어요. 2년을 살다 독립했죠. 초기에는 정말 힘들었는데 나름 배운 것도 많고, 또 그때를 버텨내서 독하다는 소리를 듣는지도 모르겠어요.
그리고 그때는 내가 좀 곧이곧대로 하는 스타일이었어요. 막내니까 어쩔 수 없기도 했지만. 대표님이 누가 쫘노 쉬는 날에, "진디야, 내일 뭐하니? 나는 회사 나올 건데, 넌 쉬려고?" 하시면 "네, 나와야죠." 하고 나왔어요. 그때는 대표님이 별 뜻 없이 던진 말씀에도, 무슨 뜻이 있으셔서 하신 말씀일 거야, 생각하던 때거든요. 그게 결과적으로 피가 되고 살이 됐어요.

회사 면접 본 후에 대표님이 집까지 데려다 주셨는데, 대표님은 불후의 명작을 만드는 데 어떤 형태로든 일조하고 싶은 것이 꿈이라고 하셨어요. 그런 부분이 맞았던 것 같아요.

우리 회사의 마인드도 그렇거든요. 자기가 좋아하는 일을 하면서 사회의 구성원으로 제 구실을 할 수 있게끔 백그라운드가 되어 주는, 그래서 한 번 데리고 가기로 한 사람들은 끝까지 같이 가려는 그런 곳이죠. 회사와 같은 마인드를 공유한다는 것은 굉장히 중요한 일이에요.

한
시작할 때의 드라마틱한 만남도 그렇고, 회사의 마인드에 적극 공감하셔서 그런 게 아닐까 싶기도 하고요. 인연이 깊어서 지금까지 오신 게 아닌가 하는 생각이 듭니다. 그 뒤로는 흔들림 없이 일에 매진하셨나요?

김
그 뒤로도, 유학을 가볼까 생각한 적도 있어요. 아기 낳기 전에도 그랬지만, 아기 낳고 나서 다 놓고 싶은 순간이 있었어요. 일한 지 7년쯤 되었을 때는 실제로 가서 인터뷰도 하면서 유학 준비를 한 적도 있어요. 그때 대표님이 "가 봐야 별 볼 일 없다. 하던 일 해라." 하셨고, 나를 받아 주겠던 교수님도 "오겠다면 말리지는 않겠지만 여기 와서 배울 게 있을까?" 하셨어요.

우리 쪽 분야 사람들이 그런 게 있잖아, 미국이나 영국을 가거나, 일하면서 외국 스태프들을 만나면 이야기를 듣게 돼요. 얼마나 좋은 환경에서, 훌륭한 시스템 속에서 공부할 수 있는지.

또 업계에서 실제로 유학 다녀온 사람들을 많이 만나잖아요? 유학도 갔다 오고, 미국 브로드웨이나 영국 웨스트엔드 같은 곳에서 경력도 쌓아 오고. 그런데 한국에서는 그 부분을 잘 인정해 주지 않아요. 거기에서 배운 디자이너나 감독들의 모습이 우리나라에서 원하는 모습은 아닌 경우가 있어요. 성격이나 마인드도 우리랑 동떨어져 있는 경우가 많아 일을 하다가 충돌이 일어나는 경우도 있고요. 우리는 디자이너가 이거 해 놔, 이러면 빠릿빠릿하게 어시스트가 다 해야 하는데, '어시스트만 하면 되지, 왜 나한테 프로그래밍을 못한다고 하고, 애들을 못 부린다고 구박할까?' 생각하거든요. 우리 공연계를 잘 모르고 유학 가는 것은 의미가 없어요. 다시 안 돌아온다면 모를까. 갔다 와서 제대로 자리 잡는 것도 쉽지 않고요.

한
요즘에 강의도 많이 하시는데 교육에 뜻이 있으신 거예요?

김
강의를 할수록 깨닫는 것 중 하나가 가르치는 게 쉬운 일이 아니

라는 거예요. 학생들에게 재미를 주지 않으면 금방 흥미를 잃기 때문에 공연과 관련된 내용뿐 아니라 재미를 주는 방법에도 많은 고민을 하게 돼요. 학생들이 관심 있게 공연계를 그리고 제작 일을 한 번이라도 더 들여다볼 수 있는 내용과 방법으로 채우려고 하지요. 가르치다 보면 학생들 중에 진득해 보이는 아이들이 드드러지게 보일 때도 있는데, 그런 아이들은 어떤 경로로든 나중에 따로 찾아오더라고요.

한
제작감독 일을 하고 싶어 하는 친구들에게 가장 필요한 것은 무엇일까요?

김
일단 무대 자체에 대한 이해가 있어야 돼요. 객석, 무대, 상부 등 기본적인 것들. 의외로 '공간'에 대해 무지한 친구들이 많아요. 무엇보다 섣부른 판단을 하지 않았으면 좋겠어요. 일단 시작을 했으면, 작은 거라도 끝을 보고 가겠다는 마인드를 가졌으면 좋겠다는 뜻이에요. 빨리 판단을 하고, 빨리 인정받고 싶어 하는 친구들이 많아요. 일단 주어진 일에 최선을 다해야 다른 일을 시켜도 잘하겠구나 하는 거니까요.

한
결혼과 출산을 앞둔 여자 후배들에게 육아와 일을 병행하는 데 있어서의 노하우를 알려 주신다면 어떤 게 있을까요?

김
내 생각에, 한 가지를 위해서 열 가지를 포기하는 것은 아닌 것 같아요. 남들이 겪으며 사는 것은 다 겪을 만한 이유가 있어서라는 생각이 들어요. 일을 위해 모든 것을 포기하고 오로지 일만 하는 것은 아니라는 말이에요. 삶의 순간, 순간마다 겪어야 할 일들을 겪으면서 해도 끈만 놓지 않으면 계속할 수 있거든요. 결혼이나 출산은 때가 있는 거고, 그때 안 하면 그 기쁨을 누릴 수 없는 거니까. 두 가지를 다 잘하면 좋겠지만 하나를 위해 하나를 잠시 접는 것도 나쁘지 않다는, 그런 여유가 생겼어요. 아이를 낳고 기르면서.

보통의 사회 생활하는 엄마들이 육아 휴직을 하면서 아예 회사와 관계를 놓아 버려요. 연락도 안 하고. 일 년 후 짠하고 나타나면 서로 어색한 상황이 되는 거죠. 저는 쉴 때도 연락을 계속 했어요. 후임이나 후배들이 찾아와서 조언을 구하기도 하고. 지금의 여유를 즐기면서 아예 내 꿈을 놓지는 않은 거죠.

한
후배들이 구하는 조언은 어떤 것들인가요?

김
내가 해 줬으니까, 당연히 해 주는 줄 알고 그들에게도 똑같이 요구하는 일들의 부당함에 대해? 나는 여건이 되니까 해 줄 수 있어서 해 준 건데 그게 꼭 내 일이라고는 할 수 없는 것들이 있어요. 제작감독의 역할이 딱히 정답이 없거든요. 저도 대표님께 이런 것까지 해야 하느냐는 질문을 많이 했어요. 그때 얻은 답이 '아니, 작품마다 다 다르다.'는 것이었어요. 그 답을 마음으로 받아들이기까지가 시간이 걸리죠.

인터뷰 질문지의 남은 질문을 고르는 사이,
그녀가 추천하고 싶은 책은 『언니의 독설』이라고
앞질러 대답했다. 그 책을 읽고 나서 결혼을 생각했으면
지금의 그를 만나지 않았을지도 모른다는 말을 덧붙이며.
통쾌하게 한바탕 웃고 난 그녀가
웃음기를 채 지우지 않고 말을 이었다.

우연히 어느 스님의 주례사를 읽게 되었는데.
"요즘 사람들은 배우자를 고를 때, 배우자의 덕을 보려고 하는 마음이 강하다. 덕 보려고 생각하니 결혼하고 싸우게 되는데 그보다는 베풀려는 마음이 있어야 평화로운 결혼 생활을 지속할 수 있다."라는 내용이었어요.

내가 일하며 집안의 서포트를 받는 게 당연한 것 같아요? 인정 안 해 주는 게 당연한 거예요. 물론 인정해 주는 배우자를 만나면 좋지만, 스스로 꿋꿋하게 자기 길을 가다 보면 저절로 인정받게 되는 것 같아요.

독하게 쿨한 그녀가 웃는다.

03

하태환

콘서트 무대감독,
세계 무대에 우뚝서다

Profile

하태환 – SH컴퍼니 대표 / 콘서트 무대감독

은곡공업고등학교 졸업

INFINITE 1st WORLD TOUR, 2PM Asia TOUR 무대감독

안산 밸리록페스티벌 Green Stage 무대감독

여수 엑스포 K-POP Stage 무대감독

이문세, 신승훈, DJ DOC, SG워너비 전국투어콘서트 무대감독

시월에 눈 내리는 마을, AURA콘서트, 김연아 아이스쇼 무대감독

신화, 성시경, NELL, 원더걸스, 정엽, 스윗소로우 등 무대감독

현장에서 진가를 발휘하는 남자가 있다.
청산유수 유려한 말로, 입으로 일하는 것이 아니라
머리로만 재고 따지고 굴려 가며 일하는 것이 아니라
오로지 행동으로, 실력으로 본인의 능력을 마음껏 뽐내는 남자.
하태환 무대감독. SH컴퍼니 대표.

학벌 같은 화려한 스펙이나 동료들을 사로잡는 언변, 요령 대신
꼼꼼함과 세심함, 완벽함으로 동료들에게 신뢰를 얻고, 현장을 장악하고
지금은 한 회사의 대표로 성장한 그.

치킨과 맥주를 사 들고 그의 사무실을 찾았다.
내가 기억하는 그는 시시콜콜 자기 이야기 하는 것은 꺼려하는 성격이었기에 술 한 잔 기울이면 편하게 이야기 할 수 있겠지 하는 마음으로.

오랜만에 만난 그는 여전히 수줍었다. 하지만 현장 이야기를 할 때면 자신감을 감추지 않았고, 회사 이야기를 할 때면 깊은 애정과 고민을 숨김없이 드러냈다.

반가웠다. 이 바닥이 아직 진심과 열정, 실력으로 승부할 수 있음을 확인할 수 있어서.

한

하태환 감독님, 오랜만입니다. 아! 이제는 대표님이시죠? 대표라는 직함도 익숙해지셨을 것 같은데요. 어떠세요?

태

주변에서도 많이 묻고, 내가 가장 크게 생각하는 것도 그 부분인데. 좋은 선배가 될 거야, 좋은 오너가 될 거야? 묻는다면 내 대답은 항상 선배야. 사업자를 내고, 월급을 주고 하는 것은 회사 대표로서 하는 일이지만, 그건 일을 할 때의 필요에 의한 거고. 난 무엇보다 좋은 선배가 되고 싶어. 우리 식구들한테.

한

이제는 혼자 하시는 게 아니고 직원들과 함께하시니까 대표로서 갖는 고민도 많을 것 같아요. 사무실 꾸려 가는 것부터, 월급을 주자면 영업도 하셔야 될 테고요.

태

올해부터는 진짜 영업을 해야 된다고 생각하고 있어. 사람들도 많이 만나고. 열심히 해야지. 성격상 사람 만나서 얘기하고 그런 거 좋아하지도 않고 잘 하지도 못하는데, 그래도 해야지. 열심히.

한

공연이 더 많아지면 직원도 늘리셔야 할 것 같아요. 직원들이 아무리 열심히 해도 인력이 부족하면 과부하 걸리기 쉬운 파트이기도 하니까. 직원을 뽑는 기준은 뭐예요?

태

기준은 일단, 난 '날티'나는 애들이 싫어. 조금 날라리 같지만 일이 빠릿빠릿한 애가 있고, 정말 착하고 묵묵하게 일을 하는데 조금 처지는 친구들이 있잖아? 그럼 난 후자. 하하하. 우리 직원들은 성실하고 묵묵하게 일하는 친구들이지 처지는 애들은 아냐. 공연 하니까 자기가 뭐라도 된 것 마냥 겉멋 든 애들보다 자기 일 열심히 하는 아이들이 좋단 얘기지. 우리 직원들 일 잘해요. 당장은 직원을 뽑는 것보다 얘들 입봉 시키는 게 더 중요하고.

한

시간을 거슬러 올라가 보겠습니다. 어떻게 공연을 시작하게 되었는지, 하태환 무대감독의 어린 시절부터 듣고 싶습니다. 학교 다닐 때, 어떤 학생이었어요?

태

고등학교 다닐 때는 공부 안 하고, 말 안 듣고, 음악 좋아하고, 주로 가요, 특히 댄스곡을 많이 들었지. 고등학교 졸업하고 한국공연예술학교(SSOPA)[1] 다니기 전까지는 공연 한 번 본 적이 없어. 공연 쪽 일은 물론이고. 컴퓨터 학원에서 관리하는 일을 했었는데, 회사가 망했어. 뭐 할까를 고민하다 내가 좋아하는 것을 찾아봐야겠다고 생각했지. 써 보기도 했어, 내가 좋아하는 걸. 그 즈음 종로를 갔는데 지하철역에 한국공연예술학교 광고가 붙었어. 슥 봤어. 그냥 저런 게 있나 보다 하면서.
그때 당시 완전, 완전!! 서태지 광팬이었던 친구가 있어. 자기가 자기 돈으로 티켓까지 전부 끊어서 같이 콘서트를 가는 거야. 내 생애 첫 콘서트야. 그때 느낌이 진짜 세게 온 거지. 공연이 이런 거였어? 하고.
종로를 다시 갔지. 한국공연예술학교, 거길 가야겠더라고. 수강료 200만 원도 없었어. 집에 한 번만 달라고 손 내밀었어. 그렇게 갔지, 거길. 굉장히 색다른 느낌이었다고 해야 하나. 가슴이 막 쿵쿵쾅쾅 하는 거야. 그러다가 경쟁 피티를 하며 딱 느꼈어. 난 현장 스타일이구나. 기획이나 연출은 아니구나. 그래서 무대감독 쪽으로 방향을 잡은 거지.

한

그때도 무대감독 파트는 권우기 감독[2]님이 강의하셨어요?

태

권 감독님이 하셨지. 아직도 기억 나. 외부 강의 같은 걸 하셨어. 포스코에서 공연을 하는데, 그게 셋업이 저녁 7시부터인가 시작해서 밤 새서 하는 거였어. 무대 파트 지원자 다 오라고 하셔서 갔는데 새벽 한 시, 두 시 되니까 하나, 둘 집에 돌아가지. 그런데 난 끝까지 있었거든. 다음날 아침에 감독님이 김밥천국에 데려가셨어. "하나 건졌네." 하시더라고. 그때부터 현장에서 일했지.

한

같이 공부한 다른 친구들보다는 일찍 현장에 뛰어드신 거네요. 이력서 하나 안 쓰시고 현장에 바로 투입! 무대 파트는 그런 경우가 좀 많은 것 같아요. 기획사나 극장 재단들에 비해 채용 조건이나 절차 등이 까다롭지 않고. 현장에서 인정받으면 얼마든지 일할 수 있는 기회가 주어지는.

태

그렇지. 나도 학벌이 좋거나 경력이 많은 것도 아니었는데 어쨌든 공연장에 끝까지 남아 있는 걸 보시고 일할 기회를 주셨고, 그 이후로도 늘 현장에서 일하는 걸로 평가 받았으니까.

1) 공연 예술 스태프 양성 교육 기관. 현) '문화예술전문교육기관 SPARK'의 전신.
2) 콘서트 무대감독. 대표작: 서태지, 조용필, 빅뱅, 스팅, 사라 브라이트만, 메탈리카 콘서트 외 다수

한
그동안 하신 작품이 정말 많아요. 대한민국 내로라하는 가수들 무대감독은 도맡아 하셨다 해도 과언이 아닐 것 같은데요. 무대감독으로 입봉한 작품이 뭐예요?

태
임형주. 정확하게 따지면 임형주 공연인데, 내가 생각하는 작품은 문세 아저씨 콘서트. 의욕이 최고조였어. 그때, 뭐든 다 만들어낼 기세였지. 지금 같으면 이거는 이래서 안 됩니다. 하고 기술적인 문제를 얘기했을 텐데. 그때는 여기 장치물이 너무 이상해서 막 하나를 날려야 될 것 같다는 말을 하는 거조차 상상도 못했어. 그러니까 어떻게든 하는 거지. 내 능력치는 이만큼인데 문세 아저씨는 너무 큰 사람인 거야. 내가 너무 큰 걸 맡은 거지. 서울 공연 끝나고 다음이 강릉인가 그랬는데, 나 그 강릉 해변에서 울었어, 진짜.
그런데 그 공연 때 진짜 많이 배웠어. 지금 생각해도 그때가 제일 많이 하는 것 같아. 세트도 많고, 전환도 많고, 큐도 많고. 셋업 자체를 우리가 다 했으니까 말 다 했지. 나르고 망치질하고. 지금 하라고 하면 못 해. 진짜 못 해.

한
대표님을 공연계로 이끈 바로 그 공연, 서태지 공연도 하셨죠? 기분 어떠셨어요? 기분 엄청 좋았을 것 같아. 너무 떨렸을 것 같고. 정말 좋아하는 가수의 공연을 하는 거잖아요. 저는 공연계 들어와서 5년 안에 서태지 공연한다 하면서 일을 시작했거든요. 그런데 정말로 서태지 공연을 내가 할 수 있는 기회가 오는데 무서웠어, 좀. 만나는 것도 두렵고 그래서 안 했거든요. 왠지 그랬어요.

태
재미있었어. 무대에서 처음 만났을 때는 눈이 딱 마주치고 나서 "오우! 뭐야~!!" 막 이래 진짜. 서태지와 이야기도 하고. 나중에 조금 익숙해지긴 하지만, 지금도 그래. 시간이 지날수록 그거는 아직도 있는 것 같아. 전율 같은 그런 거.

한
그럼 이제 슬슬 SH컴퍼니의 탄생에 관한 이야기를 들어 볼까 합니다. 어떤 마음으로 홀로서기를 하시게 된 거예요?

태
권우기 감독님 밑에서 6년 정도 일을 하면서 나도 많이 배웠고 실력도 많이 쌓았고, 그리고 이제는 나도 혼자서 할 수 있겠다는 생각도 들었지. 감독님께 처음에 내가 말 꺼냈을 때 좀 당황하셨지만 그래도 잘 이해해 주셨어.

한
혼자 프리랜서로 일을 해야겠다고 생각하셨으면 일도 스스로 찾으실 준비를 하셨을 것 같아요. 같이 공부했던 분들도 콘서트 현장에 많이 일하고 계셨을 텐데 사전에 협의된 곳이 있으셨나요?

태
어느 정도 얘기는 돼 있었지. 그래서 그해 우리, 일 겁나 많이 했어. 주로 CJ에서 제작하는 공연이었고, ENIS(당시 SG워너비, MC몽 등이 소속된 기획사) 공연도 했고. CJ에 있는 지인들이 많이 밀어줬지. 우리도 다 소화했고. 덕분에 그해 연말에 여러 명 입봉도 시키고. 회사 내부에서도 그런 얘기들이 있었나 봐. SH컴퍼니랑 무슨 관계냐, 하태환이라는 사람은 대체 누구냐. 하는 얘기들.

한
CJ 일도 모든 걸 계속 할 수는 없을 테니까 다른 데도 계속 알아보셔야겠어요. 요즘 공연은 CJ와 인터파크가 진짜 많이 하는데, 인터파크는 고정적으로 일하는 스태프들이 있죠?

태
인터파크는 내부에 연출이랑 무대감독들이 있긴 한데, 외주도 많이 주는 모양이야. 우리로서는 뚫어 볼 만한 미개척지지.

한
사실 무대감독이라는 직업이 회사에 적을 두고 활동하는 사례가 많지 않잖아요. 보통 개인적으로 프리랜서로 활동 많이 하시는데요. 사무실을 차려서 직원을 두어야겠다고 결심하신 것은 언제쯤이에요?

태
나오고 1년이 채 안 됐을 때. 사무실이 없으니까 확실히 좀 처지는 게 있어. 무대감독들은 주로 개인적으로 프리랜서처럼 활동하는데, 그렇게 하면 안 될 것 같았어. 내 생각에는 무대감독들이 다 모여야 돼. 옛날 SMG(무대감독 회사)처럼. SMG가 잘 안 됐던 거는 내로라하는 큰 공연들은 다 하는데, 일하는 사람들이 그만큼 대우를 받지 못해서였거든. 월급제의 폐해지. 그렇지만 프리랜서로 하면 덜 받는 감독 찾게 되어 있어. 무대감독들이 클 수 없는 환경이 되는 거야. 그래서 내 생각은 일단 고정적인 급여를 정하고, 일한 만큼 더 주는 거야. 너한테 들어와서 하는 일이었으니까 이만큼 더 가져가, 이렇게.

한
SH컴퍼니에서 중간에 나간 사람들도 있죠?

태

당연히 있지. 돈도 돈이고, 일도 고되고. 그리고 내가 쥐 잡듯이 잡았어.

한

주변에 평가를 해 달라고 했더니, 식사하실 때 말씀 좀 하셨으면 좋겠다는 의견이 있었어요. 일하실 때 철두철미하시고, 정말 완벽하신데 밥 먹을 때 한 말씀도 안 하신다고.

태

그게 우리 일할 때만 그래. 현장에 있으면 나도 모르게 버릇인 거 같아. 그런데 무대 스태프들 중에 그런 사람들 많아. 밥 먹으러 가서 기다려 주고 그런 것도 잘 없고. 밥만 딱 먹고, 먼저 먹은 사람 먼저 가 버리고.
예전에 밥 먹으면서 시시덕거리다 혼난 적이 있어. 그렇게 혼났던 기억이 있어서 밥 먹으면서 장난 안 쳐, 특히 현장에선. 대신 먹는 건 잘 챙겨. 우리 밥 겁나 잘 챙겨 먹어.

가장 큰 스트레스가 무엇인지를 묻는 질문에도 '공연' 자체라는 답이 돌아왔다. 현장에서 사람의 힘으로 단 한 번에 만들어 내야 하는 결과물이 공연이다. 공연을 해야 하는 부담은 아마 공연계 종사자라면 누구나 안고 있는 숙명 같은 것이다. 그 역시 기획 단계에서 미팅을 가진 후 공연 오프닝이 끝날 때까지, 내내 해야 할 일과 긴장감에 시달린다고 고백한다.

한

페스티벌도 많이 하셨죠. 지산, 안산 다 하신 걸로 아는데, 페스티벌과 일반 공연은 어떤 차이가 있을까요?

태

페스티벌은 너무 힘들어. 정말 죽을 것 같아. 안산 같은 경우는 공연 2주 전부터 들어가서 십여 일 세팅하고, 라이더 정리하고. 안산에는 빅탑도 있는데, 빅탑에서는 오전 열 시에 시작해 밤 열 시면 공연이 끝나. 체인지 시간도 두 시간 정도 되고. 그런데 우리가 맡은 데는 오전 열 시부터 시작해서 새벽 4시에 끝나는 그런 데. 그렇게 쭉 돌고 새벽 4시에 끝나면 다음날 공연 세트로 체인지 해야 해. 6시에서 8시쯤 되어야 끝. 그럼 페스티벌 3일 하는 동안 진짜 많이 자야 여섯 시간 자는 거야. 날도 덥고 정말 진이 빠져.

그럼 철수 시간도 또 길어져. 거기에 이어서 다른 공연이라도 하나 붙어 있으면 정말 최악인 거지. 작년에 안산 페스티벌 끝나고 바로 인피니트 하고, 그 다음 주에 신화 하고, 그리고 인피니트 월드 투어 시작했으니까. 지옥이 따로 없었지. 그래도 연출이나 오퍼레이터들은 볼 수 없는 무대팀의 특권이 있어. 우린 관객들이 보이거든. 관객들 표정에서 얼마나 즐거운 지가 읽히는데, 진짜 관객들이 좋아하면 나도 모르게 웃음이 나. 그래, 내가 이 맛에 하는 거지. 이런다니까.

한

월드 투어도 많이 가셨잖아요. 월드 투어 이야기 좀 해 주세요. 장·단점이 있을 거 같은데…….

태

일단 장점은 체력적으로 덜 힘들어서 좋아요. 현지 프로덕션에서 문제가 되는 것들만 해결해 주면 되니까. 국내에서 셋업하고 철수할 때의 체력 소모는 일단 없는 거니까. 그리고 가끔 이동하면서 일정이 빌 때가 있어. 셋업 하는 기간까지 사흘씩 남고 그러면 나는 아침 9시에 일어나서 무조건 나가지. 새로운 것에 관심이 많거든. 마음 맞는 친구 하나 데리고 열심히 돌아다니는 거지. 대신 답답한 거는 있지. 말도 안 통하고, 음식도 잘 안 맞고. 또 투어가 한 나라 하고 끝이 아니잖아. 공연하고 한국 들어와서 다음 날 또 출국. 이런 경우도 있거든. 집이 여관방 같아. 내가 뭐하는 건가 싶기도 하고.

한

투어 가서 좋았던 나라는 어디예요?

태

관광은 파리, 일하기는 일본.

한

그래서 가수들이 일본에 가서는 스태프에 반하고 우리나라에서는 관객에 반한다고들 하나 봐요.

태

개인적으로 일본이 세계 1등인 거 같아. 예전에 인피니트 공연 투어를 갔었는데, 우리는 둘이서 갔거든. 그런데 일본은 현지 무대감독만 여섯인가 그랬어. 헤드 있고 그 밑에 진짜 헤드 있고, 상수, 하수, 백스테이지, 돌출에 각각 하나씩 나눠서 하더라고. 그들의 인건비는 정말 충격적이었지. 규모 자체도 다르고, 공연장 자체도 우리랑은 비교가 안 되니까. 장비는 물론이고, 셋업하고 철수하는 타임 테이블 자체를 정말 세부적인 것까지 구체적으로 짜.

대관료가 비싸니까 빨리 세팅하고 빨리 빠지거든. 공연 끝나기 30분 전쯤 헬멧 같은 거 쓰고 4~50명이 스탠바이. 안전 문제에도 철두철미한 거지. 우리나라도 슬슬 그렇게 가고 있어. 공연장에서 안전모도 쓰라하고. 그렇지만 우리는 공연장이 너무 안 좋아. 같은 체육관에서 공연해도 우리나라가 제일 안 좋아. 일단 흔한 기계차부터 중장비 들어갈 수 있는 곳도 없고, 크레인은 꿈도 못 꾸지. 상부 리깅되는 공연장이 하나도 없어. 중장비 못 들어오고, 리깅 안 되니까 작업 시간은 배로 늘어나고 그들은 하루 만에 할 걸 우린 3일 걸리니까 몸만 축나지. 인건비도 열악한데.

한

최근에도 투어 다녀오셨죠?

태

나는 끝났고, 다른 친구가 FT아일랜드 방콕 공연하러 갔지. 다음 달엔 B.A.P 투어 있고.

한

아이돌 공연도 많이 하셨죠? 아이돌과 다른 가수들의 차이점은 뭘까요?

태

아무래도 어린 친구들이라 공연 내공도 짧고 그러다 보니 꽉 짜여 있는 공연을 하지. 이 타이밍에는 동선을 이쪽으로 하고, 멘트는 누가 이렇게 하고. 그런데 내공 있는 가수들은 준비된 건 아니었는데 관객들을 막 들었다 놨다 하거든. 노래든 멘트든 연출이든. 예를 들면, 스윗소로우 공연은 정말 열심히 만든 게 보여. 또 이문세 아저씨 공연은 계속 보던 공연인데도 갑자기 울컥 할 때가 있어. 아이돌 공연은 그런 게 아직 부족하지. 무대 위에서 우는데, 정말 우는 게 맞나? 연기 하는 건가? 싶을 때도 있고. 문세 아저씨 공연은 꼭 다시 해 보고 싶어. 지금 다시 해 보면, 또 다른 느낌일 것 같아.

한

여자 아이돌 콘서트는 어때요?

태

여자 아이돌은 공연도 적고, 콘서트를 할 수 있는 그룹도 많이 없어. 원디렉션 무대감독을 했었는데 아무래도 불편하게 많아, 퀵체인지부스에 내가 못 들어가니까. 옷 갈아입을 때 어느 정도 갈아입었는지 시간 체크하고 그래야 되는데 그게 안 되니까. 내가 케어해서 어딜 가는 거 자체도 불편하고.

한

특이한 요구 같은 건 없었어요?

태

특이한 거? 물에 빨대 꽂아 주는 그런 거?
요즘에는 빨대 구멍 뚫는 게 있어. 남자 아이돌도 다 그렇게 해. 그냥 마시는 게 중계 화면에 잡히면 게걸스러워 보인다고.

한

공연은 늘 생방송이나 다름없어서 사건 사고도 많잖아요. 대표님의 실수담이 매우 궁금해지는 대목인데요. 실수하신 거 없어요? 나의 실수로 공연에 차질이 생겼다거나 하는 사건!

태

내 실수? 그런 건 없는 것 같은데?
완전 대박 사건이야 겁나 많지, 우리는. 몇 년 전에 DOC 공연을 크리스마스 이브에 부천에서 하는데 구피가 중간에 게스트로 나왔어. 그런데 음향 발전차가 죽어서 마이크가 안 나오는 거야. 한 10분 동안 전기가 안 들어오는데, 구피 중에 한 명이 운동했잖아? 그분이 웃통 깠잖아, 시간 때우려고. 그날 눈이 많이 왔는데, 눈 때문에 누전이 된 거야. 내가 어떻게 할 수가 있나. 전기로 사고가 나면 답이 없어.
2PM 공연 때문에 마카오에 갔는데, 그 공연이 큐가 정말 많았어. 장치물도 많고. 예를 들면 이 큐에 리프트가 올라가야 되고, 이 큐에 LEC가 열려야 되고, 그 다음 큐에 다시 리프트가 올라가야 되고. 한 큐, 한 큐가 다 그런데 우리가 리프트 쓰기 1분 전에 체크를 다 했어. 그래서 야! 간다! 고 했는데 리프트 전기가 탁 죽는 거야. 그거 타고 올라가야 되는데. 사고지. 어쩔 수 없이 텀이 생겼으니 나머지 것들을 체크를 다 했어. 그런데 큐에 딱딱 맞춰서 전기가 다 나가는 거야. 가수 짜증 내고, PA(Public Address) 시스템 죽고. 그 한 공연에서.
공연 끝나고 나서 현지 프로덕션 매니저 다 오고, 기획사, 제작사 총출동해서 난리가 났지. 전기는 아무리 생각해도 대처할 방법이 없는 것 같아.

한

전기만큼 무서운 게 천재지변이잖아요. 천막 날아가고, 기자재 젖고 이런 거. 천재지변으로 인한 사고는 없었어요?

태

바람에 날아가고, 천막 찢어지고, 비 맞는 것은 예사지. 우리나라는 대체적으로 우천 대비를 너무 안 해. 비오면 비상이야. 예전에 한 번은 조용필 아저씨 공연할 때야. 월드컵 경기장이었는데,

비가 소나기처럼 엄청 쏟아졌어. 우천 대비는 전혀 안 돼 있지. 악기 같은 거는 비닐로 덮었는데, 무대에 포멕스 깔아 놓으니까 물이 엄청 차는 거야. 비는 계속 오니까 어떻게 해, 치워야지. 몇 시간 동안 물을 밀어내는데 발은 땡땡 붓고. 신기하게 공연 때 되니까 거짓말같이 비가 딱 그치는 거야. 우리만 비 쫄딱 맞고 그랬지.

한
유비무환이라고 사전에 철저하게 대비하는 방법밖엔 없을 것 같아요. 사건 사고를 막기 위해, 후배들에게 강조하시는 게 있다면 어떤 게 있을까요?

태
꼼꼼해야 하고, 숫자에 민감해야 하고, 시간을 잘 지켜야 되고, 위험한 것은 하지 말아야 한다는 거? 그건 가장 기본적인 것들인데, 그게 또 가장 중요한 소양이기도 해. 경험이 쌓이고 스스로 공부도 더 하겠지만, 기본을 잘 지키지 않으면 그건 나중에도 못 고치거든. 그래서 마킹 하나를 해도 일 자로 똑바로 하라고 하지. 여기에서는 그냥 일 센티미터인데 저 끝까지 가면 몇십 센티미터가 될 거고, 그거 때문에 세트 하나가 못 움직일 수 있거든. 내가 하도 난리를 쳐서 애들이 많이 변했어. 도면 보면서 일 밀리미터까지 잡거든. 그런 걸 습관으로 만드는 게 중요해. 꼼꼼한 습관. 이제 내가 바라는 건, 스피드를 올릴 때가 되었다는 거지.

한
마지막 질문입니다. 지금 이 시점에서의 고민은?

태
일 문제가 가장 크지. 향후 3년을 어떻게 꾸려갈 것이냐. 결혼도 해야 하고, 이대로만 가서는 안 될 것 같고. 뭔가 조직적으로 움직여야 할 것 같은데.
사실 무대감독 협회가 있어. 있긴 한데, 웃긴 게 콘서트는 무대감독 경력으로 안 쳐 줘. 국립극장에서 무대예술전문인 자격 검정이라는 걸 해. 자격증을 주는 거지. 1급부터 3급까지 있는데, 3급만 가능해. 1, 2급은 순수예술만 되더라. 화가 나서 전화를 했는데 전화 안 받아. 내가 조만간 또 전화할 거야. 무대 기계 자격증을 만들어 놓고, 2~300명 들어가는 대학로 소극장 공연은 공연으로 인정해 주면서 전 세계 다니면서 공연장 다 경험해 보고, 또 관객도 수천 명 오는 콘서트를 몇 년이나 했는데 그 경력을 인정 안 해 준다는 게 말이 돼? 내가 그거 꼭 물어볼 거야.

무대감독을 하며 얻은 소중한 경험을
후배들에게 물려주기 위해
그에게 강의를 부탁한 적이 있었다.
일찌감치 도착한 그는 편의점에서 맥주를 들이키고 왔다고 했다.
숫기도 없고 말수도 없는 그가 꼭 전화해서 따져 보겠다며 단단히 벼른다.
마음에 없는 소리를 하거나 눈치 봐야 하는 게 싫어 일을 그만두고 싶을 때가 있다는 그가,
그답지 않게 열을 내는 것은 비단 그 자신을 위해서만은 아닐 것이다.

공연계의 유재석을 꿈꾸며…

Profile

정현철 – CJ E&M 음악 사업 부문 콘서트 제작팀장 / 콘서트 연출감독

한세대학교 광고홍보학과 졸업

더 신승훈 쇼 데뷔 20주년 기념 전국 투어, 이문세 동창회 전국 투어 연출

시월에 눈 내리는 마을, 스윗소로우 콘서트 연출

김연아 아이스쇼 프로덕션 디렉터

B.A.P Live On Earth(국내/투어) 연출

안산 밸리록페스티벌 그린스테이지 프로덕션 디렉터 외 다수

"저는 정현철이란 사람인데요, 이 회사에 취직을 좀 해야겠습니다!"
한 콘서트 기획사에 전화를 걸어 당돌하게 자신을 알렸던 2004년.
그 후로 그 회사의 일이라면 무조건 달려가는 전용 아르바이트생 생활 2년.
마침내 그 회사의 한 자리를 차지했던 2006년.

하고 싶은 일이 정해지면 한 우물만 판다던 그가
넘버원 피디가 되겠다는 목표를 갖고 콘서트 현장에 뛰어든 지 10년.
과연 그는 어느 정도 목표를 달성했을까?

막 K-POP 아티스트의 방콕 공연을 마치고 한국에 들어온 정현철 피디를 만났다.
해외 투어 공연과 국내 공연이 쉴 새 없이 돌아가는 와중에도 충분히 정시 퇴근이 가능하다며 여유를 보이는 그에게서 10년차 연출감독의 내공이 느껴진다.

"지나온 이야기보다 앞으로의 이야기를 많이 다뤄 주세요. 이제 콘서트 연출감독의 역할에도 변화가 필요한 때인데, 그쪽으로 할 이야기가 아수 많아요!"

지금의 정현철 피디에게서 10년 전 그 아르바이트생의 자신감이 보이는 듯하다.

공연계의 유재석을 꿈꾸며…

한

안녕하세요. 동남아 투어 공연을 막 마치셨다고 들었어요. 힘드실 텐데 이렇게 인터뷰에 응해 주셔서 고맙습니다. 마지막은 방콕이었다고 들었는데요, 누구 공연이었어요?

정

FT아일랜드 공연이었어요. 방콕은 반응이 아주 뜨거워요. 관객들이 정말 즐길 줄 알더라고요. 우리나라 공연에서 대구쯤 간 느낌 있죠? 잘 노는 사람들이야.

한

우리나라에서는 투어 다니면 대구가 반응이 제일 뜨거워요?

정

지역마다 다른데, 보통 대구하고 부산이 뜨거워요. 전라도, 충청도 이런 곳은 좀 늦게 발동 걸리고, 서울 사람들은 좀 깍쟁이 같아요. 예를 들면 함성 소리나 이런 것이 같이 호흡한다는 느낌보다는 '실수 하나만 해 봐' 약간 이렇게 팔짱 끼고 보는 느낌이 좀 더 있다고 할까? 아무래도 문화적인 노출도 많고, 공연도 타 지역에 비해 쉽게 쉽게 보고 할 테니까 어떤 자극 이상은 넘어가야만 반응이 나오더라고요. 그런데 대구 같은 곳은 공연 시작하자마자 "으아아~" 함성이 나오니까 아티스트 입장에서도 신이 나서 하죠. 투어를 다니다 보면 도시별로 그런 게 다 있어요. 기후나 지리적 위치 같은 것이 분위기에 영향을 주는 거죠. 더운 지역 사람들이 대체로 낙천적이에요. 그래서 어떤 게 있냐면, 우리나라 사람들은 월급 받으면 대부분 당장 그날 다 안 쓰잖아요. 저축 해 놓고서 나중을 기약하죠. 그런데 그 사람들은 월급 받자마자 그냥 그날 흥청망청 쓰면서 밤새 논대요. 정말 낙천적이고 한번 놀면 끝장나게 놀고. 대구가 분지여서 분위기가 비슷한지, 뜨거운 편이에요.

한

동남아 말고 다른 나라도 많이 다니셨을 것 같은데, 반응은 다 다르지 않아요?

정

다 다른데 그런 건 있어요. 미국 같은 데 가면 아무래도 아직은 문화적으로 우리가 떨어지는 걸 느껴요. 예를 들면, 내가 어렸을 때 팝 음악을 막 듣다가 어느 날 나의 영웅 메탈리카가 내한한다고 하면 그럼 뭐, 예매할 때부터 잠도 못 자잖아요. 공연장 가면 내

인생을 만든 사람이 저기 서 있다는 그런 벅찬 기분이 들잖아. 우리가 K-POP으로 미국을 가면 그 반대의 느낌이라고 보면 돼요. 유튜브 등의 영향으로 젊은 팬 층에서 인기는 있지만 아직은 그쪽에서 볼 때 메인 스트림이라기보다는 소수문화인 거죠. 주류를 휘젓고 다니는 게 K-POP이 아니니까, 아직은 갈 길이 멀죠.

한

지금 콘서트 기획은 CJ E&M(이하 CJ)과 인터파크가 양분하고 있는 형태인데요. 이 형국에 대해서는 어떻게 생각하세요? 그 양대 산맥의 한쪽 봉우리에 서 있는 입장에서.

정

글쎄. 밖에서 봤을 때 CJ와 인터파크가 양분되어 있는 것처럼 보일지 모르겠지만 우리가 현장에서 느끼는 건 오히려 SM, YG와 경쟁하고 있다는 생각이에요. 콘서트를 하나의 독립된 장르로 보기보다 전체 음악 산업에서 누가 뿌리부터 줄기까지 패키징을 잘하고 있느냐 문제거든요. 인터파크는 아직은 가지고 있는 콘텐츠가 없고 인프라 구축에 투자를 늘리고 있는 상황이잖아요. 오히려 우리 입장에서는 소녀시대나 빅뱅 같은 원천 콘텐츠를 가지고 있는 연예기획사가 라이벌이라고 느껴요. 콘서트 시장이 아닌 음악 콘텐츠 시장에서 그들과 경쟁하고 있거든요. 그러다 보니 아무리 대기업이라 해도, 목표치도 높고, 해야 할 과제들이 많아서 꽤 스트레스도 심하고 힘들어요. 때때로 프리랜서로 일하는 것이 수입이 더 나을 때도 있으니까 그냥 혼자 하겠다고 나가기도 하죠.

한

그렇게 나가신 분들은 잘하고 계세요?

정

반반인 것 같아. 잘하는 사람도 있고 잘 안 되는 사람도 있고. 들어보면 돈은 여기 있는 것보다 많이 번대요. 그런데 프리랜서라는 것이 태생적으로 불안정한 부분이 있잖아요. 실수할 때도 있고, 오해 살 일도 있을 수 있는데, 보호해 줄 울타리가 없으니까요

한

그래도 쉽게 나가기는 어려울 것 같아요. CJ에서 일한다는 자부심도 있을 것 같고, 주변에서 알아주는 것도 있고. 처음 CJ 갔다고 했을 때, 어머니께서 좋아하시지 않았어요? 주변 사람들은 '너 대기업 갔구나.' 얘기했을 거 아니에요.

정

그게 CJ의 콘서트사업부 구성원들이 얻을 수 있는 하나의 동기부여임은 인정해요. 어쨌든 자기가 하고 싶은 일 하면서 가족과 주위 사람들에게도 인정받는 거니까. 그런데 그거 말고도 여기에서 얻을 수 있는 것들이 있어요. 네트워크도 쌓고, 다른 데서는 경험해볼 수 없는 조직 체계나 큰 단위의 프로젝트들을 경험할 수 있으니까. 성장을 위해서 나 자신을 담금질해 볼 수 있는 곳이죠.

한

공연계 입문하고 싶어 하는 친구들 중에는 CJ를 목표로 오는 친구들도 꽤 많아요. CJ 들어가려면 어떡하면 돼요? 여기 다니면 CJ 들어갈 수 있습니까? 묻는 친구들도 있고.

정

진짜 많아요. 페이스북이나 이메일로 묻는 친구들도 있어요. 어떡하면 되냐고. 그러면 공연에 대해 좀 더 배우라고 대답해 줘요. 현장 아르바이트나 공연아카데미 같은 데 검색해서 가 보시라고. 하지만 거길 다니면 자연스럽게 CJ에 들어올 수 있다? 그렇게 생각하는 건 말도 안 된다고 생각해요. 자세부터가 틀렸지. 자기가 좋아하는 일을 하면서 만족하는 사람의 숫자가 몇 안 돼요. 나 같은 경우는 그런 면에서 정말 행운아인 거지. 그 행운을 얻기 위해서는 많이 노력해야죠. 공부도 하고, 경험도 쌓고. 무엇보다 본인의 의지도 중요하고.

한

그럼 지금부터 행운아의 노력과 공부와 경험 그리고 의지에 대해 들어 볼까요? 저도 이번에 처음 묻게 된 이야기 같은데요, 처음에 공연을 어떻게 시작하게 되셨어요?

정

어디서부터 얘기해 줄까요? 하하하. 일단 어렸을 때부터 음악을 정말 좋아했어요. 가족들의 영향을 많이 받았죠. 아버지는 노래하기를 좋아하셨고, 집에 LP도 많았고, 전축도 좋은 게 있었고. 판타지아인가, 금성에서 나온 게 있었어요. 카세트, CD, LP까지 다 되고, 라디오도 있고, 더블 데크여서 녹음도 되고, 오토리버스도 되는 그런 거. 형도 음악을 정말 좋아해서 카세트테이프 사서 모으는 게 우리 어렸을 때 취미였어요. 내가 형보다 용돈도 적고 해서 주로 형이 사는 음악을 들었는데 우리 형이 팝송에 좀 빠진 거예요. 거기까지는 따라갔어. 뉴키즈온더블록, 머라이어 캐리. 그런데 어느 날 갑자기 듣기 싫은, 들을 수도 없는 그런 음악들을 너무 듣는 거야, 우리 형이. 헤비메탈로 간 거죠. 무슨 이런 음악을 자꾸 듣느냐고 했더니, 형이 볼륨을 크게 해서 헤드폰을 딱 꽂아 주면서 들어 보라고, 기타로 헬리콥터 소리를 낸다고. 그게 메탈리카 4집이었어요. 처음에는 적응이 안 되더니 금세 빠져들었죠.

진짜 몰랐던 새로운 세계가 열리는 것 같았어요. 그러다가 어쿠스틱 기타를 배워서 메탈리카를 연주하고. 그 후로는 단계별로 올라갔어요. 어쿠스틱 기타 배운 다음에 전자 기타 배우고. 그 다음엔 노래 엄청 부르고 밴드도 하고.

한
지금도 밴드 활동 하고 계시죠? 보컬이신 걸로 알고 있는데……. 밴드 이름이 "페니레인" 이었죠?

정
그 친구들이 정말 오래된 친구들이에요. 한참 PC통신할 때, 거기서 마음 맞는 친구들이 모여서 공연하고 음악 만들고 그랬으니까. 그 친구들이 거의 동시에 군대를 다 갔어요. 그러니까 우르르 제대를 하잖아요. 제대해서 그 멤버 그대로 또 공연했죠. 클럽 공연을 일주일에 세 번씩 하고. 그때 같은 클럽에서 공연하던 뮤지션들이 피터팬컴플렉스, 국카스텐, 장기하 씨 같은 분들이었어요.

한
페니레인 1집은 네이버 오늘의 뮤직에도 선정되었었잖아요. 앨범 또 안 내세요?

정
올해 2집 내려구요. 곡은 다 써 놨고, 하반기 녹음해서 낼 예정인데 쉽지는 않네요. 16년째 하고 있는데 그 멤버 그대로예요. 이젠 결혼도 하고, 아빠 된 친구도 있는데 다들 바쁘긴 하지만 예전에 비해 금전적으로 풍족하니까 악기도 정말 좋은 거 사고, 합주실을 아예 빌려서 계속하는 거죠. 조기 축구 하듯이. 돌이켜 보면 이런 활동이 내 인생에 있어서 정말 중요했는데, 지금 콘서트 일을 하면서 정말 큰 도움이 돼요. 공연장에서 프로들이 연주하는 걸 보면서 공부가 많이 되거든요. 음악 공부도 계속 하게 되고, 작곡이 늘어요. 반대로 제가 연출을 하는 입장에서도 음악을 많이 알고 있으니까 도움이 되죠. 지난달 B.A.P 공연 때도 음악 편곡의 절반은 내가 했어요. 지금까지 연출을 하면서 나라는 사람의 강점이 뭘까 생각해 봤는데, 그거 같아요. 음악을 하고 있고, 사운드나 악기 같은 걸 조금 더 알고 있어서 가능한 연출이 분명 있거든요.

한
원래 전공은 광고홍보네요?

정
고등학교 때 이과였어요. 대학도 공대로 갔죠. 신소재공학과.

한
하하하. 무슨 생각으로, 그때는?

정
고1 때 담임선생님이 체육 선생님이셨어요. 문과, 이과를 정해야 되는데, "남자는 이과지!" 막 이런 말씀을 하시는 거예요. 그때는 아무 생각 없었으니까, 그게 뭐가 중요해 하며 이과 갔죠. 이과 나오고 공대 가고 군대 갔는데, 상병 때 보초 서면 밤하늘 보며 많은 생각을 하게 되거든요. 6개월만 있음 제대인데, 제대하면 뭐 해야 하나. 부모님 속 썩이는 아들은 되면 안 되는데. 그런 생각들을 많이 했죠. 제대하면 제대로 하고 싶은 것을 하면서 살아야겠다 생각하고 편입을 하기로 마음을 먹었어요. 학과를 죽 검색해 보다가 광고홍보학과? 재미있겠네, 하고 원서를 넣었다 운 좋게 합격이 된 거지.
그런데 공부가 정말 재미있는 거예요. 공대는 진짜 알아듣지도 못하는 이론들만 가득했는데. 이런 거 있어요. 시험 볼 때 두 문제 내는데 그걸 푸는 데 시험지 두 장 앞뒤로 빽빽하게 써야 돼요. 증명하고 막 그래야 되는 문제들. 그런데 광고홍보학과는 요즘 TV에 나오는 무슨 광고가 어떻고 해요. 당장 오늘 배운 것을 친구들한테 얘기해 주면 이게 먹히는 거지. 요즘 무슨무슨 광고가 왜 그렇게 만들었는지 알아? 이러저러해서 그렇게 된 거야, 이런 살아 있는 얘기를 할 수 있는 거지. 그것 때문에 공부가 재미있어서, 정말 신나게 했어요. 그리고는 첫 학기 성적이 나왔는데, 1등을 했어요. 수석을 한 거야. 그때 깨달았어요. 진짜 좋아하는 걸, 자기가 즐길 수 있는 일을 해야 되는구나. 남은 3학기도 싹 다 1등. 공부 미친 듯이 했죠. 심지어 4학년 때는 과대표도 했어요. 부반장 한 번 못했는데, 대학교 마지막 학기 과대를 하는 거야.
그런데 내가 그때 무슨 이야기를 하고 다녔느냐면, "광고 시장은 곧 망한다. 거품 빠지고 나면 지금의 매체들은 다 없어질 거다. 너희들도 빨리 다른 길을 찾는 게 좋을 수도 있다." 그러면서 나는 광고를 하지 않겠다고 했지. 자만에 쩔었던 시절이었어요. 그런데 지금 보면 실제로 그런 비슷한 일들이 일어났어요. 광고매체가 다 없어졌잖아요. SNS가 점점 강해지고 있고. 교수님께서도 광고회사 소개시켜 주시겠다고 하시는 걸 다 마다했어요. 아무런 개념이 없었죠. 친구랑 학교 앞에서 햄버거 먹다가, "나는 광고 쪽 말고 콘서트 쪽에서 일하고 싶은데, 제일 유명한 공연기획사가 어디야?" 물었더니 친구가 "좋은콘서트"가 제일 유명한 거 같다고. 이문세, 신승훈, 싸이 콘서트 같은 깨알 같은 공연들 많이 만든다고 하기에 집에 가서 검색했죠. 굿콘서트닷컴, 딱 나오더라고. 검색해 보니까 재미있겠는 거예요. 바로 전화했죠. 저는 정현철이라는 사람인데 여기 취직해야겠다고.

한
정말 그렇게 말했어요?

정

네. 하하하. 그분들 입장에서는 바빠 죽겠는데 미친놈이었겠죠. 그래도 공채 끝났으니 내년에 홈페이지에 공지 나면 지원하시라고 대답해 주더라고요. 전화 끊고 자기소개서랑 이력서랑 쓰고 성적증명서 끊어서 회사로 무작정 갔어요. 그때 사무실이 신사동이었어요. 앞에 서 있으니까 어떤 직원 한 분이 화장실 가느라 나오시더라고요. 그래서 준비해 간 걸 내밀었죠. 인사 담당하시는 분께 전해 달라고. 다행이 그분이 보시고 버리지 않고 전달해 주셨나 봐요, 이런 애가 왔다고.

한

지금은 그런 친구들 잘 없어요. 그래도 간혹 그렇게 배짱 좋은 사람들 있더라고요. 무작정 찾아가서 부딪혀 보는. 아무래도 기회는 더 많을 것 같아요. 쭈뼛쭈뼛하는 것보다는 패기 있어 보이고.

정

그렇죠. 그래서 난 연락이 올 줄 알았어. 왜냐하면 나는 학교 성적이 정말 좋으니까. 하하하. 근자감 쩔었죠. 그런데 전화가 안 오는 거예요. 그래서 전화했죠. 이력서는 보셨다고 하더라고요. 그래서 다짜고짜 취직 안 시켜줄 거면, 돈 안 받아도 좋으니까 보름만이라도 일만 시켜달라고 했어요. 지금은 그런 기간도 아니고 티오도 없고 하면서 돌려서 거절하시더라고요. 그 후로도 전화도 몇 번 하고 몇 번 찾아가고 그랬는데, 연락도 잘 안 되고 안 되나보다 생각하고 있었는데 어느 날 휴대폰으로 전화가 왔어요. 575에 뭐, 이렇게 번호가 뜨는데 촉이 딱 온 거죠. 신사동, 좋은콘서트다!
그때 공연이 양희은, 양희경 자매가 하는 〈언제나 봄날〉이라고 하는 콘서트였어요. 한전아트센터에서 보름 동안 하는. 아르바이트를 하면 현장 실습으로 인정해 주겠다는 거였어요. 냉큼 하겠다고 했죠. 정말 열심히 했어요. 멋있는 일도 아냐. 대기실에서 도시락 나르고, 쓰레기 치우고 이런 거였죠. 그래도 열심히 했더니 직원분들이 좋게 봐 주셨는지 그 이후로는 좋은콘서트에서 하는 공연 대기실은 다 들어갔어요. 신승훈 콘서트 때도 일하고, 이문세 콘서트 때도 일하고. 그렇게 가고 싶었던 회사니까. 그리고 규모가 그리 크지 않은 회사니까 금방 뽑아 줄 줄 알았어요.

한

그런데 안 뽑아 줬구나. 회사가 직원을 뽑는 거는 신중한 일이니까요.

정

네, 신중하게 해야 할 일이니까. 함께 일하던 직원분들은 윗분들에게 잘 이야기해 보겠다고 하셨지만 그 윗선에서는 안 통하는 얘

기였던 거죠. 그래서 일단은 한국공연예술학교에 들어갔어요. 내가 아직 부족하구나. 그 부분을 메워야겠구나. 그 당시 좋은콘서트는 연매출이 50억이 안 되는 회사였어요. 모든 대기실을 다 들어간다고 해도 한두 달에 한 번. 월급으로 치면 6만 원 버는 거예요. 안 되겠다는 생각이 든 거죠. 그래서 공부를 시작했는데, 한국공연예술학교에서도 길게 들어가는 아르바이트 같은 건 안 했어요. 좋은콘서트에서 연락 오면 바로 가야 하니까. 그런데 6개월 수료를 했는데도 안 뽑아 주는 거예요. 그래서 회사를 차려버렸죠.

한

졸업 공연을 하고 나면 뭔가 할 수 있는 에너지가 막 생기는 것 같아요. 그래서 많이들 차리고 싶어 해요. 회사 이름이 플레이그라운드였나요?

정

맞아요, 플레이그라운드. 졸업공연 같이했던 예닐곱 명이 의기투합한 거지. 그중 한 친구 아버님이 우리가 쓴 사업제안서를 보시고 사무실을 구해 주셨어요. 그래서 열심히 했죠.

한

무슨 공연하셨어요?

정

우리가 자금이 있는 건 아니니까 인디 밴드 위주로 많이 했어요. 마지막으로 조금 규모를 키워서 한 게 "럼블피쉬"였고요.

한

그때 메리홀에서 했던 공연이었죠, 크리스마스 때? 그때 좋은콘서트가 이문세 콘서트인가를 신촌에서 하고, 전성환 선생님께서 송정미라는 CCM 가수 공연을 연세대에서 하셔서 끝나고 세 팀이 만나서 뒤풀이했던 거 생각나요. 그때가 그때구나.

정

맞아요, 그때. 내가 그때 어떻게 살았냐하면 12월 이문세 콘서트를 서울에서 하기 전에 지방 투어를 9월부터 했어요. 주말마다 지방 투어가 있고 12월에 피날레를 서울에서 하는 거였는데, 나는 아르바이트를 해야 하니까 금, 토, 일은 좋은콘서트에서 하는 이문세 콘서트 아르바이트생이에요. 지방이라고 일당이 35,000원이에요. 그렇게 105,000원 벌어요. 그러다 월, 화, 수, 목 4일은 다시 사장이고.

한

사장이었어요? 뽑힌 이유가 뭐예요?

정

애들이 해 줬어요. 지금도 애들이 농담처럼 정 대표, 정 대표 부르죠. 아무튼 그때 그렇게 살았어요. 105,000원 벌어서 주중에 우리 회사 애들 고기 한 번 먹이고, 매니저분들 만나서 커피도 마시고, 하루도 안 쉬고, 여자 친구도 도망가고.
정말 절실했어요. 난 이거 밖에 없으니까 무조건 열심히 했죠. 그렇게 회사를 7~8개월 끌고 갔는데, 꾸준히 수익이 나는 회사가 아니니까 월급을 줄 수 있는 상황도 아니었고 그러다 보니 점점 흐트러지기 시작했죠.

한

그때면 정말 이십 대 중반 아니에요? 스물다섯, 여섯 꼬맹이들이 회사 끌고 가기가 쉽지 않죠.

정

응. 완전 꼬맹이야. 그렇게 점점 출퇴근이 자유로워지고, 자본은 없어지고. 그러던 중 연말에 좋은콘서트 과장님을 만났는데, 곧 피디 두 분이 나가실 예정이라는 거예요. 함윤호 피디님은 싸이의 회사로, 조윤택 피디님은 악스로 가시게 돼서 두 자리가 생긴다고. 그래서 얼른 잡았죠. 알겠습니다, 가겠습니다.
그래서 회사를 잘 정리하고 다음해 1월에 입사했어요. 당시에 활발하게 CJ가 좋은콘서트를 인수하려는 논의들이 수면 아래에 있었어요. 3개월 인턴하고 정규직으로 전환되면서 동시에 CJ로 딱 들어갔죠. 운이 굉장히 좋았던 거지.

한

예전에 좋콘 피디 3인방이라고 하면 박상현, 함윤호, 조윤택 세 분이었는데 그때 그분들이 나가셨군요.
세 분이 〈꿈을 찍는 토크쇼〉라고 공연기획자 지망생을 만나는 프로그램에 나오셨는데 그때 저도 갔었거든요. 그게 거의 10년 전이네요. 그때 제가 "도대체 공연계에 취직하려면 어떻게 해야 하는 겁니까?"라고 물었더니 함윤호 피디님께서 "인터파크 들어가서 기획사가 어디 있는지 쭉 보고 다 연락해 봐라."라고 구체적 조언해 주신 게 생각나네요.

정

그걸 얘기해 준 함윤호 피디님도 서른 살 안 됐을 때일 거야. 그리고 조윤택 선배님 같은 경우에는 기획을 하고 싶어 했는데, 회사에서는 연출을 자꾸 하라고 하니까 그런 이유도 있으셨을 거예요.

한
감독님은 어떤 쪽이셨어요? 지금은 연출을 하고 계신데, 처음 들어가실 때 난 연출을 하고 싶다, 이런 생각을 가지고 시작하신 건가요?

정
처음에는 전공이 광고홍보니까, 공연 마케팅을 해야겠다는 생각뿐이었어요. 그런데 공연 마케팅은 광고홍보 전공자의 입장에서 보니까 별로 재미없겠더라고요. 포스터 붙이고, 보도자료 쓰고, 프로모션 티켓 걸고, 가수들 어느 방송 출연시키고. 내가 배웠던 광고와 홍보는 훨씬 큰 개념이었는데, 아이데이션을 하고 무언가를 만들어 내는 크리에이티브 디렉터의 역할도 배우고. 그래서 쓱 보니, 피디가 훨씬 재미있어 보이는 거야, 연출이. 더 잘할 수 있을 것 같고. 그래서 이쪽으로 넘어왔죠.
그런데 요즘 내가 공연 공부 하는 친구들에게도 많이 얘기하는 부분이 그거예요. 당장 공연계에서 무엇을 하겠다고 정하는 게 급하지 않다는 이야기. 많이 부딪혀 보고, 자신이 좋아하는 일과 잘할 수 있는 일을 경험 속에서 찾아내는 게 더 중요해요. 대부분이 그렇거든요. 내가 이것을 잘하기 위해 이러이러한 것들을 준비했고, 이게 아니라 나는 이걸 좋아해요, 이렇게만 얘기를 해. 그럼 함께 일해야 하는 사람들 입장에서는 영 아닌 거지. 취직을 해야 하는 타이밍이 왔을 때, 내가 이 일을 위해서, 이런 것들을 경험해 봤고 그렇기 때문에 이것을 잘할 수 있다고 면접관에게 자신감 있게 얘기할 수 있도록 스스로 준비해야 해요. 그리고 잘할 수 있는 걸 찾으려면 이것저것 많은 일들을 두루 해 봐야 한다는 거죠. 실제로 나도 대기실에서 쓰레기를 치워 봤기 때문에 공연장에서 그 역할을 하는 사람들과 얘기할 때 그들이 무엇 때문에 힘들어 하는지 알거든요. 지금 와서 생각해 보면, 아르바이트생의 일부터 사장의 일까지 취직 전에 경험했던 그 모든 것들은 연출하는 사람 입장에서는 도움이 되는 경험이었죠.

한
저희도 항상 그렇게 이야기하거든요. 다른 분야도 다 알아야 자기 분야 일도 잘 할 수 있다고 이야기하는데, 요즘 들어오는 친구들은 미리 정해 놓고 들어오는 경우가 많아요. 또 뭔가 빨리 이루어야 할 것 같고, 이렇게 아르바이트만 하면 안 될 것 같고, 회사에 들어가야 할 것 같고. 불안하고 그러니까 그 시간을 못 견디는 경우들도 있고요.

정
얼마 전에 강의 나가서 학생들에게 이제 곧 수료인데 어느 회사에 가고 싶은지 물었어요. 그런데 아무도 대답을 못 해요. 국내에 콘서트 기획사 뭐 있는지 얘기해 보세요, 콘서트 연출하는 사람 누가 있는지 이름 말해 보세요 해도 답이 세 개 이상 안 나와요. 현장에 아르바이트 나가서 스태프 한 분 붙잡고 물어봐도 열 개는 나올 거예요.
취직에 대해 그만큼 치열하게 노력을 하고 있지 않았다는 이야기죠. 백마 탄 왕자님은 현실엔 없다고 생각해요. RPG 게임을 예로 들면, 몬스터랑 싸워서 올라가는, 누가 끌어 주고 당겨 주지 않아도 저 혼자 터득해서 얻은 레벨. 그게 필요해요. 열심히 해서 그 또래에서 톡 튀어 보이는 사람이 된다면 회사 입장에서는 그 친구를 무조건 뽑을 수밖에 없단 얘기죠.

한
화제를 조금 바꿔 볼게요. 공연계에 처음 입문하셨을 때 목표가 있으셨을 텐데요. 몇 년 안에 뭘 하겠다 하는, 이루고자 했던 목표에 대해 들려주세요.

정
어디서 그런 이야기를 들었는데, 성공한 사람의 과거가 포장되어서 실제 시작하는 사람들을 망친다고. 제가 기억하는 목표는 미화된 것 같아요. 정말 그 당시에 내가 그런 목표를 가지고 있었을까? 하여튼 어렸을 때, 꿈은 단계라는 생각을 했어요. 처음에는 좋은콘서트에 들어가는 게 지상 최대의 목표였고, 그 후에는 우리나라 연출 중에 넘버원 피디가 되어야겠다 결심했어요. 그래서 아이디도 그렇게 지었어요. 그래서 그 단계에 다다르기 위해 지금도 노력 중이죠.
내 목표는 전문직이 되어야겠다는 거였어요. 우리 아버지가 정말 대단하신 분이거든요. 직업을 바꾸는 속도가 대한민국 아빠 중 최고일 거예요. 경험해 본 직업이 200개는 되실 테니까. 그런 아버지 밑에서 크다 보니까 나는 하나를 정하면 미친 듯이 한 우물만 파는 사람이 되어야겠다는 생각을 어렸을 때부터 했어요. 넘버원 피디가 으스대려고 그러는 게 아니라 진심에서 우러나온 꿈인 거죠. 이게 진짜 좋고 재미있고 잘 할 수 있을 거라는 생각을 지금도 해요. 콘서트 연출감독이 다른 직업에 비해 수명이 좀 짧아요. 마흔 넘어가면 감 떨어지고, 기획 파트로 넘어가시는 분들도 있고. 그런데 나는 60이 될 때까지 해야지! 콘서트계의 미야자키 하야오 같은 사람이 돼야지! 하는 생각이 지금도 있어요. 넘버원 피디라는 것이 특별한 것이 아니라, 저 사람이 제일 오래 버텼으니까 저 사람이 일등입니다. 이렇게 될 거라고 생각해요.

한
그래도 나이가 드는 것에 대한 부담감은 있을 것 같아요. 경력이 쌓일수록 연출료는 비싸지는데 나이는 들고. 그러다 보면 대중음악 공연을 맡기는 사람들이 점점 줄어들게 되고. 그래서 앞으로 어떻게 하실 계획이신가요?

정
연출을 겁나게 잘하면 되는 거죠. 어떠한 분야에서라도 희소가치가 있으면 계속 불러 주게 되어 있어요. 연출 감독이 필드를 떠나는 경우는 크게 두 가지죠. 나의 현재 지위에서 더 큰 돈을 벌어야 하는데 시장 자체가 너무 작거나 느낄 경우, 또 하나는 이제 더 이상 크리에이티브로 안될 것 같을 때 또 그렇거든요. 짬밥 먹을수록 귀찮은 것들은 할 수가 없어요. 체력적으로 힘들고 밤새는 것도 젊을 때 새는 거지. 집에서도 걱정하고 그러다보면 모양새가 영 구려져. 스스로 멋있다고 생각이 안 드는 거죠. 그렇게 스스로 포기하게 되는 경우가 많아요. 그런데 부자 되고 싶은 생각도 없고, 내가 연출을 계속 잘한다면 누군가 계속 써 주겠죠. 정직하게 꾸준히 일하면 오래갈 수 있지 않을까?

그는 크리에이티브를 아이데이션하는 전략적인 방법을 알고 있다고 했다.

다 분석을 통해서 하기 때문에 나이가 먹을수록 뒤쳐질 것 같다는 생각은 안 한다.

경험이 쌓이니까 크리에이티브가 더 세질 수 있을 거라고 생각한다고 한다.

오, 놀라운 자신감.

이제 길을 내주어야 할 위치에 서 있는 그에게 해외 진출에 대한 생각을 물었다.

연출감독 정현철에게 관심을 갖는 해외 프로모터들이 있다는 자신감 넘치는 대답.

그는 기회가 된다면 얼마든지라고 한다.

자신의 첫 걸음이 후발주자들에게 길잡이가 될 것임으로.

한
이제는 본격적으로 일 이야기를 해 볼까요? 티켓이 안 팔리면 제작비를 줄이는 경우가 많은데요.
CJ도 그런 경우가 많지요?

정
그런 부분을 컨트롤 하는 사람이 나예요. 흥행이 안 되면 제작비를 줄여야죠.

한
본인도 공연을 좀 더 좋게 만들고 싶은 욕심이 많으실 것 같아요. 그런데 상황이 안 되고, 또 그걸 조정해야 되는 입장이고.

정
이 대목에서 이야기해야 되는 게, 우리나라의 연출감독에 대한 시각을 좀 바꿔 줄 필요가 있어요. 우리가 롤 모델로 삼는 외국 공연으로 마돈나의 공연이나 U2의 공연 같은 것이 있잖아요? 그런 공연의 연출가들은 자신의 머릿속에 있는 것을 전부 끄집어내서 표현하고도 투어 공연들을 하면서 수익을 보장할 수 있어요. 그런 공연은 국내 공연보다 훨씬 더 큰 매출과 투어 횟수로 움직이기 때문에, 연출 파트에 투여되는 제작비도 훨씬 더 많고 그 프로덕션 안에서 일하는 사람들도 정말 다양하게 많이 구성되어 있죠. 크리에이티브 디렉터가 따로 있고, 프로덕션 매니저가 따로 있고, 테크니컬 디렉터가 따로 있고 등등요. 워낙 규모 자체가 큰 투어들이고 각각 그 파트의 일만으로도 충분히 복잡하고 어렵기 때문에, 분담해서 일을 하는 게 더 효율적이라는 판단을 했을 거예요. 우리나라에서는 YG의 빅뱅 투어 정도가 그렇게 하고 있는데, 다른 대부분의 공연들은 그렇지 못해요. 연출 전반의 업무들을 연출감독 한 사람이 정리하는 경우가 많은데 그것은 아직 국내의 콘서트 규모가 해외의 그 공연들만큼 크지 않다는 것의 반증이기도 하죠. 그래서 이 포인트에서 말씀드리고 싶은 것이, 해외처럼 연출감독의 업무를 분업화하는 것이 논리적으로는 맞지만, 아직은 시기상조라는 거예요. 시장이 성장하여 때가 되면 자연스럽게 그렇게 되겠지만. 아직까지 국내 콘서트에서의 연출감독은 크리에이티브 디렉터이면서 동시에 제작감독 역할을 해 줘야 한다고 생각해요. 예산 컨트롤의 책임과 권한을 가지고 있으면서 그것에 맞는 적절하고 효율적인 크리에이티브를 만드는 역할이요. 그래서 그것으로서 연출도 잘 나오고, 아티스트와 매니지먼트 회사도 돈을 벌고, 공연기획사도 돈 벌어서 '아, 이 프로젝트가 패 괜찮았구나. 내용면에서나 수익면에서나 모두에게 도움이 되었구나. 다음번엔 더 큰 그림을 그려 보자'하는 비전을 찾아 주는 게 더 큰 역할이라고 생각해요. '나는 여기서 그림만 그릴거야. 돈 얘기는 다른 사람이랑 해.'라고 말하며 비용에 대한 책임을 지지 않거나 전가하는 건 좋은 연출의 자세가 아니라고 생각해요. 시장 규모가 커지면 그것에 맞추어 자연스럽게 분업화를 해야지 현재 시점에서 모든 공연을 그렇게 해야 한다는 것은 무리가 있다는 의견이에요.

한

그렇지만 감독님도 처음 연출할 때부터 그런 생각은 아니셨을 거예요. 어쨌든 본인이 생각하는 좋은 그림을 그리고 싶고 그런 게 있지 않으셨어요?

정

그랬죠. 그랬지만 워낙 기획사에서 트레이닝 받은 사람이라 예산에 딱딱 맞춰 하는 게 좋겠다는 생각을 하고. 그리고 가끔 기회가 와요. 예산이 큰 공연이거나 흥행을 목표로 한 공연이 아니어서 쭉쭉 지를 수 있는 공연. 그럴 땐 쓰죠. 시월에 눈 내리는 마을이나 김연아 아이스 쇼 같은 경우는 작품을 위해 돈을 좀 쓸 수 있는 환경이니까. 그런데 그 역시도 효율적으로 편성이 되어야 해요. 예를 들어, 좋은 공연을 위해서는 하드웨어 비용을 많이 쓰는 방법도 있지만, 프리 프로덕션 단계에 비용을 투자하는 것도 중요해요. 보통 아티스트가 기획 시작해서 예매 걸고 공연하는 게 짧게는 3개월 정도 걸려요. 그걸 6-7개월, 길게는 1년 이상까지 보고 그때부터 인력과 비용을 투자해서 계획을 만들어 줘야 공연의 질적 수준도 올라가고 브랜드로서 가치도 생기고 그렇죠. 사전 제작한 드라마가 잘 나오는 것처럼.

한

하지만 지금은 음반 활동도 그렇고, 콘서트도 그렇고 호흡이 워낙 짧으니까. 그리고 너무 금방 금방 바뀌니까 미리 준비하는 게 쉽지 않을 것 같아요. 기본적으로 자기 음악을 계속하고 있는 가수가 아니면 더더욱.

정

현재는 한계가 너무 많아요. 기본적으로 신보가 나온 게 아니면 연출을 짤 수가 없고. 당장 아이돌 그룹이 연습실에 콘서트 연습하러 모였어. 그럼, '저희 일주일 동안 잠을 못 잤어요.' 이런 얘기를 해요. 쉽게 해 주시면 안 될까요? 그냥 노래만 하면 안 될까요? 가사 프롬프트 해 주시면 안 돼요? 이런단 말이죠. 그게 다 총체적인 문제죠. 매니지먼트 쪽에서 정말 좋은 공연을 위해서 이런 부분에 대한 투자와 배려가 필요한데 아직은 많이 부족한 상황이에요.

한

그렇게 공들여서 함께 공연하고 싶은 가수가 있나요?

정

요즘에는 라이브 프로듀싱이라는 개념으로 접근하고 있어요. 단순하게 콘셉트나 포스터, 공연 타이틀 다 정해 놓고 일단 거기에서 출발해서 연출을 짜면 좋은 연출이 나오기 힘들어요. 더 전 단계. 기획 단계에서부터 전략을 세워서 너희가 이 단계에서 지금 이런 공연을 해야 되고, 이런 이미지를 가져가기 위해서는 이런 식으로 공연해야 되고, 대중들이 너희의 이런 이미지를 좋아하니, 이런 퍼포먼스를 보여 줘야 하고, 이런 노래를 해야 되는 거야. 이런 식으로 라이브 프로듀싱을 해야 돼요. 기획과 연출을 분리하지 않고 한 호흡으로 통합하는 거죠. 그래서 조용필, 빅뱅 이런 이름 있는 가수들과 작업하는 것보다 정말 이름 없는 가수들을 1,000석부터 시작하는 게 보람 있어요. 그래서 그들이 이렇게 이렇게 해서 체조경기장에서 공연하고, 월드 투어를 돌고 그랬는데 그거 누가 했니? 정현철이 그렇게 했지. 이게 더 보람 있는 일인 거죠. 우린 콘서트 연출감독의 비전을 그걸로 보고 있어요. 다른 공연 장르에 비해 콘서트 연출감독의 권한은 아직 덜 잡혀 있거든요. 이렇게 발전해서 나중에 음악 프로듀서 박진영, 방시혁처럼 라이브 프로듀서가 나타나는 것이 다음의 대안이 아닐까 생각하는 거죠. 실제로도 아티스트에게 수익을 제대로 가져다 주는 건 공연이에요. 음반은 일종의 프로모션이 되어 버렸죠. 라이브 프로듀싱으로 아티스트가 더 성장하고 더 큰 돈을 벌 수 있도록 키워 주는 역할을 해야 하는데, 지금 국내의 연출감독들은 라이브 프로듀싱 개념으로 접근하는 분들이 거의 없어요. 그래서 나는 그쪽에 대해 생각이 아주 많아요. 당장 B.A.P 같은 경우, 1,000석짜리 해외 쇼케이스부터 시작했어요. 말레이시아 가서 진짜 고생하고 성장해서 올해 해외 투어만 20여 개 도시를 돌았어요. 관람객이 거의 10만 명 정도. 하나의 프로덕션 세트를 짜고 1,000석으로 출발해서 이만큼 올라왔기 때문에 소속사에서도 만족도가 높아요. 응원도 많이 해 주시고. 서로 논의하며 같이 만들어가는 그런 호흡이 굉장히 좋아요. 이게 결국 라이브 프로듀서의 역할이라는 거죠. 지난번 투어할 때 리더 용국이한테, 우리가 해외 투어를 많이 도니까 'We are the World'같은, 모든 인류를 사랑한다는 메시지를 담은 곡을 하나 오글거리지 않게 잘 써 봐. 엔딩에 쓰면 좋겠다. 그 이야길 작년에 했거든요. 그걸 새겨듣고 그 노래를 만든 거예요. 앨범 맨 끝 곡으로 들어갔어. 'With You'라고, 그 누래를 항상 공연마다 앙코르 송으로 부르는 거야. 당신과 함께라면 행복해요, 사랑합니다. 이게 결국 라이브 프로듀서의 역할이라는 거지.

한

이게 CJ라서 가능한 거죠? 왜냐하면 일반적인 기획사들이나 인터파크만 해도 그런 장기적인 계획을 가지고 가는 게 쉽지 않겠죠.

정

어찌 보면 그렇죠. 저희는 일반적인 기획사보다는 긴 호흡으로 전략을 만들 수 있으니까요. 그래서 지금 이런 큰 구조에서 해 줘야죠. 그래서 우리 피디들은 우리가 기획사에 소속되어 있는 피디라는 걸 최대한 활용해야 돼요. 우리는 외주 연출감독과 다르게 더 많은 부분까지 정리해요. 이 시점에 이런 콘셉트의 공연을 이렇게 터뜨리고, 이런 내용이 여기서 들어가 주는 게 좋고, 이때쯤에 소극장을 하고. 이때쯤에 야외 공연을 하고. 이렇게 기획 파트와 연출 파트가 다 같이 모여서 논의를 하거든요. 거기서부터 시너지가 나오는 거죠. 프리랜서 감독들은 하나의 프로젝트에 대해서 충분히 생각하고 공연을 뽑아 낼 여력이 없는 경우가 많아요. 우리는 각 피디의 스케줄을 내가 정리하면서 강약을 주거든. 센 프로젝트를 하나 하면 그 다음은 약한 걸 주고, 그래서 연출감독이 하나의 프로젝트를 최소한 6개월 이상은 생각할 수 있게 만들어 주려고 애쓰고 있어요. 내가 팀장 된 지 1년밖에 안 됐고 아직 초반이지만, 이런 시스템이 5-6년 쌓이고 성공 모델을 만들어 내면 CJ도 덩달아 역량이 커지고 좋은 선례가 되겠지요.

한

이상적인 모델이네요. 그런데 그러한 좋은 사례를 만들기 위해서는 구성원들 간의 소통도 원활해야 할 것 같아요. 팀원들은 다 잘 따라와 줘요?

정

팀원들은 정말 좋아요. 나를 믿어 주고. 나도 더 잘하려고 노력하고. 그리고 커뮤니케이션은 연출감독에게 있어서 가장 기본적으로 갖추어야 할 것 중에 하나라고 나는 생각해요. 기획 파트나 다른 직업들 중에는 답이 똑똑 떨어지는 일이 있거든. 그런데 연출은 정말 상대적이에요. 절대적인 정답이 없고 사람들마다 평가하는 관점이 다 다르고. 심지어 나랑 친하면 좋은 연출이에요. "이 연출이 나랑 친해, 어땠어요?"하면 '아유, 좋았어요!' 이래. 그런데 연출감독이 의사소통을 잘 안 하고, 혼자 자기 작품 세계를 펼친다? 100% 저 연출 이상해, 이런 반응이 나와요. 소통은 기본이면서 가장 중요한 자질이에요.

한
본인은 잘하고 있다고 생각하세요?

정
진짜 잘하려고 노력하죠. 안 싸우고, 적 안 만들려고 노력하고. 어찌 보면 매 순간, 순간이 스트레스예요. 선배 연출감독들은 욕도 많이 하고, 권위 내세우고 그랬는데 그건 절대 아니라고 봐요. 카리스마는 필요하겠지만 온화하게, 모든 것을 다 안아 줄게. 다 들어와. 이게 맞아.
우선 우리 팀들부터 잘 챙기려고 해요. 그래야 내 미래가 있다고 생각하니까. 내가 마음 씀씀이가 착한 게 아니라 그거 다 전략적인 거예요. 팀원들이 느끼기에 내가 편해야 자기가 힘든 부분을 나한테 얘기하지, 내가 꼰대같이 행동하면 꾹 참고 있다가 "아, 정현철이랑 정말 일 못하겠어." 이러고 떨어져 나가면 안 좋잖아. 넘버원 피디는 그래야 해요. 넘버 투는 자기 일만 하면 돼. 넘버원 피디에게 나를 씹는 사람이 한 명이라도 있으면 그 순간부터 그 사람은 넘버 투가 되는 거예요. 나는 그렇게 생각해요.

한
어느 정도 위치에 올라가 있는 분들 보면 정말 적이 없어요. 어제 돌아섰어도 오늘 다시 가서 얘기할 수 있는 사이로 만들더라고요. 웬만하면 다 좋은 관계로 유지하고.

정
그렇게 하면서도 자기 의견도 있고, 중심도 있고 그런 사람들이 결국에 잘되는 사람들인 것 같아요. 예를 들어, DNA 연구하는 과학자라면, 실험실에 틀어박혀서 연구하고 결과물을 내면 되니까 완전 외곬이어도 상관없지. 그런데 우리 일은 정말 많은 사람들을 상대해야 하는 일이고, 정답이 없는 상대적인 일이기 때문에 일단 평판이 좋은 게 일 잘하는 사람이고 오래 가는 사람이에요. 그래서 내가 만날 노래처럼 얘기하는 게 공연계의 유재석이 되어야 한다는 거지. 누구도 나를 싫어하는 사람이 없게. 그래서 강하게 얘기를 할 때도 밉지 않게 하려고 하는 거고. 팀원들에게도 절대 인상 쓰지 말고, 싸우지 말라고 항상 이야기해요.

한
다시 콘서트 이야기로 돌아가서, 가수들과의 관계는 어떤지 궁금해요. 일반적으로 스태프들끼리는 동료애가 있어서 같은 회사 소속이 아니어도 상대방 입장을 헤아리는 부분이 있잖아요. 그런데 가수들은 또 다를 것 같아요. 가수들이랑 고집을 피운다거나 하는 문제로 싸우신 적은 없어요?

정
이제는 모르겠어요. 이제 내가 나이가 있어서 그런지 모르지만 아티스트들이 나보다 어리니까 처음에는 살짝 어려워하기도 하고요 그리고 의심하지 않아요. 저 사람이 일을 되게 못 할 거라는 생각을 안 하는 것 같아. 그래서 오히려 시간이 갈수록 일하기는 편해져요.

한
이제 시작하는 친구들은 그런데, 오래 하신 공연이 있잖아요. 신승훈, 스윗소로우, 시월에 눈 내리는 마을 같이 몇 년째, 여러 번 하는 공연들은 어때요? 여러 번 똑같은 거 해도 재밌어요? 그럴 땐 어떤 차별점을 두세요?

정
작년 11월에 다이나믹 듀오 콘서트를 우리 회사에서 했어요. 우리 팀 하정재 피디가 연출을 맡아서 했는데, 뒤풀이에 갔더니 그쪽 대표님이 연출감독이 굉장히 중요하다는 걸 느꼈다고 하시더라고요. 아티스트가 부르는 노래는 항상 같은데 어떤 그릇에 담느냐에 따라 공연이 달라진다는 느낌을 받았다고, 재해석되는 것 같은 느낌이 정말 좋았다고 하시는 거예요. 완전 감동이죠. 내가 생각하는 게 그런 거든.
연출감독이 노래 목록을 쭉 정해 두고, 여기는 이런 연출, 다음은 이런 연출이려면 좋은 연출이 나올 수가 없어. 일단 전체적인 전략을 짜야 해요. 이 공연을 왜 하는 건지, 이 공연에서 무엇을 보여 줘야 하는지, 이 공연을 통해서 무엇을 얻어가야 하는지부터 만들고 그렇게 정해진 콘셉트에 따라서 들어갈 곡을 정하고, 연출을 만들고 하면 절대 지루한 공연이 나오지 않아요.
일단 시월에 눈 내리는 마을 같은 경우는 콘셉트는 항상 같은데 출연하는 가수가 매번 바뀌니까 오히려 더 짜기 쉬웠고요. 신승훈 같은 경우에는 하이라이트로 갈 수 있는 곡들은 몇 곡 정해져 있기 때문에 나머지를 좀 색다르게 해서 콘셉트를 짜기 때문에 매년 같은 것도 다른 느낌으로 만들 수 있어요.

한
얼마 전에 B.A.P 콘서트를 보러 갔는데, 노래 딱 두 곡 알고 갔는데도 정말 재미있게 봤어요.

정
그 공연을 보면 콘셉트가 얼마나 중요한 지 알 수 있어요. 일단 큰 그림을 그려 놓으면 무한대로 짤 수 있어요. B.A.P 만해도 벌써 투어가 세 바퀴째야.

한
라이브 프로듀싱이 되니까 가능하다는 말씀이시죠? 공연을 보면서 드라마나 영화 같다는 생각이 많이 들었어요. 너무 존재감이 큰 가수들의 공연은 가수에 이끌려서 처음의 콘셉트와 다르게 산으로 막 가는 경우도 있잖아요. 그런데 이번 공연은 정해진 콘셉트에 따라 공연의 기승전결이 분명했다고 할까요.

정
내가 B.A.P 음악을 들으며 생각했던 것들이 이 친구들 공연은 스토리텔링이 있어야 하고, 그래서 공연의 메시지가 분명해야 하고, 그냥 좋은 공연이 아니라 무언가 의미를 얻어가야 하고 그래야 한다는 거였어요. B.A.P는 퍼포먼스 위주의 그룹이니까, 멘트는 줄이고 완전한 퍼포먼스 공연으로 집중해서 만들자. 그래서 다른 아이돌은 3~4시간씩 공연하는 팀도 있는데 B.A.P 콘서트는 거의 멘트 없이 진행하고 딱 1시간 40분하면 마지막 곡하고 앙코르하고 끝나요.
그래서 나는 이 친구들의 공연은 정말 재미있다는 입소문이 많이 나길 바라는 거예요. 실제로 공연을 본 사람들이 다시 찾아와서 규모가 점점 성장하는 게 보여요. 정말 기분 좋은 일이죠.

한
기술적으로 봤을 때, 최근에 가장 핫한 건 뭐예요? 콘서트 연출, 쇼 연출의 입장에서.

정
공연들이 점점 영상 위주로 가고 있어요. 그럴 수밖에 없는 게 영상 연출이 다양함을 표현하기에 가장 편리하고, 해외 공연이 많아지다 보니까 현지에서 조달할 수 있는 장비들 위주로 테크니컬 라이더를 짜 줘야 돼요. 악기, 영상, 구조물, 음향, 조명 등등을 모든 나라에 보편적으로 있는 것들을 위주로 짜기 때문에 투어는 주로 영상 위주로 힘을 줄 수밖에 없죠. 무대 세트 같은 것을 가지고 다니는 건 정말 어려우니까. 모든 장비를 다 싸들고 투어를 다니는 글로벌급 아티스트는 한 해에 10팀도 안 될 걸요.
영상 연출을 하는 게 조금 더 간편해지기도 해서, 영상에 돈을 많이 들이는 편이에요. LED가 많이 발달해서 효율도 좋고, 전기도 적게 먹고, 수명도 오래 가고, 싸기까지 하니까. 장비도 LED 덕에 많이 가벼워졌거든. 그럼 공중에 띄워서 회전시키고 그러기도 수월하니까. 레이저나 홀로그램 같은 특수 장비들도 많이 발전하고 있고, 연출의 측면에서 표현할 수 있는 것도 많아지고 있죠. 목재 세트는 줄고 영상과 장치 위주로 가는 것이 요즘 추세인 거 같아요.

한
이제부터는 조금 사적인 견해에 대해 들어 보는 시간을 갖겠습니다. 취미는 뭐예요? 굉장히 바쁘실 것 같은데, 여유 시간이 나면 하시는 일들이 있어요?

정
정말 바쁠 것 같지만, 사실 안 바빠요. 여유롭게 살아요. 기획 쪽 같은 경우는 쏟아지는 일들을 쳐내는 일이라면, 우리는 정해진 시간 내에 우리 스스로 어디까지 할 수 있을까를 실험하는 식의 일이에요. 이것도 10년 정도 되니까 힘을 줄 때와 뺄 때를 알거든. 팀원들에게도 매일 얘기하는 게 절대 밤새지 말라고 해요. 밤새 일하면 다음날 무너지거든. 그럼 그날은 일을 못 하는 거죠. 프로라면 완급 조절을 잘 해야죠.
취미는 특별한 건 없고, 집에 가면 자기 전에 한두 시간씩 인터넷 서핑을 해요. 10년 넘은 습관인데 새벽 3시에 들어가도 그걸 하고 자요. 개그콘서트도 보고 무한도전도 보고. 그렇게 입수한 최신 정보, 트렌드가 머릿속에 있다가 연출할 때 툭툭 튀어나와요. 연출자들은 그게 좋아서 그렇게 살아야 돼요. 공과 사를 구분하지 않고 생활 속에서 아이디어를 끊임없이 얻어야 한다고 생각해요. 나는 그게 진짜 재미있어. 쉬는 날에도 오랜만에 친구들 만나면 술 좀 먹고 하는 얘기가 '그땐 좋았지'야. 그것보다는 차라리 같은 일 하는 사람들 만나서 일 이야기 하는 게 낫지.

한
우리나라에서 잘한다, 인정할 수 있는 감독님은 있어요?

정
정말 멋지게 만드는 건 이윤신 감독님 같아요. 감성적이고 고상하고, 영상 같은 거 쓰는 거 싫어하셔서 심심하게 보일 수도 있는데 마지막에 꿍하고 올라오는 게 있거든요. 디자인 감각도 정말 무섭고요.

한
본인이 업계 몇 위 정도라고 생각하세요? 전체로 봐서 매기기 어렵다면 또래 연출들 중에서라도.

정
어느 척도로 보느냐에 따라 다르죠. 라이브 프로듀서의 개념으로 확장하면 그 일은 누구도 하고 있지 않으니까.

한
본인이 넘버원이다? 하하하.

정
연출감독으로 누가 더 크리에이티브하냐 붙으면 그건 질 수도 있어. 그렇지만 콘서트 제작 전반적인 것을 총괄하는 피디는 없으니까. 나는 정말 끝까지 평생 직업으로 연출 감독을 꿈꾸는 사람이기 때문에 당장 우리 팀원들보다 무조건 잘 만들어야 해요. 역시 정현철이 하는 연출이 뭔가 다르구나 하는 느낌을 줘야 그 친구들도 그걸 보면서 따라올 테니까.
차세대 주역은 이제 사양이에요. 이제는 주역이죠. 앞으로 책도 하나 쓸 계획이에요. 2016년쯤. 콘서트 쪽은 너무 없으니까 콘서트 연출 개론을 하나 만들려고요.

그가 했던 공연 중 스스로
첫 손가락에 꼽는 공연은 뭘까?
전부 다라고 대답하며 그는
'당시에는'이라는 단서를 달았다.
최고라고 자신했던 공연들이 시간이 지나면
그렇게 창피할 수 없다고 덧붙였다.
그런 그에게서 안주하지 않겠다는,
더 나아지겠다는 의지를 다시 한 번 보았다.
그는 자신이 가지고 있는 무수한 꿈과
꿈을 위한 그의 노력들에 대해 이야기했다.
'이제는 주역'인 그에게 미래의 주역 역시
기대하게 만드는 대목이었다.

이 사람을 보면
공연계의 미래와
나의 미래가 보인다!

05

진경환

새로움이 일상이 된,
B를 찾는 크리에이터 진경환.

Profile

진경환 – 72초 TV Creative Director

한양대학교 프랑스언어문화학과 졸업
브뤼셀 대학 공연예술학 석사(EU 문화교육부 선정 장학석사)
파리 8대학 공연예술학 무대연출 공동 석사

전) IN THE B Director

전) 공연기획사 Concerto Korea 연출제작피디

김창완 콘서트, 심수봉 디너쇼, 콘서트(국내/미주 투어), 박선주 콘서트 등 연출감독

리쌍, 오지은, 윤한, 윤건, 김거지, 에코브릿지, 성훈 외 뮤직비디오 연출 및 영상 제작

Video Concerto NO.1, Goldberg Machine:제목을 입력하세요, Tom & Jerry Night 외 기획, 연출, 제작

심수봉 디너쇼 & 콘서트(국내/미주 투어)

To Go or Not To Go.
공연계에서 성공하는 데 있어서 유학은 꼭 필요한 것인가?

유럽에서 공연 관련 석사를 2개나 따고 돌아온 진경환.
그는 유학이 꼭 필요하기도 하지만 필요 없다고도 말한다.
그리고 덧붙이길, 그가 유학을 통해 얻은 가장 큰 수확은 바로 '시각'과 '안목' 이란다.

넓어진 시각, 달라진 안목, 새로운 가치관
이런 것들이 그를 변화하게 했고, 그의 변화가 우리 공연계에도 신선한 바람을 일으키고 있다.

이색적이고 재미있는 다양한 시도로 최근 공연계에서 화제를 모으고 있는 공연 크리에이티브 그룹 IN THE B의 Director 진경환을 만났다.

새로운 무언가를 만들어 낸다는 것이 너무 즐겁다는 그.
그의 얼굴에는 왠지 모를 행복감이 느껴진다.
아니나 다를까. 행복지수가 너무 높은 삶을 살고 있다고 하니 그의 생각과 그의 삶이 너무 궁금해진다.

새로움이 일상이 된, B를 찾는 크리에이터 진경환

한

안녕하세요, 진경환 감독님. 이른 시간부터 이렇게 인터뷰에 응해 주셔서 정말 감사합니다.

진

하하하. 원래 세 시에 일어나지는 않는데, 어제는 늦게 잤어요. 아침에 자기 시작했거든요, 아침에. 평소에는 한 열한 시? 열 시에서 열한 시면 일어나요.

한

아무래도 딱 정해진 출퇴근 시간이 없으니 좀 자유로운 편이신가요? IN The B(이하 인더비) 분들 모두 좀 늦게 모이시는 편이세요?

진

때에 따라 달라요. 출퇴근 시간이 없다고 해서 자유롭고 여유로울 거라고 생각하시는 분들도 있는데 전혀 그렇지 않아요. 생각보다 그리고 보기보다 느슨하거나 놀고먹는 그런 곳이 아닙니다. 하하하!! 야간 작업도 엄청 많고요!

한

들리는 소문으로도 밤샘 작업이나 고된 작업들. 일종의 노가다 같은 작업도 많다고 들었어요. 대체 어떤 일을 하시기에 그런 고된 작업을 하시는지 인더비 소개 좀 해 주세요.

진

인더비가 어떤 회사인지 물어보신다면…. 저부터도 3년이 지났음에도 아직도 뭐하는 회사인지 정의 내리기가 쉽지 않다고 말할 수 있습니다. 하하! 농담이구요, 일반적인 공연기획사나 영상제작회사라기보다는 '공연 창작을 위한 예술 집단' 정도로 이해하시면 될 것 같아요. 영상 관련 일들도 상당 부분 하고 있어서 영상 회사로 오해하시는 경우도 있는데요, 그것보다는 좀 더 재미있는 일들을 만들어 내는 곳이에요. 덜 대중적이지만 좀 더 새로운 것을 실험하고 경험하는 그런 곳이에요.

한

인더비 이전에는 유학을 다녀오셨고, 그 이전에는 가장 대중적인 콘서트 연출을 주로 하셨잖아요. 몇 년 사이 어떻게 이렇게 변하게 되신 건지 궁금해요.

진

예전에는 그야말로 대중음악 공연에 관심이 많았었죠. '한국을 대표하는 공연을 만들겠다.' 뭐 이런 목표도 있었고. 그렇게 그 당시에 좋아서 하던 일이었는데 계속 공연을 하다보니까 특정한 뮤지션의 공연을 만들어 주는 일이 나에게 남는 것이 별로 없다는 생각이 들었어요. 이게 과연 30대가 되고 40대가 되고 50대가 될 때까지 꾸준히 해서 재미있는 일일까 하는 의문을 갖게 됐어요. 그리고 그때는 누구를 처음 만나면 그게 뮤지션이든, 세션이든, 기획사 사장님이든 너무너무 어려워서 그런 관계, 그런 만남이 불편한 거예요. 그들이 모두 정말 대단해 보일 때니까, 요즘 생각하면 사실 안 그럴 수도 있는데 그때는 그랬죠. 그래서 '아, 나는 이런 일을 할 사람이 아니구나' 모두들 하는 고민을 심각하게 하기도 했고요.

요즘에는 많이 편해졌어요. 나이도 그만큼 들고, 사람 만날 때 어렵게 대하지 않으니까 좋아하는 사람들이 생기고, 그런 사람들하고 뭔가 조그마한 거라도 같이 하고 얘기하고 부딪히는 게 정말 재미있어요. 하는 일에 비해서 그때보다 내가 나를 발현시킬 기회는 더 적어졌을 수도 있지만요.

한

정말 인간관계에 있어서 공연 끝나고 무언가 남기기가 쉬운 일은 아닌 거 같아요. 스태프들과는 끈끈하지만 아티스트들하고는 특히나 더 어렵겠죠.

진

어리고 열정도 있고 연출료도 싸니까 찾아 주시는 분들이 있었거든요. 그랬는데 한편으로 소모된다는 느낌이 드는 거예요. 지친다기보다 이렇게 계속하면 4, 50대엔 우울해지겠구나 싶었어요. 그래서 도피 차원에서 일본 유학을 준비했어요. 일본어 공부도 하고, 학교도 알아보고.

한

공연 관련된 학교였나요?

진

학교는 디자인 학교를 알아봤어요. 디자인 쪽으로 옮겨가려고 그런 건 아니고, 공연을 계속할 건데 오히려 그래픽디자인이나 다른 특기를 가지고 있으면 좋겠다는 생각을 여러 번 했거든요. 디자인은 옛날부터 해 보고 싶었기도 해서 디자인 학교를 알아보려고 했죠.

도피성이기도 했지만, 학교를 졸업한 것도 큰 이유 중 하나였던 것 같아요. 여름학기에 졸업하고 나니 무소속이 너무 빡세더라고요. 그래서 그때 이력서도 내봤어요. 하나는 회사에, 하나는 대학원에. 대학원은 떨어졌고, 회사는 "유니원"이라는 BTL회사였는데 합격을 했어요. 그런데 안 갔죠. 그즈음 합격 통지서가 하나 날아왔거든요. 그게 공연 실무 3년 이상 경력이 있는 사람 중에 불어 능력을 가지고 있는 학사 졸업자들이 지원할 수 있는 거였는데, 비유럽권 학생들에게 전액 장학금을 주고 공연 공부를 시켜 주는 대학원 프로그램이에요. 그해 새로 생긴 프로그램인데 아시아에서 딱 2명 뽑는 거였죠.

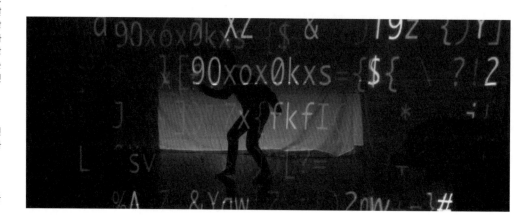

한
그렇게 지원이 빵빵한 프로그램에 뽑히시다니 훌륭한 인재였네요.

진
훌륭한 인재라기보다 첫 해라 지원자가 별로 없었어요. 불어를 해야 되는데, 불어 하는 사람이 흔치 않은 것도 행운이었고요. 지금은 워낙 사람이 많아져서, 한국 사람 잘 뽑지도 않고.

한
벨기에랑 프랑스에 가신 거잖아요. 두 나라 모두 불어권이긴 한데. 나라는 정할 수 있는 거였나요?

진
그런 줄 알았는데, 논문 주제에 따라서 지도해 주실 교수님이 있는 나라로 가는 거예요. 유럽 9개 학교에서 선생님들이 협의해서 만든 프로그램이라.

한
정말 좋은 프로그램이네요. 찾아보면 그런 것들이 있을 거예요, 우리가 잘 몰라서 그렇지. 그러면 그 프로그램을 권유받기 전까지는 특별히 공연 일을 위해서 유학을 가야겠다는 생각을 하신 건 아니네요?

진
그렇죠. 전혀 없었어요. 대학교 4학년 다닐 때, 프랑스 영화를 전공하신 교수님이 새로 오셨어요. 다른 분들은 전부 언어 전공이신데, 그분은 영화를 전공하셨고 젊으셔서 대화가 정말 잘 통했어요. 수업은 한 번 밖에 안 들었는데도, 홍대 앞에서 술도 같이 마시고 코드가 잘 맞았죠. 좋아하는 음악이나 영화, 공연도 취향이 비슷했거든요. 졸업하고는 못 뵈었는데, 어느 날 뜬금없이 연락을 주신 거예요. 이런 프로그램이 생겼는데, 생각 없냐고. 기가 막힌 타이밍이었죠.

한
가서 언어 문제는 없었어요?

진
엄청 있었죠. 생각해 보면, 옛날에는 꽤 소심한 성격이었는데 유학 생활 이후로 많이 바뀐 것 같아요. 이렇게 바뀌기까지, 유학 가서 6개월 정도 정말 힘든 과정이 있었어요. 언어적인 문제, 그리고 성격을 바꾸는 문제. 그때는 한국에 다시 와야 하나 말아야 하나 고민도 많았어요. 예술철학과 안에 공연 연출 전공이었어요. 대학원에서 자기 전공 이름은 스스로 정하면 되는 거니까. 그런

데 내가 생각했던 거랑 완전 다른 것을 배우는 거예요. 기본적으로 연극사는 알고 있어야 되고, 알고 있다는 전제 하에 시작하는 공부. 6개월 동안은 정말 수업 때 무슨 말을 하는지 몰랐어요. 연극에 대한 공부도 별도로 해야 했고. 언어도 안 되니까 따로 공부하고.

한
이성 친구를 사귀는 게 언어에서는 제일 빠른 길이라던데, 실력 발휘 좀 하시지 그러셨어요.

진
워낙 소심하니까. 나이가 좀 있는 상태에서 가서 무너지지는 않았는데, 무너질 것 같은 시점이 오더라고요. 그래서 다시 계획을 세웠어요. 처음 6개월은 언어 능력을 키우면서 학과 공부도 따라간다는 생각이었는데, 6개월이 다 되는 시점에서는 아, 이렇게는 승부가 안 나겠구나 하는 생각이 들었거든요. 그래서 패턴을 바꿨어요. 친구도 많이 사귀고, 성격도 확 바꾸고. 상황이 절박하니 그렇게 되더라고요. 공부하는 방법도 바꿨어요. 무조건 불어로 된 책을 보는 것보다 연극사 같은 것은 한국에서 책을 보내 달라고 해서 봤어요. 그리고 수업 시간에 가장 많이 다루는 현대에 관한 책들은 영어로 된 것으로 봤죠. 차라리 불어보다는 나으니까요.

앞이 보이지 않던 벨기에에서의 유학 생활에 서광이 비치기 시작했다.
한국어와 영어로 번역된 책들을 불어 책으로 바꿔 가는데 다시 6개월이 걸렸다.
그때의 그는 두세 시간을 자며 공부에 매달렸다.
예습을 하고, 수업을 듣고 다시 복습을 하는 생활. 끝없이 이어지는 시험에도 요령이 생겼다.
1년을 마무리하는 시점에 그는 친구들의 기립박수를 받았다.
친구도 없던 쭈글이 유학생이 재기 발랄한 국제적 인재로 거듭난 순간이었다.

진
1학년 때 1년치 논문을 절반 정도 써서 검사를 받는 시험이 있었어요. 그 결과에 따라 한국에 가느냐, 잔류하느냐의 문제가 걸려 있었죠. 브뤼셀에서 같이 공부한 40여 명 성적을 전부 발표하는 거예요, 강당에 모여서. A+ 우수 학생들부터 불러요. 그 다음 A, A- 이런 순서로. C+부터는 떨어져요. 그런데 B-로 붙었어요. 딱 커트라인이에요. 친구들이 전부 다 일어나서 박수쳐 줬어요. 그다음 1년은 파리에 교환학생의 개념으로 가서 파리에서 생활했고요. 그때부터는 좋았어요, 공부도 재미있고.

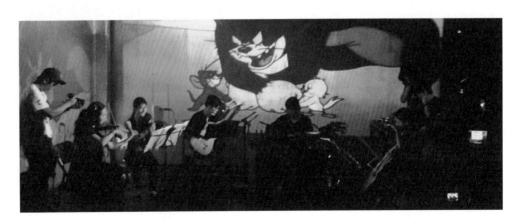

한
같은 공부를 계속하신 거예요. 파리에서도? 공연 연출 전공으로?
논문은 어떤 주제로 쓰셨어요?

진
같은 공부를 했죠. 논문 주제는 한국의 '굿'으로 잡았어요. 미학적
측면에서의 굿, 굿이 가지고 있는 공연성에 대해서 썼어요. 많이
다루었던 내용이기는 한데, 그 서너 해 전부터 '연극'이라는 말이
없어지고 공연예술과로 통합이 되면서 기존의 무용 전공하는 친
구들과도 전부 같은 수업을 듣는 과정으로 통폐합되었어요. 여러
관점에서 바라보는 각각의 시각들을 배울 수 있어서 정말 좋았어
요. 2년차는 수업이 없어요. 세미나 서너 개 참여하고, 논문을 준
비해요. 그러다 보니 거의 공연 보고 토론하고 그렇게 보냈어요.

한
논문을 쓰고 학위를 따면 이제 돌아와야 할 때가 된 건데요. 불안
하거나 한국에 돌아와서 할 일에 대해 걱정이 되지는 않으셨어요?

진
아뇨, 전혀요. 사고방식이 많이 바뀌어서 내가 좋아했던 것들에
대한 개념도 달라지고, 왜 좋아했는지도 알게 되었거든요. 그래
서 오히려 돌아와서 기대됐어요. 한국 가도 엄청 재미있겠다,
그런 기대가 생겼어요. 그게 유학 생활이 제게 준 엄청난 에너지
가 아닐까 해요.

한
그럼 지금부터는 유학의 장단점에 대해서 들어 보겠습니다. 공연
쪽 일을 하려다 보면 정말 고민되는 게 유학을 가는 것이 득이 되
는 일인지 잘 판단이 안 될 때가 많거든요. 왜냐하면 갔다 와서도
많이 헤매고, 가서 공부해 온 분야의 일보다는 한국에 왔을 때 아
는 사람이 많은 파트에서 일을 하는 경우들도 많고. 또 잘 적응하
지 못하는 친구들도 꽤 있고요.

진
저 같은 경우는 가기 전과 후가 많이 달라졌어요. 하지만 다녀오
고 나서의 생각은 누구에게나 꼭 필요하지는 않겠다는 생각이
에요. 폭넓은 사고를 하는 건 정말 중요한 일인데, 그 계기가 꼭
유학일 필요는 없거든요. 오히려 한국에서도 그런 기회가 많으
니까. 만약에 타이틀이 필요해서이거나 내가 더 빨리 팀장이 되
고 싶다거나 하는 이유라면 유학을 선택하는 건 정말 안 좋은 방
법이에요. 후회하거든요. 갔다 와도 별로 달라지는 게 없어서.
무언가 자신의 처지를 달라지게 하고 싶다면 새로운 것을 하거
나, 자기만 할 수 있는 것을 하는 건데 그건 한국에서도 얼마든지
가능하다고 봐요.

한
가능은 한데, 자극이 되긴 힘들어요. 새로운 데 가야 자극을 받으
니까.

진
자극이 필요하다면 유학이 좋은 방법이긴 해요. 그렇지만 굳이
지금 하는 일의 연장선상에서 전공을 선택할 필요는 없고요. 사
고의 폭을 넓히기 위해서는 조금 다른 접근이 좋을 것 같아요. 유
학을 가면 주로 선택하는 전공이 예술경영인데요. 그보다는 다른
분야에 대해 공부하러 가면 시각도 넓히고 훨씬 더 좋은 경험을
할 수 있다는 거죠.

한
예술경영을 요즘 워낙 많이 하니까. 차라리 가서 돌아오지 않으
면 괜찮은데, 우리나라에 돌아와서 무언가 하기에는 쉽지 않은
것 같아요. 굉장히 새로운 전문 분야이거나 오히려 크리에이티브
한 쪽이면 그래도 조금 나을 수 있을지 모르지만, 예술경영은 좀
애매해요.

진
어떻게 보면 예술경영이 학문적이지 않거든요. 연구할 만한 아이
템이 아니고 경영에 가까워요. 있는 것들을 분석해서 결과를 도
출해 내는. 그럴 바에는 인문학적인 접근이 가능한 학문을 선택
해서 유학을 가는 것이 예술적 안목을 높이고 스스로도 깊어질
수 있는 방법이라고 생각해요.

한
그런데 정작 본인은 유학 시절 스카우트 제의를 받았지요? 인더
비의 성지환 대표님이 직접 프랑스로 찾아갔다던데, 그 이야기
를 좀 해 주세요. 그 전에도 잘 알던 사이는 아니었던 것으로 알
고 있는데.

진
그건 저도 미스터리예요, 지금까지도. 심지어 제가 나가 있는 동
안 한국에서 놀러 온 사람은 정말 몇 명 안 되거든요. 잘 알지도
못하는 사람이 갑자기 온다고 했을 때, 어떤 기분이었더라. 하하
하. 남들이 생각하기에 굉장히 의외의 조합일 수 있는데, 사실 우
리는 정말 편하거든요. 그때도 그분이 그냥 온 게 아닐까, 별 뜻
없이 온 게 아닐까 생각해요.

한
프랑스에서 얼마 동안 같이 지내셨어요? 거기서 어떤 이야기 나누셨을지 궁금해요.

진
형이 프랑스에 왔던 때가 제가 논문 학기를 시작하기 직전의 늦여름, 초가을 즈음이에요. 2주를 와 있었는데, 2주 동안 매일 술을 먹었어요. 잠은 세 시간 정도 밖에 안 자고, 낮부터 공연보고 내가 거기에서 했던 생각들, 하고 싶은 것들에 대해서 형한테 많이 얘기했어요. 형이 그런 얘기들을 흥미롭게 생각했던 것 같아요. 지환 형은 제가 만난 사람 중 가장 특이한 사람입니다. 속을 알 수 없는 자 중 일인자예요. 정말 논리적이고 이성적인 사람이어서 같이 일할 때 최고로 편한 사람이고 감정이 복잡하고 하고 싶은 말을 다 해도 정말 사실(fact)만 딱 받아들이는 사람이죠. 개인적으로 정말 좋은 점이라고 생각하는 것은 뭔가 특별하고 재미난 걸 하고 싶어 하는 사람이라는 점이에요. 바로 그런 면에서 저랑 딱 맞아 떨어졌죠.

한
그럼, 두 분이 의기투합해서 이끌고 있는 인더비에 관한 이야기를 할 시간입니다. 일단 제목부터 심히 심오해요. 예전에 인더비 사이트에서 소개 글을 읽고 무슨 의미인지는 알겠다 싶었지만, 곧바로 왜 이렇게 어렵게 썼을까 하는 의문이 따라붙었거든요. 진행했던 공연들의 이름도 모두 영어고 읽기에도 좀 어려운 측면이 있는 것 같고요.

진
일단 인더비(IN The B)라는 것은 A라는 아주 일반적인 것보다는 B라는 새로운 것에 주목하자는 의미를 담고 있어요. 이렇게 새로운 것들에 주목하고 그것을 다루는 집단이다 보니, 기존의 방법으로 설명하기가 쉽지 않더라고요. 소개 글에 영어로 적은 것이 저희 나름대로는 아주 쉽게 풀어서 쓴 거예요. 또한 공연 제목들이 영어인 이유는 해외 시장을 어느 정도 겨냥한 것입니다. 아무래도 전위적인 형태의 공연들은 한국에서 보다 해외에서 좀 더 거부감 없이 시작할 수 있기 때문이죠.

한
사람들이 인더비 뭐야, 영상 회사야? 하는 반응들을 많이 해요. 초반에 했던 작업들이 뮤직비디오가 많았고, 지금도 영상 작업들을 꾸준히 하고 계시는데요. 영상을 전공하지는 않으셨잖아요?

진
물론 영상을 전공하지는 않았습니다. 인더비의 첫 번째 프로젝트가 개업식 날 했던 "아날로그를 위한 비디오 콘체르토"예요. 진짜 보잘 것 없는 5분짜리 공연인데, '저게 뭐야, 저거 어쩌라고' 생각하실 수 있어요. 하지만 저는 그 안에 엄청난 게 숨어 있다고 생각해요. 우리가 뭘 하고 싶은지, 어떤 가능성이 그 안에 담겨 있는지를 충분히 볼 수 있는 공연이거든요. 여기까지 오면서 배울 것이 정말 많았고 공부해야 할 것도 많았는데, 그 과정에서 공부만 할 수 없어서 했던 작업들이 우리를 영상 회사로 보이게 하지 않았나 생각해요.

한
초반의 영상 작업들 이후에는 계속해서 인더비만의 공연을 펼치고 계시죠. 그러면서 이제야 조금씩 인더비라는 곳에 대해서 외부에서도 감을 잡아가는 것 같아요. 내부적으로는 어떠세요?

진
더디지만 내부적으로 갖고 있는 목표에는 조금씩 다가가고 있어요. 상업적으로는 정말 망하는 공연도 있었지만 그것조차도 버릴 것이 없다는 게 저희들 생각이에요. 저희가 과정을 중요하게 여기거든요. 일할 때 가능하면 공동 작업으로 하려고 하고, 그러다 보니 시간도 오래 걸리고 효율성도 다소 떨어지고. 그런데 그렇게 토론하는 것 자체가 효율성을 따지는 것이 무의미하다고 여기기 때문에 가능한 거거든요. 우리가 하려고 하는 게 원지 대화하면서 공부하고 나은 방향을 찾는 과정이 중요하다고 생각하니까.

한
그렇게 만들어낸 작품들이 정말 궁금해지는 대목인데요. 최근에 LG아트센터에서 공연을 하셨죠? 어떤 공연이었나요?

진
인더비의 광장히 중요한 시점에서 한 공연이에요. 많이 발전했다는 것을 보여 주면서도 다 보여 주지 않은 공연이었죠. 박종훈 선생님과 함께 "비디오 콘체르토 NO. 1"을 LG아트센터에서 했어요. 작년에 경기도문화의전당에서 첫 공연 이후 두 번째 만남이에요. 박종훈 선생님은 장르의 경계를 넘나들며 자유롭게 활동하시기로 유명한 피아니스트예요. 최근에 드라마에도 나오셨는데, 보셨죠? 어떤 분야든 정확하게 포지션을 가지고 승부를 하시는 분이죠. 제목에서도 짐작하시겠지만, 클래식과 비디오아트 혹은 비디오 테크놀로지의 협연이라고 할 수 있는 공연이에요. 시각과 청각을 동시에 만족시키고 싶었죠. 클래식 음악에 반응해서 영상이 구현되고, 음악은 대부분 영상을 모티프로 편곡하고. 뭐가 더 우선이 아닌 서로가 균형감 있게 구현되어서 음악과 영상이 대등한 위치가 되는 새로운 예술을 만들어 보자 했던 거예요. 아쉬움이 좀 남기도 하지만 그래도 계속 발전시켜서 앞으로도 선보일 계획이에요.

한
영상 회사는 아니라고 하시지만 어쨌든 영상과의 접목을 끊임없이 시도하시는 걸로 보여요.

진
인더비가 나아가고 있는 어떤 방향 중의 하나예요. 미디어가 얼마나 공연에 파급력을 가지고 있는가에 대한 궁금증에서 시작한 거죠. 미디어를 공연에 직접적으로 사용했을 때 나오는 이미지의 강렬함 때문에 생기는 것들에 대한 매력, 그렇지만 그것과 다른 것들과의 관계성. 예를 들면 비디오와 아날로그 콘텐츠가 어떤 관계를 갖고 있고, 얘들을 서로 어느 정도 저울질을 해 줘야 우리가 못 느꼈던 새로운 것을 느낄 수 있을까. 그런 측면에서 〈비디오 콘체르토 NO. 1〉 이런 공연도 하게 되었던 거죠.

한
그 밖의 다른 공연들에 대해서도 좀 소개를 해 주세요.

진
모든 공연에 다 공들이고 힘 쏟고 있지만 저를 가장 살 빠지게 했던 작업은 〈TOM AND JERRY NIGHT〉이에요. 만화영화 톰과 제리를 모티브로 한 건데 공연과 전시 각종 번잡한 소동으로 진행되는 파티예요. 사실은 어느 술자리에서 즉흥적으로 이야기가 나와서 진행된 거예요. 느낌이 딱 왔거든요. 그런데 연주자들 찾기가 쉽지 않았어요. 클래식 악기로 만화 영화에 어울리게 편곡된 전자 음악 곡을 연주하는 게 가장 어려운 일이었죠. 클래식계에서는 자주 일어나는 일은 아니거든요. 다행히 주변에 아는 분 소개로 클래식 연주자인 피예나라는 바이올리니스트를 만나서 우여곡절 끝에 멋진 파티를 만들게 되었습니다. 재미있는 것은 예나 씨는 이 공연 이후에 인더비의 멤버가 되어서 함께 다른 공연들도 만들어가고 있다는 사실이죠. 인더비의 음악감독이라고 생각하시면 되겠네요. 올해의 〈TOM AND JERRY NIGHT〉도 현재 준비 중인데요, 이번에 인더비는 좀 더 기획에 초점을 맞추고 타 뮤지션과 디자이너들과 다양하게 협업해서 더 재미있게 만들어 보려고요. 이번에는 살 좀 덜 빠지겠죠. 하하!

한
정말 작품 하나 작업 하나, 어느 것 하나 쉬운 게 없는 것 같아요. 특히 전에 없는 것을 만든다는 것은 더 어려운 일인 것 같아요. 얼마 전에는 인더비 구성원들이 직접 무대에 올라가서 배우 역할까지 했다고 들었어요.

진
〈골드 버그 머신〉이라는 공연인데요, 일종의 연극이에요. 제 생각에는 지금까지의 인더비의 공연 중 가장 종합적인 공연인 것 같아요. 저희들이 했던 여러 가지 작업들을 한 번에 보여 줄 수 있는 형태가 결국 연극이라고요. 사실 이건 저희가 단 2주 만에 작업해 낸 기적의 작품이에요. 하하. 무대 위의 규칙이 철저히 무시되고, 그러한 방향적 규칙 파괴가 도미노처럼 연결되면서 새로운 것을 만드는 거예요. 예를 들면 무용수들이 음악에 맞추어 춤을 추고 있을 때 백스테이지의 스태프들이 모두 무대 안으로 들어오면서 공연이 시작되는 거죠. 무대라는 공간을 바라보는 우리의 시선을 보여 주려는 시도였어요.

한
음. 여전히 알 것 같으면서도 어려운 게 인더비의 작품인가 봐요. 눈으로 봐야만 이해가 더 잘 될 것 같아요. 그렇다면 인더비가 작업할 때에 가장 중요하게 생각하는 것. 혹은 하고 싶은 공연의 방향 같은 것은 무엇인지 궁금하네요.

진
연출가의 시대가 100년이 됐고, 이제는 반연출, 즉 연출이 필요 없는 시대가 이제 온다고 해요. 그렇다면 그것이 과연 무엇이겠는가에 대한 답을 구하기 위해 여러 가지 실험을 계속하고 있어요. 그렇게 하는 다채로운 시도들을 보면 흥분되고, 지루하지도 않고, 거기에서 새로운 우리만의 카테고리를 만들고 싶어져요. 그래서 앞으로도 일상성을 가지고 있는 어떤 무언가를 계속하고 싶어요. 여러 가지 자료도 많이 찾아보고 그러다 보면 그런 공연들이 정말 좋은데, 어떤 것들은 공연이 아닌 것들이 있어요. 그런 것들을 좋아하는 이유를 곰곰이 생각해 보는데요, 그게 새로운 자극이 되기 때문인 것 같아요. 예를 들면, 이제 그런 경쟁이 있잖아요. 휴대폰이 나올 때 사람들이 어떤 휴대폰을 좋아할까? 디자인이 예쁜 것. 이런 기준은 이미 있는 거고, 그런 데서 경쟁하는 것보다 아예 기준이 없는 무언가 새로운 것을 내놓는 것으로 경쟁해 보고 싶은 거예요. 어렵기는 하지만 정말 재미있겠죠? 그게 세상에 나왔을 때 100명의 사람들 중 5명의 사람들을 잠 못 들게 한다면 그건 분명 무언가가 있는거든요. 저는 공연을 엄청나게 큰 개념이라고 생각하기 때문에 공연 안에서 '무언가'를 만들어보고 싶은 거예요.

한
여전히 어렵지만, 참 크고 아름다운 포부라는 건 인정. 그럼 최근에 가장 본인을 잠 못 이루게 한 건 뭐예요?

진
아, 요즘에 제가 좋아하는 팀 중에 독일의 리미니 프로토콜(Rimini Protokoll, 독일의 실험극 단체)이라는 집단이 있어요. 그들도 스스로를 정의하지 못해요. 일상적인 것들을 공연으로 치환하는 전위적인 팀이에요. 오래 전부터 공연의 대본, 즉 텍스트가 가진 힘이 너무 컸기 때문에 19세기에 들어와서 그것들을 정리하고 새로운 생각을 집어넣는 개념으로 연출이 생겼다면, 그들은 대본도 연출도 없는 반연출의 시스템을 가지고 활동해요. 도시 프로젝트라는 개념으로 최근 2년 동안 〈100%-City 시리즈〉를 했는데, 올해 초 광주를 소재로 했어요. 〈100% 광주〉라는 공연을 광주에서 하고, 서울에서도 했죠.
재미있는 것은 이들이 통계를 가지고 이 공연을 한다는 점이에요. 통계는 숫자잖아요? 숫자를 가지고 일상을 아주 아름답게 보여 주는 거예요. 이번 광주 공연에서도 광주시민 150만 명을 통계학적으로 분석해 100명을 선정해서 무대에 서도록 했어요. 다양한 연령의 출연자가 허구와 팩트의 경계를 넘나들며 이야기를 들려 주는 거죠. 새로운 형태이지만, 공연이 쉽고 재미있어서 대중들이 쉽게 받아들일 수 있다는 것이 가장 큰 매력이에요. 그런 면에서 엄청 상업적이기도 하고.

한
그렇다면 그건 인더비가 추구하는 바이기도 할 것 같은데요? 특별한 콘텐츠로 그런 힘을 갖는 것. 지금 준비하고 계신 건 없어요, 콘텐츠를 제작하는 작업?

진
지금 시트콤을 준비하고 있어요. 어떤 시트콤인가 하면, 나도 궁금해요. 하하하. 굳이 얘기하자면 새로운 형태의 영상 콘텐츠예요. 인더비의 프로젝트 중 유일하게 공연 프로젝트가 아닌 비디오 프로젝트입니다. 그러다 보니 여기서도 우리 구성원들이 배우의 역할을 하기도 그래요. 우리 중에 제가 제일 많은 역할을 하고 있고요. 이를 테면, 새로운 형태의 아주 짧은 드라마예요. 시트콤이라는 건, 그냥 붙인 이름이고. 한 시간 이상의 분량을 제대로 찍지만 1분 30초 정도로 편집할 계획이에요. 지루하지 않아야 하고, 지하철 같은 데서도 집중해서 볼 수 있는 시간. 상업적인 능력을 지닌 콘텐츠라고 할 수 있죠. 여기까지만 말씀드릴게요! 극비니까. 그리고 6월 말에 신작 〈IT'S NOT A CINEMA〉도 올릴 예정입니다. 이것도 연극 작업이라고 할 수 있는데요, 대학로의 연극과는 확실히 다른 남들이 하지 않는 영역의 작품이에요. 요즘 제가 가장 애착을 갖고 있는 작품이기도 하구요. 무대 위에서 실시간 촬영하며 영화로 상영하는 작품이에요. 감이 오시나요? 진짜 재미있겠죠?

■

골드 버그 머신.
연쇄 반응에 기반을 둔 지극히 아날로그적인 이 기계를 소재로 인더비는 공연이란 무엇인가라는 화두를 던졌다. 그제야 사람들은 그들의 정체에 대해 조금 알게 되었다. 인더비는 이제 그들이 만들어 낸 이 새로운 콘텐츠를 세계 무대에 펼치기 위한 꿈을 꾼다.
신선함이 무기인 이들의 생산품에 잠 못 이뤘다는 고백이 많았다고 이야기하며 진경환의 목소리가 한층 높아졌다. 인터뷰 내내 현재 자신의 행복함과 일하는 즐거움에 대해 거듭 밝혔던 그의 진심으로 말미암아 우리 공연계의 희망적인 앞날을 목도하게 되는 기쁜 순간이었다.

06

신영권

공연계의 멀티 플레이어
신영권이 만드는 백스테이저 월드

Profile

신영권 – 공연기획사 블루섬머린 대표 겸 총괄 프로듀서

평택대학교 지역개발학과 졸업

공연예술스태프 멀티숍 백스테이지 대표
대학연합 문화마케팅 스터디 모임 컬처유니버 3대 대표
전) 삐따기의 공연기획 이야기 "백스테이저닷컴" 운영자
전) 글로벌 이엠지 공연기획 팀장
전) ㈜코엑스 공연. 이벤트 프로듀서
전) NER엔터테인먼트 공연사업부 프로듀서
전) 트루라이브 공연사업부 총괄프로듀서 / 이사

공연계의 멀티 플레이어
신영권

한때는 공연 입문자들의 길잡이 역할을 해 준 커뮤니티의 운영자였으며,
여전히 현장을 누비는 무대감독, 제작감독, 연출감독이고
지금은 공연 스태프를 위한 멀티숍을 운영하고 있다.

현장 일뿐 아니라 그 현장을 만들어 가는 사람을 위한 일들에도 푹 빠져 있는 그.
어떻게 그런 일들에 재미를 느끼게 되었는지
공연계에서 남들과 다르게 살아가고 있는 것은 어떤 의미일지 궁금했다.

공연 스태프를 위한 장비들이 가득한 백스테이지 매장에서 그를 만났다.
그는 그저 자기가 지금 당장 꽂힌 일에 몰두했을 뿐이라고 말한다.
그러나 "공연 일을 하고 있는 우리 모두가 전문가다."라고 말하는 그에게서
공연에 대한, 공연 일을 하는 우리들에 대한 애정과 자부심을 감출 수는 없었다.

공연계의 멀티 플레이어
신영권이 만드는 백스테이저 월드

한
인터뷰에 응해 주셔서 고맙습니다. 이건 감사의 의미로 준비한 선물이에요.

신
어? 이런 것까지…. 선물 받는 게 어색해서 안 주고 안 받는데. 하하하.

한
편샵에서 고른 거예요. 핀아트라고.

신
편샵 갔었어요? 나도 내일 가는데. 음, 원래 말 안하려고 했는데 제가 액션 피규어를 수집하잖아요. 얼마 전에 하나가 떨어져서 부서졌어요. 그래서 이걸 잘 보관할 수 있는 방법이 뭐가 있을까 찾다가 큐비스토라고 일본에서 만든 일종의 3D 액자를 발견했어요. 이걸 보고 우와 하고 꽂힌 거죠. 그래서 우리나라에 찾아보니까 없는 거예요. 바로 그쪽으로 연락을 했죠. 나 이거 우리나라에 독점 주면 한 번 팔아 볼게. 그랬더니 그래 팔아 봐. 한 거예요. 그래서 독점 계약이 됐어요. 한국에서는 나 밖에 못 팔아 이거를. 그래서 2,500만 원어치를 수입했어요, 무모하게.

한
와, 진짜요? 바로 돈을 갖다 부으셨네! 대상이 한정적일 텐데 잘 팔려요?

신
안 팔려요. 반응은 좋은데 실구매자가 없어요. 그래서 마지막 붙잡는 심정으로 편샵에 연락을 했어요. MD담당하는 총괄 팀장이 어, 이거 되게 좋은데? 우리가 사면 안 돼요? 그래서 어, 다 사. 오늘 오후에 용달차가 와서 다 싣고 갔어요. 내일 출시해요. 그래서 편샵에 가요.

한
잘됐다. 한꺼번에 넘기셨네. 후련하시겠어요. 앓던 이 뽑은 느낌일 거 아니에요. 딱 편샵에 있을 법한 아이템이긴 해요. 그나저나 뭐에 그렇게 꽂히시면 일단 지르고 보는 스타일이신가 봐요. 백스테이지(공연 스태프들을 위한 멀티숍)도 이렇게 시작하신 거 아니에요?

신
왜 아니에요. 백스테이지도 처음에 딱 이 수준이었어요. 2주 생각하고 한 달 동안 쇼핑몰 만들어서 그냥 오픈해 버렸죠. 사람들 반응이 7:3 정도? 일곱 명이 망한다고 했어요. 세 명 정도만 괜찮다, 신선하다, 우리한테 정말 좋은 매장이 될 것 같다 했고. 근데 역시나! 정말 망할 뻔 했죠. 특히 처음 한 달 반은 안 팔리는 거야. 그나마 그때 돈이 좀 있었어요. 여윳돈이 있어서 망하지 않고 망할 뻔만 했죠.

한
그게 다 공연해서 버신 돈이에요?

신
네. 얘기하자면 좀 긴데. 코엑스 있을 때예요. 공연기획팀에서 근무를 했는데, 어느 날 정부 혁신 포럼이라고 노무현 대통령 때 정말 큰 행사를 코엑스 전체를 빌려서 일주일간 열었어요. 일주일 행사인데 대통령이 세 번이나 오고, 총리는 매일 오고 그러니까 컨벤션 쪽의 환영 만찬 같은 것을 기획하고 연출하는 일을 처음 맡게 된 거예요. 그때까지만 해도 이벤트 행사에 들어가는 공연들은 대부분 기존에 있는 공연들을 가져다가 똑같은 레퍼토리로 진행하고 그랬는데, 우리는 그렇게 하지 않았어요. 별도의 콘셉트를 기획하고 연습실 빌려서 연습을 시키고 하니까 결과물이 좋게 나온 거예요. 그래서 그때부터 일이 늘어난 거죠.
코엑스 그만 두고 나서도 한동안은 콘서트 제작 못하고 행사에만 따라다닌 적이 있었어요. 그쪽이 좋은 게 자금적인 면에서 여유가 있어요. 수익이 아주 안정적이에요. 그래서 "아, 나, 이거 오래 하면 안 되겠다. 공연기획자인데 행사 연출가로 전락하겠구나."싶기도 했어요. 그래서 딱 두 개 회사만 하기로 한 거죠. 코엑스 컨벤션 팀이랑, 이오컨벡스라고 업계 5위 정도 하는 회사예요. 거기서 G20을 같이 하게 된 거죠.

한
G20이면 정말 큰 행사 아니에요?

신
사람들이 G20이 정상회의만 있는 줄 아는데 차관회의, 장관회의, 정상회의 이렇게 진행돼요. 장관급 회의 한 번 하는 데에만 예산이 50억이에요. 솔직히 G20이 그렇게 큰 행사는 아닌데, 우리나라 정부에서 홍보 차원에서 크게 했던 것 같아요. 그 회의가 1월부터 7월, 8월, 9월, 12월까지 죽 이어지는데 1월 행사부터 입찰에 참가했죠. 프레젠테이션도 파워포인트로 그냥 하는 게 아니라 영상을 만들어서 성우 데려다 녹음시키고 했더니 인천에서 하는 행사가 됐네? 그래서 행사를 하는데 처음하다 보니까 매뉴얼대로 가는 게 하나도 없었어요.

정부에서도 5급 사무관들 중에 엘리트들만 내려 보냈을 거 아니에요? 그 사람들이 완전 빠쳐 가지고 그랬는데, 제일 마지막 공연이 대박난 거예요. 김안식 작가님이라고, 서예로 드로잉 하시는 분인데 가야금으로 비틀즈 노래를 연주하면서 서예 퍼포먼스를 했어요. 끝났는데 조용한 거예요. 차관 행사였는데, 차관들이 다 일어나서 기립박수를 쳤어요. 나는 진짜 행사에서 그런 박수 나오는 거 처음 알았어요. 그 덕에 행사 전체가 편안해졌어요. 그거 하나로 다 무마되고 깔끔하게 끝났어요. 공연의 중요성을 증명한 행사였죠. 그 다음이 부산이었는데, 부산은 우리가 안 됐어요.

그런데 공연이 엉망이었던 거지. 그래서 다시 광주는 너희가 맡아, 이렇게 됐어요. 광주에 가니까 인프라가 너무 없어요. 마땅한 호텔도 없고 그래서 만찬 할 장소를 구하느라 2박 3일을 뒤집고 다녔어요. 그러다 500년 된 한옥을 찾았는데, 사장님이 지역 유지세요. "저희가 G20를 준비하는데 공간을 좀 빌렸으면 합니다. 장소 빌리는 데 얼마 정도 드리면 될까요?" 했더니, 100만 원 말씀하시는 거예요. 하하하. 사장님은 G20이 뭔지도 몰랐던 거야. 그래서 하기로 했는데, 3일 뒤에 전남경찰청장이 오더래요. 또 한 3일 후에 국정원에서도 온다고 하고. 그때서야 이 행사가 장난이 아니구나 느끼는 거지. 그 사장님이 전부터 불만이, 이 건물이 문화재로서의 가치가 있는 건물인데, 광주에서 관심이 없다는 거예요. 오래된 좋은 한옥인데. 보통 행사하면 트러스 올리고 이러는데 우리는 아무것도 안 했어요. 그냥 한옥에다 조명 주고, 스피커도 다 숨기고, 되도록 인공적인 건 다 없애고 자연스럽게 있는 그대로 보여 줬어요. 행사 잘 끝나고 그 자리에 참석했던 광주시장님이 우리 지역에 이렇게 좋은 곳이 있었냐고 하면서 거기도 잘 풀려서 사장님이 저를 매우 좋아하세요. 지금 가도 무조건 무료로 재워 주고. 그래서 그 다음 경주까지 세 군데 행사 공연을 제작, 연출해서 1억 8천 정도 벌었어요. 순수익만.

한
한
이햐, 엄청나네요. 블루섬머린으로 하신 일이죠?

신
네. 그래서 직원들 모아 놓고 "미국에 가자. 우리 라스베이거스 가 보자." 직원 중에 한 명이 교포여서 친구네 집, 어머니 댁에서 자고 딱 비행기 값이랑 공연 볼 돈만 가지고 갔어요. 1인당 100만 원어치 이상의 공연들을 보고 비행기를 타러 LA로 갔는데, 거기에 회계사 하는 후배가 있어요. 그 친구가 "형, 죽이는 데 데려다 줄게." 해서 따라갔는데, 거기가 '홈데코'라고 우리나라 들어와 있는 코스트코 이런 데의 네 다섯 배 정도 되는 매장인데요. 진짜 거짓말 안 하고 돈만 있으면 맨 몸으로 집을 지을 수 있어요. 그 안에 모든 게 다 있어. 심지어 지게차가 다니면서 목재 팔고, 픽업 트럭이 들어와서 그대로 싣고 나가면서 계산하고, 바닥에 까는 양탄자도 자기가 원하는 대로 이만한 칼로 쫙 잘라서 팔고. 음향 장비랑 조명 장비만 안 팔지, 우리 무대 스태프들에게 필요한 공구도 다 있는 거예요.
"와 죽인다, 여기. 정말 좋다." 그랬더니 "형, 또 따라와." 하더니 또 한 군데 데리고 갔는데, 할리우드 근처에 영화 스태프를 위한 숍이었어요. 스티븐 스필버그가 젊었을 때 방문했던 사진도 있고, 4-50년 전에 일했던 영화 스태프 흑백 사진 있고. 이게 사업이 되니까 이렇게 이것만 팔아서도 되는구나. 거기서 더티리거(Dirty Rigger)라고 영국 브랜드 장갑 한 켤레 사왔어요.
그리고 한국에 돌아왔는데, 1월이니까 1, 2월은 비수기잖아요. 그때 이제 생각을 하기 시작한 거죠. 우리나라에서도 될까? 안 될까? 주변에도 물어보고 우리나라에도 이런 거 하는 놈들이 있나 찾아봤는데 대학로에 정말 작은 규모의 가게가 있더라고요. 못이랑 본드 같은 것 파는. 내가 하면 여기는 제쳐 놔도 되겠다 하는 자신감이 생기더라고요. 그래서 과연 스태프들에게 뭐가 씰뇨할까에 대해 ㅇ쿠ㄹ 기답ㅎ시ㅣ 00기지 팁도 제품을 가지고 오픈을 했어요. 블루섬머린이 2009년 7월 16일에 오픈했어요. 기억하기 쉬우라고 백스테이지는 2011년 7월 16일에 열었죠. 일단 온라인으로.

한
한
그리고 망할 뻔 했던 시기가 바로 이어졌던 거죠? 어떻게 극복하셨어요?

신
마지막 마케팅 비용 150만 원을 가지고 전단을 만들었어요. 마지막 보루다, 이거 안 되면 끝내자 하는 심정으로. 초기 투자 비용이 3,000만 원 정도였거든요. 그때까지 돈 여유가 있었으니까 안 되면 3000만 원 버렸다 생각하자 그런 거죠. 그러면서 만든 전단을 전국에 있는 소극장이고 대극장이고 할 것 없이 공연장, 문화예술회관 2000군데에 우편으로 보냈어요. 그랬더니 딱 2주 후부터 전화가 쇄도하기 시작했어요.

한
한
진짜 기분 좋았겠어요. 오히려 지방이 이런 거 구하기가 쉽지 않았을 테니까. 뒤늦게나마 타깃을 잘 찾으신 거네요.

신
저는 시작할 때 음향회사, 조명회사 스태프들만 생각했는데 그게 아니었던 거예요. 여쭤 보니까 지방 스태프들은 청계천에 있는 철물점, 공구상 같은 데 사장님을 한 명 딱 잡는대요. 그 사장님한테 다 사달라고 하는 거죠. 그런데 그분들은 무대에 대해서는 잘 모르시니까 무광 면 테이프가 필요한데, 그냥 유광 테이프로. 테이프가 똑같겠지 하면서. 그래서 짜증나는 일이 많았는데, 이런 매장이 있다고 하니까 되게 환영하면서 주문들이 쭉쭉 들어오기 시작했죠. 그때가 8월 중순, 9월 초 그랬는데 9월, 10월, 11월, 12월 4개월에 매출이 6,000만 원을 찍더라고요.
그리고 다시 비수기잖아요. 1, 2월이 왔어요. 한 번 팔아 보니 처음 시작했던 80가지 제품 말고 어떤 것들이 필요하겠구나, 알게 됐어요. 두 달 동안 겁나게 연구해서 제품군을 두 배로 넓혔어요. 그러면서 매출은 계속 쭉 오르고.

한
지방 공연장의 스태프들 외에도 주 고객층이 있어요? 종교 단체 같은 곳에서도 행사하면 요즘 크게 하잖아요. 주경기장도 빌리고.

신
교회 행사가 크죠. 요즘 교회는 거의 공연장이에요. 절에서는 잘 안하고, 천주교 같은 경우는 성당 자체도 교회 건축이라고 그래서 지을 때부터 생음악이 잘 들리게 지으니까 스피커 이런 걸 많이 안 쓰는데, 요즘 대형 교회 같은 데는 현대식으로 많이 지으니까 음향이나 조명 같은 거 많이 써요. 음향, 조명 담당하는 직원들이 따로 있을 정도니까, 월급 받는.

한
주문은 어떻게 받으세요? 지방이나 이런 쪽을 온라인 주문이 많겠네요?

신
아니에요. 전화, 팩스가 많아요. 지방에 있는 공연장에서 일하는 감독님들이 연세가 있으신 분들이 많아요. 전화해 가지고 쫙 부르시면 받아 적어도 돼요. 게다가 지방에 있는 극장들은 정부나 지자체 소속이거나 산하 단체들인 경우가 많아서 서류도 많이 왔다 갔다 해야 돼요. 100만 원 이상 납품하면 도장만 스물네 번 찍는 데도 있어요. 아예 내 도장을 파서 준 데도 있어요. 많이 사면 500에서 800만 원어치씩 사기도 하니까.

한
한 번 살 때 그렇게 많이 사요?

신
많이 사는 데는 그렇게 사요. 감독님들이 좋아하시니까, 우리 매장을. 무대감독 하던 놈이 알고서 물건을 준비하니까 말이 통하는 것부터 마음에 들어 하시죠. 그렇게 백스테이지가 자리 잡기 시작했는데, 3년 정도 운영하면서 가져간 돈은 없어요.
돈 번 만큼 계속 새로운 제품을 늘리고 있어요. 처음에는 크게 생각 안 했는데 하다 보니 욕심도 나고, 외국 스태프들은 저런 거 쓰는데 우리 애들은 없거나 몰라서 못 쓰는 거. 예를 들면 저 와이어가 검은색이잖아요. 저런 것들도 우리나라에선 안 팔아요. 스테인리스 색깔 알죠? 그걸 검정색 락카 칠하고 검정 테이프 감고 그러잖아요.

외국 스태프들은 그냥 검은색, 쉽게 쓰는데. 사실 저의 능력 중 가장 자신 있게 말할 수 있는 게, 집착! 하하하. 거의 정신병에 가까운 집착. 그걸로 찾아요. 블랙 와이어 파는 유명한 미국 회사가 있어요. 한 번 사 봐요, 샘플로. 받아보면 메이드 인 차이나야. 중국에서 나오는 거구나. 그럼 중국으로 넘어가서 막 찾아요. 픽트레이딩이라는 회사인데, 중국은 솔직히 저작권 이런 게 잘 없어요. 미친 듯이 찾다가 어느 중국 와이어 회사에 픽트레이딩이라고 프린트 되어 있는 제품이 보인 거야. 됐다, 여기다. 연락을 했죠. "나 이거 수입하고 싶은데 얼마야?" 픽트레이딩에서 산 거 끊어서 샘플 보내 주면 답이 와요. '우리 이거 만들 수 있다. 얼마에 만들어 주겠다.'
일단은 한국에서 만들 수 있는지를 다 알아봤어요. 저게 와이어에 열을 가해서 잘 안 벗겨지게 하는 분체도장이라는 걸 하는데, 우리나라에는 긴 와이어를 분체도장해 주는 곳이 없었어요. 그러면 이제 외국에 알아보는 거죠. 그래서 만들어 오면, 처음에는 거의 안 팔려. 블랙 와이어도 네 달 동안 1미터도 안 팔렸어요. 그러다가 조금씩 팔리면 사람들이 보고 "어, 이거 어디서 샀어." 이렇게 되는 거예요. 요즘은 잘 팔려요.

한
혹시 대박 날 거라고 생각했는데 예상 외로 안 팔린 거 있어요? 아니면 기대하지 않았으나 대박 난 제품들.

신
이건 그냥 내가 심심해서 혼자 만들어본 건데, 위치 표시기예요. LED 스테이지 마커. 케미(야간 낚시를 할 경우 찌가 잘 보이게 하기 위해 찌에 부착하는 작은 야광봉. 무대 스태프들은 어두운 무대 뒤 공간에 위험 표시, 통로 표시를 위해 많이 사용함) 붙이는 거 알죠? 케미는 6시간 정도 가요. 장기 공연을 하면 크루들이 맨날 바꿔야 돼요. 그런데 이건 건전지 끼우면 그냥 끼워놔도 한 달 가요. 그리고 무용하는 친구들은 축광 테이프를 무대 바닥에 평면으로 붙여 놓으면 객석 쪽으로 센터 불을 하나 켜 놓는 것예요. 아주 작게만 불이 보이니까 무용수들은 정확하게 볼 수 있죠. 미터 별로 하나씩 붙이면 군무 같은 거 할 때 사람들이 위치를 보고 자리를 잡을 수 있죠. 예전에는 건전지 두 개 들어가는 박스 형태로 했었는데, 좀 밝고 튀어나와서 잘 깨지고. 그래서 더 작으면 좋겠다는 생각에 제가 만들어 낸 건데, 엄청난 대박.
기존에 필요한 사람들이 만들어 쓰기도 했는데, 이제는 제가 몇 백 개 단위로 만들어 놓고 파니까 급할 때는 그냥 사다 쓰는 거죠. 하나씩 팔기는 하는데 비싸요. 작게 만들다 보니, 납땜을 할 때 백 몇 도가 되면 모듈이 타버려. 그래서 정말 섬세한 납땜 기술이 필요해요. 처음에 만들 땐 열 개 만들면 여섯 개 불량 나고 그랬는데, 지금은 제가 안 만들죠. 청계천 쪽 사장님께 부탁해서 만들어요. 어떻게 만드는 지 알려 주고, 어디다 쓰는 건지는 얘기 안 해 주고. 하하하. 그래서 비싸지는 거예요. 그 아저씨들도 사장님들이니까.
또 하나 있다. 대박 난 상품. 축광 테이프인데 코너 마킹이라고, 'ㄴ'자로 되어 있는 거예요. 축광으로 무대 마킹하려면 꼭 한 번 찢어서 'ㄴ'자로 만들어야 되는데, 이거는 한 번에 딱 붙이는 거죠.

한

굉장히 편하다, 이거. 처음 무대 일하는 친구들은 이런 거부터 하기 마련인데. 소소한 거여도 무대에 어디에서 어떻게 쓰면 좋겠다는 것을 아시니까. 안 해 본 사람은 생각도 못하는 제품들이네요.

신

이건 솔직히 원래 있었어요. 외국에는 조금 얄팍한 테이프로 제작한 게 있어요. 그런데 우리는 두꺼운 테이프로 제작해서, 코너 마킹 테이프는 영국으로 수출도 하고 그랬어요. 지금은 그들도 어떻게 만드는 지 아니까 거기서 만들어 쓰는데.

한

물건을 사오는 곳이 대부분 다 외국이에요?

신

되도록 한국에서 구하려고 해요. 대량이 아닌 이상 운송비랑 관세 이런 것들이 만만치 않기 때문에 어지간하면 한국에서 구하거나 만들려고 하죠. 어쩔 수 없는 경우에는 외국에서 찾지만.

한

외국 회사들은 원래 아는 데가 아니라 다 직접 부딪쳐서 구하시는 거죠?

신

그렇죠. 열심히 찾아서, 일단 우리 웹사이트를 한 번 보여 줘요. 우리 회사가 이런 거 파는 데야, 하면 거의 알아들어요. 회사 이력 보내 줄 땐 맨날 쓰는 서식이 있어요. Ctrl+C, Ctrl+V하면 돼요. 하하하.

한

우리나라에 아직은 이렇다 할 경쟁사가 없는데요, 만약에 경쟁사가 생길 때를 대비한 대책 같은 것이 있나요?

신

경쟁사가 생기면…. 솔직히 작년까지는 고민이 많았는데요. 지금은 통장에 5,000만 원에서 8000만 원 정도의 여유 자금을 갖고 있고, 평소 새롭게 출시하려고 생각해 놓은 제품이 아직도 아주 많거든요. 확 갖고 와서 빡 터뜨리려고 준비하고 있어요.

한

똑같은 장비가 외국에 있는 것과 우리나라에 있는 것이 차이가 많이 나는 그런 것들이 있어요?

신

우리나라에서 못 만드는 것들이 있죠. 예를 들어, 테이프 중에도 외국에서는 1970년대부터 스태프들을 위한 테이프를 만들어 왔기 때문에 질적 수준이 다르죠. 영국은 산업혁명 때부터 뮤지컬이 시작됐잖아요? 극장 기술도 그때부터 발전하기 시작했고. 영국 스태프들의 유니온 이런 것을 무시하지 못하거든요. 웨스트앤드 정말 유명한 뮤지컬 페스티벌이 극장 스태프들 파업 이런 것 때문에 막 취소되고 그러거든요. 그래서 따라 하려면 비슷하게는 만들 수 있는데, 경상도 충청도 테이프 공장들 다 다녀 봐도 더 낫게는 못 만들더라고요.

그런데 또 우리나라에서 잘 만드는 테이프 따로 있어요. 우리가 흔히 쓰는 무광 면 테이프랑 개퍼 테이프가 원래는 좀 다른데, 무광 면 테이프 있잖아요? 청 테이프인데 검정색으로 된 것, 그건 우리나라가 세계 최고예요. 두세 개 회사가 연매출을 500억씩 올려요. 일본, 유럽, 미국 다 수출하고 남는 것 우리나라에 푸는데 우리나라에서는 5~6,000원에 파는데, 영국 이런 데 가면 16,000원, 17,000원씩 받는대요.

한

앞으로 백스테이지를 어떻게 키우실 계획이신지 궁금해요. 구체적인 계획이 있으신가요?

신

일단 제 꿈은 대학로 입성이에요. 대학로로 가서 스태프를 위한 공간도 만들어 보고 싶어요. 왜 회사에 소속되어 있지 않고 혼자 일하는 스태프들 정말 많잖아요. 그런 친구들이 커피숍 가지 말고, 랜 선이라도 하나 줘서 자료 찾고 할 수 있는 공간이나 모여서 회의하는 공간을 무상으로 제공하고 싶은 생각이 있어요. 그런데 요즘 대학로가 예전의 대학로가 아니에요. 처음에 솔직히 돈 벌었다고 의기양양해서 대학로를 생각했는데, 1층 15평이 권리금만 1억이 훌쩍 넘어요. 1억이.

한

진짜 좋은 생각. 스태프들 와서 회의하고 쉬는 그런 공간 만들면 좋겠다는 생각 저도 많이 했어요. 한국공연예술학교 출신들이 현장에서 일을 많이 하니까, 예전에 충무아트홀에 있을 때는 거기 공연하러 들어온 스태프들이 사무실에 와서 쉬고 가기도 하고, 급하게 회의를 해야 할 때는 사무실을 빌리기도 했었거든요. 그럴 때 그런 공간이 도움이 되고 필요하니까.

신

그러니까요. 진짜 하물며 프린터. 그거 돈 얼마나 해. 큰 돈 안 들잖아요.

한

그런데 대관해서 들어간 극장에서 하려고 하면 잘안해주고, 눈치주고.

신

그런 것도 있고, 공구를 무상으로 빌려 주는 것도 생각 중이에요. 실비만 천 원, 이천 원 받고 드릴 같은 것들. 대학로 안에서 수공구들을 무상으로 쓸 수 있도록 하는 거. 무엇이 스태프들에게 실질적으로 도움이 될까 열심히 생각하죠.
작년 가을에 애플리케이션을 하나 만들 계획이었어요. 공연 스태프를 위한 전국 공연장 도면 애플리케이션. 그런데 공연장 도면에 저작권이 다 있어요, 그것도. 그래서 하려면 일일이 허가를 받아야 하는데, 이게 뭐 돈 벌려고 하는 것도 아니고 무료로 하는 서비스 애플리케이션이었는데 그렇게 되어서 보류 상태예요.

한

그래도 뭔가 같은 업계에 일하시는 분들에게 이런 저런 실질적인 도움을 주고 싶은 마음이 있으신 거 같아요. 같이 잘 살자, 하는.

신

그렇죠. 그러면서 매출로 이어지는 마케팅이기도 하니까. 백스테이지에서 비공식 테스터들이라 할 수 있는 무대감독들이 몇 명 있어요. 예를 들면 축광 넘버링 테이프(숫자 모양으로 컷팅되어 있는 축광테이프) 같은 것은 제가 만든 게 아니에요. 무대감독 하는 친구들이 아이디어를 얻은 거죠. 반응이 정말 좋아요.
향후 5년까지는 음향이든, 조명이든, 무대감독이든 공통으로 쓸 수 있는 아이템을 위주로 할 계획이에요. 음향에 쓰이는 잭이나 조명 램프 같은 것은 아직 안 하고 있어요. 아까 말했다시피 2년 내에 경쟁자가 나타나면 새로 출시할 비장의 카드 같은 것들이에요. 2년 내에 누군가 끝내 나타나지 않는다면, 나는 무대로 다시 돌아가지 않을까. 5년만 하려고 생각하고 한 거니까요.

한

그러면 지금은 백스테이지 사업에 조금 더 많은 공을 들이시는 시기네요?

신

그렇죠. 가끔 후배들 만나서 그 친구들이 공연하고, 투어 간다는 얘기 들으면 조금 초조하기도 하고 부럽기도 하고 그래요. 그런데 일단은 백스테이지에 5년 투자하기로 했으니까, 그래서 백스테이지 오픈 첫 해는 공연과 백스테이지 일의 비율이 5:5 정도? 두 번째 해는 3:7 그리고 올해는 거의 없어요. 매년 이어져야 하는 공연이나 행사들은 어쩔 수 없고, 그 외에 새로운 일은 못 잡아요. 셋업 며칠씩 하는 그런 건 아무래도 자리를 비울 수 없으니까 할 수 없죠. 지금은 마음을 비웠어요. 지금은 조금 쉬는 시기라고 생각하기로 한 거죠.

한

여기는 아르바이트생이나 직원을 두고 현장으로 나가시긴 어렵겠어요.

신

그런 생각을 안 해 본 건 아닌데, 결론적으로 그건 아닌 거 같아요. 개인적인 집착일 수도 있는데, 전문적인 분야에서 일하는 사람들을 대상으로 하는 곳인데 아르바이트생이 전화 받거나 전문적인 것을 물어봤을 때 어물어물하는 게 싫은 거예요. 그렇다고 무대감독 하겠다는 친구들을 데려다가 일을 시키면 미래는 어떻게 책임질 것이며 이런 걱정도 있고요. 그래서 모르는 사람을 데려다 공연도 보여 줘 가며 가르쳐서 써야겠다는 생각을 하긴 하는데, 그건 2년에서 그 이후에나 가능할 것 같아요.

지금은 백스테이지를 경영하고 있지만, 그는 한때
백스테이저닷컴이라는 커뮤니티의 운영자이기도 했다.
무대 스태프들에 대한 정보가 많이 부족하던 시절,
그의 커뮤니티는 스태프 지망생들이 정보를 얻고,
궁금한 점을 해결하는 곳이었고,
동시에 삐라기 신영권을 공연계에 널리 알리는
역할을 한 독보적인 공간이었다.
해 보고 싶은 것은 하고야 마는 그의 남다른 행보는
과거라고 크게 다르지 않았던 모양이다.

한

백스테이저닷컴 얘기를 좀 할까요? 백스테이저닷컴은 처음에 어떻게 탄생하게 되었나요?

신

2001년에 도메인을 샀어요. 그때만 해도 백스테이저는 유행한 단어나 그런 게 아니었고 한국공연예술학교에서 전성환 선생님께 강의 들으며 알게 된 개념이니까. 선생님이 저보면 맨날 그러시죠. "아, 그거 내가 맨 처음 쓴 건데, 얘가 도메인 가져갔어." 하하하. 학교 다닐 때, 교양 시간에 홈페이지 만드는 수업이 있었어요. 군대 제대한 후였는데, 공연기획자가 되고 싶어서 이런 홈페이지를 만들었어요. 그런데 이게 재미있는 거예요. 그때만 해도 블로그가 없었고 다음(Daum)에 카페만 있던 시절이니까. 나 모로 시작해서 포토샵을 배우고 프레쉬, 스위시, 리눅스 이런 것들을 독학했어요.

백스테이저 닷컴이 정말 개인적으로 고마운 게 진짜 좋아서 한 거여서 웹에 대한 스킬이나 능력이 엄청 늘었어요. 그렇게 홈페이지를 만들고 나중에 도메인을 사서 연결하고 현장 경험이 쌓이면서 '스태프일기'도 쓰게 되고, 그게 사람들에게 알려지고 그랬죠.

한

커뮤니티에서 사람들이 가장 활발하게 이용하는 기능이 Q&A잖아요. 그런데 저도 문의 받거나 상담하다 보면, 질문이 대체적으로 비슷비슷해요. 같은 질문을 반복해서 답을 해 주는 게 생각만큼 쉬운 게 아니거든요. 그런데 커뮤니티가 활성화되기 위해서는 그런 질문에 전부 댓글을 달아 줘야 하잖아요? 힘드셨을 것 같아요.

신

아, 사실 백스테이저닷컴을 닫은 이유가 그거예요. 질문. 12년을 운영했는데, 질문은 바뀌지 않아요. "공연기획자를 하려면 어떻게 해야 하나요?"부터 해서 "우리 엄마가 이해를 못하니 한 번만나 주시면 안 될까요?"까지. 그때 정말 바쁘고 개인적으로 스트레스가 많아서 스트레스성 탈모도 일어나고, 위경련도 오고 그런 시기였어요. 공연이 너무 안 풀리던 시기였고 건강도 안 좋았는데 그거까지 하려니 힘에 부치더라고요. 그래서 이만 접겠다, 나 좀 쉬게 해 달라, 미안하다 하고 그동안 쌓아온 정보들은 놔두고 관뒀죠. 그리고 어느 순간, 내 한 마디가 한 사람의 인생을 확 바꿀 수도 있겠구나 싶어서 겁이 나기 시작했어요. 그런 부담도 백스테이저닷컴을 그만두어야겠다고 생각하게 된 요인 중에 하나였고요.

한

그렇지만 다른 한편으로는 좋은 점도 많았을 것 같아요. 백스테이저닷컴을 통해 알게 된 사람들도 많을 것 같은데, 그때 만난 사람 중에 아직 연락하고 지내는 분들이 있죠?

신

그럼요. 엄청나게 많죠. 나이는 저보다 많지만, 한국공연예술학교에서 기수로 밀리는 건양이 형(허건양, 충북학생교육문화회관 조명감독)부터 공연계 꼬꼬마들일 때부터 본 사람들이에요. 대학다닐 때 "컬처유니버"에서 활동했었는데, 그때 만난 친구들 중에도 백스테이저닷컴 회원이라고 알아보는 친구들이 있어서 더 친해진 경우도 많고요.

한

컬처유니버도 하시고, 백스테이저닷컴도 운영하시고, 현장 일도 두루두루 하셨는데, 뭐가 제일 재미있었어요?

신

솔직히 저는 제가 아웃사이더? 이단아? 이런 거 같아요. 정도의 길을 가지 않고, 한 길로 쭉 가지도 않고. 원래 이벤트 하는 사람은 이벤트만 하고, 콘서트 하는 사람은 콘서트만 하거든요. 이벤트랑 콘서트를 같이 하는 사람이 흔치 않아요. 뭐가 특별히 재미있었다기보다는 매 순간마다 제일 재미있는 것들에 끌려온 것 같아요.

한

아웃사이더라고 하지만 사실은 네트워크의 중심에 있었고, 또 이런 숍 같은 경우에도 필요했고 많은 사람들이 필요하다고 생각했지만 결국 제일 먼저 시작한 개척자가 됐어요.

신

어쩌다 보니. 여기 오시는 손님들 중 열 명 중 한 명은 '아, 나 이 사업 생각했었는데, 하려고 했었는데.' 이런 말씀 많이 하세요. 먼저 생각만 하신 거죠, 실행은 하지 않고.
그렇다고 대단한 추진력을 가지고 한 거라기보다 안 되면 말자, 이런 생각인 거죠. 안 되면 쿨 하게 접자. 그래서 많은 부담 없이 할 수 있었던 것 같아요.

한

사업자등록을 어떻게 하셨는지 정말 궁금해요. 종목이나 이런 걸 어떻게 넣으셨는지…. 무역도 들어가나요?

신

무역은 안 들어가고요. 사실 이게 수정이 좀 되어야 하는데, 제가 하는 일 딱 세 개 들어가 있어요. 예술 관련 기획, 전자상거래, 도소매 서비스. 디테일하게 하려면 무역도 들어가고 그래야 하는데.

한

예술 관련 기획으로 되어 있네요?

신

네, 공연기획이나 그런 것보다 좀 더 포괄적이어서.

한

아, 행사 대행도 그렇고, 국가사업이나 정부 행사 같은 게 있어서 그렇구나. 예전에 아이스쇼도 하셨죠? 조금 센 에피소드가 있다고 들었는데, 이야기 좀 해 주세요.

신

그 이야기를 하려면 SM TOWN 콘서트 이야기부터 해야 돼. SM 소속 가수들 전부 나오는 그 공연의 최초 기획을 제가 맡았어요,

전체 총괄. 그래서 콘서트라기보다 TOWN이라는 개념으로 동방신기 뮤직비디오 세트도 똑같이 만들고 막 이렇게 해서 예산을 뽑아보니까 15억이 나오는 거예요. 당시 단일 공연 15억이면 엄청난 공연이에요. 아이스쇼는 16억짜리였고요. 또 그 두 개가 한 달 간격으로 이어져서 콘서트는 내가 하고 아이스쇼는 다른 감독 구해서 진행하는 걸로 됐어요. 계약 다 하고 딱 일주일 남았는데, 날씨를 보니까 우리 기상청은 미정으로 나오는데, 장소가 잠실 주경기장이었거든요. 구글에서 찾아보면 유료로 원양어선에 날씨를 제공해 주는 사이트가 있어요. 유료 결제를 해서 확인을 했더니, 이만한 먹구름이 한반도를 강타하는 거예요. 사장님보고 취소하자고 말씀드렸죠. 지금 취소하시는 게 돈 버시는 거라고. 사장님께서 "영권아, 너 믿는다."하고 정말 취소했어요. 티켓은 많이 안 팔렸는데, 협찬도 막 받고 그랬으니까 언론에서도 난리가 나고 그랬죠. 그런데 진짜 공연했으면 난리 났어. 공연 당일 날 비가 탄천 주차장까지 넘치고, 강원도 길 다 무너지고 그렇게 왔거든요. 나중에 SM마니아들이 인터넷 어느 커뮤니티에 글을 남겼는데, 기상청에 SM 직원이 있는 게 분명해.

한

하하하.

신

그렇게 잘 마무리 지으니까 아이스쇼가 딱 2주 남았더라고요. 바로 투입이 됐는데, 가 보니까 정리가 하나도 안 됐어요. 아이스쇼를 해 본 적이 없으니까. 아이스링크를 여기다 어떻게 만든다는 거야? 이해가 안 되는 거죠. 우리나라 들어오기 전에 태국에서 아이스쇼를 했거든요. 갔죠. 가서 보고, 배우고 정리가 됐어요. '아, 이렇게 만드는 거구나.' 외국 공연장은 아레나 구조라고 해서, 트러스를 안 쓰고 리깅으로 해요. 그런데 우리나라는 없어요. 천장에 현수막 밖에 못 걸어요. 그래서 우리는 그라운드 서포트라고하는 트러스를 세웠는데, 하중 계산을 잘못한 거예요. 그래서 그게 리허설 하는 첫날, 공연 3일 전에 와장창 무너진 거예요. 스태프 두 명이 10미터 위에서 뛰어내리다가 다치고. 그나마 다행인 거는 그날따라 의전 담당하는 친구가 늦잠을 자서 출연자들 탄 버스가 호텔에서 30분 늦게 왔어요. 안 그랬음 아이스링크에서 몸 푼다고 막 돌아다니는 데 무너질 뻔 했죠. 외국인이 70명 오고, 컨테이너 26개가 온 16억짜리 공연이 3일 전에. 어떻게 하나 싶었는데, Holiday On Ice(이하, HOI)라고 78년 된 공연 단체예요. 미국에서 시작해서 네덜란드로 넘겨진 기업인데, 그 두 프로덕션이 들어와 있거든요. 그들이 "야, 이건 일도 아니야." 막 이러면서 기운을 넣어 줬어요. 예전에 멕시코에서 공연할 때는 컨테이너가 밀림에 자빠져서 헬기로 끌어온 적도 있다고, 힘내라고. 특히 알리스터라고 HOI에서 30년 일한 무대감독인데 할아버지예요.

그 할아버지가 저를 많이 가르쳐 줬어요. 포기하지 마. 불가능한 건 없어. 단지 시간이 모자랄 뿐이니까 빨리빨리 움직여. 진짜 멋있었어요, 알리스터.
그래서 트러스를 다시 가져오고, 조명기를 구하는데 그때 건양이 형이 많이 도와줬어요. 투어 팀이 가지고 다니는 조명기가 당시에 되게 귀해서 우리나라에 26대 밖에 없었고. 40대 가져온 조명기가 트러스에 매달려 있다가 무너진 거니까, 그중 멀쩡한 거 모으고 나머지는 건양이 형에게 물어봐서 강릉에서 2개, 부산에서 몇 개 그렇게 모았어요. 지금도 정말 많이 아쉬운 게 조명이에요. 맘마미아, 유투 이런 공연했던 조명 디자이너가 디자인한 거라 진짜 예쁜 조명이었는데, 잘 안 나왔죠.

한

그래도 어떻게든 공연이 올라가긴 올라가요. 정말 파란만장 했네요. 짧은 순간에 만감이 교차했겠어요.

신

그런데 내가 또, 12명 크루들을 한 군데 모여 있으라고 해 놨어요. 애들이 하도 돌아다녀서, 일 시키려고 보면 없어. 그런데 마침 애들이 쉴 때를 다 모여 있는데, 나는 잠깐 밖에 나갔었거든요. 그때 쓰러진 거야. 한 명이 뛰어와서 "감독님, 트러스가 다 쓰러졌어요.", "우리 애들은?", "다친 데 없습니다." 아, 그때 눈물이 핑 돌더라고요. 그리고 30분 늦게 일어난 놈. 의청 혼나는 거였는데, "야, 네가 우리 공연 살렸다." 하면서. 지금 생각해도 눈물이 막 나오려고 해. 그때 부서진 기기 중에 하나가 우리 집에 있어요. 매일 보면서 '안전'에 대해 생각해요. 조심히 살자. 조심하자. 하면서.

한

안전 장비 파는 것도 많이 있죠, 요즘은? 어떤 것들이 있는지 소개 좀 해 주세요.

신

헬멧, 손이랑 발 보호하는 것들도 있고. 외국에는 오케스트라피트 안전망이라는 게 있어요. 세이프티 네트(safety net). 오케스트라에 안전망을 치는 거예요. 공연 중에도 쳐서 그 아래서 연주를 해요. 지휘자 인사할 때 나올 구멍만 조그맣게 뚫어 놓고. 오케스트라피트에서 사고가 꽤 많이 나거든요.

그리고 제일 많이 다치는 건, 감전. 제가 찾은 신발이 하나 있는데, 미국 경찰 특공대가 신는 신발이에요. 오리지널 스왓이라고, 정말 우리 스태프들을 위한 신발인 거예요. 세이프티 토(safety toe)라고 해서 무거운 거 발등에 떨어져도 발가락 안 다치고, 물이나 기름 밟아도 안 미끄러지고, 전기 쇼크 막고. 그리고 우리 스태프들 오래 서 있잖아요. 에어가 있어서 발이 편하고, 옆에 지퍼가 달려서 신고 벗기도 편해요. 가볍고. 그리고 생각보다 싸요. 그래서 극장 감독들은 진짜 좋아하세요. 한 가지 아쉬운 건 방수 기능이 없다는 거?

한

방수 기능이 없어요? 물에만 취약하구나. 230, 240도 있네요? 여성 스태프들도 신을 수 있겠어요.

신

220, 230, 240은 우리나라에서 저만 팔아요. 요즘엔 여성 스태프들이 많아서 독점 수입업자한테 특별히 부탁한 거예요. 저 처음 일할 때만 해도 하드웨어 스태프들 중에 여자가 있으면 정말 동물원 동물 보듯이 쳐다봤어요.

"우와! 조명 팀에 여자가 있어! 쟤 봐, 쟤 봐 조명 든다!" 막 이러면서. 그런데 지금은 많아요? 세계적인 추세인 것 같아요. 영국의 더디리거에서 여성 전용 스태프 글러브를 만들었더라고요. 백스테이지에도 있어요. 많이는 안 팔리는데, 이 장갑 여자 스태프들이 정말 좋아해요.

한

게다가 핑크네요.

신

네, 그거는 싫어하세요. 하하하. 그리고 정말 특별히 손이 작은 남자 스태프들도 그걸 끼는데, 핑크야. 하하하.

한

하하하. 일은 몇 살까지 하실 거예요? 백스테이지가 나름의 노후 대책이 될 것도 같은데.

신

그렇죠, 백스테이지가 한계 연령을 많이 늘려 놓은 것 같아요. 처음에 시작할 때 "아, 힘 떨어지면 이거 해야지." 하고 시작한 건 아니지만. 그래도 이 덕에 나이를 먹어도, 현장 일은 안 해도 업계에 남을 수 있겠다 생각은 들어요. 현장에서 뛰어다니면서 하는 일은 그래도 50까지는 가능하지 않을까요? 하하하. 너무 길게 잡았나? 저는 그래도 나이 먹어서 오래도록 현장에 남는 감독들이 많아졌으면 좋겠어요. 제가 옛날에 미국에 공연을 갔는데, 무대에서 핀마이크 꽂아 주는 어시스턴트가 할아버지예요. 보통 한국에서는 연차가 낮은 음향 스태프가 그 일을 하는데, 그분은 그 일을 20년 했대요. 이런 상황에서는 이런 각도로 마이크를 세팅하고 마이크를 쓰는 사람이 남자냐 여자냐? 등의 어떤 다양한 상황에서도 마이크를 세팅하는 지식이 있는 분이었어요. 진짜 전문가죠. 아까 말한 아이스쇼 할 때, 아이스링크 만드는 테크니션도 그것만 20년 가까이한 할아버지들이었고요. 우리도 가능하지 않을까?

한

지금 현장에서 다들 그런 생각 많이 하시는 것 같아요. 나이가 들어서도 일하는 사례가 외국에 많으니까 나름의 로망과 바람들이 있으시더라고요. 백발이 성성한 할아버지, 할머니들이 되어서도 공연장에서 일하거나 나이 든 스태프들이 모여서 공연을 만들 수 있지 않겠나 하는 말씀도 하시고.

혹시 꼭 대답하고 싶었는데, 제가 안 여쭤 본 게 있다면 이야기해 주세요.

신

아, 이거 있다. 공연 일을 하고 싶어 하는 후배에게 해 주고 싶은 말. 항상 살면서 우리는 그런 경험들을 해요. 누구는 공부 잘하고, 누구 못하고. 누구는 어떤 대학 들어가는데, 누구는 이런 대학 들어가고. 공연 쪽도 마찬가지예요. 누군 유명한 아이돌 가수 투어를 다니는데, 누구는 대학로 소극장에서 크루를 하고. 그러면 자괴감에 빠지기 쉬운데, 기회는 공평하게 온다는 걸 꼭 말해 주고 싶어요. 그런데 이게 말로만 들어서는 현실로 안 와 닿거든. 겪어 봐야 아는 거니까. 그런데 기회는 굉장히 공평하게 와요. 다만 그게 기회인지 아닌지 모르고 떠나려 보내는 사람이 있는가 하면 기회가 왔을 때 확 잡는 사람이 있거든. 저는 솔직히 코엑스에서 일하지 않겠냐는 스카우트 제의가 왔을 때 기회라고 생각했거든요. 지금까지 같이 고생했는데, 어떻게 나만 그만둬. 그런 거 확 끊고 나와 버렸거든, 뒤도 안 돌아보고. 그런데 지금도 정말 좋은 결단이었다는 생각을 해요. 기회는 정말 공평하게 오는데, 자신한테 오는 기회가 늦을 뿐이에요.

그런데 참지 못하고 중간에 관두죠. 그게 늘 아쉬워요. 남들 눈에서, 보이는 거에서 좀 자유로웠으면 좋겠어요. 너무 남들하고 비교하지 말고.

한

그런데 그게 일 시작하는 친구들한테는 심각한 고민거리이기도 해요. 기회를 알아보는 눈이 필요할뿐더러 준비가 되어 있어야 하는 거잖아. 비록 내가 얘랑 달리 작은 데서 일하고 있지만 난 기회가 오면 언제든지 치고 나갈 수 있도록 준비를 하고 있어야 하는데, 그런 거 없이 신세타령만 해서는 안 된다는 거죠.

신

네. 저도 힘든 시기가 있었어요. 어떤 친구들은 좋은 공연하는데, 나는 만날 월급도 못 받고. 하하하. 세종문화회관 근처가 사무실이었는데 집은 답십리였어요. 집에서 걸어 다니고. 눈 같은 비 내리는데도 걸어가야 되고. 여자 친구 생일인데 3,000원 밖에 없어가지고 꽃 한 송이 사 주고 나서도 걸어가고. 눈물 없이 떠올릴 수 없는 시절이 있었는데, 그런 거 같아요. 기회는 온다. 다만 그 기회가 늦게 올 뿐이지. 하하하.

시종일관 유쾌하게 경험담을 풀어놓은 그는 마지막으로 후배들에게 해 주고 싶은 말을 끝내고도 한참을 백스테이지 향후 계획에 대해 아낌없이 들려주었다. 그가 선사한 정보에 의하면 곧 백스테이지에서는 스태프 전용 의상이 출시될 예정이다. 무대 예술 전문가다운, 전문가답게 보이는 의상을 고민한 끝에 나오는 크루웨어(Crew Wear). 일단 상의만 나온다니 하의는 알아서 입어야 하지만, 그게 뭐 대수겠나. 상의만으로도 그가 치켜세워 준 전문가로서의 자부심에 어깨가 으쓱해질 텐데.

07

성지환, 김혜미

공연인 부부 탐구 생활

Profile

성지환 - (주)칠십이초 대표

서울대학교 수학과 졸업

전) IN THE B 대표
전) 공연마케팅 및 공연기획사 MIW대표
전) 자라섬국제재즈페스티벌 마케팅 팀장
전) IT전략연구원 위촉연구원
리쌍, 오지은, 윤한, 윤건, 김거지, 에코브릿지, 성훈 외 뮤직비디오 연출 및 영상 제작
Video Concerto NO.1, Goldberg Machine:제목을 입력하세요,
Tom & Jerry Night 외 기획, 연출, 제작

김혜미 - (주)무붕 기획/제작피디

동덕여자대학교 경영학과 졸업

전) SBS프로덕션 문화사업부
전) 공연기획사 CONCERTO KOREA 기획피디
2010~2012 이문세 붉은노을 전국투어, 2010 이문세 the BEST,
2011 이승환 the Regrets 투어,
2013~2014 대.한.민.국. 이문세 - 기획/제작피디
2011~2013 스윗소로우 콘서트 - 연출

부드럽고 여유 넘쳐 보이는 이미지와 달리 강단 있고 이성적인 남자
전에 없던 새롭고 창의적인 공연을 만들어 가는 크리에이티브 집단의 대표 성지환

침착하고 똑 부러지는 일 처리를 하면서도 따뜻하고 배려 넘치는 여자
대중을 상대로 하는 상업 공연의 최전선에서 활약 중인 콘서트 기획자 김혜미

닮은 듯 다른 두 사람이 만나 부부가 된지 2년이 넘었다.
과연 공연인 부부가 사는 모습은 어떨까?

공연 일에 대한 깊은 이해를 바탕으로 한
애정이 넘치는 석려와 날카로운 미핀이 공존히는 부부생활이지만
정작 그들은 만남 이후로 지금까지 한 번도 싸운 적이 없다는 전설적인 닭살부부다.

혼기 꽉 찬 공연인들과 공연계의 수많은 커플들은 주목하길 바란다.
각자의 일에 발전을 더하고, 서로에게도 힘이 되는 존재로 행복하게 삶을 꾸려나가는 이 공연인 부부를!

성지환, 김혜미에게 듣는 〈공연인 부부 탐구 생활〉

한
선물!

김
엄마야!

성
감사합니다.

한
모래시계예요. 한 방향으로 떨어지는데 딱 15분 걸린대요. 서로 많이 바쁘시니까, 하루 중 15분은 꼭 마주 보고 얘기하시라는 의미에서 준비했어요. 준비하면서 걱정했어. 돌아오는 대답이 "겨우 15분?" 막 이럴까 봐. 하하하.

성
우린 항상 붙어 있는데, 뭐.

김
15분? 15시간은 돼야….

한
봐. 이럴 줄 알았어. 어? 그런데 결혼반지는 어디 있어요?

김
오늘은 손톱이 좀 화려해서요. 자제하는 의미로.

성
난 단 한 순간도 뺀 적이 없는데.

김
잘하고 있어.

한
금슬 좋은 부부인 거는 다 아니까, 일 얘기를 시작해 볼게요. 그런데 진경환 감독님 인터뷰하면서 인더비에 대한 이야기는 많이 나누었어요. 그래서 그날 안 한 이야기 위주로 좀 여쭤 볼게요. '메종 인더비'라는 프로젝트를 했었잖아요. 그 프로젝트의 핵심은 뭐예요? 네트워크?

성
메종 인더비는 네트워크라기보다는, 다른 분야의 다양한 사람들과 이야기를 나누어 보는? 얘기하다 보면 뭔가 나올 수도 있고 그러니까. 처음에는 아는 사람 중에 다른 분야에 있는 사람들로 했고, 그러다 중간에 아는 사람들이 막 몰리면서 조금 놀자 판이 되어서 한동안 안 했어요. 그러다 작년에 다시 한 번 했죠. 유재헌 감독님이랑 코이안 전병삼 대표랑 시공테크에 박문수 팀장님하고 예전에 넥슨 대표 이사셨고 지금은 4:33이라고 인터넷 게임 회사 하시는 권준모 의장님. 이렇게 만났죠. 그 전에 할 때는 박칼린 연출이나 TBWA 양건우 국장님, 이런 분들과도 했었고. 네트워크 관리는 안 해요. 영업이나 인맥 관리는 할 수 있는 성격들이 아니라서, 어차피 잘하지도 못하고. 필요하건 안 하건 못하는 건 못하는 거니까요.

한
그런데 가끔 TV나 매체 인터뷰 하시는 걸 볼 때가 있어요. 그러면 아는 분이 있어서 하신 게 아닌가 생각했는데, 아니에요?

성
음. 지면 기사는 지난번에 인터뷰 했던 분이 다시 써 주신 거예요. 그 기자 분이 신경을 써 주셔서 할 수 있었던 거고. TV는 처음에 예술무대랑 접촉을 했어요. 우리는 촬영을 해야 하는데, 방송에서 찍으면 조금 더 훌륭한 영상을 얻을 수 있으니까. 우리에게 원본을 달라는 조건을 걸고 촬영하기로 한 거죠. 그러면서 홍보해 줄 수 있는 건 없냐고 했더니, '문화사색'이라는 프로그램에 내보내 주겠다고 문화사색팀에 연락을 했는데 거기서 더 관심을 보인 거지. 그래서 문화사색팀에서 나와서 인터뷰 진행도 하고 그랬죠. 홍보를 적극적으로 할 재주는 없지만, 지금 회사 소개서랑 공연 소개서를 만든 게 있어요. 이번 달에 국내외 극장들이랑 해외 페스티벌 에이전시 같은 곳에 뿌릴 예정이에요. 이제 펜을 댄 상태라고 할까요?

한
문화계든 예술계든 인더비에 대한 정보를 안다면 아주 반겨할 수 있는 부분이 있을 것 같아요. 아내의 입장에서 보는 인더비는 어때요, 잘하고 있는 것 같아요? 아니면 봐도 뭔지 모르겠어요?

김
아니요, 잘하고 있는 것 같아요. 잘 모르시는 분들은 너무 난해하다는 표현을 많이 하시는데, 저는 가까이서 많은 의견들을 나누는 모습을 실제로 보고 듣잖아요. 궁금한 것들을 묻고 답을 듣다 보면, 결국에는 재미를 추구하면서 어떤 새로운 것을 만들어 내는 이들의 역할이 공연계에 정말 좋은 활력을 불어 넣을 수 있다고 생각하고, 그래서 좋은 방향으로 잘 가고 있다고 생각해요.

성
말 잘 한다!

김
그래? 하하하.

한
같은 업계에 있으니까 업계의 다른 사람들이 인더비에 대해 이야기하는 것도 들은 적이 있을 텐데요, 그들의 반응에 대해서는 어떻게 생각해요?

김
그런 일은 잘 없어요. 저는 완전히 대중음악쪽 일을 하고 있고, 가는 방향이 다르다 보니까 제 주변 사람들과 이쪽의 주변인은 완전히 달라요. 그래서 인더비가 뭐 어떻더라 하는 말은 들어본 적이 없고요. 제가 실제로 봤을 때, 좋아요. 관객들이 신선하다는 반응을 많이 보이기도 하고.

한
그러면 아내의 입장에서 봤을 때, 인더비가 했던 프로젝트 중에 가장 신선하고 재미있었던 거는 뭐예요?

김
가서 직접 보지는 못했지만 〈골드 버그 머신〉을 비디오를 통해서 다 봤는데, 굉장히 재미있었어요. 마무리가 조금 아쉬웠지만 그게 2주 만에 만든 거라고 들었어요. 2주 동안 만든 결과물치고는 굉장히 시도가 좋았다고 생각하고, 획일적이고 틀에 갇힌 연출이 아니라 생각들을 자유롭게 끄집어내서 배열하는 것들이 아주 탁월한 것 같아요.

한
본인 일에 도움을 받을 수도 있을 것 같은데, 응용할 거리는 없어요?

김
실제로 적용시킨 것은 아직 없지만 서로 도움은 많이 돼요. 인더비는 실험적인 것과 대중적이지 않은 것들을 다루다 보니까 가장 대중적인 공연의 선두에 서 있는 우리 회사의 마케팅 방식이나 무언가를 결정하는 방식들이 참고가 되겠죠? 저도 마찬가지로 콘서트는 늘 하는 패턴이 있다 보니까, 거기서 어떻게 더 꿰어서 나갈 수 있는지에 대한 방법 모색의 측면에서 자극을 받아요.

한
인더비 하기 전에 자라섬! 자라섬에서 몇 년 계셨죠?

성
2년이요. 현장 운영하고 마케팅, 협찬 이런 일 했어요.

한
재미있으셨어요? 자라섬 페스티벌을 하면서 가장 크게 얻은 것이 있다면 어떤 것이 있을까요?

성
재미있었어요! 가장 크게 얻은 건 인재진 대표님? 저한테는 멘토 역할을 해 주는 분이세요. 구체적으로 설명하기는 어려운데, 가까이서 2년을 지내다 보니까 무엇보다 내공이 장난이 아니에요. 말씀도 많이 안 하시지만 일이 있을 때 말씀 몇 마디로 처리하시거나 이런 것을 보면 그냥 자연스럽게 느껴지는 힘이 있거든요. 뭔가 새롭게 시작할 때도 그렇고 범접할 수 없는 내공을 가지신 분이에요.

한
그럼 그만 두실 때, 뭔가 특별히 해 주신 말씀이나 그런 건 없어요?

성
제가 처음에는 자원봉사를 하다가 일을 하게 됐는데요. 나중에 들은 이야기인데, 인 대표님은 제가 자라섬에서 일을 할 거라고 생각을 하셨대요. 쟤 일하는 거 한 번 보라고, 우리하고 같이 일할 것 같다고. 그리고 제가 2년쯤 있다가 나갈 거라고 알고 계셨더라고요. 하하하.

한
아, 진짜? 예언자야? 하하하.

김
역시, 내공이. 하하하.

한
그때 인재진 대표님 수업 나오실 때죠? 그때부터 자라섬에서 일하고 싶으셨던 건가요?

성
일하고 싶다는 말씀을 드린 적은 없고요, 대표님께 메일은 많이 보냈어요. 오늘 이런 수업을 들었는데 난 이렇게 생각한다. 어떤 공연을 봤는데 내용은 이러이러했고 내 생각은 이랬다. 한국공연예술학교에서 딱 두 사람한테 그랬는데, 인재진 대표님과 전성환 선생님.

한
그럼 눈여겨보시던 대표님께 연락을 받으신 건가요? 아니면 지원서를 내신 건가요?

성
그 해를 넘기고 1월 초에 새해 복 많이 받으시라고 문자메시지를 드렸는데, 한 번 놀러오라고 하시더라고요. 그래서 가평으로 찾아뵈었더니, 일할 생각이 있느냐고 물으셨어요. 가평 와서 살아야 한다고 하셔서 알겠다고 말씀드렸죠. 그리고 집으로 와서 아버지께 가평에 가야 한다고 말씀드리고 2월에 바로 이사하고 일을 시작했어요. 그렇게 2년을 지내고 정말 그만 뒀죠. 이것도 나중에 들은 이야기인데, 사람들이 처음에 여쭤 봤대요. 2년쯤 일하고 그만 둘 직원을 뭐 하러 뽑으시냐고. 그랬더니 인재진 대표님이 괜찮은 공연기획자를 키우는 것도 의미가 있지 않겠느냐고 하셨대요. 나오기 6개월쯤 전부터 대표님이랑 사업하는 것에 대해서 가끔 얘기를 했어요. 보장된 게 있어서 나온 건 아니지만, 나오고 나서도 MIW라는 1인 마케팅 대행사를 운영하면서 자라섬 일을 했어요. 하이서울페스티벌 기획 일도 하고. 그러면서 인더비를 준비했어요.

한
우리나라 공연 업계에서 인더비의 역할은 뭐라고 생각하세요? 공연 업계 전체를 한 단계 업그레이드 시키는 것이 꿈이라고 하셨는데.

성
우리나라에서 정말 창작으로, 창작 그룹이 세계적으로 유명해진 케이스가 거의 없는 것 같아요. 특히 공연 쪽으로. 그런 쪽이 약하고 실제로 해 보니까 약할 수밖에 없기도 하고 그래서 그런 쪽으로 성공 케이스를 만들어 주는 게 인더비의 역할이 아닐까 싶어요. 창작으로 해서도 상업적으로 성공할 수 있다는 것을 보여 주고 싶어요.

한
그렇다면 이제 김혜미 피디님 이야기를 좀 들어 볼게요. 어떤 공연은 기획하고 어떤 공연은 연출하고 그랬어요, 정확한 역할이 뭐예요? 멀티예요?

김
그때그때 저에게 주어지는 업무에 충실하다 보니, 기획과 연출을 둘 다 할 수 있는 멀티플레이어로서 성장을 한 것은 맞아요. 이문세 콘서트 같은 경우는 기획 제작 파트에 있고, 예전에 스윗소로우의 경우는 연출을 하고. 피디라는 직함이 프로듀서를 의미하기도 하고, 디렉터에 무게가 갈 때도 있고. 저희 대표님 성향 자체가 그러세요. 기획에서 연출까지 경계를 두지 않고 아이디어도 많으시고 경험도 많으셔서 직원들한테도 자연스럽게 다양한 기회를 주시거든요.

한
같은 공연 쪽 일이지만, 일 자체는 완전히 다르니까. 스스로 어떤 것을 잘 할 수 있다든가, 무슨 일이 더 재미있다든가 하는 게 있어요?

김
저는 사실 공연계에 처음 발을 들였을 때부터 연출에 대한 꿈을 가지고 들어왔어요. 그런데 아시다시피 연출에 대한 티오가 많이 없잖아요? 초반에 조연출로도 활동을 많이 했지만, 연출의 꿈을 키울 수 있는 회사가 그 당시에는 없었어요. 어쨌든 공연계에서 살아남기 위해서 제게 주어진 일들에 충실해야 할 시기이기도 했고요. 그러다 보니 상대적으로 일이 많은 기획 파트의 일들을 하게 되고, 기획쪽 경력이 쭉 쌓이면서도 근본적인 제 꿈은 버리지 않았으니까요. 그런 기회를 갖으려 노력했죠. 무붕에 들어온 지 햇수로 5년 됐는데, 스윗소로우 공연할 때 그런 기회가 드디어 왔지요.

한
본인이 가지고 있던 연출에 대한 꿈을 이룬 공연이었잖아. 만족할 만한 결과가 나왔어요?

김
스스로 평가해 보면 아주 만족스럽지는 않죠. 만족스러웠던 부분도 있고 아니었던 것도 있는데. 함께 다섯 작품을 했는데 그중에 투어도 있었고, 꽤 많은 작품을 한 거예요. 굉장히 재미있게 일했지만, 경험이 많이 필요한 분야잖아요? 그래서 미숙한 부분에 대해서는 내가 얼마나 더 채워 나가야 되는지를 알게 됐죠.

한
그럼 앞으로도 연출에 대한 꿈은 계속 있는 거네요?

김
그렇죠. 기회만 주어진다면.

한
요즘에는 어떤 일 해요?

김
〈대.한.민.국. 이문세 투어〉, 1년째 진행 중이에요. 기획, 제작 파트에서 일하고 있어요.

한
이문세 씨가 스태프들 이름까지 전부 외우신다고 하던데, 요즘도 그러세요?

김
프로젝트 처음 시작할 때 항상 요구를 하세요, 각 팀의 이름과 사진, 전화번호를 넣어서 스태프 북을 만들어 달라고. 출연진도 마찬가지고요. 막내들까지 전부 들어가면 한 번에 100명씩 되는 데도 신경을 많이 쓰시는 것 같아요. 이문세 씨는 스태프들의 복지에도 신경을 많이 쓰시죠. 공연 중에서도 콘서트라는 분야가 특히 소모적이잖아요. 두세 달 열심히 준비해서 현장에서 잠깐 며칠 만나서 공연 올린 다음에 헤어지고. 그 다음 같은 가수의 공연에 간다고 해도 스태프들이 다 바뀌어 있고. 그런데 이문세 씨의 경우에는 거의 10년 가까이 함께 일하는 스태프들이 있을 정도예요. 하드웨어팀도 잘 안 바뀌고, 어떤 특별한 이슈가 있을 때에는 스태프들의 사기 진작에 굉장히 신경을 많이 써 주시죠. 뒤풀이는 늘 있어요. 어떤 때에는 가수가 같이 철수에 참여하기도 해요. 이문세 씨 지휘 하에 출연진도 다 참여를 시켜서 음향 스피커를 같이 밀어 준다든지 무언가를 함께 나른다든지 해요. 스태프들의 노고를 같이 좀 느껴보자는 의미에서.
스태프들 시상식도 해요. 아무래도 일 년 내내 같이 동고동락하는 스태프들이다 보니까 그 사람들은 집에 가는 일이 거의 드물고 일터에서 계속 일만 하는 상황이 되는 거잖아요. 단순히 일이 아니라 여행이 될 수도 있고, 개개인의 행복이 될 수 있도록 저희도 여러 가지로 신경을 많이 쓰고 있어요. 예를 들면 공연 날 아침에 축구장을 섭외해서 축구를 한다든가 체육대회를 하고. 아니면 투어 전체에 있었던 일들 중 재미있는 에피소드들을 문제로 만들어서 만점 맞은 사람에게 선물도 주고. 재미있는 이벤트들도 많이 하고요.

한
진짜 좋다, 재미있게 하는 거. 하태환 감독님, 정현철 피디님 인터뷰 할 때도 그 말씀을 하셨어요. 예전에 이문세 씨 소극장 투어 했을 때, 그들은 조연출, 조감독 하면서 많이 보고 배웠다고. 공연계 발전에 한 몫을 하셨어. 주요 스태프들이 그분 통해서 많이 배웠다고 하니까.

김
워낙 공연 준비도 철두철미하게 하시기로 유명해요. 매주 하는 공연이지만, 매번 하나하나 짚어가며 풀 리허설을 하거든요. 매번 공연 컨디션이 바뀌니까 모든 전환을 점검하고 사운드 체크도 철저하게 하고. 그래서 공연할 때 거의 실수가 없어요.

한
그렇게 리허설 하고 주말 1회 공연하나요? 아니면 2회?

김
지금은 한 번. 예전에 극장 투어 같은 경우에는 금요일에 한 번, 토요일에 한 번, 이렇게 두 번씩 했는데요. 이번 투어는 공연장이 체육관 규모, 컨벤션 규모예요. 작게는 3,300석부터 작년 연말 같은 경우에는 8,000석까지. 그렇게 소화하려다 보니 이번 투어는 주1회 공연하고 있어요.

한
그럼 주말 지방 공연을 위해서 무슨 요일에 내려가요?

김
화요일에 내려가서, 수요일 아침 일찍 반입 시작할 때 공연장 들어가서, 목─금 세팅을 하고, 금요일에 리허설 하고, 토요일에 공연하고, 밤새 철수하는 거 보고 일요일에 올라오죠. 그리고 월요일에 출근해요. 사무실에 앉아서 정리할 것도 많거든요. 빠진 거 없는지 다시 한 번 점검하고 또 화요일에 다시 내려가고. 지금 함께 다니는 스태프가 100명 정도 되거든요. 그 스태프들이 모두 그렇게 움직여요. 〈대한민국 이문세〉 공연이 국내 23개, 해외 4개 도시 정도 되니까 거의 일 년 내내 쉴 틈이 없죠.

한
그런데 우리나라에서 공연 하나 만들어서 23개 도시 투어 할 수 있는 사람이 없잖아요. 유일하네.

김
아마, 없죠. 대도시 5, 6개 투어는 많이 해도…. 이문세 투어하면서 평생 가볼 수 없을 것 같은 도시들을 다 가 본 것 같아요. 공연으로 가기 쉽지 않은 순천, 강릉, 진주, 창원, 경산까지. 각 지역의 맛집을 찾아가고 뒤풀이하는 재미도 쏠쏠하죠.

한
재미있을 것 같아요. 어느 도시에서 뭘 먹었던 것이 기억에 남아요?

김
포항에서 과메기에 완전 반했고요. 순천에서 먹었던 게장. 뒤풀이도 매주 하다 보니 종목이 정말 다양해요. 고기만 먹는 게 아니라 그곳의 맛집이라고 하는 곳들을 찾아가죠.

한

지방은 공연장도 천차만별일 것 같아요. 반응도 다 다르다면서요?

김

네, 다 달라요. 공연장도 그렇고. 반응은 서울보다 지방이 더 뜨거워요. 공연이 상대적으로 많지 않아서 그런지, 지역마다 기질이 달라서 그런 건지는 모르겠지만….

한

체력적인 한계도 많을 것 같아요. 일정도 빡빡한데, 장기적으로 하는 공연이라 많이 지치겠어요.

김

지금은 괜찮아요. 일한 지 벌써 8년 정도 됐는데 3년에서 5년 정도쯤 되는 시기에 체력이 완전히 바닥을 쳤어요. 그때는 무붕 들어오기 전인데 아침 열 시에 나가서 새벽 세 시까지 야근하고 들어오고 그랬거든요. 원래 마른 근육질 체형이었는데 점점 근육이 빠져나가면서 살들이 저를 채우기 시작하더라고요. 운동할 시간은 꿈도 못 꾸고, 운동할 체력도 없었어요. 건강에는 진짜 자신 있었는데 바닥을 한 번 치고 깨달았죠. 브레이크를 걸어 줄 사람은 나밖에 없구나. 사실 워크홀릭 수준이었거든요. 나는 내가 그렇게 일을 해야만 한다고 생각을 했거든요. 책임감도 그렇고, 워낙 일들이 쓰나미처럼 계속 몰려오니까. 5년까지는 어떻게 지나가는지도 모를 정도로 그렇게 일이 많았죠. 체력을 비축하려면 스스로 조절을 해야 되겠다 싶었고, 무붕에 들어오면서는 초반에 적응하느라 시간이 좀 걸리긴 했지만, 이제는 조금 사람답게 일하죠. 여기는 기본적으로 칼퇴를 주장하는 회사예요. 공연계에서 드물게 6시 퇴근이 가능한 회사죠.

한

퇴근하고 집에서 일하기도 해요?

김

저는 회사와 집을 완전히 분리시켜서 집에서는 일에 손도 안대요. 정말 시급할 때 빼고는. 그런데 이게 굉장히 좋더라고요. 인풋이 있어야 아웃풋이 있는데 사람이 계속 아웃풋만 하다 보니까 피폐해지는 거예요. 체력도 그렇고, 아이디어도 그렇고. 어느 정도 충전하고 힐링 할 수 있는 시간도 정말 필요하고, 중요하거든요.

한

그렇지만 많은 공연계 회사들이 그런 생각 없이 일을 하게 하고, 또 규모가 작은 일도 많다 보니 사람들이 금방 지쳐서 그만두게 되는 악순환이 생기는 것 같아요. 경력을 쌓기에 좋지 않은 환경이다 보니, 경력자를 찾기 힘들어지고.

김

아마도 투어 공연을 수년간 하고 있어서 가능한 부분일지도 모르겠어요. 일을 하는 입장에서 투어 공연의 좋은 점이, 콘서트의 경우 매뉴얼이 굉장히 소모적이잖아요. 다 케이스가 다르다 보니까 다양한 경험이 체화되는데 시간이 오래 걸리거든요. 그런데 투어 공연의 경우는 매뉴얼이 완전히 몸에 들어오기 때문에 그런 부분에 있어서 노하우가 한 번에 굉장히 많이 쌓여요. 공연장이 계속 바뀌다 보니 그 공연장 컨디션에 대해 어떻게 내가 대응해야 되는지에 대한 적응력도 키울 수 있고요. 단기간에 굉장히 많은 케이스를 경험하는 거죠. 기본적인 틀 안에서 부분적으로 바뀌는 거니까 그런 면에서 여유가 많이 생겼어요.

한
그럼, 이제까지 이렇게 각자의 꿈을 키워 온 두 기획자가 만나서, 공연인 부부가 되기까지의 과정, 두 사람의 사생활에 대해 좀 캐물어 보겠습니다. 같은 업계에 있어도 앞에서 잠깐 이야기했듯이 성격이 전혀 다른 공연을 만들고 있고, 직장의 형태도 판이하게 달라요. 출퇴근 시간부터 다르죠?

김
네. 저는 정시에 출퇴근하는 회사원이고요.

성
저는 출퇴근 시간이 없죠. 출퇴근을 안 해서 불편한 점이 하나 있어요. 자꾸 집에서 일을 하니까.

김
집에 책상이 없어요. 책상으로 쓸 만한 게 식탁 하나 있는데, 그 식탁이 오빠 사무실이 된 거예요. 처음에 그 식탁이 현관문 옆에 있었는데 자꾸 자기 물건이 이렇게 쌓여 가는 거예요. 우리는 자그마한 상 따로 펴서 거기서 밥 먹고. 집에 들어오자마자 집이 너무 지저분해 보이니까 그걸 거실 소파 옆에다 옮겨 놨거든요. 그런데 거기다 갖다 놓으니까 오히려 집 전체가 지저분해 보이는 느낌이 드는 거예요, 아무리 치워도.

성
제가 정리를 잘 못해요. 제가 봐도 정리를 진짜 못 해요. 어떻게 해야 될지를 모르겠어요. 그래도 요즘엔 좀 깨끗하잖아.

김
깨끗하다는 기준이 달라요.

한
하하하. 다를 수 있어요.

성
그래도 설거지랑 빨래는 잘하잖아.

김
맞아요. 오빠 그런 거 정말 잘해요. 따로 가사 분담을 한 건 아닌데, 그냥 시간 되는 사람이 자기 눈앞에 보이는 거 자연스럽게 해요.

한
그런 걸로 서로 불만이 생길 수도 있는데. 하긴 두 분이 한 번도 안 싸우셨다는 전설적인 이야기가 있어요.

성
이렇게 예쁜데, 왜 싸워?

한
하하하.

김
하하하. 그건 저희가 생각해도 신기해요. 생각해 보면 서로 화낼 일을 잘 안 만드는 거 같아요. 가끔씩 엇나가는 행동들도 없지는 않았겠지만, 대부분 이해할 수 있는 범주 안에 있는 거예요. 예를 들어 일반적인 직업 종사자들은 이해하기 힘든 일이 많잖아요, 우리 업계는. 그런데 같은 업계의 종사자다 보니, 새벽 1시에 밖에서 술 마시고 있어도 그냥 쿨 하게 알겠어, 할 수 있죠.
그리고 워낙 오빠가 초 긍정이에요. 세심하게 배려하고. 처음 만나면서 제가 그랬거든요. 이렇게 잘 하다가 나중에 변할 거면 애쓰지 마라. 제가 제일 싫어하는 게 나중에 변하는 거예요. 여자들이 공통적으로 싫어하는 거잖아요, 본색 드러나고 그런 거. 그런데 처음부터 지금까지 한결같아요. 그게 제일 장점이에요.

이야기하는 방식이며 답변의 길이는 참으로 다른데,
결국 같은 대답이다.
말 나온 김에 러브 스토리를 듣고 싶다고 졸라 본다.
더듬더듬 기억을 더듬는 모습도 닮았다.
시시콜콜한 것들을 기억해 내고,
서로 다른 기억을 맞추어 보느라
드라마틱한 러브 스토리는 만들어지지 않는다.
그래도 괜찮다.
이 척박한 공연계에서 그들은 이미 귀하디 귀한 공연 커플이니까.

한

공연인 부부, 추천할 만해요? 왜냐하면 그런 사람들이 있어요. 공
연 일 하는 사람들 중에 무조건 같은 업계에 있는 사람은 안 만나
겠다, 자기 배우자는 공연 일 안 하는 사람이었으면 좋겠다고 하
는 사람들. 특히 여자가 그런 경우가 좀 있죠.

김

제가 그랬어요. 제가 오빠를 만나기 전에는 정말, 같은 업계 사람
은 만나지 말아야지 하는 생각을 했거든요. 왜냐하면 같이 힘드
니까. 이해보다는 힘든 걸 먼저 생각했던 것 같아요.

한

결혼은 차치하고 사귀는 것부터 일단 헤어졌을 때를 생각하지 않
을 수 없죠. 한 다리 건너면 다 아는 사람들이고 소식을 안 들을
수 없고. 또 공연 쪽에서 일하는 사람들은 벌이가 시원찮거나 고
용이 불안정한 경우도 많으니까 그런 것도 걸리고. 이쪽 일에 욕
심이 있는 친구들은 박봉이어도 계속 일을 하고 싶은데, 결혼을
하면 한쪽은 안정적인 직업을 가졌으면 좋겠다고 생각하는 부분
이 있으니까.

김

맞아요. 한 사람이라도 안정적이어야 되는데, 하는 본능적인 자
기 보호 의식이 있어요. 그런데 연애를 시작하면서 완전히 무너
졌어요. 마음이 마음대로 되는 것도 아니고, 그런 고민들이 생각
했던 만큼 그렇게 심각하지 않은 문제일 수 있더라고요.
오히려 일상생활에 있어서 같은 곳을 바라본다는 것이 굉장히 중
요한 거 같아요. 오히려 지금은 내 직업과 이런 생활을 이 사람이
아니면 누가 감당할 수 있을까, 이런 생각을 해요. 오빠도 마찬가
지일 거예요.

한

마찬가지예요? 지금 사업을 하고 있지만 안정적이지 않고, 당장
돈을 많이 벌고 있는 회사도 아니고 이런 상태에서 결혼을 하신
거잖아요.

성

고맙죠. 그런 부분에 대해서는 믿어 주고 밀어 주는 게 많이 고마
워요.

한

결혼이, 우리나라에서는 누구에게나 그렇듯 당사자들만 좋고 만족한다고 순탄하게 이루어지는 건 아닐 것 같아요.
특히 공연하는 상대를 집안 어른들은 못마땅해 하시는 경우도 많고요. 집에 인사드렸을 때 좋아하셨어요?

김

반대는 특별히 없었어요.

성

혜미 부모님이 절 처음 보기 전에 걱정을 많이 하셨대요. 나이가 많고, 사업을 한다니까.

김

우리 엄마가 사업하는 남자에 대한 불안감이 있으셨고, 나이 차이가 좀 있는 것도 그렇고. 혼자 상상을 하신 거예요.
일에 찌든 늙은 남자. 하하하

성

그렇게 상상하신 게 도움이 됐어.

김

그러다 만났는데, 키도 크고 건장하고 동안인 사람이 들어오니까 엄마가 한 번에 마음에 들어 하셨죠. 그렇게 상상했는
데, 아니니까.

한

공연 일하는 며느리에 대한 반대는 없었나요? 아들이 공연 일하는 것도 한때 반대하셨다고 들었는데.

김

저희 시부모님은 오빠뿐 아니라 저한테도 든든한 지원군이세요. 일단 이쪽 산업 전반에 대한 이해도가 일반인에 비해 굉장히 높으시고 관심도 많으셔서 항상 대화를 많이 하는 편이에요. 제가 일 때문에 바쁘고 집안 대소사에 참여를 못하고 이런 것은 불편하시겠지만, 어머니께서 며느리가 그 자리에 없는 것에 대해서 굉장히 많이 이해해 주시거든요. 그리고 부모님과 대화가 잘되는 아들인데도 가끔 이해가 안 되시는 부분이 있는데, 제가 쉽게 풀어서 잘 설명해 드리거나 안심시켜 드리는 역할을 해요. 업계에 있는 사람으로서 객관적인 의견을 드리니까 "네 덕분에 아들이 더 이해가 된다."고 하시기도 하고….

한

정말 이상적인 분위기네요. 그런데 만약 아이 문제가 생기면 또 달라질 수 있을 것 같아요. 2세 계획은 어떻게 되는지 궁금합니다.

김

계획을 세우기가 힘든 게 사실이에요. 막연하게 올해 말, 내년 이렇게 생각은 하고 있는데요. 제 공연 인생 최고의 걱정거리예요. 워낙 트렌디한 직업이고, 공백기를 가진 후에 복귀할 수 있을까에 대한 트렌드를 따라잡을 수 있을 것인가에 대한 걱정이 있어요.

한

남편 분 생각은요?

성

이 부분에 대해서는 사실 저보다는 혜미에게 훨씬 더 큰일이니까요. 어떤 방향으로 강요하거나 그러고 싶지 않아요. 혜미 생각이 더 중요하니까요.

김

임신과 출산, 육아가 여자로서는 제일 큰 문제예요. 김잔디 선생님께서 아이 둘을 낳고 계속 일을 하신다는 소식을 들었어요. 저는 그분을 잘 모르지만 업계 여성으로서 정말 보기 좋은 선례를 남기시는 것 같아서 진심으로 응원하고 싶어요.

한

네, 마지막으로 하고 싶은 이야기 들어 보겠습니다. 공연에 관심을 가지고 일을 시작하려는 분들에게 해 주시고 싶은 말씀 해 주세요.

김

저는 버티고 즐기고 자부심을 가지라고 말하고 싶어요. 일을 하면 할수록 어렵다는 생각도 들지만, 자부심이 생기거든요. 세상이 전문직이라고 말하는 직업군에는 들어가지 않을지 몰라도 경험적인 가치가 가장 중요시되는, 전문적인 지식과 능력이 어느 분야보다도 필요한, 분명한 전문직이거든요. 그래서 제가 이런 저런 고민을 가지고 있으면서도 한편으로 안도하는 건 내가 쌓아 온 커리어와 경험이 분명 나중에 필요한 곳이 있을 거라는 거예요. 이 나이에, 연차에 경력을 필요로 하는 어딘가가 있을 것이다 하는 자신감이 있거든요.

또 사람을 즐겁게 해 주는 직업이라는 것에 대해서도 큰 자부심을 느끼고 있어요. 공연은 세상과 또 다른 세계에 빠져들었을 때의 즐거움을 주는 것 같아요. 자부심을 가져도 되는 직업인 것 같아요. 그리고 초반에 많은 시행착오와 어려움이 있지만 경력 관리를 잘해서 극복한다면 반드시 좋은 날이 온다는 것도 기억했으면 좋겠어요.

성

말 잘 한다! 하하하.

저는 자기만의 길을 개척하는 사람들이 좀 많아졌으면 좋겠어요. 자기만의 생각과 확신을 가지고 새로운 일을 벌여서 새로운 비즈니스 모델을 만들어 내는 것이 필요해요. 특히 우리나라 공연계에 대해서 생각해 보면, 우리나라 안에서만 공연해서 수익을 내기는 쉽지 않거든요. 나라도 작고, 관객 수는 더 적고. 우리나라에서 공연을 하는 사람이라면 우리나라 상황에 맞는 조금 다른 비즈니스 모델을 만들어 내야 하지 않을까 하는 생각이 있어서, 그런 쪽으로도 많은 시도들이 있으면 좋을 것 같아요.

전혀 다른 두 사람이 만나 '부부'라는 이름으로
함께 서로의 삶을 나누는 것은 생각처럼 쉽지 않은 일이다.
앞으로 펼쳐질 날에 관한 이야기야 알 수 없지만,
같은 업계의 종사자로서 그들은 함께해서 좋은 점에 대한 이야기를 하는 그들에게서
한 번도 싸운 적 없다는 부부의 전설이 영원히 전설로 남지 않을까 하는 기분 좋은 희망을 본다.
함민복의 시 "부부"에서처럼 '공연'이라는 긴 상을 함께 든 그들이 서로를 읽으며,
높이를 조절하며, 걸음의 속도를 맞추며 한 발, 또 한 발 나아가기를 기대해 본다.

이 사람을 보면
공연계의 미래와
나의 미래가 보인다!

클래스가 다른

공연기획